国家自然科学基金项目《基于管理决策和法庭决策的证据评价模型
及其应用研究》（2013项目批准号：71371188）资助
教育部哲学社会科学发展报告项目资助

中国证据法治发展报告
2013

顾　　问　陈光中　刘　耀　樊崇义
主　　编　张保生　常　林
编写组成员　张保生　常　林　王世凡　张　中　房保国
吴丹红　李训虎　褚福民　王　旭　刘建伟
马长锁　赵　东　王元凤　袁　丽　刘　斌
郝红霞　于天水　许晓东　程　刚　施少培
吴洪淇　冯俊伟　戴　锐　简乐伟　尚　华
张洪铭　黄　石　樊传明　郑　飞　张　伟
刘　波

中国政法大学出版社
2015·北京

Supported by Projection Evidence Evaluation Model
and its Application， a Study based on Decision-making
in Management and in Court，National Natural Science Foundation of Chin

Report on Evidence and the Rule of Law in China 2013

Chief Editors
Baosheng Zhang and Lin Chang

前言
Preface

证据是法治的基石，是实现司法公正的基石，证据制度建设是我国司法改革的首要任务。法治以司法制度为基础，党的十八届四中全会《中共中央关于全国推进依法治国若干重大问题的决定》（以下简称《决定》）把“保证公正司法，提高司法公信力”作为全面推进依法治国的六大任务之一，提出“公正是法治的生命线。司法公正对社会公正具有重要引领作用，司法不公对社会公正具有致命破坏作用”。司法制度则以证据制度为基础。司法要摆脱人治的束缚，必须坚持证据裁判原则即实现证据法治。因此，十八届四中全会《决定》提出：“推进以审判为中心的诉讼制度改革，……全面贯彻证据裁判规则，严格依法收集、固定、保存、审查、运用证据，完善证人、鉴定人出庭制度，保证庭审在查明事实、认定证据、保护诉权、公正裁判中发挥决定性作用。”

证据制度建设是一项长期而艰巨的任务，是一项复杂的社会系统工程，需要法学理论界与立法、司法、律师等法律实务界的密切合作、共同创造和不懈探索。本发展报告（蓝皮书），试图从立法、司法和法学研究的全景视角，审视中国证据制度发展的脉络，梳理证据科学研究的成果，总结证据立法的理论成果和司法的实践经验，记录中国证据法治的实践发展轨迹并预测其未来走向；同时，也为我国法学理论界和法律实务界进一步开展证据科学研究、创新我国证据制度，做一些基础性、资料性和评价性的工作。无论是立法机关、司法机关和法律服务部门的法律实务工作者，还是高等学校、科研机构的教师、学生和研究人员，都能从本书中受益。

本蓝皮书2013卷，论述了2013年中国证据法治发展的全过程，其基本结构如下：

第一篇2013年中国证据立法与司法进展，由四部分内容组成：

一是证据立法进展综述，从证据立法的五个层面（法律，司法解释，行政法规、部门规章，地方性证据规定以及国际条约），回顾总结了本年度证据立法的进展情况。

二是证据司法实践发展综述，从公安机关和司法机关，分别回顾总结了人民法院、人民检察院和公安机关证据制度建设的实践经验。证据法是侦查、检察和审判实践经验的总结。因此，深入了解证据制度建设在司法实践中的实际进展，对于完善我国证据立法和开展证据科学研究都具有重要意义。

三是司法鉴定制度建设综述，包括以下五个方面：人民法院司法技术管理工作制度建设；人民检察院司法鉴定工作制度建设；公安机关司法鉴定工作制度建设；司法行政机关登记管理与备案登记的司法鉴定工作制度建设；司法鉴定技术相关部门规章与行业规范。

四是司法实践中的证据制度建设，运用张辉、张高平叔侄冤案以及李怀亮案，对非法证据排除的实施情况、关于鉴定意见的审查判断、刑事诉讼的证明标准等问题进行了分析。

第二篇2013年中国证据科学的学术进展，由五部分内容组成：

一是证据科学研究进展，介绍评价了国内外学者对证据科学的理论研究进展和实践探索情况。

二是证据法学研究进展，包括以下10个研究领域学术进展的述评：证据法理论基础和体系、证据属性和事实认定、证据开示、科学证据与司法鉴定、言词证据、证据排除规则、证明责任与证明标准、法院取证与证据保全、质证与认证、推定与司法认知。

三是法庭科学研究进展，包括以下11个研究领域学术进展的述评：法医病理学、法医临床学、司法精神病学、法医生物学、文件检验学、毒物和毒品检验学、微量物证检验学、痕迹检验学、交通事故鉴定、声像资料鉴定、电子证据鉴定。

四是证据科学教育进展，对证据科学基础研究项目和实证研究项目，以及证据科学学科建设和人才培养、课程和教材建设的进展情况，进行了述评。

五是证据科学研究成果选介，对本年度具有代表性的证据法学著作、论文和法庭科学著作进行了介绍。

本书附录部分，收集了2013年发表的证据科学期刊论文目录、证据科学研究生学位论文目录、证据科学学术著作目录，以及证据科学学术会议一览表和研究项目一览表。

本卷研究报告（蓝皮书）坚持了资料整理和评价功能并重的编写原则，在梳理资料的基础上，加强了评论和预测功能在发展报告中的分量。

本书研究和写作过程受到了“教育部哲学社会科学发展报告项目”、国家自然科学基金面上项目《基于管理决策和法庭决策的证据评价模型及其应用研究》（2013项目批准号：71371188）的资助，由司法文明协同创新中心、中国政法大学证据科学研究院（证据科学教育部重点实验室）和有关合作单位的32位教师、研究人员和法律实务工作者集体编写，体现了证据科学研究创新团队在证据科学教育部重点实验室和国家“2011计划”司法文明协同创新中心科研平台上开展交叉学科研究的合作优势，也为今后继续开展证据科学领域的跟踪研究、资料数据库建设打下了基础。上述研究进展情况的回顾和评述，为在这些领域开展更加深入的科学研究提供了重要的参考资料。

课题组成员具体分工详见后记。全书由张保生、常林修改统稿。

本书的错误或疏漏之处，恳请各位识者提出宝贵的批评意见。

张保生 常 林

2015年2月28日

序 言
Introduction

2013年中国证据法治发展的步伐

2013年，我国证据法治建设继续稳步前行，在证据规则的完善、证据司法和证据科学研究等方面取得许多进展。以下从六个方面作一个简要概括和评述：

一、证据规则继续完善

由于《刑事诉讼法》和《民事诉讼法》修订的任务去年已经完成，本年度证据规则的完善，主要体现为司法解释和地方性证据法规对一些证据规则加以细化。这种完善证据立法的努力呈现出以下特点：

（一）质证规则仍显幼稚

最高人民法院《关于人民法院赔偿委员会适用质证程序审理国家赔偿案件的规定》〔1〕，既令人惊喜又留下许多遗憾：

第一，质证权概念初露端倪。第4条规定："赔偿请求人和赔偿义务机关在质证活动中的法律地位平等……并应当依法行使质证权利，遵守质证秩序。"这里"质证权利"四个字赫然醒目，令人惊喜。确实，"……交叉盘问的机会……是一种权利（right），而不仅仅是一种特权（privilege）。"〔2〕但惊喜之余，质证程序启动权受限又令人遗憾。按照第2条规定，质证的适用范围是

〔1〕 最高人民法院审判委员会第1600次会议通过，2013年12月19日公布（法释［2013］27号），自2014年3月1日起施行。

〔2〕［美］罗纳德·J. 艾伦等：《证据法：文本、问题和案例》（第3版），张保生、王进喜、赵滢译，满运龙校，高等教育出版社2006年版，第114页。

经书面审理不能解决的下述两类情形：一是以争议的存在为前提，二是赔偿委员会认为应当质证的其他情形。这里的问题是，并未明确规定当事人双方有启动质证程序的诉讼权利。当事人若无启动权，其质证权利就无法保障。只要举证（直接询问）结束，质证（交叉询问和对质）就应自然启动，而且允许再举证（再直接询问）、再质证（再交叉询问和再对质）的自动循环。质证权利的行使不应设定条件，更不该由赔偿委员会出面帮助一方诉讼当事人提出应当质证的其他情形。因为，赔偿委员会没有"权力"替当事人行使质证的诉讼权利。

第二，质证作为认证的必要条件得到确认。第14条强调："适用质证程序审理国家赔偿案件，未经质证的证据不得作为认定案件事实的依据，但法律、司法解释另有规定的除外。"本条规定延续了《刑事诉讼法》第59条"双方质证并且查实以后，才能作为定案的根据"的立法精神，明确了未经质证不得认证的原则。但惊喜之余，质证概念的混淆与混乱却随处可见：一是内容超出质证范围。例如，第5～7条是关于举证的规定，第20～21条是司法认知和推定规则。这样一来，"适用质证程序"便名不副实、滥竽充数了。二是质证顺序张冠李戴。第17条将证明顺序误解为质证顺序：①赔偿请求人、赔偿义务机关分别陈述，复议机关进行说明；②审判员归纳争议焦点；③赔偿请求人、赔偿义务机关分别出示证据，发表意见；④询问参加质证的证人、鉴定人、勘验人；⑤赔偿请求人、赔偿义务机关就争议的事项进行质询和辩论；⑥审判员宣布赔偿请求人、赔偿义务机关认识一致的事实和证据；⑦赔偿请求人、赔偿义务机关最后陈述意见。这些是证明或审理的顺序，而不是质证的顺序。这里一股脑儿地对举证、质证等内容都作了规定，完全不是《刑事诉讼法》第59条意义上的质证！

第三，"不得以诱导方式发问"的错误仍未纠正。交叉询问之所以能成为"揭示事实真相之最伟大的法律引擎"[1]，就在于其允许以诱导方式发问。然而，遗憾的是，作为一个专门规制"适用质证程序"的司法解释，它并未纠正最高人民法院2012年《刑诉法解释》第213条关于询问证人"不得以诱导

〔1〕 参见［美］约翰·亨利·威格莫尔：《论普通法审判中的证据制度》，转引自［美］罗纳德·J. 艾伦等：《证据法：文本、问题和案例》（第3版），张保生、王进喜、赵滢译，满运龙校，高等教育出版社2006年版，第114页脚注4。

方式发问”的原理性错误。这种司法解释错误造成的后果，就是中国没有交叉询问。因为，“以诱导方式发问”是交叉询问的规定性特征之一。

（二）地方性证据规定有得有失

第一，辨认和指认的区分值得肯定。浙江省高级人民法院等《关于死刑案件证据收集审查等问题的若干规定》[1]要求办案机关“对于有辨认、指认必要的，应当及时组织辨认、指认”。这改变了我国证据规定长期以来用人物指认（lineup）代替实物证据辨认（identification）[2]的情况。这种混淆使得司法实践中缺乏辨别伪造实物证据的手段。实际上，辨认是一种法庭证明程序，是辨明实物证据同一性、真实性的方法；列队指认则是一种警察证明程序，是人物辨别的方法：犯罪嫌疑人和其他体貌特征相似的人混在一起排成一队，让被害人或证人确定能否把罪犯从中辨认出来。[3]列队指认不能给指认人不适当的提示。列队指认的结果如在庭审中使用，指认人应当出庭作证。[4]需要指出的是，将辨认和指认区分开后，还应对辨认方法详细规定，特别要明确辨认是举证程序，应当由实物证据提出者传唤对其有亲身知识的知情人进行辨认，而不能像《刑事诉讼法》第190条规定的那样：“公诉人、辩护人应当向法庭出示物证，让当事人辨认。”也就是说，实物证据的辨认规则是“谁举证，谁辨认”，而且，辨认是采纳该证据的先决条件。

第二，对直接言辞原则的释明瑕不掩瑜。浙江省高级人民法院等《关于死刑案件证据收集审查等问题的若干规定》规定，努力贯彻直接言辞原则，做到事实调查在法庭、证据展示在法庭、控诉辩护在法庭、裁判说理在法庭，真正通过庭审来查明案件事实，确保司法公正。上述“四个在法庭”的规定具有可操作性。但需指出一个瑕疵，“证据展示在法庭”中的“展示”应为“出示”。证据出示即举证，当然应当在法庭，并且应当以证人作证方式出示。

第三，有关再审案件主要证据未经质证该如何处理的规定良莠不齐。关

---

〔1〕浙江省高级人民法院、浙江省人民检察院、浙江省公安厅2013年11月13日联合发布。

〔2〕例如，公安部《公安机关办理刑事案件程序规定》第249条规定：“为了查明案情，在必要的时候，侦查人员可以让被害人、证人或者犯罪嫌疑人对与犯罪有关的物品、文件、尸体、场所或者犯罪嫌疑人进行辨认。”第251条规定：“辨认犯罪嫌疑人时，被辨认的人数不得少于7人；对犯罪嫌疑人照片进行辨认的，不得少于10人的照片。”最高人民检察院《人民检察院刑事诉讼规则》第257条和第260条也有类似规定。

〔3〕Bryan A. Garner ed., *Black's Law Dictionary*, 8th Edition, Thomson West, 2004, p. 949.

〔4〕参见薛波主编：《元照英美法词典》，法律出版社2003年版，第853页。

于《民事诉讼法》第200条第4项对当事人申请法院再审，认为“原判决、裁定认定事实的主要证据未经质证的”情形如何把握，《上海法院再审审查工作指南（四）》[1]的规定，解决了迟延举证一方的对方当事人常常援引最高人民法院《关于民事诉讼证据的若干规定》第34条第3款拒绝对相关证据进行质证的问题。该指南规定，原审法院应当进行合理释明，即告知其可以在提出关于对方超出举证期限、不应质证主张的同时，对相关证据发表实质性的质证意见，供法院在认为该证据符合“视为新的证据”的情况下参考。再审审查中，对因超出举证期限而未在原审期间予以质证的证据，如果符合“新证据”的标准，在当事人主张相应再审事由的前提下，可以裁定再审。这一规定对于维护当事人的质证权利也具有重要意义。但是，对于当事人申请法院再审的该种情形进行审查，本指南列举的两种情况，即“证据交换笔录中……存在相关证据的质证情况”，“法官已经将主要证据向当事人出示并征求其意见，即使当事人拒绝发表意见或未正面回答”，都不能表明当事人放弃了质证的权利。上海市高级人民法院不能轻率地超越法律授权，作出“不宜认定为‘未经质证’”这种侵犯或剥夺当事人诉讼权利的规定。

二、证据司法转换思路

（一）人民法院证据制度建设弃旧图新

1. 建立防范刑事冤假错案的证据审查机制

最高人民法院10月9日发布《关于建立健全防范刑事冤假错案工作机制的意见》[2]，在证据审查机制方面提出：其一，坚持证据裁判原则。其二，严格执行法定证明标准，强化证据审查机制：①定罪证据不足的案件，应当坚持疑罪从无原则，依法宣告被告人无罪，不得降格作出“留有余地”的判决。②切实改变“口供至上”的观念和做法，注重实物证据的审查和运用。只有被告人供述，没有其他证据的，不能认定被告人有罪。③采用刑讯逼供或者冻、饿、晒、烤、疲劳审讯等非法方法收集的被告人供述，应当排除。除情况紧急必须现场讯问以外，在规定的办案场所外讯问取得的供述，未依

---

〔1〕 上海市高级人民法院2013年6月17日发布。

〔2〕 法发［2013］11号。

法对讯问进行全程录音录像取得的供述，以及不能排除以非法方法取得的供述，应当排除。④现场遗留的可能与犯罪有关的指纹、血迹、精斑、毛发等证据，未通过指纹鉴定、DNA鉴定等方式与被告人、被害人的相应样本作同一认定的，不得作为定案的根据。涉案物品、作案工具等未通过辨认、鉴定等方式确定来源的，不得作为定案的根据。其三，强化举证、质证和认证程序：①审判案件应当以庭审为中心。事实证据调查在法庭，定罪量刑辩论在法庭，裁判结果形成于法庭。②证据未经当庭出示、辨认、质证等法庭调查程序查证属实，不得作为定案的根据。③依法应当出庭作证的证人没有正当理由拒绝出庭或者出庭后拒绝作证，其庭前证言真实性无法确认的，不得作为定案的根据。④保障被告人及其辩护人在庭审中的发问、质证、辩论等诉讼权利。对于被告人及其辩护人提出的辩解理由、辩护意见和提交的证据材料，应当当庭或者在裁判文书中说明采纳与否及理由。

2. 沈德咏大法官首次挑战不枉不纵观念

最高人民法院常务副院长沈德咏在广州刑事审判工作调研座谈会上强调，一定要坚决守住防范冤假错案的底线。[1]沈德咏《我们应当如何防范冤假错案》一文指出：目前有罪推定思想尚未完全根除，无罪推定思想尚未真正树立。我们“要像防范洪水猛兽一样来防范冤假错案，宁可错放，也不可错判。错放一个真正的罪犯，天塌不下来，错判一个无辜的公民，特别是错杀了一个人，天就塌下来了”。我们的观念中常有“不冤枉一个好人，不放过一个坏人”的认识，但要有效防范冤假错案，做到“不冤枉一个好人”，让无辜者获得保护，那就有可能会“放过”一些坏人，这种制度风险是客观存在的，在这个问题上社会各方面都要有心理准备，这也是维护刑事司法公正、防范冤假错案必须要付出的代价。[2]沈德咏《论疑罪从无》一文，从疑罪从无的历史溯源、理论逻辑、实践理性以及实现路径等方面阐述了如下观点：①“在刑事司法领域，不搞无罪推定，就难免不搞有罪推定；不搞疑罪从无，就难免不搞疑罪从有；任何形式的疑罪从轻、疑罪从挂，实质上都是疑罪从有。”②在我国，有罪推定的思想在一些司法人员头脑中依然是根深蒂固的，疑罪

[1] 沈德咏：“刑事审判要坚决守住防范冤假错案的底线”，载http://gb.cri.cn/42071/2013/04/25/5892s4096761.htm，最后访问时间：2015年2月14日。

[2] 沈德咏：“我们应当如何防范冤假错案”，载《人民法院报》2013年5月6日。

从轻、疑罪从挂的现象还不同程度地存在。③“在刑事诉讼中不枉不纵是一种理想状态，但这种理想并不总是能够照进现实。长期以来，我国刑事诉讼理论中占主导地位的是不枉不纵观念，甚至将其视为判断刑事司法制度优劣的标准。”“这种观念看似不偏不倚，但在司法实践中却极易滑向宁枉勿纵”。④疑罪从无的最大风险是有可能放纵犯罪，而疑罪从有的最大恶果是有可能出现冤假错案。在必须作出抉择的时候，就要权衡哪种结果对社会秩序的破坏更大。在法治发展进步的今天，“宁枉勿纵”肯定是不合时宜的，为此，我们应当转换一下思路，这就是“宁可错放，也不可错判”。一项好的制度并不能保证百分之百地做到不放掉一个坏人，但应当百分之百地保证不冤枉一个好人。⑤刑事司法人员必须树立起疑罪从无的观念，彻底抛弃或多或少残存的有罪推定思想，将保障无罪的人不受刑事追究确立为刑事诉讼不可逾越的一条红线，依法保护公民的正当权利，维护司法文明和理性的社会秩序。[1]

（二）人民检察院证据制度建设瞻前顾后

1. 实施《刑事诉讼法》的进步和问题[2]

检察院在实施新刑诉法方面的进步主要表现在，各地检察机关为辩护律师行使阅卷权出台方便措施。例如，重庆市检察院五分院依托本院互联网门户网站，开设律师阅卷预约平台，建立了律师阅卷预约制度。为提高阅卷效率，北京、上海嘉定、成都武侯区、广州海珠区、宁夏银川、天津河北区、湖南株洲、江苏南京、海南等地检察院开始推行电子阅卷制度，改变了以往查阅、复制纸质案卷费时费力的状况。律师阅卷后，还可与案件承办人交流对该案事实和证据所持有的意见，提高了律师的工作效率。

但其也存在一些问题，主要表现在：其一，“三类案件”被侦查机关扩大解释，成为限制律师会见的借口。《刑事诉讼法》第37条第3款（“危害国家安全犯罪、恐怖活动犯罪、特别重大贿赂犯罪案件，在侦查期间辩护律师会见在押的犯罪嫌疑人，应当经侦查机关许可”）规定的“三类案件”，在实践中往往被侦查机关扩大解释，成为限制律师会见的借口。例如，北京市检察院一分院侦办一起行贿案件，将案件界定为“特别重大贿赂犯罪”，并以此拒

---

〔1〕沈德咏：“论疑罪从无”，载《中国法学》2013年第5期。

〔2〕以下参见尚权律师事务所：“新刑事诉讼法实施状况调研报告（2013年第一季度）”，载尚权律师事务所网站，http：//www. sqxb. com/content/details19_ 3037. html，最后访问时间：2014年12月30日。

绝安排律师会见，不向律师介绍案件相关情况。更甚者，侦查人员约见律师谈话，要求律师提供所了解的案件信息，询问律师会见犯罪嫌疑人的内容，并对律师进行所谓的“职业道德”教育。其二，辩护律师的权利保障与救济难以落实。《刑事诉讼法》第47条规定：“辩护人、诉讼代理人认为公安机关、人民检察院、人民法院及其工作人员阻碍其依法行使诉讼权利的，有权向同级或者上一级人民检察院申诉或者控告。人民检察院对申诉或者控告应当及时进行审查，情况属实的，通知有关机关予以纠正。”《人民检察院刑事诉讼规则（试行)》对此也作了详细规定。但在实践中，该条规定难以落实。例如，有律师在四川成都检察院行使了控告权，但该检察院没能按规定给以书面处理意见，更没有对侦查机关的违法行为予以纠正。另外，许多驻看守所检察室设在监区内，律师想现场申诉实属不易。律师在成都看守所会见当事人遇阻后，想找驻所检察室反映，但看守所的武警称，得有驻所检察室的人来接才能进去。接通电话后，驻所检察官也没有给律师一个满意答复。

2. 以防止冤假错案为契机推进证据制度建设

最高人民检察院《关于切实履行检察职能防止和纠正冤假错案的若干意见》中加强证据制度建设的内容主要包括以下几个方面：①严格规范职务犯罪案件办案程序，全面、客观地收集、调取犯罪嫌疑人有罪或者无罪、罪轻或者罪重的证据材料，严禁刑讯逼供和以威胁、引诱、欺骗以及其他非法方法收集证据；在每次讯问犯罪嫌疑人时，对讯问过程实行全程同步录音、录像。②严格把握法律规定的逮捕、起诉标准，既要防止人为提高标准，影响打击力度，又要坚持法定标准；注重证据的综合审查和运用，对于只有犯罪嫌疑人供述，没有其他证据的，不得认定犯罪嫌疑人有罪；对于命案等重大案件，应当强化对实物证据和刑事科学技术鉴定意见的审查运用，对于其中可能判处死刑的案件，必须坚持最严格的证据标准；依法排除非法证据，及时调查核实非法取证的材料或者线索，做好对讯问原始录音、录像的审查。③对命案等重大复杂案件、突发性恶性案件、争议较大的疑难案件、有重大社会影响的案件，应当与侦查机关协商，通过介入现场勘查、参加案件讨论等方式，引导侦查机关依法全面收集、固定和完善证据；加强死刑复核案件的法律监督，对于定罪证据不足的案件，应当坚持疑罪从无原则。

3. “两个基本”与“宁漏勿错”之争

检察院在刑事诉讼证明标准上一直奉行“两个基本”。这一原则最早由彭真于1985年提出，[1]其后在“严打”中贯彻，后来扩大化、常规化至所有刑事案件，并在2001年全国社会治安工作会议上为中央最高领导所肯定。[2]最高人民检察院2001年《关于检察机关积极参加“严打”整治斗争和整顿规范市场经济秩序工作的意见》，将“两个基本”明确界定为“基本事实清楚，基本证据确凿”。最高人民法院2001年《关于贯彻全国社会治安工作会议的通知》，将“两个基本”表述为“基本事实清楚，基本证据扎实”。尽管“两个基本”不乏辩护者，[3]但学者们普遍认为，其与《刑事诉讼法》的证明标准存在严重冲突，甚至起了消极的否定或修正作用，从而使刑事证明陷入“理论上的高标准，执行中的低标准”的悖论。[4]

最高人民法院沈德咏大法官《论疑罪从无》一文指出：不严格依据刑事诉讼证明标准的最突出表现是坚持“疑罪从有”。“根据疑罪从无的要求，每一个专门机关都应当依法履行法律赋予的职权和责任，所办理的案件必须做到事实清楚、证据确实充分，决不可基于部门利益或者其他法外因素的考虑，怠于行使权力，将明显‘存疑’的案件‘推给’后面的机关。从另一个方面来看，既然法律明文规定了疑罪从无，那么根据此要求，在发现所办案件存疑时，相应的专门机关就应当依法作出‘从无’的处理，包括撤销案件、不起诉、无罪判决等。对疑案作出任何形式的‘从有’处理，都是一种权力的滥用，势必严重侵害被告人的合法权益。”“对于证明目标而言，侦查、起诉、审判都要以法律规定的‘证明标准’为准绳，符合者则立案、起诉、定罪，

---

〔1〕 彭真指出：“现在，有的案件因为证据不很完全，就判不下去。其实，一个案件，只要有确实的基本证据，基本的情节清楚，就可以判。一个案件几桩罪行，只要主要罪行证据确凿也可以判，要求把每个犯人犯罪的全部细节都搞清楚，每个证据都拿到手，这是极难做到的，一些细微末节对判刑也没有用处。办案也是这样，我们要坚决改正的是那些错案、冤案、假案，至于判刑性质不错或基本上正确，只是判刑轻重稍有不同意见，就不要长期纠缠翻腾，以致影响当前最紧迫的工作。”参见彭真：“在五大城市治安座谈会上的讲话”，载《彭真文选（1941～1990年）》，人民出版社1991年版，第409页。

〔2〕 “政法各部门要统一思想，加强配合，形成依法从重从快打击犯罪的合力。只要基本事实清楚，基本证据确凿，就要快捕、快诉、快判，不要在细枝末节问题上纠缠，延误时机。”参见江泽民：“切实加强治安工作”，载《江泽民文选》（第3卷），人民出版社2006年版，第209页。

〔3〕 参见柴春元、徐建波：“‘两个基本’与刑事证明标准——第三届检察理论年会热点综述”，载《人民检察》2002年第3期。

〔4〕 参见熊秋红：“对刑事证明标准的思考——以刑事证明中的可能性和确定性为视角”，载《法商研究》2003年第1期。另参见陈瑞华：《刑事证据法学》，北京大学出版社2012年版，第254页。

不符合者则应按照疑罪从无的要求处理。如果抱持不正确的司法政绩观，认为案件不破、不立、不起诉、不入罪就是无能，即使发现有疑问也将错就错，甚至通过各种方式给后面的诉讼环节施压，冤假错案一旦铸成，就会对司法公正造成极大的伤害。”〔1〕

最高人民检察院副检察长朱孝清对此有不同认识。他认为，所谓公正司法，就是受到侵害的权利一定会得到保护和救济，违法犯罪活动一定会受到制裁和惩罚。也就是说，公正司法包括防漏。案件质量的内涵是事实清楚、证据确实充分、定性准确、处理适当、程序合法，这就必须做到不错不漏。因为如果错了，犯罪嫌疑人、被告人就感受不到公平正义；如果漏了，案件的被害人就感受不到公平正义。根据疑罪从无原则，对疑罪作无罪处理有可能造成“漏”，但这种依法不得已的“漏”，与指导思想上防止“漏”，二者并不矛盾。因此，我们既要坚守防止冤假错案底线，又要坚持“两个基本”，防止纠缠细枝末节，宽纵犯罪。〔2〕

上述争论表明，尽管要摒弃“宁枉勿纵”的错误观念和“不漏不错”的空想，只有“宁漏勿错”这样一种选择，但即使在这个常识性的现代证据理念面前，法院和检察院仍然存在重大分歧。因此，现代证据制度建设将是一个长期的任务。

（三）公安机关证据制度建设理念更新

本年度，针对浙江张辉、张高平叔侄强奸案等冤案，公安部《关于进一步加强和改进刑事执法办案工作切实防止发生冤假错案的通知》〔3〕要求：

1. 摒弃“宁错勿漏”的错误执法观

要从贯彻落实依法治国方略、维护社会公平正义的高度，充分认识冤假错案的严重危害性，进一步增强法治思维、依法办案意识，绝不能因为舆论压力、领导意志、立功心切等，突破法律底线，违法违规办案。①要树立打击犯罪和保障人权并重的理念，彻底摒弃“宁错勿漏”的错误执法观，把保证有罪的人受到刑事追究和保障无罪的人不受刑事追究摆在同等重要的位置。②要进一步强化证据意识，既注重收集有罪、罪重的证据，也注重收集无罪、罪轻的

---

〔1〕沈德咏：“论疑罪从无”，载《中国法学》2013年第5期。

〔2〕朱孝清：“对‘坚守防止冤假错案底线’的几点认识”，载《检察日报》2013年7月8日。

〔3〕2013年6月5日发布，公通字［2013］19号。

证据，防止因证据收集不全面、不充分导致冤假错案发生。③要从根本上转变破案定罪过于依赖“口供”的做法，坚决遏制刑讯逼供、暴力取证等非法取证行为，尽快实现侦查办案由“抓人破案”到“证据定案”的转变。

2. 从源头上有效防止冤假错案

具体措施包括：①健全完善执法办案场所建设、管理和使用制度，将犯罪嫌疑人带到公安机关后，要按照规定流程先对其进行人身安全检查，信息采集和涉案财物、随身非涉案财物保管，之后在办案区讯问室依法及时讯问；犯罪嫌疑人被拘留、逮捕后，要依法及时送看守所羁押，并在看守所讯问室内讯问，讯问过程要全程录音或录像。②健全完善证据的固定、保管、移送制度，确保证据的真实性、合法性和证明力。③积极与检察院、法院等部门协调沟通，统一常见多发刑事案件和新型犯罪的立案追诉标准及其证据形式、规格和标准，规范取证要求，尽量减少因标准不统一、认识不统一导致不诉不判情形发生。④完善证据审查判断标准，细化非法证据排除规则，明确非法证据的类型、表现形式、排除方法和有关要求，对证据之间存在矛盾的要严格全面地进行审查。

3. 规范考评奖惩机制，形成正确执法绩效观

进一步健全完善执法办案考评标准，不提不切实际的“口号”和工作要求，不得以不科学、不合理的破案率、批捕率、起诉率、退查率等指标搞排名通报，严禁下达“刑事拘留数”、“发案数”、“破案率”、“退查率”等不科学、不合理考评指标，坚决防止广大民警因办案指标和“限时破案”压力而刑讯逼供、办错案、办假案。

（四）张辉、张高平强奸杀人案再审证据分析

1. 案情和诉讼程序

2003年5月18日晚9时许，张辉、张高平叔侄（本案被告人）驾驶一卡车送货去上海，途经安徽省歙县竹铺镇“非典”检查站时，捎带经人介绍要求搭车的同县17岁女青年王某（本案被害人）。当晚12时左右，该车到达浙江省临安市昌化镇停车休息片刻，于次日凌晨1时30分到杭州市天目山路汽车西站附近。王某借用张高平手机打给朋友周荣箭要求其前来接人，周让王某自己打车到钱江三桥后再与其联系。以上事实清楚，有王、潘、许、周、吴等人的证言及杭州市公安局西湖分局出具的《关于5.19案件通话时间说明》等证据。张辉、张高平对此的陈述也与上述情况相符。王某离开汽车西

站后于5月19日早晨被杀害，尸体被抛至杭州市西湖区留下镇留泗路东穆坞村路段路边溪沟。黄某某、刘某乙、吴某甲等人证言，公安机关现场勘验笔录，尸检报告等证据，能够证实上述事实。

对于被告人张辉、张高平是否实施了上述强奸、杀害王某的行为，存在严重争议。2004年4月，杭州市中级人民法院一审判决认定事实如下：[1]王某凌晨1时30分打完电话后，张辉遂起奸淫王某的邪念，并将意图告知张高平。然后，张辉驾车掉头驶至杭州市西湖区留下镇留泗路东穆坞村路段僻静处停下，在驾驶室内对王某实施强奸。王某挣扎，张高平即应张辉要求按住王某的腿，尔后张辉采用掐颈等暴力手段对王某实施奸淫，并致王某因机械性窒息死亡。随后，张辉、张高平将被害人尸体抛于路边溪沟，并在开车逃离途中将被害人所携带的背包等物丢弃。一审判决张辉、张高平构成强奸罪共同犯罪，定罪关键证据为被告人有罪供述：①张辉供述：5月24日两次讯问，均作无罪辩解；5月27日讯问，先作有罪供述，后作无罪辩解；5月28日讯问的有罪供述是一审公诉方使用的主要证据；5月29日讯问，先作无罪辩解，后作有罪供述；6月3日讯问，作有罪供述，并画出作案路线图；6月6日、20日、28日讯问均作有罪供述；7月24日讯问作无罪辩解；7月31日、8月5日均作有罪供述。②张高平供述：5月23日至6月17日作无罪辩解；6月17日书写有罪供述材料；6月18～19日作有罪供述。[2]

被告人及辩护人提起上诉，认为原判认定事实不清，证据不足，原有罪供述系在侦查人员刑讯逼供下取得，且两被告人供述的作案细节不一，本案DNA鉴定不能排除他人作案的可能。浙江省高级人民法院2004年10月二审终审判决，[3]与一审判决认定的事实一致，但改变了一审量刑。

被告人张辉之父、张高平之兄张高发向浙江省高级人民法院申诉，省高院2013年2月6日作出再审决定书。在3月20日不公开开庭的再审程序中，原审被告人张辉、张高平及其辩护人提出：DNA鉴定不能排除他人强奸王某致死的可能性；有罪供述是非法取得的；供述之间及与尸检报告之间存在矛盾。出庭检察员也认为：本案间接证据极不完整；技术鉴定不能排除他人作

〔1〕（2004）杭刑初字第36号刑事附带民事判决。

〔2〕本案律师二审辩护词，http：//www.66law.cn/lawwrit/9011.aspx，最后访问时间：2014年12月15日。

〔3〕（2004）浙刑一终字第189号刑事附带民事判决。

案可能性；公安机关侦查程序不合法。浙江省高级人民法院3月26日宣判："原判认定原审被告人张辉、张高平犯强奸罪的证据，现已查证不实"，判决张辉、张高平无罪。[1]

2. 证据分析

(1) 关于非法证据排除。第一，本案2004年一、二审有罪认定，依据的关键证据是被告人张辉、张高平的口供，与现场勘查笔录、尸检报告基本相符。虽然被告人及其辩护人主张，侦查阶段的有罪供述系以刑讯逼供获得，但当时我国尚未确立非法证据排除规则，该主张未导致口供被排除。2013年再审时，被告人和辩护人申请排除上述证据，根据《刑事诉讼法》第54条，应当排除"采用刑讯逼供等非法方法收集的犯罪嫌疑人、被告人供述"。第二，有关证据合法性的证明责任，根据《刑事诉讼法》第57条："在对证据收集的合法性进行法庭调查的过程中，人民检察院应当对证据收集的合法性加以证明。"第三，《刑事诉讼法》第58条规定了非法证据排除证明标准："对于经过法庭审理，确认或者不能排除存在本法第54条规定的以非法方法收集证据情形的，对有关证据应当予以排除。"出庭检察员认为，本案不能排除公安机关在侦查过程中有以非法方法获取证据的一些情形。法庭裁定："公安机关审讯张辉、张高平的笔录、录像及相关证据证明，侦查人员在审讯过程中存在对犯罪嫌疑人不在规定的羁押场所关押、审讯的情形；公安机关提供的张辉首次有罪供述的审讯录像不完整；张辉、张高平指认现场的录像镜头切换频繁，指认现场的见证人未起到见证作用；从同监犯获取及印证原审被告人有罪供述等侦查程序和行为不规范、不合法。因此，本案不能排除公安机关存在以非法方法收集证据的情形，张辉、张高平的有罪供述、指认现场笔录等证据，依法应予排除。"[2]我们认为，再审法院对"不能排除以非法方法收集证据情形"这一证明标准的把握是准确的。审讯场所不合法、审讯录像不完整、见证人未发挥作用等程序错误本身，并非刑诉法规定的导致口供被排除的"非法方法"，但其表明可能存在刑讯逼供等非法取证的可能性。再审法院将这些程序错误作为"不能排除以非法方法收集证据情形"的理由，排除了公安机关所获得的口供。

---

〔1〕(2013) 浙刑再字第2号刑事附带民事判决。

〔2〕(2013) 浙刑再字第2号刑事附带民事判决。

（2）关于鉴定意见审查。本案根据杭州市公安局2003年6月23日《法医学DNA检验报告》，被害人王某8个手指甲末端检出混合DNA谱带，可由死者和一名男性DNA谱带混合形成，但并非张辉或张高平与被害人混合形成。被告人和辩护律师提出，上述鉴定意见表明不能排除他人作案的可能。但二审法院判决："本案中的DNA鉴定结论与本案犯罪事实并无关联"，[1]未将DNA鉴定意见作为本案被告人无罪的证据。我们认为，我国《刑事诉讼法》虽无证据相关性的明确定义，但第48条"可以用于证明案件事实的材料，都是证据"的规定中，"可以用于证明"既指可以用于证明案件事实成立，也指可以用于证明案件事实不成立。因此，该条可视为我国刑事诉讼法对证据相关性的一个界定。当然，美国《联邦证据规则》第401条相关证据的检验规定得更加明确："下列情况下，证据具有相关性：①与没有该证据相比，它具有使一个事实更可能或更不可能的任何趋向性；并且②该事实对于决定该诉讼是要素性的。"[2]可见，相关性有一个低门槛检验标准，只要有它比没它有助于证明要件事实更可能或更不可能，该证据就具有相关性。在本案中，上述鉴定意见有助于证明他人接触进而杀害被害人的可能性，即有助于证明张辉、张高平未实施犯罪行为的可能性。这符合相关性定义，二审法官对该相关性鉴定意见予以排除是错误的。后来新的鉴定意见也证明了这一点。2011年11月，杭州市公安局从被害人8个手指甲末端擦拭滤纸上分离出来一名男性DNA分型与数据库进行比对，发现其与勾某某DNA分型7个位点吻合。同年12月，公安部物证鉴定中心《物证鉴定查询比对报告》，也说明了从被害人手指甲末端擦拭滤纸上的DNA检出混合物STR分型中包含勾某某的分型。这两份鉴定意见表明，被害人死前曾与勾某某接触。勾某某2002年在杭州市从事出租车司机工作，2005年1月8日晚将乘坐其出租车的吴某某杀死并窃取其携带的财物，2005年4月因犯故意杀人罪、盗窃罪被终审判处死刑并被执行。上述证据表明，本案不能排除系勾某某杀害王某的可能性。

（3）关于刑事诉讼证明标准。《刑事诉讼法》第53条规定："……证据确实、充分的，可以认定被告人有罪和处以刑罚。证据确实、充分，应当符

---

〔1〕（2004）浙刑一终字第189号刑事附带民事判决。

〔2〕 Ronald J. Allen et al., *Evidence: Text, Problems, and Cases*, 5th ed., Wolters Kluwer Law & Business in New York, 2011, p. 122.

合以下条件：①定罪量刑的事实都有证据证明；②据以定案的证据均经法定程序查证属实；③综合全案证据，对所认定事实已排除合理怀疑。”最高人民法院《关于适用〈中华人民共和国刑事诉讼法〉的解释》第105条规定：“没有直接证据，但间接证据同时符合下列条件的，可以认定被告人有罪：①证据已经查证属实；②证据之间相互印证，不存在无法排除的矛盾和无法解释的疑问；③全案证据已经形成完整的证明体系；④根据证据认定案件事实足以排除合理怀疑，结论具有唯一性……”我们认为，本案被告人的有罪供述不能排除违法取证的情形，因而不能作为定案依据。其他证据都是间接证据，如果据以认定被告人有罪，必须达到上述“足以排除合理怀疑，结论具有唯一性”的证明标准。因此，根据无罪推定原则，应当判决被告人无罪。

三、证据科学研究进展

（一）证据科学理论研究

第一，关于科学革命、智能革命和社会革命的相互影响。为纪念道伯特规则诞生20周年，有美国学者[1]对弗赖伊标准等科学证据可靠性检验标准进行反思，对科学革命、社会或政治革命（social or political revolution）和智能革命进行比较得出结论：16世纪开始的科技革命引发了智能革命，导致人们推理逻辑即信息搜集方式的变化，同时也带来社会变化；而人们社会需求的变化直接导致政治变革，并引发思维观念的变化。道伯特规则是科技革命的结果，但正是法庭解决社会纠纷和准确认定事实的社会需求，才引发诸如道伯特规则等一系列科学证据检验标准诞生的政治变革，导致法庭事实认定过程中人们证据思维方式的变化。因此，在科学与证据法交互作用的证据科学领域，科学是为法庭小社会服务的，现代法庭离不开科学知识和科学的逻辑思维。

第二，关于法庭科学证据的自然科学和社会科学属性。李昌钰等《美国法庭科学证据的应用与发展》一文指出：[2]科学证据的应用与发展和法庭科

---

〔1〕 See David L. Faigman, “The Daubert Revolution and the Birth of Modernity: Managing Scientific Evidence in the Age of Science”, 46 *U. C. D. L. Rev.* 893, 2012～2013.

〔2〕 参见杨敏、李昌钰：“美国法庭科学证据的应用与发展”，载《政法学刊》2013年第2期。

学的发展与应用相互促进。美国司法制度中法庭科学证据的证明力、可信度、可采性的分立质疑，对法庭科学本身的发展起到鞭策与促进作用。法庭科学与法庭科学证据分属于自然科学和法学，这两个领域的研究合作很少，从事交叉研究的人也不多。自然科学或检验得到的证据已被法庭作为法庭科学证据所接受，但自然科学不能解决犯罪的"是否"问题。例如，性虐待是否发生了？原告称被性虐待，且有性虐待类似的证据，原告也道出所谓真相，但其提供证据的目的可能并非其所申明的目的。这类问题被认为是社会科学证据。法院允许心理学家、社会学家、社会工作者、律师和警察来阐明对证据的观点。2009 年《美国科学院法庭科学发展规划报告》指出，法庭科学证据的应用应遵循 7 条基本原则，第 7 条要求："与法庭科学家或法庭科学证据工作相关的律师和法官必须掌握科学方法和法庭科学原理"。

第三，关于循证医学与证据科学。钱洪良认为,〔1〕循证以"遵循证据"进行实践的时代精神，成为多学科领域共同关注的方法论。循证因其以"证据"为核心，寻找最佳证据，追求最佳效果，体现了以科学精神的思维模式代替传统的经验思维。循证将科学研究所获得的证据作为实践的依据，彰显了实践领域重视科学证据的现代科学精神。目前与证据科学相关的至少还包括了哲学、统计学、医学、法庭科学、认知与决策科学等其他学科。为了认识和描绘司法证明过程，证据科学更多地借助于心理学、修辞学、叙事学等社会科学和法庭科学。

（二）证据科学实践探索

第一，关于证据科学与司法文明的关系。张文显教授在第四届证据理论与科学国际研讨会上的致辞指出,〔2〕司法文明有五个支点，即科学的司法理论、先进的司法制度、公正的司法运作、卓越的司法精英、理性的司法文化。证据科学通贯这五个支点：科学的司法理论少不了科学的证据理论，先进的司法制度离不开先进的证据制度，公正的司法运作依赖于严格而公正的证据规则，卓越的司法精英必须具备坚实的证据意识和精深的证据知识，理性的司法文化自然包含社会大众的理性的证据文化。所以，推进司法文明化，必然要求加强证据科学研究和证据制度创新。最高人民法院常务副院长沈德咏

---

〔1〕 参见钱洪良："论循证视角下的证据科学"，载《证据科学》2013 年第 5 期。

〔2〕 参见"第四届证据理论与科学国际研讨会举行"，载《法制日报》2013 年 7 月 24 日，第 009 版。

在致辞中指出,[1]证据制度是否科学、完善，直接反映着一国司法文明和进步的程度。证据制度的改革与发展不是一朝一夕所能完成的，可谓任重而道远。伴随着科学技术日新月异、经济社会不断发展、人类认识能力逐步提升，证据制度和理念的发展创新已成为法治发展的必然要求，更是司法文明进步的重要内容，必须持之以恒地加以推进。

第二，证据科学研究在司法文明协同创新中心平台上快速发展。[2]本年度，司法文明协同创新中心入选“2011计划”（高等学校创新能力提升计划）第一批14个协同创新中心之一。该中心以中国政法大学为牵头高校，吉林大学和武汉大学为主要参与高校，整合了3个教育部社科重点研究基地，1个证据科学教育部重点实验室，1个国家级司法鉴定机构，32个法院、检察院等司法机关。证据科学教育部重点实验室、国家级司法鉴定机构的加入，使中心具有了开展法学与自然科学交叉学科研究的条件和优势。中心与瑞士洛桑大学共建了“中瑞证据科学联合研究中心”。中心的10支创新团队中包括了证据法学和法庭科学2支创新团队，每支创新团队均由协同高校教师、法官、检察官和国外教授混合组成，实现了跨学校、跨部门和跨国境的协同创新。

四、证据法学研究进展

(一) 关于证据法的理论基础和体系

关于证据法理论基础的研究仍有四种不同学说。

“一论基础说”主张，我国证据制度的理论基础是辩证唯物主义认识论。包括三个问题：一是如何认识案件事实；二是如何认识证据；三是如何认识司法人员对案件事实的认定。案件事实、证据都是客观存在的事实，司法人员借助证据与案件事实之间的客观联系可以对案件事实进行认定，其认识即具有真理性。“我国证据制度要解决的核心问题是如何保证司法人员能够正确认识案件事实，亦即如何保证其主观符合客观。”[3]我们认为，证据法的理论

〔1〕 参见“加强证据理论创新　促进司法文明进步”，载《人民法院报》2013年7月21日，第001版。

〔2〕 参见张文显等：“突破机制体制壁垒　组建培育司法文明协同创新中心”，载《中国高等教育》2013年第9期。

〔3〕 参见陈一云、王新清主编：《证据学》（第5版），中国人民大学出版社2013年版，第56~57、136~138页。

基础不限于认识论，其求真和求善的双重功能仅靠认识论基础是无法理解的；另外，把认识论仅仅理解为辩证唯物主义认识论，无法解释国内外证据法理论基础为何不同。

“两论基础说”主张，认识论和价值论构成了证据法的理论基础。认识论原理对证据法学具有一般方法论意义，事实认定是控辩审三方的互动过程，它并非“心证”那样不可言说，而是一个从证据性事实到推断性事实、要件事实的经验推论过程，也是对证据信息进行收集、加工的观念重建过程，体现为求真。证据法的价值论基础包括准确、公正、和谐和效率，旨在维护普遍的社会价值，体现为求善。证据法是“求真”和“求善”的统一。[1]陈光中教授也主张将“较多数学者认同”的认识论和价值论作为证据法的理论基础，但应当将辩证唯物主义认识论原理与诉讼证据运用的特殊规律结合而形成的诉讼认识论作为证据法的认识论基础；公正、人权、秩序、效率构成了证据法的价值论基础。“价值论与认识论在证据法中有相统一的一面，也有矛盾之处；二者互相促进，但又有所制约。我们既要查明事实真相，又不应当只追求事实真相，必须通过证据制度和诉讼程序的规制，使多重诉讼价值互相结合并得以平衡实现。”[2]

“三论基础说”主张将认识论、价值论和方法论作为证据法的理论基础。辩证唯物主义认识论是证据法的认识论基础；司法证明中法律价值和其他价值的平衡和法律价值内部的平衡是证据法的价值论基础；证据法的方法论包括哲学科学方法论、一般科学方法论和证据法专门方法论三个层次。[3]叶青也主张，“诉讼证据学的理论基础”一是诉讼认识的真理性，辩证唯物主义认识论应当作为我国证据法学的理论基础；二是诉讼认识的正当性，诉讼证明还应建立在形式理性的程序正义基础之上；三是客观真实与法律真实的同一性，在诉讼中应当将两者有机地统一。[4]

“多论基础说”主张，刑事证据制度的理论基础包括：辩证唯物主义认识论、程序正义理论、人权保障理论、某些科技理论（如生命科学、信息技术等）等多重基础。在上述理论基础中，哲学层面的辩证唯物主义是第一层次，

---

〔1〕 参见张保生等：《证据法学》，高等教育出版社2013年版，第54~84页。

〔2〕 参见陈光中主编：《证据法学》（修订版），法律出版社2013年版，第84~107页。

〔3〕 参见何家弘、刘品新：《证据法学》（第5版），法律出版社2013年版，第40~75页。

〔4〕 参见叶青主编：《诉讼证据法学》（第2版），北京大学出版社2013年版，第38~44页。

宪法理论、程序正义和人权保障是第二层次，科技理论是第三层次。〔1〕宋振武、张洪艳在《证据法理论基础问题之再反思》一文中主张，辩证唯物主义认识论、形式理性是证据法的理论基础；除此之外，程序正义、一般法理学、证言心理学等也构成了证据法的理论基础。〔2〕

关于证据法理论体系的研究主要体现为三种观点：一是建立新的证据法理论体系，张保生教授等倡导，以“一条逻辑主线”（相关性），“两个证明端口”（证明责任和标准），“三个法定阶段”（举证、质证、认证），“四个价值支柱”（准确、公正、和谐和效率）建构新的证据法学理论体系。〔3〕二是“纯粹的刑事证据法学”体系的构建，主张“按照刑事证据法的本质确定刑事证据法学的研究范畴，剔除现有刑事证据法学理论体系中不纯粹的部分”〔4〕。三是对传统“证据论+证明论”体系的修正，如在内容上压缩“证据论”、增加“证明论”和证据规则的内容；〔5〕又如对传统体系适当改变，分为“史论”、“总论”、“分论”；〔6〕或在“总论”、“证据论”、“证明论”外新增“证据实践论”；〔7〕或新增“证明过程”。〔8〕上述三种观点都是超越传统“证据论+证明论”证据法理论体系的探索。有评论说，第一种观点立足于证据法理论与实践的融合，将事实作为证据法的逻辑起点，重视诉讼证明原理的探究，极大压缩了“证据论”的内容，将证明置于举证、质证、认证的事实认定过程进行阐述，改变了传统证据法学内容陈旧、体系羸弱的局面。〔9〕第二种观点主张回归刑事证据法的本质，打造纯粹的刑事证据法体系，其价值在于厘清了刑事证据法的研究范围，但未能从学科体系方面作进一步论证，这一主张还遇到了如何看待三大诉讼事实认定之共性的问题。第三种观点认识

---

〔1〕参见王彬主编：《刑事证据学》，郑州大学出版社2013年版，第52~55页。

〔2〕参见宋振武、张洪艳：“证据法理论基础问题之再反思”，载《烟台大学学报（哲学社会科学版）》2013年第1期。

〔3〕参见张保生等：《证据法学》，高等教育出版社2013年版，内容提要，第98页。

〔4〕王超：“中国刑事证据法学理论体系的科学建构”，载《法学评论》2013年第1期。

〔5〕参见何家弘、刘品新：《证据法学》（第5版），法律出版社2013年版。另参见潘金贵主编：《证据法学》，法律出版社2013年版。

〔6〕参见陈一云、王新清主编：《证据学》（第5版），中国人民大学出版社2013年版。

〔7〕参见叶青主编：《诉讼证据法学》（第2版），北京大学出版社2013年版。

〔8〕参见占善刚、刘显鹏：《证据法论》（第2版），武汉大学出版社2013年版。

〔9〕参见王日春、邱爱民：“论证据法学统编教材的创新和发展——评张保生教授主编之《证据法学》”，载《重庆大学学报（社会科学版）》2009年第6期。

到传统“证据论+证明论”的局限，但其修补式做法仍未走出传统证据法体系“证据论+证明论”的分裂格局。证据的取得是以证明为目的，证明的核心并非证明的主体、对象、责任、标准等静态内容，而是运用证据进行事实认定的动态过程。我国证据法理论体系的构建必须对两者的关系进行深入研究。

（二）关于证据属性

关于证据属性，潘金贵主编的《证据法学》、叶青主编的《诉讼证据法学》都延续了传统的证据属性“三性说”（客观性、关联性和合法性）。前者还认为，证据“三性说”已日益成为证据基本特征的主流观点；〔1〕后者也认为，较之证据属性的其他学说，传统“三性说”观点更为科学。诉讼证据的客观性，强调的是其反映案件事实的真实程度；诉讼证据的合法性，强调的是其收集的程序性要求。客观性和关联性是基础，合法性是其保证和法律方面的要求。〔2〕

王进喜主编的《刑事证据法的新发展》，〔3〕秉持了证据属性“两性说”（关联性和法律性）。首先，该书否定了证据的“客观性”。理由是，新《刑事诉讼法》第48条已把证据定义为“可以用于证明案件事实的材料”，这标志着新形式证据观的确立。基于这一新证据观，证据不再是一种客观事实。证据的存在虽然不以人们的主观意志为转移，但对证据的认识以及对证据的应用却离不开人的主观意识。人们向法庭提供的证明材料，并非都是纯客观的真实材料，如虚假供述、证人的伪证以及伪造的书面材料等，但均不能否定它们的证据能力。虽然经过法定程序查证属“假”，不能作为定案根据，但这属于证据的审查判断和采纳与否的问题，而不是证据资格问题。其次，该书主张对证据的“关联性”应重新解读。新《刑事诉讼法》的证据定义意味着，证据与案件事实更多是一种形式上的证明关系。至于证据实质上能否证明案件事实，只有经过审查判断才能确定。如果某一材料在形式上与待证事实毫不相干，就意味着不可用于证明案件事实，从而不具有相关性。因此，按照证据新定义，相关性才是证据的本质属性。关于证据客观性的争论具有

---

〔1〕 参见潘金贵主编：《证据法学》，法律出版社2013年版，第50～59页。

〔2〕 参见叶青主编：《诉讼证据法学》（第2版），北京大学出版社2013年版，第51～57页。

〔3〕 参见王进喜主编：《刑事证据法的新发展》，法律出版社2013年版，第1～4页。

重要理论意义。坚持证据的客观性，来源于坚持辩证唯物主义认识论的“一论基础说”，但其所坚持的实际上是一种被前苏联教科书扭曲的机械唯物论。其特征在于否认人的认识是主客观相统一的活动，而将“客观性”标签贴在实践、事实、证据、真理等主客观相统一的活动上面。实际上，不依赖人的主观意识的纯粹客观性只有本体论意义，在认识论领域一切都是主客体的相互作用，连事实也是既有客观内容，又有经验形式。我国政法工作长期奉行“实事求是、有错必纠”方针，提倡“既不冤枉一个好人，也不放过一个坏人”（“不漏不错”）的空想口号，都是机械唯物主义认识论的产物。实际上，我国哲学界对辩证唯物主义认识论的研究早就超越了机械论，而代之以信息论的新理论；[1]法学界和法律实务界也早就对证据客观性提出了质疑；[2]本年度最高人民法院大法官和最高人民检察院大检察官关于“宁漏勿错”与“宁枉勿纵”的争论，也是对证据客观性提出的一种挑战。此外还需要考虑，坚持证据客观性的观点，不仅对事实认定没有任何认识论指导作用，而且还会陷入无法回答真假证据哪一个有客观性的困境。最后，我们坚持相关性是证据的根本属性，还因为按照“最小相关性检验标准”，如果提供一个证据，与不提供、不知道该证据相比，将使要件事实的存在更可能或更不可能。相关性规则旨在告诫法官不要排除此类证据，体现了“倾向于采纳并依靠所有有用信息的证据政策”。[3]然而，对于证据的客观性，我们却无法为法官提供一个检验标准。

（三）关于证据开示

关于证据开示的研究本年度主要集中在刑事证据开示制度、庭前会议的证据开示以及证据开示制度比较研究等方面。徐利英、王峰认为，我国证据开示制度在新《刑事诉讼法》第38～40条扩大辩护律师阅卷范围的基础上得以确立，并在有关司法解释中有具体规定，既确立了双向开示原则，也保留了原有的阅卷方式，并确立了审前由法院主持的庭前会议。庭前会议在法院

---

〔1〕 参见李秀林、王于、李淮春主编：《辩证唯物主义和历史唯物主义原理》（第3版），中国人民大学出版社1990年版，第250～252页。

〔2〕 参见卞建林、谭世贵主编：《证据法学》（第2版），中国政法大学出版社2010年版，第141～145页。

〔3〕 参见［美］罗纳德·J. 艾伦等：《证据法：文本、问题和案例》，张保生、王进喜、赵滢译，满运龙校，高等教育出版社2006年版，第154页。

主持下，控辩审三方主要针对证据问题进行讨论，完成证据开示、非法证据排除等任务。但现行证据开示制度的缺陷是，对未尽到开示义务的检察机关或辩护人没有规定相应的制裁措施；另外，大量犯罪嫌疑人、被告人没有辩护律师，无法适用证据开示。[1]郭譞认为，新《刑事诉讼法》确立的证据开示制度有三个特点：一是表现形式为辩方阅卷和控方接受证据材料；二是双方均有开示证据的义务；三是开示内容不对等，控方应开示所有的案卷材料，辩方只需要开示犯罪嫌疑人不在现场、未达刑事责任年龄、属于依法不负刑事责任的精神病人的证据。不足之处也是未规定违反证据开示义务的制裁措施。[2]姜新国提出，公诉案件庭前会议制度的核心内容，应包括排除非法证据和证据开示。完全可将证据开示纳入庭前会议予以解决，对双方认可的证据，无需再经过详细的举证和质证程序，对双方都具有约束力。庭审中不再就已开示的证据进行出示和质证，可使庭审更加集中。[3]

（四）关于科学证据与司法鉴定

关于科学证据的性质及司法鉴定的科学性，有学者指出，[4]司法鉴定的科学性，实质上就是指其可重复性。这是司法鉴定科学性的代名词，一是指司法鉴定理论和技术的可检验性，二是指操作过程、鉴定结果的一致性。因此，对鉴定意见科学性的审查应当排除伪科学的东西，并将鉴定意见回归到证据层面，通过质证，符合证据采信标准的鉴定意见才能作为定案依据。但有学者认为，[5]可重复性并非科学性的全部内容，只是科学结论可靠性的体现。“真正能够表明科学结论正确性的是另外一个概念，即科学结论的有效性，也指科学结论反映客观真实的程度。……案件事实发生的可能性不能仅用科学证据可靠性这一个参数来说明。”因此，用非常可靠的科学方法得出的能够验证的科学结论，并不像科学家声称的那样可靠。

---

〔1〕 徐利英、王峰：“关于刑事证据开示制度的思考”，载《中国刑事法杂志》2013年第9期。

〔2〕 郭譞：“新刑事诉讼法框架下证据开示制度的特点及完善”，载《法制与经济》2013年第10期。

〔3〕 姜新国：“公诉案件庭前会议相关问题探究”，载《中国检察官》2013年第12期。

〔4〕 参见陈敏、刘鑫：“论司法鉴定的可重复性”，载《中国司法鉴定》2013年第3期。另参见刘鑫：“论司法鉴定的科学性”，载《第四届证据理论与科学国际研讨会论文集》（下册），第403～413页。

〔5〕 张斌：“证据概念的学科分析——法学、哲学、科学的视角”，载《四川大学学报（哲学社会科学版）》2013年第1期。

关于鉴定意见的审查判断，樊崇义教授认为，[1]新刑诉法将“鉴定结论”改为“鉴定意见”，这带来一个亟待解决的问题，即根据什么标准来决定鉴定意见的采纳与否。我国应当结合新刑事诉讼法基本框架，借鉴英美国家专家证人意见规则，以相关性、科学原理和方法的可靠性等为内部性规则，以鉴定人出庭作证、专家辅助、采信理由公开为外部性规则，从内外两个方面规范鉴定意见的审查与运用，以确保刑事司法的公正性。针对我国专家证据审查失效、“以鉴代审”的现象，有学者提出，[2]应强化法官在审判中对司法鉴定的程序控制及规范的质证规则，实现对司法的实际掌控等。也有学者指出，[3]“以鉴代审”起因于法官缺乏专业知识，但根本原因是制度缺失。现行司法鉴定规则的宗旨是规范鉴定机构和诉讼当事人，这是根本性错位。法官是司法鉴定程序和鉴定意见采信的唯一控制者和权力行使者，因此，司法鉴定规则应着眼于规范法官的行为，细化法院委托鉴定规则和鉴定意见的质证规则，确立鉴定意见不得与其他证据相冲突原则、鉴定意见零瑕疵采信原则等。

(五) 关于言词证据

本年度关于言词证据的研究主要包括：

第一，当事人陈述。《民事诉讼法》第63条对当事人陈述未给出明确定义。有人主张，应当区分当事人的陈述和主张，后者范围更泛。第63条和第138条的“当事人陈述”不一样，后者是指原被告宣读起诉状、答辩状，实际上是“当事人主张”，而不是当事人对于事实的陈述。因此，可强制当事人到庭陈述，尽量排除和避免当事人的虚假陈述。[4]有人提出，当事人真实陈述义务是对当事人自由处分权的适当限制，民事诉讼法规定了诚实信用原则，就必然要求在当事人陈述制度中确立真实陈述义务。因此，应该采取主观标准来判断是否构成对真实陈述义务的违反，对违反者不能适用剥夺人身自由

---

〔1〕 樊崇义、吴光升：“鉴定意见的审查与运用规则”，载《中国刑事法杂志》2013年第5期。

〔2〕 夏万宏：“反思民事诉讼中的‘以鉴代审’”，载《中国司法鉴定》2013年第6期。

〔3〕 孟勤国：“司法鉴定规则应重在规范法官行为——最高法院（2011）民一终字第41号判决书研读”，载《法学评论》2013年第1期。

〔4〕 彭芳林：“我国当事人陈述若干问题研究——结合2012年民诉法修改的相关规定”，载《法制博览》2013年第1期。

的刑事制裁，而应以限制人身自由的司法拘留为最终手段。[1]

第二，被害人陈述。方斌认为，[2]被害人陈述虽在我国刑事司法中广泛应用，但被害人因其特殊身份，在主观意志作用和作证能力的限制下，其陈述可能丧失可信性，因而应当进行一定限制。有人从被害人陈述角度研究了“一对一”强奸案的证据采信问题，[3]认为此类案件可在落实“直接、言词原则和对质权规则”的基础上，加上一些传闻证据例外规则。例如，可在侦查程序中赋予犯罪嫌疑人、被害人对质权，使经过对质的先前陈述进入庭审。为了排除那些与案件事实没有相关性且容易导致对被害人歧视的证据，可借鉴美国强奸被害人保护规则。

第三，被告人口供。有人指出，[4]当前审判程序中的非法供述排除，被告人不是享有权利，而是承担对供述非法的初步证明责任。从理论上看，被告人无法也无力承担这种证明责任；从当前不多的实例看，被告人的责任有可能异化为对供述合法的证明责任。因此，应当把被告人在非法供述中的责任限制为主张责任，同时设定诬告陷害或藐视法庭罪等作为滥用其主张责任的惩罚。有学者指出，[5]此次刑事诉讼法再修改，未能给非法口供的认证提供规范和引导。因此，必须设置相应的认证标准，指导法官综合衡量非法行为对被追诉人权利侵害的程度，决定是否排除非法口供。龙宗智指出，[6]“两高”司法解释，对非法口供以“在肉体上或者精神上遭受剧烈疼痛或者痛苦”为核心判断要件，可称为“痛苦规则”，可用不能“查证属实”即客观性标准将其排除；对于“指供”，可以其手段非法而排除，或以其不可靠而排除，或以法律行为成立要件欠缺为由而认为口供不存在；对于在违法时间或地点审讯形成的口供，严重者可用不能排除非法取供可能性为由而将其排除。有学者指出，[7]我国刑事诉讼法采取相互印证的证明模式，其功能在于全力突破口供，由供到证，以口供作为印证证明的中心，切断犯罪嫌疑人获知其他

---

〔1〕 武丽梅、冯书阳：“论当事人陈述之真实义务”，载《法制与社会》2013年第17期。

〔2〕 方斌：“论侦查询问中的交流技巧——以证人和被害人为中心”，载《中国刑事法杂志》2013年第1期。

〔3〕 戚硕：“‘一比一’强奸案件被害人言词证据规则研究”，苏州大学2013年硕士学位论文。

〔4〕 陈海锋：“中国非法供述排除中的被告人责任”，载《北京社会科学》2013年第6期。

〔5〕 莫然：“非法口供的认证标准”，载《时代法学》2013年第3期。

〔6〕 龙宗智：“我国非法口供排除的‘痛苦规则’及相关问题”，载《政法论坛》2013年第5期。

〔7〕 谢小剑：“刑诉法修改下相互印证的证明模式”，载《中国刑事法杂志》2013年第5期。

证据的可能，这是对口供排除的强烈排斥。刑事诉讼法再修改后，防止非法讯问的程序规范化，律师辩护权的保障和非法证据排除规则的确立，使相互印证的办案模式受到严重冲击。诉讼证明应当转为由证到供的相互印证，以及时、详细的提审来应对审查起诉阶段的对抗化。

第四，证人证言。有学者指出，[1]完善立法只是促进证人出庭的一个方面，并未触及证人出庭率低的根本症结。案卷笔录中心主义刑诉模式才是证人出庭难的根本原因。在这种模式主导下，司法机关可通过司法解释来突破证人出庭制度的约束。因此，司法机关内部应当建立有利于证人出庭的考评制度，并制定防止证人翻证的有效措施。有人指出，[2]法院拥有证人出庭决定权在合理性上有待商榷，在实践中可能会出现法官为片面追求效率自由裁定不让证人出庭的情况。黄金华引入国外学者的论证理论，对法庭质证、询问证人的过程构建以图尔敏模式为框架的论证模型，并讨论了该模型结论的可废止性、证言可信赖性等问题。[3]

第五，作证特免权。有人指出，[4]新刑事诉讼法对证人作证特免权的规定不足，凸显出证人权利保障方面的弱势。司法机关在查明案件事实的过程中，仍然不能转变将证人当作工具或客体的思维模式，这对证人权利的保障犹如釜底抽薪。

（六）关于证据排除规则

第一，证据排除规则的基础理论研究。陈瑞华讨论了证据准入的概念问题。他认为，证据转化为定案根据的条件，是证据法要解决的核心问题。与英美法“可采性”和“相关性”相比，大陆法“证明力”和“证据能力”与中国证据制度有更大兼容性，并在立法中得到确立。证据能力固然是证据法所要规范的主要对象，但必要时也要对证明力作一定的规范。[5]但王超认为，刑事证据排除可分为两种模式，一是以规范证据能力为中心的美国排除模式，

---

〔1〕陈静：“证人出庭作证制度新问题研究——以刑事诉讼法再修改为视角”，安徽大学2013年硕士学位论文。

〔2〕何莉：“新刑诉法视角下证人出庭制度失灵问题的解决建议”，载《河北法学》2013年第6期。

〔3〕黄金华：“证人证言质证的论证模型研究——基于图尔敏模式的分析”，载《理论月刊》2013年第11期。

〔4〕黄荣飞：“论证人作证特免权”，载《东南大学学报（哲学社会科学版）》2013年增刊。

〔5〕陈瑞华：“关于证据法基本概念的一些思考”，载《中国刑事法杂志》2013年第3期。

二是以规范证明力为中心的中国排除模式。前者有助于维护程序的正当性和提高审判效率，却有牺牲案件事实真相的代价；后者虽然有助于发现案件事实真相，却导致审查判断规则难以执行，无法为非法证据排除规则提供适合的生长土壤。以规范证明力为中心的方式来防止法官滥用自由裁量权，既不符合法理，又没有对症下药，甚至为法官滥用裁量权提供了新的机会。[1]樊传明从两个方面讨论了证据排除规则的激励功能：一是着眼于法庭事实认定，既然理性主义传统以发现真相为司法制度的重要目标，那就应要求当事人提交“最符合争议事实本身之性质的证据”，这能激励诉讼双方提交最佳证据，强化、矫正对抗制本身的作用。二是着眼于庭外行为，体现了外部政策保护。它包括审前阶段和诉讼外的行为，前者通过否定行为收益的方式提供反向激励，后者通过降低潜在成本的方式提供正向激励。[2]

第二，非法证据排除规则研究。顾永忠认为，我国非法证据排除制度的特殊性是集中在庭审阶段，同时贯穿刑事诉讼主要程序。要注意解决以下问题：一是庭前会议是否应当排除非法证据，庭审对非法证据是否应当“先行调查”、先行排除；二是“两院三部”《关于办理刑事案件排除非法证据若干问题的规定》与新《刑事诉讼法》的适用与协调问题。[3]通过对东南地区某法院进行调研，李海良发现，相关法律规范的操作性不强、司法机关难以相互制约、重实体轻程序的传统司法观念、行政倾向性较强的畸形考核体系，都是非法证据排除规则适用的现实障碍；非法取证方法的理解、刑讯逼供行为的界定、瑕疵证据补正的标准，则是其适用范围的困境所在；办案说明与侦查人员出庭的审判选择、重复自白效力如何认定、诉权启动程序中的辩方证明责任以及证据合法性的证明标准，是其适用程序及裁判标准上的桎梏。[4]栗峥从法律移植的角度认为，目前我国确立的非法证据排除规则是一个“错的制度”，或者说，立法出于某种所谓“循序渐进”的考量而任意篡改了非法证据排除规则，违背了该规则的应然原理与规律，使现行规则变形

---

〔1〕 王超：“刑事证据排除的两种模式”，载《现代法学》2013年第4期。

〔2〕 樊传明：“论证据排除规则的激励功能”，载《证据科学》2013年第1期。

〔3〕 顾永忠：“我国司法体制下非法证据排除规则的本土化研究”，载《政治与法律》2013年第2期。

〔4〕 李海良：“非法证据排除规则适用情况之实证研究——以东南地区某法院为例”，载《中国刑事法杂志》2013年第11期。

为“非法证据几乎可以不排除的规则”，导致规则失效。立法者应当洞察非法证据排除规则的精神主线与内核，整套引进该规则，以保全其完整的结构与功能，否则，就仅仅是一场“立法秀”。[1]王超认为，非法证据调查程序常因法官滥用自由裁量权而难以启动。为激活该程序，不仅需要明确界定辩方证明责任、提高辩方举证能力，而且应从程序性诉权的角度来看待辩护方非法证据排除申请，限制法官的自由裁量权。[2]何家弘认为，不能奢望立法者制定出包罗万象且尽善尽美的法律规则，只能由司法者在实践中对具体案件进行解释性适用。非法证据排除规则的适用需要判例。[3]林国强认为，审前重复供述的可采性直接关涉非法证据排除规则能否有效实施，因而必须对审前重复供述的可采性进行规范。应借鉴国外“非法讯问行为持续影响效力”分析方法，以便在现行法律框架内为法院排除重复供述提供法律依据。在我国，排除重复供述面临前次非法供述难以排除以及法官自由裁量权过大两个困境。[4]

第三，非法证据排除规则的个案研究。龙宗智认为，在薄熙来案中，将纪检的自书材料以人证形式作为定案依据，不符合刑事诉讼法的精神。自书与笔录实无本质区别，但经合法性验证的自书材料可作书证，用以佐证事实或弹劾主要证据。对“明知”的证明，采直接证明与间接证明两种方式，前者常遇困难，因此应善于“根据客观实际情况予以推断”，结合相关直接证据认定“明知”。要慎重对待污点证人的证言，注意利害关系对证言的影响；在新规范约束下，应建立可监督的作证豁免制度，以使豁免正当有据。相互印证是我国刑事证明之“铁则”，但应当注意取证方法与限度，坚持“自然法则”。被告人享有证据知悉权，但应防止对其他合法利益的损害。被告人的质证权可能与庭审效率冲突，但应以保障质证权为前提。辩护方的调查权应当强化，并给予制度保障。[5]

（七）关于证明责任与证明标准

关于证明责任研究，有学者认为，[6]证明责任倒置是大陆法系国家证明

---

〔1〕 栗峥：“非法证据排除规则之正本清源”，载《政治与法律》2013年第9期。
〔2〕 王超：“非法证据排除调查程序难以激活的原因与对策”，载《政治与法律》2013年第6期。
〔3〕 何家弘：“适用非法证据排除规则需要司法判例”，载《法学家》2013年第2期。
〔4〕 林国强：“论审前重复供述的可采性”，载《证据科学》2013年第4期。
〔5〕 龙宗智：“薄熙来案审判中的若干证据法问题”，载《法学》2013年第10期。
〔6〕 参见胡学军：“证明责任倒置理论批判”，载《法制与社会发展》2013年第1期。

责任理论的过渡性概念，是对证明责任分配结果的描述，并非证明责任分配的特殊方法。如按规范说确定的分配方法，我国实体法中特殊侵权诉讼的证明责任分配并不属于倒置，此类规范的发展也并非对司法实践解决案件证明困境的经验总结。证明责任倒置与特定案件证明困境的解决没有必然联系，不能作为解决现代型案件证明困境的方法论。证明责任倒置是具体举证责任机制贫困的产物，必将随着具体举证责任机制与规则的发展而渐趋消亡。有学者怀疑作为证明责任适用前提的真伪不明状态是否存在，[1]认为大陆法系强调事实认定的真伪不明状态及其法律适用过程，而普通法系则相反。我国通说倾向于大陆法系客观证明责任理论，但立法和司法活动都表明该理论尚未得到体系化运用；相反，普通法系说服责任的应用更为流行。有学者认为，[2]刑事程序性违法行为之证明责任分配机制，是刑事程序性制裁理论的重要组成部分。在其制度设计方面，应包括技术性程序违法行为的证明责任分配，以及侵权性程序违法行为的证明责任分配。对于前者的证明责任分配，任何当事人均不承担证明责任，只需补救即可。补救方式除了现行法律所规定的补正、解释之外，还应包括重做。对于后者的证明责任分配，被告人需要承担提供证据责任，被指控实施程序性违法行为的控诉机关需要承担证明责任。

关于证明标准研究，有学者采用法经济学的分析框架，阐述了证明标准的设定应使行政成本和错误成本之和最小化，并比较分析了刑事、民事和行政诉讼的证明标准。[3]有学者认为，[4]中国古代诉讼事实认定中存在着铁案如山与莫须有两种证明标准。前者强调事实认定绝对正确，后者则允许事实认定有较大可能性。前者又分为不要求特定证据的一般铁案如山标准，及要求有特殊证据的特殊铁案如山标准；后者则可分为可能性很大与有可能两种标准。铁案如山标准关注案件的真实发现，莫须有标准则体现对伦理、效率、

---

〔1〕 参见曹志勋：“‘真伪不明’在我国民事证明制度中确实存在么?”，载《法学家》2013年第2期。

〔2〕 参见许乐：“刑事程序性违法行为之证明责任分配机制研究——兼论我国非法证据排除程序中检察机关的证明责任”，载《宁夏社会科学》2013年第6期。

〔3〕 参见张卿：“证明标准的经济学分析”，载《比较法研究》2013年第4期。

〔4〕 蒋铁初：“铁案如山与莫须有——中国古代诉讼中的双重证明标准?”，载《证据科学》2013年第5期。

仁政等价值观的维护。对特殊铁案如山标准的强调有可能会导致无效审理；而莫须有标准若适用不当，则会导致冤案发生。

（八）关于法院取证与证据保全

关于法院取证，一是涉及庭外调查权的存废：有论者认为，[1]只要刑事诉讼仍以查明实体真实为主要目的，庭外调查权就是不可或缺的重要手段，这有利于查明案件事实。我国公众法律素养不足、当事人经济条件的限制，都为庭外调查权提供了依据。二是法院庭外调查权行使存在的问题：首先是法官庭外调查与其中立角色冲突，面临控辩双方的质疑；[2]其次是法官庭外调查权的启动随意，只要合议庭认为"证据有疑问"就可自行实施，但庭外调查取证的范围和手段缺乏必要性限制。[3]三是法院庭外调查取证的程序规制：[4]首先是严格限制法官主动庭外调查，应当依当事人申请启动；其次是细化庭外调取证据的效力认定程序；最后是赋予当事人申请庭外调查未果的救济途径。

关于证据保全，《民事诉讼法》修订增加了诉前证据保全制度，但有论者认为，[5]证据保全不仅存在涵义不清、常与证据收集混为一谈的问题；而且，将法院作为证据保全主体，也缺乏合理性。有人认为，[6]公证证据保全和法院证据保全是我国主要的证据保全方式，尽管二者在活动性质、启动时间、适用程序等方面有较大差别，所保全的证据在日后法庭审理时对双方当事人的质证也不尽相同，但二者的保全效力是相当的。在促进当事人主义诉讼模式发展的环境下，公证证据保全是完全等同于法院证据保全的。关于诉前证据保全制度的价值：[7]首先是保障事实认定的准确性；其次是制止侵权行为发生；最后是公正与效率理念的竞合。有论者阐述了电子证据保全的三种类型：[8]第一类为诉讼保全，当事人向法院提出申请，借助法院保全涉及诉讼

〔1〕 高通："我国法官庭外调查权的存废与适用"，载《山东警察学院学报》2013年第4期。

〔2〕 费蓬煜、任学婧："法官庭外调查权与其中立角色的维护"，载《人民论坛》2013年第4期。

〔3〕 高通："我国法官庭外调查权的存废与适用"，载《山东警察学院学报》2013年第4期。

〔4〕 以下参见费蓬煜、任学婧："法官庭外调查权与其中立角色的维护"，载《人民论坛》2013年第4期。另参见赵一："法院调查取证的进一步规范"，载《人民法院报》2013年12月11日。

〔5〕 刘晶："证据保全理论之审视与重构"，载《辽宁行政学院学报》2013年第2期。

〔6〕 胡思博："民事证据保全主体选择竞合论"，载《福建法学》2013年第1期。

〔7〕 张雪花："诉前证据保全制度之价值解读"，载《人民法院报》2013年12月18日。

〔8〕 彭语良："电子证据保全与规范使用的思考"，载《兰州学刊》2013年第5期。

的电子数据；第二类为公证保全，当事人委托相关公证机关保全涉及诉讼的电子数据；第三类为自行保全，当事人直接借助网络服务者提供的与事实相关的信息对电子数据进行保全。

（九）关于质证与认证

有学者认为，对质包括两种：一种是司法机构查明事实的手段与方法，从被告人的角度可称之为“忍受对质的义务”；另一种是被告人面对指控者或不利证人进行质问的权利，又称为对质权。目前，被告人对质权作为基本人权已被世界各国和地区广泛接受与认可，我国也应该赋予被告人对质权。但目前刑事诉讼证人基本不出庭，侦查人员制作的案卷笔录具有天然证据能力和优势证明力，辩护律师仍游离于裁判形成机制之外，法院审判的形式意义大于实质意义，这些因素都给对质制度的构建带来了困难。[1]我们认为，对质是一种揭示案件真相的重要方法，从被告人权利保障的角度，特别要保障其与证人对质的权利。

关于科学证据的质证模式，有论者认为，鉴定意见的质证，需要具备一定的科学知识。我国目前仍采用职权主义与当事人主义相结合的质证模式，法官的职权行为起着重要作用。但是，应当赋予当事人完全的质证权利，法官不行使或慎用询问权，但如果当事人等发问的内容与案件无关的时候，应当行使制止权。[2]

关于保密证据的质证，有学者认为，在刑事诉讼中，要区分技术侦查方法与技术侦查所获证据、技术侦查审批程序的不同，明确只有技术侦查方法不受当庭质证。对于技术侦查的程序违法问题，例如扩大技术侦查的范围、种类、期限等，这些不属于技术侦查方法，而属于技术侦查的审批手续，不是保密对象，应当公开质证。对于采取何种方式对证据予以质证，可在庭前会议中由法官作出裁定，采取相应的保密程序。[3]

（十）关于推定

有研究者针对最高人民法院《关于适用〈中华人民共和国婚姻法〉若干问题的解释（三）》，讨论了亲子关系推定的许可与禁止问题。该司法解释第

---

〔1〕 参见汪容：“对质制度的双重解读与刑事诉讼法的再修改”，载《湖北社会科学》2013 年第 2 期。

〔2〕 参见杨进友：“鉴定意见质证模式设想”，载《人民检察》2013 年第 8 期。

〔3〕 参见谢小剑：“刑诉法修改后涉密证据的质证”，载《法学论坛》2013 年第 5 期。

2条创立了两种新型推定，即亲子关系存在的推定和亲子关系不存在的推定。它们都违反了举证责任基本原则，使本该由原告承担的举证责任转换到被告身上，造成了不利于被告的局面。但是，它们实施后所产生的社会效果不同，前者有利于未成年人取得抚养费、医疗教育费等经济权益，减轻母亲的经济负担；后者违反了我国有关法律保护妇女和未成年人的基本原则，侵犯了未成年人及其母亲的经济利益和其他相关利益。因此，对于请求确认亲子关系不存在的诉讼，要禁止适用推定；对于请求确认亲子关系存在的诉讼，应当适用推定，但要运用适当的法律技术以消除其与举证责任规则的冲突。〔1〕

陈久红、王东海以一起贩卖毒品案为例进行分析，认为通过毒品数量、吸食数量、资金来源、电子秤、封锁机、40多个透明塑料封口袋的所有人、用途等证据，可以推定其具有贩卖故意，加之其反驳理由不能成立，最终可认定贩卖目的。〔2〕我们认为，该文所提出的对各种证据的审查办法，实际上是对贩毒故意的证明方法，即证明这些证据性事实与贩毒故意的要件事实具有相关性的经验推论方法，而不是“推定其具有贩卖故意”的推定方法。因为，“证明就是国家公诉机关和诉讼当事人在法庭审理中依照法律规定的程序和要求向审判机关提出证据，运用证据阐明系争事实、论证诉讼主张的活动。”〔3〕推定不是证明，这决定了推定在刑事诉讼中具有严格的适用范围和条件。在毒品犯罪中，贩卖目的或贩卖故意是一个要件事实，对其应当证明达到确信无疑的标准，而不能用推定方式代替证明。

五、法庭科学标准化建设进展突出

本年度，全国社会类司法鉴定业务量仍保持两位数增长，经各省级司法行政机关审核登记的司法鉴定机构和司法鉴定人完成各类司法鉴定业务共计1 675 423件，比上年增长11.3%。司法行政机关审核登记的司法鉴定机构共4 876家，比上年增长0.89%。从事法医类鉴定、物证类鉴定、声像资料类鉴

---

〔1〕 参见叶自强：“亲子关系推定的许可与禁止——对《婚姻法司法解释三》第二条的评析”，载《政治与法律》2013年第8期。

〔2〕 参见陈久红、王东海：“毒品犯罪中‘以贩卖为目的而非法收买’的具体判断”，载《中国检察官》2013年第4期。

〔3〕 卞建林主编：《证据法学》，中国政法大学出版社2007年版，第212页。

定、计算机鉴定、电子数据鉴定、精神障碍医学鉴定的机构共2420家（其中包括既有三大类又有其他类的综合鉴定机构313家）；从事知识产权、司法会计、建设工程、产品质量、价格类、涉农类等其他类鉴定的机构2456家。

本年度最大的亮点是标准化建设，发布和实施了在司法鉴定历史上值得铭记的两个标准规范：①8月30日，"两院三部"联合发布了《人体损伤程度鉴定标准》，自2014年1月1日起施行。②9月1日实施了CNAS－CL08：2013《司法鉴定/法庭科学机构能力认可准则》[1]。

自1990年相继出台三个人体损伤程度鉴定标准以来，随着法医临床学鉴定业务不断扩张，刑事伤害案件技术标准在持续的争论、冲突中逐步演化为司法鉴定领域的焦点问题，并成为催生2005年司法鉴定制度改革的肇始因素。2013年司法部《关于认真做好贯彻落实〈人体损伤程度鉴定标准〉工作的通知》[2]，明确指出《人体损伤程度鉴定标准》是法医临床司法鉴定最重要、最基本的技术标准，是司法机关准确认定案件事实的重要依据；明确要求各地要切实抓好该标准的贯彻落实，进一步严格规范法医临床执业活动，加强监督管理，有效遏制和减少重复鉴定，推动法医临床类司法鉴定规范化、制度化、科学化建设。

《司法鉴定/法庭科学机构能力认可准则》的实施标志着我国司法鉴定/法庭科学机构拥有了专门性认可准则，其在国际认可行业具有开创性，解决了之前有关评审标准适用检测和校准实验室能力认可准则还是适用检查机构能力认可准则的争议。该准则在遵循国际通用准则的科学架构和文本语境的基础上，总结了我国司法鉴定/法庭科学实践经验，编制出适合我国实验室认可的准则，于我国正在进行的如火如荼的质量革命而言非常应景。

上述标准的出台促进了全国司法鉴定行业内部的合作和交流，也是公、检、司共同从事司法鉴定工作的纽带和桥梁。特别是《人体损伤程度鉴定标准》操作细则和培训教材的编写，条款的争议和妥协是法医临床学专家智慧的结晶。本年度，司法部还发布了《关于认真贯彻落实精神卫生法做好精神

〔1〕 认可委（秘）［2013］123号通知表明：该准则覆盖了ISO/IEC17025：2005《检测和校准实验室能力认可准则》中所有的管理要求和技术要求；部分条款的要求和注解引用了ISO/IEC17020：2012《检查机构能力认可准则》、ILAC－G19《法庭科学机构认可指南》的内容和法律法规的相关要求。

〔2〕 司发通［2013］146号，2013年10月9日发布。

障碍医学鉴定工作的通知》[1]；国家质量监督检验检疫总局、国家标准化管理委员会批准发布了3项与司法鉴定相关的国家推荐性标准；公安部批准发布了27项与司法鉴定相关的公共安全行业推荐性标准。

两年一届的两个国际学术盛会如期而至：①5月23~24日，由司法部司法鉴定科学技术研究所主办的2013司法鉴定理论与实践研讨会在上海召开。除开幕式和主题报告外，本次研讨会设置了法医类鉴定技术（法医病理、法医临床、法医物证、法医毒化、法医精神病），物证类鉴定技术（文件检验、痕迹物证、微量物证、声像资料、电子数据、道路交通事故鉴定），司法鉴定制度与管理暨中国司法鉴定高峰论坛3个分会场。[2]②7月20~21日，由司法文明协同创新中心、国际证据科学协会主办，中国政法大学证据科学研究院承办，法庭毒物分析公安部重点实验室协办的第四届证据理论与科学国际研讨会在北京举行。会议主题是证据科学与司法文明，下设四个专题：证据法如何推动司法文明；证据法与社会和谐；法庭科学与司法公正；法庭科学与事实发现。会议除开幕式和主题报告外，分为证据法学和法庭科学两个分会场，来自中国大陆和台湾地区以及美国、英国、西班牙、意大利、荷兰、匈牙利、瑞士、澳大利亚、韩国等国家和地区的共150余位证据法学家和法庭科学家进行了深入的研讨。

六、法庭科学研究稳中有进

（一）关于法医学

在法医病理学领域，蛛网膜下出血一般为酗酒、外伤以及自身疾病等多种因素共同参与的结果，目前尚不完全清楚其发生及致死的机制。魏来等[3]观察到大鼠在慢性乙醇中毒的情况下，脑受到轻微外伤后耐受性明显下降，即可引起致死性蛛网膜下出血。并且，灌酒组额叶、海马、小脑、脑干β-淀粉样前体蛋白（β-APP）的表达，高于灌水打击组及灌酒打击组。因此，酗酒引发的β-APP过表达及其异常裂解产生Aβ，可能是参与灌酒和轻微外

---

[1] 司发通［2013］104号，2013年6月6日发布。

[2] 王洁："2013司法鉴定理论与实践研讨会综述"，载《中国司法鉴定》2013年第3期。

[3] 魏来等："慢性乙醇中毒脑β-淀粉样前体蛋白与外伤性蛛网膜下腔出血死亡的关系"，载《法医学杂志》2013年第2期。

伤致蛛网膜下出血死亡的机制之一。还有学者研究发现，[1]家兔死后被悬挂2天后，脑实质和蛛网膜下腔可见多灶性血管外红细胞聚集，而死后处于水平体位状态的家兔脑血管周围未见漏出性出血。由此提示，尸体检验时需要对死后坠积性出血与外伤性脑出血、蛛网膜下出血相鉴别。磁共振弥散张量成像（DTI）已被国内外法医学者用来研究弥漫性轴索损伤（DAI），李上勋等[2]参照Marmarou方法建立大鼠DAI模型，分别于伤后3、12、24及72h行磁共振DTI扫描，实验组胼胝体、内囊和外囊的轴向弥散（AD）、各向异性分数（FA）呈持续性下降，而β-APP单位面积阳性轴索数量、阳性染色面积百分比及NF68平均光密度伤后逐步增加。上述研究表明，DTI弥散参数改变部位与免疫组织化学显示轴索损伤部位相吻合。并且相关分析证实，AD、FA数值改变与β-APP、NF68变化呈显著负相关。国内外许多法医通过PCR方法对溺死进行相关研究，分别应用强酸消化法与浮游生物16S rDNA PCR法[3]、硅藻特异的核糖体小亚基（SSU）片段PCR-DHPLC法[4]、微波消解－真空过滤－扫描电镜（MD-VF-AutoSEM）法[5]，对水中尸体和家兔器官进行比较研究，发现PCR法和MD-VF-AutoSEM法具有检材用量少、信息量大、特异性和敏感性较高等特点，具有一定推广价值。

在法医临床学领域，首次有两项法医临床学课题获得国家自然科学基金资助，分别是四川大学邓振华教授“利用多元影像学技术构建中国18周岁汉族青少年骨龄评价指标体系”及苏州大学陈溪萍副教授“应用视觉信息加工

---

〔1〕 Lei X. et al.，“Could Postmortem Hemorrhage Occur in the Brain?：A Preliminary Study on the Establishment and Investigation of Postmortem Hypostatic Hemorrhage Using Rabbit Models”，*Am J Forensic Med Path*，2013 Jun，34（2）：147～149.

〔2〕 参见李上勋等：“大鼠弥漫性轴索损伤脑组织弥散张量成像与免疫组化染色观察”，载《中国法医学杂志》2013年第4期。另参见Li SX. et al.，“Temporal Profiles of Axonal Injury Following Impact Acceleration Traumatic Brain Injury in Rats—A Comparative Study with Diffusion Tensor Imaging and Morphological Analysis”，*Int J Legal Med*，2013 Jan，127（1）：159～167.

〔3〕 韩军鸽等：“硅藻硝酸消化法与浮游生物16S rDNA PCR法在溺死鉴定中的比较”，载《法医学杂志》2013年第5期。

〔4〕 余政梁等：“PCR-DHPLC法检测硅藻SSU基因在溺死鉴定中的应用”，载《中国法医学杂志》2013年第6期。

〔5〕 See Zhao J. et al.，“Microwave Digestion-Vacuum Filtration-Automated Scanning Electron Microscopy as a Sensitive Method for Forensic Diatom Test”，2 *Int J. Legal Med*，2013. 另参见Hu S. et al.，“Detection of Diatoms in Water and Tissues by Combination of Microwave Digestion，Vacuum Filtration and Scanning Electron Microscopy”，*Forensic Sci Int*，2013 Mar 10，226（1～3）：e48～51.

ERPs客观评价视力的法医临床学研究”。人体损伤程度司法鉴定是法医临床学的骨架和脊梁。王旭[1]、常林[2]、刘鑫[3]等撰文指出：新损伤标准汇聚了20余年法医临床学者关于人体损伤鉴定积累下来的经验、规则和理念，同时引发了相关技术标准研究。在传统的神经电生理（视觉、听觉、周围神经损伤）研究中，以视觉功能评定研究最为活跃。项剑等[4]、彭书雅等[5]对多焦视觉电生理技术在法医学客观视野检查中的应用价值进行了探讨，指出多焦视觉电生理技术主要包括多焦视网膜电图（mfERG）和多焦视诱发电位（mfVEP），可通过同时刺激大量局部视网膜区域得到各局部反应以客观评价视网膜功能和视网膜－皮层传导通路的状态，具有测试时间短、灵敏度高等优点。项剑等首次报道了在实际案例中的mfVEP的应用（取得较好的效果）。随着《刑事诉讼法》、《精神卫生法》的贯彻实施，本年度司法精神病学的热点问题基本集中于强制医疗和《精神卫生法》实施的相关问题。

法医生物学遗传标记检测体系的研发与应用主要集中在短串联重复序列（STR）。此外，单核苷酸多态（SNP）以及线粒体DNA（mtDNA）序列多态的检测体系研发与应用性研究也取得了一定进展。随着更多试剂盒的开发以及司法鉴定检案量的积累，本年度遗传标记变异的研究成果丰硕，为实际应用中减少分型误判提供了有价值的参考依据。

（二）关于物证技术学

本年度，笔迹检验方面取得的重要进展主要体现在鉴定人逐渐认识到量化检验对笔迹鉴定的重要性，并进行了卓有成效的研究。例如，韩丹岩[6]针对作为汉字笔迹检验中最重要特征之一的笔顺特征，编制了“汉字笔顺查询统计系统”软件，建立了拥有1.1万多人的笔顺信息数据库，成为笔迹检验

---

〔1〕 王旭：“《人体损伤程度鉴定标准》解读与评析”，载《证据科学》2013年第6期。

〔2〕 常林：“论人体损伤程度鉴定的原则”，载《证据科学》2013年第6期。

〔3〕 刘鑫：“人体损伤鉴定标准的变化与问题研究”，载《证据科学》2013年第6期。

〔4〕 项剑、王旭：“多焦视诱发电位在法医学客观视野检查中的应用价值”，载《中国法医学杂志》2013年第4期。

〔5〕 彭书雅等：“多焦视觉电生理技术在视功能评估中的应用”，载《法医学杂志》2013年第4期。

〔6〕 韩丹岩：“‘汉字笔顺查询统计系统’的研究与实现”，载于彬、王虹、刘道前主编：《国际文件检验鉴定技术理论与实践》，中国人民公安大学出版社2013年版，第31～36页。

由定性向定量研究发展的一个重要环节。李志荣等[1]将笔迹量化研究聚焦于错字特征，参考有关易错字的专著及案件鉴定中常遇到的错字，确定了143个易错样品字并设计了《汉字调查表》，在全国范围内收集调查表1400余份，并将错字信息的数据录入错字特征查询分析软件的数据库，从而实现对143个易错字出现率的多层次、多角度量化的查询，对笔迹检验的量化研究具有较高参考价值。鞠启[2]对老年人书写习惯进行分析，将老年人的笔迹与其他相似笔迹进行对比，尝试提出了老年人笔迹鉴定的方法。杨旭等[3]通过实际案例，探讨了如何运用统计学方法定量分析印章印文阶段性特征中的定量特征与印文盖印时间之间的关系，提供了一种定量分析方法。谢朋等[4]利用气相色谱法对自含墨印章印文的盖印时间进行了较为全面系统的研究，并对正常保存条件下自含墨印章印文中常见的3种溶剂成分1，2－丙二醇、1，3－丙三醇和邻甲酚的自然老化规律进行了报道。

微量物证检验学研究本年度呈现出“多样性”的特点。一是多种案件类型：微量物证检验不仅在传统的纵火案、爆炸案及交通事故案等科学证据依赖性较强的案件类型中继续发挥重要作用，而且在美容医疗纠纷、产品质量、食品安全以及环境保护等问题的新型案件中，也呈现出全面应用的发展前景。二是多样性证据衔接方式：微量物证以油墨、纸张、土壤、木屑、动物毛发以及日常工业产品（如塑料、胶水）等，为证明活动提供了多种形式的证据载体。三是多样性分析方法：色谱法与光谱法继续盘踞微量物证检验的大部分领域；传统的显微镜检验以及显微镜与光学分析仪器的联袂产品也开始在微量物证检验领域发挥重要作用；新型质谱学方法、热分析方法以及虚拟技术的介入似乎在指引着微量物证检验学的未来。四是多样性科研视角：越来越多的学者开始关注微量物证检验学的基础研究，并试图完善该学科建设；有些学者的研究则追寻到微量物证的源头区域——犯罪现场，或者，跨入了微量物证的下游区域——庭审现场。

---

[1] 李志荣等：“错字特征价值量化查询系统的研制”，载于彬、王虹、刘道前主编：《国际文件检验鉴定技术理论与实践》，中国人民公安大学出版社2013年版，第41～44页。

[2] 鞠启：“老年人笔迹鉴定问题研究”，华东政法大学2013年硕士学位论文。

[3] 杨旭等：“文件形成时间鉴定的统计学方法初探”，载《中国司法鉴定》2013年第6期。

[4] 谢朋等：“气相色谱法测定自含墨印章印文的盖印时间”，载《中国人民公安大学学报（自然科学版）》2013年第2期。

在声纹鉴定方面，本年度除了围绕传统的声学参数（基频和共振峰）对说话人鉴定进行研究外，有学者开始讨论诸如似然比、鉴定意见的表述形式等新问题；一些研究对录音真实性鉴定和说话人自动识别提出了新的算法，但自动检验方法仍不能代替专家鉴定。在图像检验方面，众多文献针对不同的图像篡改类型提出了新的算法；本年度发布的 8 个有关现场视频中图像检验的行业标准，内容涵盖了分布图编制，目标尺寸测量，以及物品、车辆、事件过程、图像原始性、图像真实性和人像的检验等，对行业的发展起到了非常积极的规范作用。

随着电子数据被刑诉法列为独立的证据种类，本年度对电子数据的研究逐渐从传统 PC 单机向手机、Wifi 网络、移动互联网和物联网等方面发展。在单机取证方面，微软操作系统的复合文档提取、Windows 7 操作系统的注册表信息提取与鉴别、AVI 文件的雕复技术、文档碎片的整理复合技术等方面有所进展；在手机取证方面，Android 系统下的吸费软件、蠕虫病毒、扣费短信等问题得到了学者的关注；互联网领域内最火热的分别是移动 wifi、互联网金融、互联网医疗、物联网和巨型网银系统的搭建，这些新技术在为用户提供更便捷的服务时，也引发了新的网络犯罪风险和形式，学者们对这些问题均有详细的讨论。

张保生　常　林

2015 年 2 月 28 日

缩略语表
Abbreviations

全　　称	简　　称
《中华人民共和国刑事诉讼法》	《刑事诉讼法》
《中华人民共和国民事诉讼法》	《民事诉讼法》
《中华人民共和国行政诉讼法》	《行政诉讼法》
《中华人民共和国精神卫生法》	《精神卫生法》
《中华人民共和国侵权责任法》	《侵权责任法》
《中华人民共和国道路交通安全法》	《道路交通安全法》
《中华人民共和国商标法》	《商标法》
《中华人民共和国消费者权益保护法》	《消费者权益保护法》
最高人民法院《关于适用〈中华人民共和国刑事诉讼法〉的解释》	最高人民法院《刑诉法解释》
最高人民法院、最高人民检察院、公安部、国家安全部、司法部《关于办理死刑案件审查判断证据若干问题的规定》	“两院三部”《死刑案件证据规定》
最高人民法院、最高人民检察院、公安部、国家安全部、司法部《关于办理刑事案件排除非法证据若干问题的规定》	“两院三部”《排除非法证据规定》

续表

全　　称	简　　称
最高人民法院、最高人民检察院、公安部、国家安全部、司法部《关于办理死刑案件审查判断证据若干问题的规定》和《关于办理刑事案件排除非法证据若干问题的规定》	“两院三部”2010 年“两个刑事证据规定”
最高人民法院《关于审理道路交通事故损害赔偿案件适用法律若干问题的解释》	最高人民法院《审理道路交通事故损害赔偿案件适用法律的解释》
最高人民法院《关于适用〈中华人民共和国婚姻法〉若干问题的解释（三)》	最高人民法院《适用婚姻法解释（三)》
第×届全国人民代表大会第×次会议	×届全国人大×次会议
全国人民代表大会常务委员会	全国人大常委会
最高人民法院、最高人民检察院、公安部、国家安全部、司法部	“两院三部”
××省高级人民法院	××省高院
××省中级人民法院	××省中级法院

目 录
Contents

第一篇

2013 年中国证据立法与司法进展

一、证据立法进展综述

（一）法律

2013 年全国人大及其常委会制定和修改的法律共有 28 部，其中有 2 部法律对证据问题作出了新规定。

1.《商标法》

根据 2013 年 8 月 30 日十二届全国人大常委会四次会议《关于修改〈中华人民共和国商标法〉的决定》，[1]本法关于证据问题的新规定主要有 3 项内容：

（1）商标侵权人的举证责任及其推定规则。将第 56 条第 2 款改为第 63 条第 2 款，修改为：人民法院为确定赔偿数额，在权利人已经尽力举证，而与侵权行为相关的账簿、资料主要由侵权人掌握的情况下，可以责令侵权人提供与侵权行为相关的账簿、资料；侵权人不提供或者提供虚假的账簿、资料的，人民法院可以参考权利人的主张和提供的证据判定赔偿数额。

（2）商标专用权人的举证责任及其推定规则。第 64 条属新增条文，其中第 1 款规定：注册商标专用权人请求赔偿，被控侵权人以注册商标专用权人未使用注册商标提出抗辩的，人民法院可以要求注册商标专用权人提供此前 3

---

〔1〕《商标法》于 1982 年 8 月 23 日五届全国人大常委会二十四次会议通过；根据 1993 年 2 月 22 日七届全国人大常委会三十次会议《关于修改〈中华人民共和国商标法〉的决定》第一次修正；根据 2001 年 10 月 27 日九届全国人大常委会二十四次会议《关于修改〈中华人民共和国商标法〉的决定》第二次修正；根据 2013 年 8 月 30 日十二届全国人大常委会四次会议《关于修改〈中华人民共和国商标法〉的决定》第三次修正。2013 年 8 月 30 日主席令第六号公布，自 2014 年 5 月 1 日起施行。

年内实际使用该注册商标的证据。注册商标专用权人不能证明此前3年内实际使用过该注册商标，也不能证明因侵权行为受到其他损失的，被控侵权人不承担赔偿责任。

（3）证据保全。将第58条改为第66条，修改为：为制止侵权行为，在证据可能灭失或者以后难以取得的情况下，商标注册人或者利害关系人可以依法在起诉前向人民法院申请保全证据。

2.《消费者权益保护法》

根据2013年10月25日十二届全国人大常委会五次会议《关于修改〈中华人民共和国消费者权益保护法〉的决定》，[1]本法关于证据问题的新规定主要有2项内容：

（1）商品经营者的举证责任。将第22条改为第23条，增加一款作为第3款，规定：经营者提供的机动车、计算机、电视机、电冰箱、空调器、洗衣机等耐用商品或者装饰装修等服务，消费者自接受商品或者服务之日起6个月内发现瑕疵，发生争议的，由经营者承担有关瑕疵的举证责任。

（2）消费者协会委托鉴定的职责和鉴定人告知鉴定意见的义务。将第32条改为第37条，把消费者协会履行的职能修改为消费者协会履行的“公益性职责”。把第1款第5项改为第6项，修改为：投诉事项涉及商品和服务质量问题的，可以委托具备资格的鉴定人鉴定，鉴定人应当告知鉴定意见。

（二）司法解释

2013年最高人民法院、最高人民检察院发布的司法解释包括批复共有32部，其中有8部司法解释对证据问题作出了新规定。

1. 最高人民法院《关于依据国际公约和双边司法协助条约办理民商事案件司法文书送达和调查取证司法协助请求的规定》

2013年1月21日，最高人民法院公布了《关于依据国际公约和双边司法协助条约办理民商事案件司法文书送达和调查取证司法协助请求的规定》，[2]对人民法院协助外国办理民商事案件调查取证问题作出了原则性规定，主要包括：

---

〔1〕《消费者权益保护法》于1993年10月31日八届全国人大常委会四次会议通过，根据2009年8月27日十一届全国人大常委会十次会议《关于修改部分法律的决定》进行第一次修正。本次修改是第二次修正。2013年10月20日主席令第六号公布，自2014年3月15日起施行。

〔2〕最高人民法院审判委员会第1568次会议通过，2013年1月21日公布（法释［2013］11号）。

（1）对等原则。按照第2条的规定，人民法院对于协助外国办理民商事案件的调查取证请求，适用对等原则。

（2）审查原则。按照第3条和第4条的规定，人民法院协助外国办理民商事案件调查取证请求，应当进行审查。对于外国提出的符合条件的调查取证请求，应当按照民事诉讼法和相关司法解释规定的方式办理；对于具有海牙送达公约、海牙取证公约或双边民事司法协助条约规定的拒绝提供协助的情形的，人民法院应当拒绝提供协助。

2. 最高人民法院、最高人民检察院《关于办理盗窃刑事案件适用法律若干问题的解释》

2013年4月2日，最高人民法院和最高人民检察院联合公布了《关于办理盗窃刑事案件适用法律若干问题的解释》，[1]第4条第1款第1项对盗窃罪中被盗财物“数额”的认定规定了明确的证明方法，即被盗财物有有效价格证明的，根据有效价格证明认定；无有效价格证明，或者根据价格证明认定盗窃数额明显不合理的，应当按照有关规定委托估价机构估价。

3. 最高人民法院、最高人民检察院《关于办理危害食品安全刑事案件适用法律若干问题的解释》

2013年5月2日，最高人民法院和最高人民检察院联合公布了《关于办理危害食品安全刑事案件适用法律若干问题的解释》，[2]对部分专门性问题的认定和科学证据的使用以及专家辅助人出庭等问题作了规定，即“足以造成严重食物中毒事故或者其他严重食源性疾病”、“有毒、有害非食品原料”难以确定的，司法机关可以根据检验报告并结合专家意见等相关材料进行认定。必要时，人民法院可以依法通知有关专家出庭作出说明。

4. 最高人民法院《关于适用〈中华人民共和国保险法〉若干问题的解释》

2013年5月31日，最高人民法院公布了《关于适用〈中华人民共和国保险法〉若干问题的解释》。[3]本解释涉及的证据问题主要有：

---

〔1〕 最高人民法院审判委员会第1571次会议、最高人民检察院第十二届检察委员会第1次会议通过，2013年4月2日由最高人民法院和最高人民检察院联合公布，自2013年4月4日起施行。

〔2〕 最高人民法院审判委员会第1576次会议、最高人民检察院第十二届检察委员会第5次会议通过，2013年5月2日由最高人民法院和最高人民检察院联合公布，自2013年5月4日起施行。

〔3〕 最高人民法院审判委员会第1577次会议通过，2013年5月31日公布（法释［2013］14号），自2013年6月8日起施行。

（1）强化了保险人的举证责任。一方面，保险法规定了投保人的告知义务，该义务限于保险人询问的范围和内容。但如果当事人对询问范围及内容有争议，第6条规定，应当由保险人负举证责任。另一方面，订立保险合同，采用保险人提供的格式条款的，保险人向投保人提供的投保单应当附格式条款，保险人应当向投保人说明合同的内容。第13条规定，保险人对其履行了明确说明义务负举证责任。

（2）对部分证据的证明力大小作出规定。第14条规定，保险合同中记载的内容不一致的，按照下列规则认定：①投保单与保险单或者其他保险凭证不一致的，以投保单为准。但不一致的情形系经保险人说明并经投保人同意的，以投保人签收的保险单或者其他保险凭证载明的内容为准；②非格式条款与格式条款不一致的，以非格式条款为准；③保险凭证记载的时间不同的，以形成时间在后的为准；④保险凭证存在手写和打印两种方式的，以双方签字、盖章的手写部分的内容为准。

（3）明确某些特定证据没有预设的效力。第18条规定，行政管理部门依据法律规定制作的交通事故认定书、火灾事故认定书等，人民法院应当依法审查并确认其相应的证明力，但有相反证据能够推翻的除外。这与2012年最高人民法院《审理道路交通事故损害赔偿案件适用法律的解释》第27条关于"公安机关交通管理部门制作的交通事故认定书，人民法院应依法审查并确认其相应的证明力，但有相反证据推翻的除外"的规定一致。交通事故认定书、火灾事故认定书作为证据，其并不具有预设的证明力，要经过法庭质证和认证才能作为定案的依据，这就使交通事故、火灾事故纠纷裁判的主体从警察变成了法官，警察从过去的责任裁判者变成了证人。

5. 最高人民法院、最高人民检察院《关于办理环境污染刑事案件适用法律若干问题的解释》

2013年6月17日，最高人民法院公布了《关于办理环境污染刑事案件适用法律若干问题的解释》，[1]对鉴定意见的使用做了明确规定，即对案件所涉的环境污染专门性问题难以确定的，由司法鉴定机构出具鉴定意见。由于办

---

〔1〕 最高人民法院审判委员会第1581次会议通过、最高人民检察院第十二届检察委员会第7次会议通过，2013年6月17日由最高人民法院和最高人民检察院联合公布，自2013年6月19日起施行。

理环境污染刑事案件，常常涉及污染物认定、损失评估等专门性问题，需要由司法鉴定机构出具鉴定意见。但是，目前具有环境污染鉴定资质的机构较少、费用昂贵，难以满足办案实践需求。为有效解决办理环境污染刑事案件过程中的专门性问题，本解释第 11 条明确规定，对案件所涉的环境污染专门性问题难以确定的，由司法鉴定机构出具鉴定意见，或者由国务院环境保护部门指定的机构出具检验报告。县级以上环境保护部门及其所属监测机构出具的监测数据，经省级以上环境保护部门认可的，可以作为证据使用。这在很大程度上赋予了部分行政执法证据的刑事证据能力。

6. 最高人民检察院《人民检察院民事诉讼监督规则（试行）》

2013 年 11 月 18 日，最高人民检察院公布了《人民检察院民事诉讼监督规则（试行）》，[1] 有关证据问题的规定主要包括：

（1）当事人的举证责任。一方面，第 25 条规定了当事人申请民事诉讼监督的举证责任及举证期限。当事人向人民检察院申请监督，应当提交监督申请书、身份证明、相关法律文书及证据材料。提交证据材料的，应当附证据清单。申请监督材料不齐备的，人民检察院应当要求申请人限期补齐，并明确告知应补齐的全部材料。申请人逾期未补齐的，视为撤回监督申请。另一方面，第 48 条规定了申请人或者其他当事人对提出的主张，应当提供证据材料。

（2）人民检察院调查核实证据。其一，需要监督的情形。根据第 65 条，人民检察院因履行法律监督职责提出检察建议或者抗诉，有下列情形之一的，可以向当事人或者案外人调查核实有关情况：①民事判决、裁定、调解书可能存在法律规定需要监督的情形，仅通过阅卷及审查现有材料难以认定的；②民事审判程序中审判人员可能存在违法行为的；③民事执行活动可能存在违法情形的；④其他需要调查核实的情形。其二，具体措施。第 66 条规定了人民检察院调查核实证据的具体措施，包括：①查询、调取、复制相关证据材料；②询问当事人或者案外人；③咨询专业人员、相关部门或者行业协会等对专门问题的意见；④委托鉴定、评估、审计；⑤勘验物证、现场；⑥查明案件事实所需要采取的其他措施。但是，人民检察院调查核实证据，不得

[1] 最高人民检察院第十二届检察委员会第 10 次会议通过，2013 年 11 月 18 日公布，自公布之日起施行。

采取限制人身自由和查封、扣押、冻结财产等强制性措施。

（3）专家意见的证据效力。第67、68条规定，人民检察院可以就专门性问题书面或者口头咨询有关专业人员、相关部门或者行业协会的意见。口头咨询的，应当制作笔录，由接受咨询的专业人员签名或者盖章。拒绝签名盖章的，应当记明情况。人民检察院对专门性问题认为需要鉴定、评估、审计的，也可以委托具备资格的机构进行鉴定、评估、审计。但是，在诉讼过程中已进行过鉴定、评估、审计的，一般不再委托鉴定、评估、审计。

（4）错误认证的后果。第83条规定了由于同级人民法院已发生法律效力的民事判决存在错误认证而提出再审检察建议的五点理由：①有新的证据，足以推翻原判决、裁定的；②原判决、裁定认定的基本事实缺乏证据证明的；③原判决、裁定认定事实的主要证据是伪造的；④原判决、裁定认定事实的主要证据未经质证的；⑤对审理案件需要的主要证据，当事人因客观原因不能自行收集，书面申请人民法院调查收集，人民法院未调查收集的。

其中，第78条规定了“新的证据”范围：①原审庭审结束前已客观存在但庭审结束后新发现的证据；②原审庭审结束前已经发现，但因客观原因无法取得或者在规定的期限内不能提供的证据；③原审庭审结束后原作出鉴定意见、勘验笔录者重新鉴定、勘验，推翻原意见的证据；④当事人在原审中提供的，原审未予质证、认证，但足以推翻原判决、裁定的主要证据。

第79条规定了“认定的基本事实缺乏证据证明”的情形：①认定的基本事实没有证据支持，或者认定的基本事实所依据的证据虚假、缺乏证明力的；②认定的基本事实所依据的证据不合法的；③对基本事实的认定违反逻辑推理或者日常生活法则的；④认定的基本事实缺乏证据证明的其他情形。

7. 最高人民法院《关于人民法院赔偿委员会适用质证程序审理国家赔偿案件的规定》

12月19日，最高人民法院公布了《关于人民法院赔偿委员会适用质证程序审理国家赔偿案件的规定》，[1]就适用质证程序做了如下比较全面的规定：

（1）质证的适用范围。按照第2条，有下列情形之一，经书面审理不能

---

〔1〕 最高人民法院审判委员会第1600次会议通过，2013年12月19日公布（法释［2013］27号），自2014年3月1日起施行。

解决的，赔偿委员会可以组织赔偿请求人和赔偿义务机关进行质证：①对侵权事实、损害后果及因果关系有争议的；②对是否属于《国家赔偿法》第19条规定的国家不承担赔偿责任的情形有争议的；③对赔偿方式、赔偿项目或者赔偿数额有争议的；④赔偿委员会认为应当质证的其他情形。

（2）公开质证原则及其例外。除涉及国家秘密、个人隐私或者法律另有规定的以外，质证应当公开进行。赔偿请求人或者赔偿义务机关申请不公开质证，对方同意的，赔偿委员会可以不公开质证。按照第 14 条，除法律、司法解释另有规定的以外，适用质证程序审理国家赔偿案件，未经质证的证据不得作为认定案件事实的依据。

（3）赔偿请求人和赔偿义务机关的平等质证权。赔偿请求人和赔偿义务机关在质证活动中的法律地位平等，有权委托代理人，提出回避申请，提供证据，申请查阅、复制本案质证材料，进行陈述、质询、申辩，并应当依法行使质证权利，遵守质证秩序。

（4）举证责任。首先，第 5 条明确了"谁主张、谁举证"的原则。没有证据或者证据不足以证明其事实主张的，由负有举证责任的一方承担不利后果。其次，由赔偿义务机关承担举证责任的事实包括：①赔偿义务机关行为的合法性；②赔偿义务机关无过错；③因赔偿义务机关过错致使赔偿请求人不能证明的待证事实；④赔偿义务机关行为与被羁押人在羁押期间死亡或者丧失行为能力不存在因果关系。只能由赔偿义务机关负举证责任的情形包括：①属于法定免责情形；②赔偿请求超过法定时效；③具有其他抗辩事由。

（5）赔偿请求人享有申请取证权。赔偿请求人可以在举证期限内申请赔偿委员会调取下列证据：①由国家有关部门保存，赔偿请求人及其委托代理人无权查阅调取的证据；②涉及国家秘密、商业秘密、个人隐私的证据；③赔偿请求人及其委托代理人因客观原因不能自行收集的其他证据。按照规定，赔偿请求人申请赔偿委员会调取证据，应当提供具体线索。

（6）赔偿委员会收集证据。涉及国家利益、社会公共利益或者他人合法权益的事实，或者涉及依职权追加质证参加人、中止审理、终结审理、回避等程序性事项的，赔偿委员会可以向有关单位和人员调查情况、收集证据。按照第 18 条的规定，赔偿委员会根据赔偿请求人申请调取的证据，应当作为赔偿请求人提供的证据进行质证；在质证时出示，并就调取该证据的情况予以说明，听取赔偿请求人、赔偿义务机关的意见。

（7）举证时限及逾期举证的法律后果。赔偿请求人、赔偿义务机关应当在收到受理案件通知书之日起10日内提供证据。赔偿请求人、赔偿义务机关确因客观事由不能在该期限内提供证据的，赔偿委员会可以根据其申请适当延长举证期限。赔偿请求人、赔偿义务机关无正当理由逾期提供证据的，应当承担相应的不利后果。

（8）证据交换及其效力。对于证据较多或者疑难复杂的案件，赔偿委员会可以组织赔偿请求人、赔偿义务机关在质证前交换证据，明确争议焦点，并将交换证据的情况记录在卷。赔偿请求人、赔偿义务机关在证据交换过程中没有争议并记录在卷的证据，经审判员在质证中说明后，可以作为认定案件事实的依据。

（9）质证的内容。赔偿请求人、赔偿义务机关应围绕证据的关联性、真实性、合法性，针对证据有无证明力以及证明力大小，进行质证。

（10）质证的顺序。质证一般按照下列顺序进行：①赔偿请求人、赔偿义务机关分别陈述，复议机关进行说明；②审判员归纳争议焦点；③赔偿请求人、赔偿义务机关分别出示证据，发表意见；④询问参加质证的证人、鉴定人、勘验人；⑤赔偿请求人、赔偿义务机关就争议的事项进行质询和辩论；⑥审判员宣布赔偿请求人、赔偿义务机关认识一致的事实和证据；⑦赔偿请求人、赔偿义务机关最后陈述意见。

（11）对事实的承认及其法律效力。赔偿请求人或者赔偿义务机关对对方主张的不利于自己的事实，在质证中明确表示承认的，对方无需举证；既未表示承认也未否认，经审判员询问并释明法律后果后，其仍不作明确表示的，视为对该项事实的承认。赔偿请求人、赔偿义务机关委托代理人参加质证的，代理人在代理权限范围内的承认视为被代理人的承认，但参加质证的赔偿请求人、赔偿义务机关当场明确表示反对的除外；代理人超出代理权限范围的承认，参加质证的赔偿请求人、赔偿义务机关当场不作否认表示的，视为被代理人的承认。上述承认违反法律禁止性规定，或者损害国家利益、社会公共利益、他人合法权益的，不发生自认的效力。

（12）免证事项。下列事实无需举证证明：①自然规律以及定理、定律；②众所周知的事实；③根据法律规定推定的事实；④已经依法证明的事实；⑤根据日常生活经验法则推定的事实。除上述第一种情形外，其他事实允许赔偿请求人、赔偿义务机关提出相反证据否定其真实性。

（13）证据评价及证明力的判断。赔偿委员会应当依据法律规定，遵照法定程序，全面客观地审核证据，运用逻辑推理和日常生活经验，对证据的证明力进行独立、综合的审查判断。

（14）事实的推定。有证据证明赔偿义务机关持有证据无正当理由拒不提供的，赔偿委员会可以就待证事实作出有利于赔偿请求人的推定。赔偿请求人、赔偿义务机关经通知无正当理由拒不参加质证或者未经许可中途退出质证的，视为放弃质证，赔偿委员会可以综合全案情况和对方意见认定案件事实。

上述关于质证程序的司法解释存在如下问题：其一，超出了质证的范围，第 5 ~ 7 条是关于举证问题的规定，第 20 ~ 21 条是关于司法认知和推定的规则。因此这个“质证程序”规定，名不副实，应当改为“证明程序”规定。其二，虽然主要是关于质证的规定，却没有说明什么是质证。其中有两个非常重要的问题均未涉及：一是质证包括交叉询问和对质；二是质证方法是允许提出诱导性问题，而本规定仍未突破最高人民法院 2012 年《刑诉法解释》第 213 条关于询问证人“不得以诱导方式发问”的规定。

（三）行政法规、部门规章

本年度涉及证据规定的行政法规、部门规章，继续呈现出以部门规章为主的发展趋势，主要适用于行政处罚领域，细化了立案调查、陈述听证、处罚决定等程序的证据规定。下面重点介绍一些具体规定的内容：

1. 交通运输部《违反〈铁路安全管理条例〉行政处罚实施办法》[1]

该办法涉及铁路监管部门行政处罚证据的取证原则、取证方式、证据保全、证据审查等方面：

（1）取证原则：①合法原则。一是第 3 条第 2 款规定，应当按照法定职责和法定程序，以事实为依据；二是第 4 条规定，应当出示执法证件；三是第 49 条第 1 项规定，不得少于 2 人。②全面、客观、公正地调查收集有关证据的原则（第 48 条）。③回避原则。第 50 条规定了当事人申请执法人员回避，以及执法人员自行回避。

（2）取证方式：①询问证人和当事人。第 49 条第 2 款规定，询问证人和当事人，应当分别进行，并告知其作伪证的法律责任；《询问笔录》须经被询

[1] 交通运输部令 2013 年第 22 号，自 2013 年 12 月 24 日起施行。

问人阅核后，由询问人和被询问人签名，被询问人拒绝签名的，由询问人在询问笔录上注明情况。②勘验检查。第49条第3款规定，对与案件有关的物品或者现场进行勘验检查时，应当通知当事人到场，制作《检查（勘验）笔录》，当事人拒不到场的，可请在场的其他人员见证。③抽样取证。第49条第4款规定，对需要采取抽样取证的，应当制作《抽样取证物品清单》，并妥善保管，需要退回的应当退回。④鉴定。第49条第5款规定，对涉及专业性较强问题的，应当聘请有专业知识和技术能力的部门、人员进行鉴定。

（3）证据保全。第49条第6款规定，在证据可能灭失或者以后难以取得的情况下，经行政机关负责人批准，可以先行登记保存，制作《先行登记保存证据清单》，并应当在7日内对先行登记保存的证据作出处理决定。

（4）证据审查。①案件调查终结的证据审查。第51条规定，案件调查终结的证据标准是，案件事实清楚，主要证据齐全，由执法人员制作《案件调查报告》，对案件提出处理意见，报执法部门负责人审查。②案件处理决定的证据审查。第54条规定，根据证据审查的不同情况可作出的处理决定：一是确有违法行为，根据情节和危害后果的轻重，作出行政处罚决定；二是违法行为轻微，依法可不予行政处罚；三是违法事实不成立的，不得给予行政处罚；四是违法行为涉嫌犯罪的，移送司法机关。

2. 国家旅游局《旅游行政处罚办法》〔1〕

该办法涉及的证据规则，包括取证主体、证据资格、取证原则、取证方式、证据保全、证据审查等方面：

（1）取证主体。包括国家级、省级、市县级3个层面，第12条规定，国家旅游局负责查处在全国范围内有重大影响的案件；省、自治区、直辖市旅游主管部门负责查处本地区重大、复杂的案件；设区的市级和县级旅游主管部门的管辖权限，由省、自治区、直辖市旅游主管部门确定。

（2）证据资格。①形式要件。第29条第1款规定，旅游主管部门行政处罚证据种类主要包括：当事人的陈述和辩解、证人证言、现场笔录、勘验笔录、询问笔录、听证笔录、鉴定意见、视听资料、电子数据和书证、物证等。②实质要件。第2款规定，据以认定事实的证据，应当合法取得，并经查证属实；第3款规定，旅游主管部门办理移送或者指定管辖的案件，应当对原

〔1〕 国家旅游局令第38号，自2013年10月1日起施行。

案件办理部门依法取得的证据进行核实。

（3）取证原则。①保密原则。第 6 条规定，旅游主管部门及其执法人员对在行政处罚中获取的涉及相对人商业秘密或者个人隐私的内容，应当予以保密。②回避原则。第 25 条规定，执法人员是本案当事人或者其近亲属的，本人或者其近亲属与本案有直接利害关系的，与当事人有其他关系，可能影响公正执法的，应当自行回避，当事人及其代理人也有权申请其回避。③协助原则。第 26 条规定，需要委托其他旅游主管部门协助调查取证的，应当出具书面委托调查函。受委托的旅游主管部门应当予以协助；有正当理由确实无法协助的，应当及时函告。④合法原则。旅游行政执法人员应以合法方式取证：一是第 28 条第 1 项规定，不得少于 2 人；二是第 2 项规定，佩戴执法标志，出示执法证件；三是第 5 项规定，依法收集与案件有关的证据，不得以诱导、欺骗等违法手段获取证据。⑤全面公正原则。第 28 条第 3 项规定，全面、客观、及时、公正地调查违法事实、违法情节和危害后果等情况；第 6 项规定，如实记录当事人、证人或者其他有关人员的陈述。⑥权利保障原则。第 28 条第 4 项规定，询问当事人时，应当告知其依法享有的权利；第 7 项规定，除必要情况外，应当避免延误团队旅游行程。⑦最佳证据原则。第 32 条规定，执法人员应当收集、调取与案件有关的书证、物证、视听资料和电子数据等原始凭证作为证据，调取原始证据确有困难的，可以提取相应的复印件、复制件、照片、节录本或者录像。

（4）取证方式。①现场检查、勘验。第 27 条第 1 项规定，执法人员有权进入有关场所进行检查、勘验、先行登记保存证据、录音、拍照、录像。第 30 条规定，执法人员现场检查、勘验时，应当通知当事人到场，可以采取拍照、录像或者其他方式记录现场情况，并制作笔录，载明时间、地点和事件等内容。无法找到当事人、当事人拒绝到场或者在笔录上签名、盖章的，应当注明原因。有其亲属、所在单位人员或者基层组织人员等其他人在现场的，可由其他人签名。②询问当事人和有关人员。第 27 条第 2 项规定，执法人员有权询问当事人及有关人员，要求其说明相关事项和提供有关材料。第 31 条规定，执法人员询问当事人和有关人员时，应当单独进行，并制作询问笔录，由执法人员、被询问人、陈述人、谈话人签名或者盖章。一份询问笔录只能对应一个被询问人、陈述人或者谈话人。③收集、调取凭证。第 27 条第 3 项规定，执法人员有权查阅、复制经营记录和其他有关材料。第 32 条规定，执法人员应当收集、调取与案件有关的书证、物证、视听资料和电子数据等原始凭证作为证据，调取原始证据确有困难的，可以提取相应的复印件、复制件、照片、节录本或者录像。书证应当经核对与原件无误，注明出证日期和证据出处，由证据提供人和执法人员签名或者盖章；证据提供人拒绝签名或者盖章的，应当注明原因。

（5）证据保全。①证据保全条件。第33条第1款规定，一是证据可能灭失或者以后难以取得。二是经旅游主管部门负责人批准。三是采取先行登记保存措施，并移转保存；执法人员难以保存或者无须移转的，可以就地保存。在情况紧急时，第33条第2款规定，执法人员可以先采取登记保存措施，再报请旅游主管部门负责人批准。②证据保全要求。第33条第3款规定，先行登记保存有关证据，应当当场出具先行登记保存证据决定书，载明先行登记保存证据的名称、单位、数量以及保存地点、时间、要求等内容，送达当事人。③证据保全后续处理措施。一是7日内的措施。第34条第1款规定，对于先行登记保存的证据，应当在7日内采取以下两种措施：及时采取记录、复制、拍照、录像、公证等证据保全措施；需要鉴定的，送交鉴定。二是期限届满前的措施。第34条第2款规定，旅游主管部门应当在期限届满前，解除先行登记保存措施。已移转保存的，应当返还当事人。

（6）证据审查。①立案阶段证据审查的条件。第21条第1款规定，一是当事人行为涉嫌违反旅游法律、法规、规章的；二是对该行为可能作出行政处罚的；三是属于本部门管辖的；四是违法行为未过追责时效的。第21条第2款规定，立案应当经案件承办机构或者旅游主管部门负责人批准。但是第23条规定，在现场检查中发现旅游违法行为时，认为证据以后难以取得的，可以先行调查取证，并在10日内决定是否立案和补办立案手续。②调查终结阶段证据审查的结果。第35条第1款规定，一是违法事实清楚、证据充分的；二是违法事实不成立的；三是作为当事人的自然人死亡的；四是作为当事人的法人或者其他组织终止，无法人或者其他组织承受其权利义务，又无其他关系人可以追查的；五是其他依法应当终结调查的情形。③调查终结后处理方式，第35条第2款规定，一是对违法行为应当给予处罚的，执法人员应当提出行政处罚建议，并报案件承办机构或者旅游主管部门负责人批准；二是不予处罚或者免予处罚的，报案件承办机构或者旅游主管部门负责人批准后，终止案件。④听证阶段结束后证据审查的结果。第48条第1款规定，一是违法事实清楚、证据充分、适用法律、法规、规章正确，过罚相当的，建议作出处罚；二是违法事实清楚、证据充分，但适用法律、法规、规章错误或者处罚显失公正的，建议重新作出处罚；三是违法事实不清、证据不足，或者由于违反法定程序可能影响案件公正处理的，建议另行指定执法人员重新调查。⑤审查处理阶段的证据审查结果。第 50 条第 2 款规定，一是确有应受行政处罚的违法行为的，根据情节，作出行政处罚决定；二是违法行为轻微，依法可不予行政处罚；三是违法事实不能成立的，不得给予行政处罚；四是违法行为已构成犯罪的，移送司法机关。

3. 国家发展改革委员会《价格行政处罚程序规定》[1]

该规定涉及价格主管部门行政处罚证据的内容主要包括：

（1）取证主体。第 8～10 条分别规定了县级、省级、国家级 3 个层面的调查取证主体。

（2）证据资格。①形式要件。第 24 条第 1 款规定，价格主管部门行政处罚证据主要有 7 种类型。②实质要件。第 2 款规定，上述证据的收集、审查、认定，按照国务院价格主管部门制定的证据规定执行。

（3）取证原则。①合法原则。第 3 条第 2 款规定，没有法定依据或者不遵守法定程序的，行政处罚无效；第 4 条规定，价格主管部门在依法调查或者检查时，执法人员不得少于两人，并应当向当事人或者有关人员出示行政执法证件。②回避原则（第 22 条），与《旅游行政处罚办法》第 25 条大致相同。③全面公正原则。第 23 条规定，对立案的案中，价格主管部门必须全面、客观公正地调查或者检查，收集有关证据。④协助原则。一是系统内协助，第 26 条第 1 款规定，价格主管部门可以委托其他价格主管部门进行调查、取证，并出具协助调查函；二是系统外协助，第 2 款规定，即价格主管部门需要从当事人以外的有关单位查阅、复制与价格违法行为有关的合同、发票、账册、单据、文件等材料的，可以出具协助调查函。

（4）取证方式。第 20 条规定，价格主管部门依法对价格活动进行监督检查时，需要行使《价格法》第 34 条所列职权的，可以向公民、法人或者其他组织出具检查通知书。《价格法》第 34 条规定，价格主管部门可以采取询问当事人和有关人员，查询、复制、核对有关资料，检查有关财物三

---

〔1〕 国家发展和改革委员会令第 22 号，自 2013 年 7 月 1 日起施行。

种取证方式：①询问当事人和有关人员。《价格法》第 34 条第 1 项规定，询问当事人或者有关人员，并要求其提供证明材料和与价格违法行为有关的其他资料。②查询、复制、核对有关资料。《价格法》第 34 条第 2 项规定，查询、复制与价格违法行为有关的账簿、单据、凭证、文件及其他资料，核对与价格违法行为有关的银行资料。③检查有关财物。《价格法》第 34 条第 3 项规定，检查与价格违法行为有关的财物，必要时可以责令当事人暂停相关营业。

（5）证据保全。①责令暂停相关营业及其适用条件。第 25 条规定，价格主管部门检查与价格违法行为有关的财物过程中，准备依照《价格法》第 34 条第 3 项的规定责令其暂停相关营业的，应当同时符合三个条件：一是违法行为情节复杂或者情节严重，经查明后可能给予较重处罚的；二是不暂停相关营业，违法行为将继续的；三是不暂停相关营业，可能影响违法事实的认定，采取其他措施又不足以保证查明的。②先行登记保存及其适用条件。第 20 条规定，价格主管部门依法对价格活动进行监督检查时，可以行使《价格法》第 34 条所列职权；《价格法》第 34 条第 4 款规定，在证据可能灭失或者以后难以取得的情况下，可以依法先行登记保存，当事人或者有关人员不得转移、隐匿或者销毁。

（6）证据审查。主要从立案、调查终结审理、处罚决定等方面对价格主管部门行政证据审查进行了规定。①立案阶段的证据审查。第 21 条规定，一是经初步调查或者检查发现属于涉嫌价格违法行为，二是属于本机关管辖。②调查终结审理阶段的证据审查。第 28 条规定主要从七个方面进行：一是对所办案件是否具有管辖权；二是当事人的基本情况是否清楚；三是案件事实是否清楚、证据是否充分；四是定性是否准确；五是适用法律法规规章是否正确；六是程序是否合法；七是责令退还及处罚种类、幅度是否适当。③处罚决定阶段的证据审查。第 39 条规定，价格主管部门负责人应当对案件调查报告、当事人的陈述和申辩意见或者听证情况等进行审查，根据不同情况，分别作出 6 种具体决定：一是确有应受行政处罚的违法行为的，根据情节轻重及具体情况，作出行政处罚决定；二是违法行为依法不予行政处罚或者违法行为轻微，依法可以不予行政处罚的，不予行政处罚；三是违法事实不能成立的，不得给予行政处罚；四是违法行为在二年内未被发现的，不再给予行政处罚；五是不属于价格主管部门管辖的，移送有关行政机关处理；六是违法行为已构成犯罪的，移送司法机关。

（四）地方性证据规定

2013 年 1 月 1 日，伴随修订后的《刑事诉讼法》和《民事诉讼法》生效实施，各地通过的地方性证据规定内容非常丰富，成为本年度证据法治发展的亮点。

	发布时间	制定单位	名　称
1	1 月 20 日	山东省高院	《关于民间借贷案件意见》
2	2 月 6 日	北京市高院	《民事申请再审案件立案审查工作实施办法（试行）》
3	2 月 19 日	北京市高院	《关于审理电子商务侵害知识产权纠纷案件若干问题的解答》
4	2 月 20 日	陕西省略阳县检察院	《办理职务犯罪案件防范非法言词证据的暂行规定》
5	3 月 15 日	北京市高院	《贯彻实施新刑诉法座谈会纪要》
6	3 月 18 日	河南省高院、省检察院、省公安厅、省司法厅	《未成年人刑事案件社会调查实施办法》
7	3 月 29 日	重庆市高院	《关于推行民事案件速裁制度的暂行规定》
8	4 月 1 日	浙江省高院	《关于公布司法鉴定人名册（2013）的通知》
9	4 月 7 日	重庆市高院	《关于公民代理民事诉讼若干问题的规定》
10	6 月 9 日	北京市高院、市检察院	《刑事案件立案、管辖问题会议纪要》
11	6 月 17 日	上海市高院	《上海法院再审审查工作指南（四）》
12	6 月 20 日	江苏省高院、省检察院、省公安厅	《关于防范和查处虚假诉讼的规定》
13	6 月 21 日	江苏省高院	《关于民间借贷会议纪要》
14	6 月 28 日	上海市高院行政庭	《关于审理政府信息公开行政案件若干问题的解答》

续表

	发布时间	制定单位	名　称
15	7月5日	贵州省高院、省检察院	《关于盗窃犯罪数额认定标准的规定黔高法》
16	7月18日	河南省高院、省检察院、省公安厅、省司法厅	《关于办理刑事案件排除非法证据的实施细则（试行）》
17	7月29日	河南省高院、省检察院、省公安厅、省司法厅	《关于贯彻执行刑事诉讼法办理二审案件若干问题的指导意见（试行）》
18	7月31日	安徽省高院	《关于民事诉讼调查令的实施办法（试行）》
19	10月8日	北京市高院	《专利侵权判定指南》
20	10月28日	舟山市中级法院、市检察院、市公安局	《关于加强客观性证据收集和审查工作的规定》
21	11月12日	天津市高院	《严格执行非法证据排除制度切实防止冤假错案、天津高院学习贯彻第六次全国刑事审判工作会议精神》
22	11月13日	浙江省高院、省检察院、省公安厅	《关于死刑案件证据收集审查等问题的若干规定》
23	11月13日	浙江省高院、省检察院、省公安厅	《关于死刑案件审判期间证据补查程序的规定》
24	12月8日	上海市高院	《劳动争议案件审理要件指南》
25	12月16日	安徽省高院	《关于审理道路交通事故损害赔偿纠纷案件若干问题的指导意见》
26	12月27日	浙江省高院民一庭	《关于人身损害赔偿费用项目有关问题的解答》的通知》
27	12月28日	上海市高院	《关于进一步加强和改进立案工作的意见》

1. 北京市高院《贯彻实施新刑诉法座谈会纪要》

北京市高院 3 月 15 日召开了贯彻实施新刑诉法座谈会，就新法实施中亟待解决的证据问题达成以下共识：

（1）关于因当事人和辩护人申请通知新的证人到庭、调取新的证据，申请重新鉴定或者勘验而延期审理的审限计算问题。根据 2012 年最高人民法院《刑诉法解释》第 222 条规定，当事人和辩护人申请通知新的证人到庭、调取新的证据，申请重新鉴定或者勘验的，法院可以宣布延期审理，但延期审理的时间计入审理期限，不扣除。

（2）关于有专门知识的人出庭的审查问题。公诉人、当事人和辩护人、诉讼代理人申请法庭通知有专门知识的人出庭的，应当说明理由，并提供有专门知识的人的从业领域、专业职称、从业时间等情况的相关书面材料。法院经审查认为有必要的，通知有专门知识的人出庭。

2. 河南省高院等《关于贯彻执行刑事诉讼法办理二审案件若干问题的指导意见（试行）》

为进一步加强司法机关办理刑事二审案件的协调与配合，切实贯彻落实 2012 年新修订的《刑事诉讼法》的相关规定，河南省制定了该意见。

（1）卷宗移送：人民法院决定开庭审理的第二审公诉案件，应当及时通知人民检察院查阅案卷。人民法院送达阅卷通知书时，应当同时将开庭审理决定书、上诉状副本、一审判决书、提讯通知书、证据补查建议书以及全部卷宗材料（人民法院副卷除外）移交同级人民检察院。开庭审理决定书应载明案件决定开庭的法律依据以及开庭的具体理由。人民检察院在接到阅卷通知后，不同意开庭的应书面说明理由提交人民法院。

（2）庭前会议：下列案件，可以召集庭前会议：①对事实、证据和法律程序存在较大争议的；②涉案事实较多的黑社会性质犯罪、毒品犯罪、重大职务犯罪、重大经济犯罪等案件，有必要在庭前协商的；③当事人及其辩护人、诉讼代理人申请排除非法证据或有必要就调查结果交换意见的；④需要召开庭前会议的其他情形。

人民法院可以依职权决定召开庭前会议。人民法院决定召开庭前会议的，应当至迟在庭前会议召开 3 日前将会议的时间、地点通知人民检察院、当事人和辩护人、诉讼代理人，各方应当按时出席。被羁押的被告人除外。被告人未参加庭前会议的，在庭前会议召开前，辩护人应当会见被告人，听取其对相关问题的意见。被告人与辩护人意见不一致的，辩护人在庭前会议上除发表自己的意见外，还应如实说明被告人的意见。

（3）证人、鉴定人出庭：当事人和辩护人、诉讼代理人未经申请，在开庭当日直接将证人、鉴定人、有专门知识的人带至人民法院，申请该证人、鉴定人、有专门知识的人出庭且有正当理由，人民检察院对此无异议的，人民法院审查后可以同意上述申请；人民检察院提出异议并申请人民法院延期审理的，人民法院应当作出延期审理的决定。

经人民法院通知，证人没有正当理由不出庭作证的，人民法院可以强制其到庭，但是被告人的配偶、父母、子女除外。证人没有正当理由拒绝出庭或者出庭后拒绝作证的，予以训诫，情节严重的，经院长批准，处以10日以下的拘留。

（4）非法证据排除：被告人及其辩护人一审未提出排除非法证据的申请，在二审期间提出的，人民法院与人民检察院应结合被告人及其辩护人提出的线索或材料、一审未提出申请的理由及被告人一审时的供述与辩解等进行严格审查，慎重启动证据合法性调查程序。

（5）证据审查与调查：人民检察院、人民法院应当从实体、程序两方面审查全案证据，确定证据的合法性和证明力。对于没有直接证据和客观不变证据的案件，应当综合运用逻辑规则、经验法则、印证规则、排除合理怀疑规则进行事实认定。

3. 河南省高院等《未成年人刑事案件社会调查实施办法》

（1）公安机关、人民检察院、人民法院办理未成年人刑事案件，根据情况可以自行或者委托未成年犯罪嫌疑人、被告人户籍所在地或者居住地的县级司法行政机关、共青团以及其他社会团体进行社会调查。

（2）方式：社会调查应全面调查未成年犯罪嫌疑人、被告人的性格特点、家庭情况、社会交往、成长经历、犯罪原因、犯罪前后的表现、监护教育等方面的情况。社会调查应当根据案件具体情况，慎重选择调查方式，避免对未成年犯罪嫌疑人、被告人及相关人员造成不良影响，可以采取面谈、调查问卷、书面证明等形式。

（3）效力：在法庭审理中，公诉人、辩护人可以出示宣读社会调查材料、接受质证；并根据未成年被告人的社会调查情况发表意见，进行辩论，作为对被告人量刑的参考。

4. 浙江省高院等《关于死刑案件证据收集审查等问题的若干规定》

为进一步规范死刑案件证据的收集、固定、保管、移送、鉴定、审查判断等相关工作，为办理死刑案件提供更加坚实可靠的证据基础，确保死刑案件质量，制定本规定。内容包括：

（1）证明标准：办理死刑案件必须把质量放在第一位，坚持最严格的证明标准。对犯罪嫌疑人、被告人犯罪事实的认定和被指控的犯罪事实的发生，影响犯罪嫌疑人、被告人定罪的身份情况以及犯罪嫌疑人、被告人的刑事责任能力、罪过、从重处罚等事实的认定，证据必须达到确实、充分。

（2）基本原则：办案机关应依法全面及时收集、提取、固定、保管、移送证据材料，对于有辨认、指认必要的，应当及时组织辨认、指认。有鉴定必要的，应及时进行鉴定或委托相关机构进行鉴定。对于证明犯罪嫌疑人无罪、罪轻或与其他证据存在矛盾的证据材料，均应依法收集和移送。侦查机关应当全面收集、提取、移送与案件有关的原始物证、书证、视听资料、电子证据等容易灭失的证据材料，避免因取证失误而失去重要原始证据。

（3）对司法机关的要求。

第一，检察机关、审判机关应全面审查侦查机关移送的证据材料，不仅要重视对犯罪嫌疑人、被告人的有罪指控和有罪证据，还要依法保障辩护律师的诉讼权利，重视对被告人无罪、罪轻的辩护和被告人的辩解。对犯罪嫌疑人、被告人及辩护律师提供的重要证据线索，本人无法调取的，检察机关、审判机关应当依职权调查取证，确保不遗漏重要证据。

第二，审判机关应充分发挥庭审功能，贯彻辩论原则、司法中立原则、公开审判原则、集中审理原则，努力贯彻直接言辞原则，做到事实调查在法庭、证据展示在法庭、控诉辩护在法庭、裁判说理在法庭，真正通过庭审来查明案件事实，确保司法公正。这个规定，体现了以审判为中心的诉讼制度改革方向。

第三，审判机关应严格落实证据裁判原则，把审查证据的重点放在开庭审判上，严格依照法定程序进行审查，准确认定证据效力和证明力。认定案件事实，必须以经过法定程序审查认定的证据为根据。

（4）内容上，结合法律、司法解释的规定，详细列举了各类证据的收集、固定、保管、移送、鉴定、审查判断的要求。

（5）非法证据排除。

第一，对于采用殴打、捆绑、冻、饿、晒、烤、服用药物、催眠、违法使用械具或其他使人在肉体上剧烈疼痛、精神上高度痛苦或者丧失意识、意志的方法，获得的犯罪嫌疑人、被告人供述、证人证言、被害人陈述，为非法证据，不能作为定案的依据。对于违法程度、强迫程度达到与刑讯逼供或者暴力、威胁相当，并使犯罪嫌疑人、被告人以及证人、被害人不得不违背真实意愿的非法取证情形，可以归入“非法方法”范畴。对存在非法取证可能的，检察机关应认真查证。审判机关要切实履行审查把关职责，加强与侦查、检察机关的沟通，完善补查补正机制，对取证合法性存疑的及时提出补查补正要求。对于案件经审理，确认或者不能排除存在法律规定的非法取证情形的，对有关证据应当予以排除。对于明知是非法证据，不依法排除反而作为关键证据使用，导致定罪量刑错误、出现冤错案件的，应依法追究相关人员的责任。

第二，犯罪嫌疑人初次羁押到看守所时，看守所应对其进行身体检查。身体检查应由医师进行，并应书面记录犯罪嫌疑人的身体健康情况，并由犯罪嫌疑人签名确认。犯罪嫌疑人拒绝签名的，应当就拒绝签名的情况作出说明。

第三，卷内证据不能排除刑讯逼供或者存在非法取证可能，审判机关经审查认为确有必要的，应当由检察机关通过提交突破口供过程的同步录音录像或者其他证据，提请审判长传唤讯问人员、讯问时其他在场人员或者其他证人出庭作证等方法，对证据取得的合法性加以证明。对不能排除非法取证可能的被告人供述、证人证言、被害人陈述，不能作为定案的依据。

第四，狱侦特情笔录：①狱侦特情或者狱内耳目的讯问笔录，应当附有使用审批手续，审判机关、检察机关可以查阅侦查机关设立该狱侦特情或狱内耳目的内部报告文书，以及两名以上侦查人员分别向他们布置贴靠犯罪嫌疑人、被告人工作的谈话笔录等材料。②狱侦特情或狱内耳目的复核讯问笔录，应当记录检察人员告知“根据《刑事诉讼法》第60条和123条的规定，证人有如实提供证言的义务，故意做伪证的要负法律责任”的经过，及狱侦特情或者狱内耳目陈述侦查人员布置其贴靠犯罪嫌疑人、被告人的经过等内容。狱侦特情或者狱内耳目在羁押时主动发现线索、检举他人犯罪的，应当以同监室检举人的身份制作询问笔录。侦查机关应当将其系狱侦特情或者狱内耳目的情况说明附在询问笔录之后。

5. 浙江省高院等《关于死刑案件审判期间证据补查程序的规定》

（1）在审理死刑案件中，发现侦查机关存在应当移送的证据材料没有移送、应当侦查的问题没有侦查或证据材料存在应当补强的情形，审判机关可以要求检察机关移送有关证据材料，或就有关问题进行补查。检察机关应当移送有关证据材料或者要求侦查机关及时补充侦查，并将补充侦查情况及时告知审判机关。必要时，审判机关可以直接要求侦查机关移送有关材料，或者就有关问题进行补充侦查或者出具情况说明。侦查机关、检察机关对于审判机关要求移送或者补查的材料应当及时移送或补查。

（2）对于审判机关、检察机关移交的有关被告人检举、揭发他人犯罪的材料，侦查机关应当在 1 个月内核查并反馈结果。侦查机关在接到审判机关、检察机关要求补充侦查的通知后，应当在 1 个月内补充收集、提取有关证据材料。未能收集、提取的，应及时作出说明。侦查机关在接到审判机关、检察机关要求补充辨认的通知后，应当在 1 个月内组织辨认。

（3）对于物证、书证、视听资料、电子数据等证据材料应当鉴定而没有鉴定的，侦查机关在接到审判机关、检察机关通知后，应当在 10 天内委托鉴定机构鉴定。对于物证、书证、视听资料、电子数据等证据的来源及收集、制作过程不明，或者勘验、检查笔录、搜查笔录、辨认笔录、讯问笔录存在瑕疵的，侦查机关在接到审判机关、检察机关通知后，应当就相关问题进行补正、作出说明或合理解释。

（4）对于侦破过程不清的案件，审判机关、检察机关可以要求侦查机关作出补充说明。侦查机关对于如何获知犯罪、确定犯罪嫌疑人等侦查线索的来源及何时何地何人如何抓获犯罪嫌疑人等侦破过程，均应作出详细说明。

（5）对于通过秘密侦查、技术侦查手段侦破的案件，审判机关、检察机关认为有必要就秘密侦查、技术侦查情况作出说明的，侦查机关应当单独提供说明。有关秘密侦查、技术侦查材料，侦查机关应当归入保密卷。审判机关、检察机关可以派员查阅相关保密卷。

6. 安徽省高院《关于民事诉讼调查令的实施办法（试行）》

（1）界定。调查令是指民事诉讼当事人自行调查取证难以获得相关证据时，经申请并获人民法院批准，由人民法院签发给其代理律师向接受调查人收集相关证据的法律文书。持令调查的证据，属于申请方当事人提供的证据，需经法定程序审查、核实后，才能作为认定案件事实或者采取执行措施的依据。

（2）阶段。当事人可以在起诉、审理、执行阶段申请调查令，申请调查的证据应当与案件待证事实有关联性。①起诉阶段，调查令的申请应当在递交起诉状及相关证据后提出。申请调查的证据限于诉讼主体资格、管辖等与受理有关的起诉证据。②审理阶段，调查令的申请应当在案件受理后，举证期限届满前提出。第二审程序案件，申请调查的证据限于新证据。③执行阶段，调查令的申请应当在执行终结前提出。申请调查的证据限于与被执行人的财产状况和实际履行能力有关的证据。

（3）范围。持令调查的证据包括：银行账户、登记资料、档案材料、财务凭证、权利凭证、出入境记录等书证、电子数据以及视听资料、鉴定意见和勘验笔录，不包括证人证言等其他证据。

（4）期限。调查令的有效期限根据调查证据难易程度确定，最长不得超过 15 日。代理律师应当在调查令载明的有效期限届满前调查收集证据。期限届满，调查令自动失效。

（5）处罚。代理律师有违规行为的，人民法院可以在 6 个月至 2 年内不再向该律师签发调查令，并可以建议司法行政机关或律师协会予以处罚或惩戒，构成妨碍民事诉讼的，依法追究相应的责任。

7. 江苏省高院等《关于防范和查处虚假诉讼的规定》

（1）界定。虚假诉讼，是指当事人之间恶意串通或者当事人单方采取虚构法律关系、捏造事实、伪造证据，唆使他人帮助伪造、毁灭证据、提供虚假证明文件、鉴定意见等手段，通过诉讼、调解、仲裁等能够取得各种生效民事行政法律文书的方式，或者利用虚假仲裁裁决、公证文书申请执行的方式，妨害司法秩序，损害国家、集体、他人合法权益或者逃避履行法律文书确定的义务的行为。

（2）情形。人民法院、人民检察院在办理民事行政（申诉）案件时，对于下列情形应当依法采取相应的措施重点予以审查，注意防范和发现虚假诉讼：①原告起诉所依据的事实、理由不合常理；②证据存在伪造、变造可能；③虚构法律关系，原告诉求存在明显不合情理之处，被告不提出抗辩或者虽提出抗辩但抗辩内容与诉请没有直接关联的；④应当出庭的当事人无正当理由拒不到庭参加诉讼、当事人（包括委托代理人）对案件事实陈述不清或者故意不配合司法机关的调查；⑤原告与被告（包括作为原告或被告的企业、其他组织的法定代表人、负责人）之间存在亲属、朋友、战友、同学、同事等特殊关系，原告、被告之间存在投资关系、隶属关系等；⑥当事人调解意愿异常迫切或调解协议的达成异常容易；⑦当事人自愿以不动产或以明显不合理价格的财产折抵债务；⑧案外人提出异议；⑨诉讼活动中有其他异常现象的。

（3）防范。司法行政机关、相关行业协会应当依法加强对律师、基层法律服务工作者和司法鉴定人员、公证人员等执业活动的管理。

（4）线索。发现虚假诉讼案件的主要途径：①当事人及其代理人、案外人等控告、举报或者申诉；②人民法院、人民检察院、公安机关在办案中自行发现；③人大、政法委、纪委、信访部门等机关、组织移送；④其他途径。

（5）立案。公安机关在受理控告、举报或者收到人民法院、人民检察院移送的虚假诉讼案件线索后应当及时审查，对存在犯罪事实且符合管辖规定的，应当立案侦查。对于公安机关应当立案而不立案的，人民检察院依法进行监督。

（6）案件处理。人民法院对已经作出生效法律文书的虚假诉讼案件，应当依法按照审判监督程序予以纠正。对利用虚假仲裁裁决书、虚假公证文书等申请执行的，人民法院应当裁定不予执行。对正在执行过程中的虚假诉讼案件，人民法院应当依法裁定中止执行或者终结执行。

8. 江苏省高院《关于民间借贷会议纪要》

关于民间借贷的事实审查与举证责任。会议认为，人民法院在审理民间借贷纠纷案件时，应当根据举证责任的分配规则，引导当事人及时举证，释明举证不能的不利后果，全面、客观地审核双方当事人提交的全部证据，查明案件事实。

（1）原告基于借贷关系主张返还借款的，应当对借贷合意和款项交付等要件事实承担举证责任。被告抗辩借款本金、利息等已经全部偿还或部分偿还的，应当对偿还借款的事实承担举证责任。

（2）原告仅提供借据主张借贷关系成立，被告提出反驳证据足以对借款关系真实性产生合理怀疑的，人民法院应当要求原告进一步提供证据。原告不能证明款项交付事实的，应当驳回其诉讼请求。

（3）原告仅提供转账、存款凭证等交付凭证，未提供借贷合意凭证，被告以双方不存在借贷关系或者存在其他法律关系为抗辩，并提出证据足以对借款关系真实性产生合理怀疑的，人民法院应当要求原告就双方存在借贷合意进一步提供证据。原告不能证明双方存在借贷合意的，应当驳回其诉讼请求。

（4）人民法院审理民间借贷纠纷案件，对于案件事实存在重大争议的，应当要求借贷双方当事人本人、经办人到庭，说明借款的原因、款项交付的时间、地点、款项来源、用途等具体事实和经过，并接受对方当事人的质询和法庭的询问。承担举证责任的当事人本人无正当理由拒不到庭履行说明义务的，应当承担举证不能的后果。

9. 山东省高院《关于民间借贷案件意见》

出借人主张其享有要求借款人偿还借款本息的请求权的，应当对于其与借款人之间存在借款合同关系以及已经履行给付借款义务的事实承担结果意义上的举证责任。借款人主张存在妨碍出借人请求权形成、请求权消灭的事实，或者主张其享有抗辩权的，应当对于上述主张事实承担结果意义上的举证责任。即，如果借款人主张其于借款行为发生时为限制民事行为能力人或无民事行为能力人，或者主张已经偿还借款，或者主张借款已经超过诉讼时效期间的，借款人承担举证责任。在下列情况下，应当注意审查当事人是否完成举证责任：

（1）被告缺席的情况下，不能仅依原告的诉讼请求迳行判决支持原告的诉讼请求。被告缺席，虽然未对原告的诉讼主张提出抗辩，但原告的诉讼请求能否成立取决于原告提供的证据能否证明其诉讼主张，所以，不能在原告未提供证据或者提供的证据不足以证明其主张的情况下判决支持原告的诉讼请求。

（2）关于借款来源、交付方式等的举证责任。通常情况下，出借人提供了借款收据之后，就可以认定出借人的举证责任完成，对于借款来源、交付方式、借款行为发生的具体情况不再审查。但是，法院在审理中发现有异常情况下，为了避免虚假诉讼，侵害第三人的利益，应当由出借人对于借款来源、交付方式及借款行为发生的具体情况承担举证责任。例如：借款人是其他多起或者重大债权债务关系中的债务人，且当事人双方对借款事实没有争议，或者债权人轻易放弃权利，与债务人达成调解协议；借款人抗辩不存在真实的借款关系，出借人起诉的借款事实或者理由不符合常理，没有借据或者借据存在伪造的可能；夫妻关系存续期间，一方对外形成的借款，夫妻离婚后出借人主张权利，出借人又与该方当事人的近亲属等存在特殊密切关系。

（3）原告未完成对借款关系的举证责任的情形。原告以其为出借人为由要求被告偿还借款本息，应当首先证明其与被告之间存在借款关系。如果发现双方当事人之间不属于民间借贷法律关系，一种观点认为，应当驳回原告的诉讼请求。原告主张的是借款合同请求权，因为原告不能证明其与被告之间存在借款合同关系，所以其主张的借款合同请求权不能成立，应当驳回其诉讼请求。另一种观点认为，当原告主张的法律关系性质与法院认定的不一致时，《民事诉讼证据规定》第 35 条规定，人民法院应当告知当事人可以变更诉讼请求。因此，一审过程中如果发现当事人之间的法律关系并非民间借贷法律关系的，应当告知原告变更诉讼请求，然后确定新的案由进行审理；如果原告拒不变更诉讼请求的，应当驳回原告的诉讼请求。二审过程中如果发现当事人之间的法律关系并非民间借贷的法律关系，可以向当事人说明后进行调解，调解不成的，应当发回重审；如果事实清楚，也可以直接改判；如果一审虽然认定法律关系有误，但判决结果与查明的法律关系产生的结果一致的，应当在法律文书中明确查明的法律关系，并维持一审判决结果。

10. 上海市高院《上海法院再审审查工作指南（四）》

（1）“基本事实”的范围，主要包括三个方面：①关于当事人及相关主体资格的事实，包括当事人是否具备诉讼权利能力，是否属于具备诉讼主体资格的其他组织，是否是本案适格当事人，是否存在主体混同的情形，是否遗漏了应当参加诉讼的当事人等等。②影响案件性质的事实，包括认定民事法律行为性质，主观过错、因果关系、损害后果等法律责任要件的事实，免责事由是否成立的事实等。③关于当事人具体权利义务和民事责任的事实，包括当事人约定的具体内容，约定不明时含义的解释，约定的条件是否成就，违约行为发生的时间，违约责任的计算和调整，各方当事人的过错程度，不同行为对损害后果发生的原因力大小等等。

（2）“缺乏证据证明”的表现，应当是指根据现有证据材料难以作出与原审裁判相同的事实认定。包括：①对证据的证明力判断不当。②原审法院分配举证责任不当导致认定事实错误。③法院在认定事实时遗漏了重要的证据，或者当事人提交证据时遗漏了重要的材料。④当事人自身无法取证，又未申请法院调查取证，同时难以归咎于当事人自身故意或重大过失的。对此情况应当从严把握：只有在裁判结果显著缺乏实质妥当性、法院明显违背释明职责等情况下，才考虑适用本项再审事由。

（3）《民事诉讼法》第200条第3项的把握：①“主要证据”的含义：指对认定案件基本事实必不可少的、具有重要作用的证据。换言之，如果缺少该证据，案件基本事实就不能认定；或者如果有与该证据证明内容相反的其他证据，就会对案件基本事实作出不同认定，从而对裁判结果产生实质性的影响。主要证据相对于次要证据、补强证据而言。如果是次要证据、补强证据，即使存在伪造情节，也不宜依据本项规定再审。此外，不可将“主要证据”与“直接证据”、“间接证据”的概念相混淆。“主要证据”并不限于直接证据。对案件基本事实认定存在重要作用的间接证据，也应作为主要证据予以审查。②“证据伪造”的含义：指出于掩盖、扭曲案件事实的目的从而故意制造虚假证据材料的行为，形式上既包括无中生有的捏造、虚构，也包括在原本真实证据材料的基础上进行变造、篡改，还包括对原本作为一个整体的证据材料采取出示部分、隐藏部分的方式从而对证明内容进行歪曲。③“伪造证据”事由与“新证据”事由的区别：审查中要注意两者在构成要件上的不同。由于“伪造证据”是一种恶劣的负面诉讼行为，所以，当事人提供原审中未出现或未质证的证据，以证明存在伪造证据情节的，不受《民事诉讼法》第200条第1项认定要件的限制。换言之，只要经审查确认原审生效裁判认定基本事实的主要证据确系伪造的，就应当裁定再审。

（4）《民事诉讼法》第200条第4项的把握：①质证的形式要件：质证程序并不局限于庭审环节。审查中，既要关注庭审笔录及证据交换笔录中是否存在相关证据的质证情况，也要关注答辩意见、代理词、上诉状等材料中是否存在相关记载。如果能够证明法官已经将主要证据向当事人出示并征求其意见，即使当事人拒绝发表意见或未正面回答，也不宜认定为“未经质证”。②自认与质证的关系：当事人在诉讼中对相关事实予以承认、裁判生效后又提出本项再审事由的，不应支持。需要注意的是，广义上的自认还包括诉讼外的自认，其典型表现形式为一方当事人于诉讼发生前向另一方所做的对自己不利事实的认可，并以书证、证人证言或视听资料等形式提供给法院。但此类自认只具有一般证据的价值，不具备免除质证程序的效力。③对超过举证期限的证据的质证：实践中，迟延举证一方的对方当事人常常援引《民事诉讼证据规定》第34条第3款规定，拒绝对相关证据进行质证。原审法院应当进行合理释明，即告知其可以在提出关于对方超出举证期限、不应质证主张的同时，对相关证据发表实质性的质证意见，供法院在认为该证据符合“视为新的证据”的情况下参考。再审审查中，对因超出举证期限而未在原审期间予以质证的证据，如果符合“新证据”的标准，在当事人主张相应再审事由的前提下，可以裁定再审。

（五）国际条约

本年度，中国政府未签署或批准新的涉及证据规则的国际条约，继续采取多项具体措施，积极履行国际条约义务。

1. 落实《国家人权行动计划（2012～2015年）》

本年度，中国政府按照《国家人权行动计划（2012～2015年）》的部署，进一步落实人权保障工作，履行相关国际条约义务。最高人民法院、最高人民检察院和公安部分别出台了防范刑事冤假错案的规范性文件，要求切实保障犯罪嫌疑人、被告人的合法权益，严格执行非法证据排除规定，进一步强化《刑事诉讼法》的人权保障功能。同时，为了进一步提高对犯罪嫌疑人、被告人的权利保障，公安部制定了《公安机关执法办案场所办案区使用管理规定》，并在全国范围内实施新的《看守所建设标准》，严格实行讯问询问过程录音录像制度。[1]上述举措符合《联合国禁止酷刑公约》的要求，有助于实现我国所承担的国际条约义务。

2. 实施2012年新修订的《刑事诉讼法》

根据《联合国禁止酷刑公约》[2]第1条的“酷刑”定义，酷刑是指为了向某人或第三者取得情报或供状，为了他或第三者所作或涉嫌的行为对他加以处罚，或为了恐吓或威胁他或第三者，或为了基于任何一种歧视的任何理由，蓄意使某人在肉体或精神上遭受剧烈疼痛或痛苦的任何行为，而这种疼痛或痛苦是由公职人员或以官方身份行使职权的其他人所造成或在其唆使、同意或默许下造成的。纯因法律制裁而引起或法律制裁所固有或附带的疼痛或痛苦不包括在内。该公约第15条规定，每一缔约国应确保在任何诉讼程序中，不得援引任何业经确定系以酷刑取得的口供为证据，但这类口供可用作对被控施用酷刑逼供者刑讯逼供的证据。第二次修订的《刑事诉讼法》2013

---

〔1〕参见“2013年中国人权事业的进展”，载新华网，http://news.xinhuanet.com/2014-05/26/c_1110854939_3.htm，最后访问时间：2014年11月28日。

〔2〕本公约文本，参见赵秉志主编：《酷刑遏制论》，中国人民公安大学出版社2003年版，第536～540页。

年1月1日正式生效实施，该法第54～58条明确规定了非法证据排除规则。最高人民法院《关于建立健全防范刑事冤假错案工作机制的意见》中进一步规定“采用刑讯逼供或者冻、饿、晒、烤、疲劳审讯等非法方法收集的被告人供述，应当排除。”〔1〕

《联合国打击跨国有组织犯罪公约》第20条第1款规定：“各缔约国均应在其本国法律基本原则许可的情况下，视可能并根据本国法律所规定的条件采取必要措施，允许其主管当局在其境内适当使用控制下交付并在其认为适当的情况下使用其他特殊侦查手段，如电子或其他形式的监视和特工行动，以有效地打击有组织犯罪。”〔2〕《联合国反腐败公约》第50条规定：“为有效地打击腐败，各缔约国均应当在其本国法律制度基本原则许可的范围内并根据本国法律规定的条件在其力所能及的情况下采取必要措施，允许其主管机关在其领域内酌情使用控制下交付和在其认为适当时使用诸如电子或者其他监视形式和特工行动等其他特殊侦查手段，并允许法庭采信由这些手段产生的证据。”〔3〕本年度正式实施的《刑事诉讼法》及司法解释中，对“技术侦查措施”的适用对象、适用期限、批准、执行和秘密侦查、控制下交付、技术侦查获得的材料的使用作出了明确规定。特殊侦查措施从“法外适用”到“法内适用”并严格限定适用条件，符合《联合国反腐败公约》和《联合国打击跨国有组织犯罪公约》的精神，有助于我国进一步履行条约义务。

根据《联合国反腐败公约》第31条的规定，各缔约国均应当在本国法律制度的范围内尽最大可能采取必要的措施，以便能够没收根据公约确立的犯罪的犯罪所得、犯罪工具等。本年度正式实施的《刑事诉讼法》规定的犯罪嫌疑人、被告人隐匿、死亡案件违法所得的没收程序在实践中得到有效适用，在规制贪官外逃案件中发挥了重要作用，实现了《联合国反腐败公约》的相关规定。

---

〔1〕法发［2013］11号，2013年10月9日颁布，参见《人民法院报》2013年11月22日，第02版。

〔2〕《联合国反腐败公约、联合国打击跨国有组织犯罪公约》，中国方正出版社2004年版，第178～200页。

〔3〕《联合国反腐败公约、联合国打击跨国有组织犯罪公约》，中国方正出版社2004年版，第48～97页。

二、证据司法实践发展综述

（一）人民法院证据制度建设

1. 进一步完善防范刑事冤假错案的证据审查机制

为贯彻落实中央政法委员会《关于切实防止冤假错案的规定》，依法准确惩治犯罪，尊重和保障人权，实现司法公正，最高人民法院于2013年10月9日发布了《关于建立健全防范刑事冤假错案工作机制的意见》[1]，涉及的证据问题包括：

（1）坚持证据裁判原则。认定案件事实，必须以证据为根据。应当依照法定程序审查、认定证据。认定被告人有罪，应当适用证据确实、充分的证明标准。

（2）严格执行法定证明标准，强化证据审查机制。①定罪证据不足的案件，应当坚持疑罪从无原则，依法宣告被告人无罪，不得降格作“留有余地”的判决。定罪证据确实、充分，但影响量刑的证据存疑的，应当在量刑时作出有利于被告人的处理。死刑案件，认定对被告人适用死刑的事实证据不足的，不得判处死刑。②重证据，重调查研究，切实改变“口供至上”的观念和做法，注重实物证据的审查和运用。只有被告人供述，没有其他证据的，不能认定被告人有罪。③采用刑讯逼供或者冻、饿、晒、烤、疲劳审讯等非法方法收集的被告人供述，应当排除。除情况紧急必须现场讯问外，在规定的办案场所外讯问取得的供述，未依法对讯问进行全程录音录像取得的供述，以及不能排除以非法方法取得的供述，应当排除。④现场遗留的可能与犯罪有关的指纹、血迹、精斑、毛发等证据，未通过指纹鉴定、DNA鉴定等方式与被告人、被害人的相应样本作同一认定的，不得作为定案的根据。涉案物品、作案工具等未通过辨认、鉴定等方式确定来源的，不得作为定案的根据。对于命案，应当审查是否通过被害人近亲属辨认、指纹鉴定、DNA鉴定等方式确定被害人身份。”

（3）切实遵守法定诉讼程序，强化举证、质证和认证程序。①庭前会议应当归纳事实、证据争点。控辩双方有异议的证据，庭审时应重点调查；没

---

〔1〕法发［2013］11号。

有异议的，庭审时举证、质证适当简化。②审判案件应当以庭审为中心。事实证据调查在法庭，定罪量刑辩论在法庭，裁判结果形成于法庭。③证据未经当庭出示、辨认、质证等法庭调查程序查证属实，不得作为定案的根据。采取技术侦查措施收集的证据，除可能危及有关人员的人身安全，或者可能产生其他严重后果，由人民法院依职权庭外调查核实的外，未经法庭调查程序查证属实，不得作为定案的根据。④依法应当出庭作证的证人没有正当理由拒绝出庭或者出庭后拒绝作证，其庭前证言真实性无法确认的，不得作为定案的根据。⑤保障被告人及其辩护人在庭审中的发问、质证、辩论等诉讼权利。对于被告人及其辩护人提出的辩解理由、辩护意见和提交的证据材料，应当当庭或者在裁判文书中说明采纳与否及理由。⑥定罪证据存疑的，应当书面建议人民检察院补充调查。人民检察院在二个月内未提交书面材料的，应当根据在案证据依法作出裁判。

（4）切实保障辩护人会见、阅卷、调查取证等辩护权利。辩护人申请调取可能证明被告人无罪、罪轻的证据，应当准许。

2. 贯彻无罪推定原则、坚持疑罪从无

4月25日，最高人民法院常务副院长沈德咏在广州召开的刑事审判工作调研座谈会上强调，刑事审判生杀予夺，事关公民的名誉、财产、自由乃至生命，事关国家安全和社会稳定，一定要坚决守住防范冤假错案的底线。[1]

5月6日，沈德咏在《人民法院报》发表《我们应当如何防范冤假错案》一文。他指出：目前有罪推定思想尚未完全根除，无罪推定思想尚未真正树立。我们要进一步强化防范冤假错案的意识，“要像防范洪水猛兽一样来防范冤假错案，宁可错放，也不可错判。错放一个真正的罪犯，天塌不下来，错判一个无辜的公民，特别是错杀了一个人，天就塌下来了”。他认为，我们的观念中常有“不冤枉一个好人，不放过一个坏人”的认识，但要有效防范冤假错案，做到“不冤枉一个好人”，让无辜者获得保护，那就有可能会“放过”一些坏人，这种制度风险是客观存在的，在这个问题上社会各方面都要有心理准备，这也是维护刑事司法公正、防范冤假错案必须要付出

〔1〕 沈德咏：“刑事审判要坚决守住防范冤假错案的底线”，载 http：//gb. cri. cn/42071/2013/04/25/5892s4096761. htm，最后访问时间：2015年2月14日。

的代价。[1]

在10月出版的《中国法学》第5期，沈德咏发表了《论疑罪从无》。[2]文章从疑罪从无的历史溯源、理论逻辑、实践理性以及实现路径等四个方面展开，全面阐述了疑罪从无原则及其相关理论和实践问题。主要观点包括：①“在刑事司法领域，不搞无罪推定，就难免不搞有罪推定；不搞疑罪从无，就难免不搞疑罪从有；任何形式的疑罪从轻、疑罪从挂，实质上都是疑罪从有。”②在我国，有罪推定的思想在一些司法人员头脑中依然是根深蒂固的，疑罪从轻、疑罪从挂的现象还不同程度地存在。③“在刑事诉讼中不枉不纵是一种理想状态，但这种理想并不总是能够照进现实。长期以来，我国刑事诉讼理论中占主导地位的是不枉不纵观念，甚至将其视为判断刑事司法制度优劣的标准”。“这种观念看似不偏不倚，但在司法实践中却极易滑向宁枉勿纵”。④疑罪从无的最大风险是有可能放纵犯罪，而疑罪从有的最大恶果是有可能出现冤假错案。在必须作出抉择的时候，就要权衡哪种结果对社会秩序的破坏更大。在法治发展进步的今天，“宁枉勿纵”肯定是不合时宜的，为此，我们应当转换一下思路，这就是“宁可错放，也不可错判”。一项好的制度并不能保证百分之百地做到不放掉一个坏人，但应当百分之百地保证不冤枉一个好人。⑤刑事司法人员必须树立起疑罪从无的观念，彻底抛弃或多或少残存着的有罪推定思想，将保障无罪的人不受刑事追究确立为刑事诉讼不可逾越的一条红线，依法保护公民的正当权利，维护司法文明和理性的社会秩序。在出现了疑案的情形时，应当严格依据证明标准，坚持疑罪从无。

3. 民事与行政诉讼证据制度建设仍缺乏整体规划

民事诉讼和行政诉讼的证据制度建设，在继续向前推进的过程中，仍缺乏整体规划，有关证据规则显得不够系统。在完善我国法院与外国法院相互协助进行民商事案件调查取证方面，2013年5月最高人民法院发布了《关于依据国际公约和双边司法协助条约办理民商事案件司法文书送达和调查取证司法协助请求的规定实施细则（试行）》。其中，第四章和第五章分别详细规定了人民法院和外国法院依据海牙取证公约和双边民事司法协助条约，提出调查取证请求时的办理程序、审核内容及标准、调查取证费用等内容。最高

---

〔1〕 沈德咏：“我们应当如何防范冤假错案”，载《人民法院报》2013年5月6日。

〔2〕 沈德咏：“论疑罪从无”，载《中国法学》2013年第5期。

人民法院《关于审理食品药品纠纷案件适用法律若干问题的规定》,[1]对“食品的生产者与销售者应当对于食品符合质量标准承担举证责任”等作了规定。最高人民法院《关于审理涉及农村土地承包经营纠纷调解仲裁案件适用法律若干问题的解释》,[2]对农村土地承包仲裁委员会依法向人民法院提交当事人证据保全的有关问题作了规定。

4. 明确审理国家赔偿案件应适用质证程序

最高人民法院《关于人民法院赔偿委员会适用质证程序审理国家赔偿案件的规定》,[3]主要内容包括：

（1）质证适用的情形：①对侵权事实、损害后果及因果关系有争议的；②对是否属于国家赔偿法第19条规定的国家不承担赔偿责任的情形有争议的；③对赔偿方式、赔偿项目或者赔偿数额有争议的；④赔偿委员会认为应当质证的其他情形。

（2）质证公开。除涉及国家秘密、个人隐私或者法律另有规定的以外，质证应当公开进行。赔偿请求人或者赔偿义务机关申请不公开质证，对方同意的，赔偿委员会可以不公开质证。

（3）质证程序中赔偿请求人和赔偿义务机关，在质证活动中的法律地位平等，有权委托代理人，提出回避申请，提供证据，申请查阅、复制本案质证材料，进行陈述、质询、申辩，并应当依法行使质证权利，遵守质证秩序。

（4）质证前的证据交换。对于证据较多或者疑难复杂的案件，赔偿委员会可以组织赔偿请求人、赔偿义务机关在质证前交换证据，明确争议焦点，并将交换证据的情况记录在卷。赔偿请求人、赔偿义务机关在证据交换过程中没有争议并记录在卷的证据，经审判员在质证中说明后，可以作为认定案件事实的依据。

（5）质证程序。包括决定是否公开质证，质证的内容、顺序，推定的适用，质证笔录、放弃质证、延期质证等规定。

5. 地方法院证据制度建设的成效[4]

（1）地方法院完善证据规则释明机制。例如，①福建三明梅列区法院对

---

〔1〕 2013年12月9日，最高人民法院审判委员会第1599次会议通过。

〔2〕 2013年12月27日，最高人民法院审判委员会第1601次会议通过。

〔3〕 2013年12月16日，最高人民法院审判委员会第1600次会议通过。

〔4〕 参见最高人民法院网站地方法院新闻，载 http：//www.court.gov.cn/zixun-gengduo－25.html，最后访问时间：2015年2月6日。

民商事案件探索“三大步七小步”要件分析引导法。涉及证据制度建设的内容包括：在审前阶段，向当事人发放诉讼举证指导手册，引导当事人根据诉求收集证据材料；在庭审阶段，引导当事人审查要件事实，并确认有无争议事实，比对事实和构成要件；在裁判阶段，向当事人详细告知认定事实及证据采信情况。②天津大港审判区强化民事审判四个阶段释明权的合理运用。涉及证据制度建设的内容包括：一是立案阶段，通过向当事人送达立案通知书及应诉通知书，对民事证据规则等进行告知，促进当事人尽早选择合适的程序。二是庭前阶段，针对事实或证据认识不清而进行提醒询问，对证据规则进行释明，使当事人对证据材料和相关程序形成正确认识。三是庭审阶段，围绕争议焦点，对举证及事实认定等进行释明，引导当事人对相关事项澄清、补充和更正，以便当事人通过质证和辩论对事实认定和法律适用达成一致。四是宣判阶段，围绕裁判依据强化释明权。针对当事人对裁判结果或所适用法律条款存在疑问，以及虽无疑问但持上诉上访态度的，在宣判阶段，加强对判决所依据的法律法规，上诉权利及期间的释明，以便当事人服判息诉或正确运用上诉权利。

（2）地方法院加强证人和鉴定人出庭制度建设。

第一，证人保护措施的探索。广州海珠区法院制定了《刑事案件证人、鉴定人及被害人出庭司法保护实施办法》。法院根据具体情况甄别证人、被害人、鉴定人的保护级别，分为隔离保护、信息保护、人身保护 3 项措施，并可根据案件具体情况分别或综合运用。其中，隔离保护是指使用与公众候庭区域隔离的候庭场所，或使用法院设置的证人作证室通过实时视讯传输出庭作证；信息保护是指法院对于准许不公开个人信息的证人、被害人，法庭提前核实身份，采用化名在出庭笔录、保证书上签字，对其个人信息予以保密；采取人身保护的，经法院审查准许可由法庭安排专门车辆接送出庭，并派法警进行人身保护。同时，视案件具体情况，可同步采取面部遮挡、技术变声、模糊身像等方式进行保护。在一起盗窃案件中，首次对证人实行隔离保护：两名关键证人在法院专设的作证室出庭作证，二人经过模糊处理的头像实时出现在法庭内的显示屏上。

第二，鉴定人出庭。上海市虹口区法院采取三项措施落实鉴定人出庭制度：①向鉴定人释明可将出庭费用包含在鉴定费用中。②在向当事人送达鉴定报告的同时附上告知函，如对鉴定报告有异议且需申请鉴定人出庭，应在一定期限内提交书面申请并写明异议内容，确保各方围绕异议焦点进行高质高效质证。③引入专家证人，优化鉴定报告质证效果。允许专家证人听取鉴定人就鉴定报告的说明，并可以提出具体意见，保证专家证人和鉴定人均能发表各自观点，为法官查证事实提供充分参考。

（3）北京市第二中级人民法院首次组织当事人现场参与亲子鉴定过程。近年来，司法鉴定的权威性不断受到挑战，北京市第二中级人民法院首次尝试在涉未成年人案件中组织双方当事人现场参与亲子鉴定，并由鉴定人当场解答当事人疑惑，使当事人打消疑虑，消除对鉴定意见的怀疑，保护未成年人的合法权益。

（二）人民检察院证据制度建设

1. 实施《刑事诉讼法》及司法解释

本年度，人民检察院积极实施《刑事诉讼法》及相关司法解释，证据意识在逐步增强，办案方式逐渐转变。最高人民检察院将"认真贯彻实施修改后刑事诉讼法和民事诉讼法，强化公正、程序、证据、效率意识"列入"2013年检察工作主要安排"。[1]最高人民检察院检察长曹建明也强调，各级检察机关要在执法办案活动中，始终坚持社会主义法治原则，积极适应修改后刑诉法的新要求，增强人权意识、程序意识、证据意识、时效意识、监督意识，打牢严格公正执法的思想基础。[2]根据北京市尚权律师事务所2013年"新刑事诉讼法实施状况调研报告"[3]，司法实践中的进步和问题并存：

（1）"三类案件"成为限制律师会见借口。《刑事诉讼法》第37条"三类案件"的规定被扩大解释，成为限制律师会见的借口。该条第3款规定："危害国家安全犯罪、恐怖活动犯罪、特别重大贿赂犯罪案件，在侦查期间辩护律师会见在押的犯罪嫌疑人，应当经侦查机关许可。"实践中，上述"三类案件"往往被侦查机关扩大解释，成为限制律师会见的借口。例如，北京市检察院一分院侦办的一起行贿案件，将案件界定为"特别重大贿赂犯罪"，并以此拒绝安排律师会见，不向律师介绍相关案件情况。侦查人员约见律师谈话，要求律师提供所了解的案件信息，询问律师会见犯罪嫌疑人的内容，并

---

〔1〕《最高人民检察院工作报告》（2013年3月10日）。

〔2〕参见王治国："曹建明：切实维护人民群众合法权益和司法权威"，载《检察日报》2013年5月30日。

〔3〕参见尚权律师事务所"新刑事诉讼法实施状况调研报告"（2013年第一季度），载尚权律师事务所网站，http：//www. sqxb. com/content/details19 _3037. html，最后访问时间：2014年12月30日。

对律师进行职业道德教育。

（2）各地检察机关为辩护律师行使阅卷权出台方便措施。《刑事诉讼法》第 38 条规定："辩护律师自人民检察院对案件审查起诉之日起，可以查阅、摘抄、复制本案的案卷材料。"为落实上述关于辩护律师阅卷权的规定，重庆市检察院五分院依托本院互联网门户网站，开设律师阅卷预约平台，建立了律师阅卷预约制度。为提高阅卷效率，北京、上海嘉定、成都武侯区、广州海珠区、宁夏银川、天津河北区、湖南株洲、江苏南京、海南省等地检察院都开始推行电子阅卷制度。这一新举措改变了查阅、复制纸质案卷费时费力的状况。律师阅卷后，还可与案件承办人交流对该案事实和证据所持有的意见，提高了律师的工作效率。北京市朝阳区检察院为提高效率与拍照质量，为律师准备了高拍仪。律师去阅卷，只需带 U 盘即可，不用再带相机或用手机拍照。

（3）辩护律师的权利保障与救济难落实。《刑事诉讼法》第 47 条规定："辩护人、诉讼代理人认为公安机关、人民检察院、人民法院及其工作人员阻碍其依法行使诉讼权利的，有权向同级或者上一级人民检察院申诉或者控告。人民检察院对申诉或者控告应当及时进行审查，情况属实的，通知有关机关予以纠正。"最高人民检察院《人民检察院刑事诉讼规则》对此也作了详细规定。但是，在实践中该条规定难以落实。例如，有律师在四川省成都市检察院行使了控告权，但该检察院没能按照规定给以书面处理意见，更没有对侦查机关的违法行为予以纠正。另外，许多驻看守所检察室设在监区内，律师想现场申诉实属不易。2013 年 1 月 8 日，律师在成都看守所会见当事人遇阻后，想找驻所检察室反映。看守所的武警称，得有驻所检察室的人来接才能进去。接通电话后，驻所检察官也没有给律师一个满意的答复。

2. *以防止冤假错案为契机推进证据制度建设*

为贯彻中央政法委 2013 年 8 月《关于切实防止冤假错案的规定》，最高人民检察院 9 月印发的《关于切实履行检察职能防止和纠正冤假错案的若干意见》要求[1]：

（1）各级检察机关要严格规范职务犯罪案件办案程序，全面、客观地收集、调取犯罪嫌疑人有罪或者无罪、罪轻或者罪重的证据材料，严禁刑讯逼

〔1〕 王治国："坚持严格规范公正文明执法坚守防止冤假错案法律底线"，载《检察日报》2013 年 9 月 14 日。

供和以威胁、引诱、欺骗以及其他非法方法收集证据；在第一次开始讯问犯罪嫌疑人或者对其采取强制措施时，应当告知犯罪嫌疑人有权委托辩护人；对于特别重大贿赂犯罪案件，应当依法保障辩护律师的会见权；检察人员可以主动听取辩护律师的意见，辩护律师要求当面提出意见的，检察人员应当听取意见并制作笔录；在每次讯问犯罪嫌疑人时，对讯问过程实行全程同步录音、录像。

（2）要严格把握法律规定的逮捕、起诉标准，既要防止人为提高标准，影响打击力度，又要坚持法定标准；对于犯罪嫌疑人拒不认罪或者供述反复等十类案件要重点审查；注重证据的综合审查和运用，对于只有犯罪嫌疑人供述，没有其他证据的，不得认定犯罪嫌疑人有罪；对于命案等重大案件，应当强化对实物证据和刑事科学技术鉴定意见的审查运用，对于其中可能判处死刑的案件，必须坚持最严格的证据标准；认真调查核实犯罪嫌疑人无罪和罪轻的辩解，对前后供述出现反复的原因必须审查；依法排除非法证据，及时调查核实非法取证的材料或者线索，做好对讯问原始录音、录像的审查。

（3）坚决依法纠正刑事执法司法活动中的突出问题，对命案等重大复杂案件、突发性恶性案件、争议较大的疑难案件、有重大社会影响的案件，应当与侦查机关协商，通过介入现场勘查、参加案件讨论等方式，引导侦查机关依法全面收集、固定和完善证据；重点做好死刑案件的审查和出庭工作，认真审查死刑上诉和抗诉案件；加强死刑复核案件的法律监督，对于定罪证据不足的案件，应当坚持疑罪从无原则。

3. “两个基本”与“宁漏勿错”之争

人民检察院的证据制度建设，在刑事诉讼证明标准上一直奉行“两个基本”，即“基本事实清楚，基本证据确凿”。这是彭真同志1985年5月在五大城市治安座谈会上的讲话中最早提出的，〔1〕其后在“严打”中得到贯彻，后

〔1〕 彭真指出：“现在，有的案件因为证据不很完全，就判不下去。其实，一个案件，只要有确实的基本证据，基本的情节清楚，就可以判。一个案件几桩罪行，只要主要罪行证据确凿也可以判，要求把每个犯人犯罪的全部细节都搞清楚，每个证据都拿到手，这是极难做到的，一些细微末节对判刑也没有用处。办案也是这样，我们要坚决改正的是那些错案、冤案、假案，至于判刑性质不错或基本上正确，只是判刑轻重稍有不同意见，就不要长期纠缠翻腾，以致影响当前最紧迫的工作。”参见彭真：“在五大城市治安座谈会上的讲话”，载《彭真文选（1941～1990年）》，人民出版社1991年版，第409页。

来又扩大化、常规化，最终延展至所有刑事案件，并在 2001 年的全国社会治安工作会议上为中央最高领导所肯定〔1〕。最高人民检察院 2001 年发布《关于检察机关积极参加“严打”整治斗争和整顿规范市场经济秩序工作的意见》，将“两个基本”明确界定为“基本事实清楚，基本证据确凿”。最高人民法院 2001 年 4 月发布的《关于贯彻全国社会治安工作会议的通知》，将“两个基本”表述为“基本事实清楚，基本证据扎实”。由此，1996 年《刑事诉讼法》关于“事实清楚，证据确实充分”的证明标准，就在“两个基本”的表述中大打折扣。

尽管“两个基本”并不缺乏辩护者，〔2〕但很多学者认为，“两个基本”与《刑事诉讼法》规定的证明标准存在严重冲突，甚至对其起了消极的否定或修正作用，从而使刑事证明呈现出“理论上的高标准，执行中的低标准”的悖论状态。〔3〕

本年度，最高人民法院常务副院长沈德咏发表的《论疑罪从无》〔4〕明确指出，在刑事诉讼中，不严格依据证明标准的最突出的表现是坚持“疑罪从有”。因此，“在新的时代条件下，为防范冤假错案的发生，刑事司法人员必须树立起疑罪从无的观念，彻底抛弃或多或少残存的有罪推定思想，将保障无罪的人不受刑事追究确立为刑事诉讼不可逾越的一条红线，依法保护公民的正当权利，维护司法文明和理性的社会秩序。在出现了疑案的情形时，应当严格依据证明标准，坚持疑罪从无”。

该文指出：“根据疑罪从无的要求，每一个专门机关都应当依法履行法律赋予的职权和责任，所办理的案件必须做到事实清楚、证据确实充分，决不可基于部门利益或者其他法外因素的考虑，怠于行使权力，将明显‘存疑’的案件‘推给’后面的机关。从另一个方面来看，既然法律明文规定了疑罪从无，那么根据此要求，在发现所办案件存疑时，相应的专门机关就应当依

〔1〕“政法各部门要统一思想，加强配合，形成依法从重从快打击犯罪的合力。只要基本事实清楚，基本证据确凿，就要快捕、快诉、快判，不要在细枝末节问题上纠缠，延误时机。”参见江泽民：“切实加强治安工作”，载《江泽民文选》（第 3 卷），人民出版社 2006 年版，第 209 页。

〔2〕参见柴春元、徐建波：“‘两个基本’与刑事证明标准——第三届检察理论年会热点综述”，载《人民检察》2002 年第 3 期。

〔3〕参见熊秋红：“对刑事证明标准的思考——以刑事证明中的可能性和确定性为视角”，载《法商研究》2003 年第 1 期。另参见陈瑞华：《刑事证据法学》，北京大学出版社 2012 年版，第 254 页。

〔4〕沈德咏：“论疑罪从无”，载《中国法学》2013 年第 5 期。

法作出‘从无’的处理，包括撤销案件、不起诉、无罪判决等。对疑案作出任何形式的‘从有’处理，都是一种权力的滥用，势必严重侵害被告人的合法权益。”

“对于证明目标而言，侦查、起诉、审判都要以法律规定的‘证明标准’为准绳，符合者则立案、起诉、定罪，不符合者则应按照疑罪从无的要求处理。如果抱持不正确的司法政绩观，认为案件不破、不立、不起诉、不入罪就是无能，即使发现有疑问也将错就错，甚至通过各种方式给后面的诉讼环节施压，冤假错案一旦铸成，就会对司法公正造成极大的伤害。”

沈德咏在《人民法院报》发表的《我们应当如何防范冤假错案》一文中更加明确地指出：我们的观念中常有“不冤枉一个好人，不放过一个坏人”的认识，但要有效防范冤假错案，做到“不冤枉一个好人”，让无辜者获得保护，那就有可能会“放过”一些坏人，这种制度风险是客观存在的，“宁枉勿纵”是不合时宜的，这也是维护刑事司法公正、防范冤假错案必须要付出的代价。[1]

显然，如果要摈弃“宁枉勿纵”的错误观念和“不漏不错”的空想，剩下的就只有“宁漏勿错”这样一种选择。但最高人民检察院副检察长朱孝清认为：有的同志认为，坚守防止冤假错案底线，就要宁漏勿错。我不同意这种认识。所谓公正司法，就是受到侵害的权利一定会得到保护和救济，违法犯罪活动一定会受到制裁和惩罚。也就是说，公正司法包括防漏。案件质量的内涵是事实清楚、证据确实充分、定性准确、处理适当、程序合法，这就必须做到不错不漏。因为如果错了，犯罪嫌疑人、被告人就感受不到公平正义；如果漏了，案件的被害人就感受不到公平正义。当然，根据疑罪从无原则，对疑罪作无罪处理有可能造成“漏”，但这种依法不得已的“漏”，与指导思想上防止“漏”，二者并不矛盾。因此，我们既要坚守防止冤假错案底线，又要坚持“两个基本”，防止纠缠细枝末节，宽纵犯罪。[2]

看来，新修订的《刑事诉讼法》实施后，尽管人民检察院的法治理念、证据意识在发生积极的变革、革新，但长期以来在司法实践中形成的一些有悖于人权保障和现代证据理念的观点、看法仍然具有一定的影响力。可见，

---

〔1〕 沈德咏：“我们应当如何防范冤假错案”，载《人民法院报》2013 年 5 月 6 日。

〔2〕 朱孝清：“对‘坚守防止冤假错案底线’的几点认识”，载《检察日报》2013 年 7 月 8 日。

现代证据制度建设将是一个长期的过程。

4. 地方检察院通过改革试点推进证据制度建设

（1）新疆、浙江、江苏等地方检察院等机关联合发布《庭前会议实施意见》。根据《刑事诉讼法》第 182 条第 2 款规定，公诉案件可举行庭前会议，但未明确庭前会议的案件范围及具体程序。一些地方检察院对庭前会议制度进行积极探索，并联合相关机关发布了规范性指导文件。

新疆喀什地区岳普湖县检察院和法院商讨会签了《刑事公诉案件庭前会议实施意见》，主要内容包括：①庭前会议范围。申请非法证据排除、证据繁杂、有重大影响的案件等七类刑事公诉案件，可以召开庭前会议；在开庭前，审判人员可以召集公诉人、当事人和辩护人、诉讼代理人，就案件管辖、回避、强制措施、鉴定人、侦查人员、被告人、辩护人提供或申请调取无罪或罪轻的证据、非法证据排除、瑕疵证据的异议、证据开示、是否公开审理等 17 类与审判相关的问题进行协商沟通、了解情况、交换意见。②庭前会议程序。包括法院自行决定、检察院建议或当事人申请三种方式。法院也可根据案件情况直接决定召开。法院决定召开庭前会议的，应在召开前 3 日将会议时间、地点通知相关人员；法院决定不召开庭前会议的，应当在收到检察院庭前会议建议书或申请书 3 日内将决定和理由书面告知相关人员。③庭前会议流程。庭前会议在审判人员的主持下进行，依次听取公诉人、当事人和辩护人的意见，可以口头提出意见并说明理由，也可以向审判人员提交书面意见。审判人员了解情况、听取意见后，可以在庭前会议中或开庭前就会议听取的事项作出决定。审判人员在开庭前就庭前会议相关事项作出决定后，公诉人、当事人和辩护人在庭审过程中就同一事项再次提出申请，审判人员应当庭驳回，但有新的证据和理由的除外。〔1〕

江苏盐城亭湖区检察院会同法院、司法局联合出台的《刑事公诉案件庭前会议实施意见》规定：①对当事人申请排除非法证据的，案情重大、疑难的贪污贿赂、黑社会性质组织、毒品犯罪案件，被告人人数众多、证据繁杂，刑事附带民事诉讼，社会影响重大以及当事人和解的六类案件，可以适用庭前会议。②关于庭前会议程序，法院可依职权决定或依检察机关建议及当事

〔1〕 徐明亮：“岳普湖县检法两院商讨会签《刑事公诉案件庭前会议实施意见》”，载 http://kszy. xjcourt. org/public/detail. php? id =1181，最后访问时间：2014 年 10 月 27 日。

人申请召开庭前会议。如被告人已被羁押的，庭前会议可在羁押场所进行；共同犯罪案件中涉及的程序问题，可一并召开庭前会议，如涉及实体性、证据方面的问题，可分别召开。庭前会议中，各方达成合意的程序性问题，开庭时不再审理；达成合意并经庭前会议交换的证据，审理时应简化举证、质证程序，对庭前会议中提出异议的证据，审理时应重点调查。[1]

（2）湖北、江苏等地检察院出台措施规范非法证据排除程序。尽管《刑事诉讼法》及司法解释都对非法证据排除规则作出明确规定，但遗憾的是，非法证据被排除的案件却寥寥无几。[2]但各地检察机关依然为非法证据排除规则的实施进行了积极的探索。

湖北省郧县检察院侦查监督部门通过“四项制度”规范非法证据排除程序。①非法证据排除权利告知制度。在提审犯罪嫌疑人及询问证人、被害人之前进行书面权利义务告知，依法着重告知其有权向检察机关申请排除非法证据。并在告知书中设计了规范的告知语言：“根据《刑事诉讼法》第50条、第54条规定，证据应当是合法收集的，采用刑讯逼供等非法方法收集的犯罪嫌疑人、被告人供述和采用暴力、威胁等非法方法收集的证人证言、被害人陈述，应当予以排除。如果侦查机关在侦查中有使用上述方法收集证据的，你有权利申请排除。”②非法证据排除的证据标准。在审核是否存在非法证据时，应当避免仅让侦查机关出具其办案合法的说明，而代之以要求侦查机关出具同步录音录像，向看守所调取入所体检报告，以及每次提审、提押出所的记录，要求相关办案人员作证等。③非法证据排除审批制度。对拟作非法证据排除的案件进行集体讨论，分管检察长审批。承办人对证据合法性产生合理怀疑时，必须向部门负责人汇报，经科室会议集体讨论后，由分管检察长批准；案件重大复杂的，提交检察委员会集体研究决定。④部门协作制度。继续在已有的与监所建立的“周通报”制度上，加强与监所部门的协作，以确实掌握入所人员的体检情况，通过驻所人员与在押人员的谈心制度，发现在押人员是否被刑讯逼供的情形；与渎职部门加强联系，对于发现的侦查人

---

〔1〕 江红艳：“亭湖法院出台意见规范刑事公诉案件庭前会议程序”，载 http：//www.jsyczfw.gov.cn/ReadNews.asp？NewsID＝18114，最后访问时间：2014年10月27日。

〔2〕 郭志媛：“非法证据排除规则实施研讨会综述”，载《人民法院报》2013年12月4日；安然：“新刑诉法实施一年少有‘非法证据’被排除”，载《北京晚报》2014年3月2日。

员刑讯逼供的线索及时移送。[1]

江苏省姜堰市检察院与市法院、公安局、司法局联合出台《关于庭前非法证据排除的实施意见》，细化了庭前非法证据排除的启动程序，严格保障犯罪嫌疑人、被告人的诉讼权利；明确了庭前非法证据审查程序，确保证据排除的公正性；设置了非法证据排除的配套规则，规范了庭前证据开示的实施办法，确保向法庭提供的指控证据合法有效；规定对重大案件的庭前非法证据排除程序应当进行听证，检察机关纪检监察部门负责进行监督。[2]

（三）公安机关证据制度建设

1. 公安部《看守所留所执行刑罚罪犯管理办法》[3]涉及的证据规定

（1）指纹的采集。对于判决前未被羁押，判决后需要羁押执行刑罚的罪犯，看守所应当凭规定文书收押，并采集罪犯十指指纹信息。

（2）暂予监外执行的鉴定。对暂予监外执行罪犯的病情鉴定，应当到省级人民政府指定的医院进行；妊娠检查，应当到医院进行；生活不能自理鉴定，由看守所分管所领导、管教民警、看守所医生、驻所检察人员等组成鉴定小组进行；对正在哺乳自己婴儿的妇女，看守所应当通知罪犯户籍所在地或者居住地的公安机关出具相关证明。生活不能自理，是指因病、伤残或者年老体弱致使日常生活中起床、用餐、行走、如厕等不能自行进行，必须在他人协助下才能完成。对适用保外就医可能有社会危险性的罪犯，或者自伤自残的罪犯，不得保外就医。

（3）会见、通讯、临时出所。因起赃、辨认、出庭作证、接受审判等需要将罪犯提出看守所的，办案机关应当出具公函，经看守所领导批准后提出，并当日送回。侦查机关因办理其他案件需要将罪犯临时寄押到异地看守所取证，并持有侦查机关所在设区的市一级以上公安机关公函，看守所应当允许提出，并办理相关手续。人民法院因再审开庭需要将罪犯提出看守所，并持有人民法院刑事再审决定书或者刑事裁定书，或者人民检察院抗诉书的，看

---

[1] 郝天锋："湖北郧县检察院'四项制度'规范非法证据排除程序"，载 http：//www. jcrb. com/procuratorate/jckx/201311/t20131115 _1249083. html，最后访问时间：2014 年 11 月 1 日。

[2] 肖春林、朱国权："江苏姜堰市检察院出台庭前非法证据排除实施意见"，载 http：//jcy. jcrb. com/jcsc/201301/t20130118 _1031173. shtml，最后访问时间：2014 年 11 月 1 日。

[3] 2013 年 8 月 20 日公安部部长办公会议通过，自 2013 年 11 月 23 日起施行，公安部令第 128 号。

守所应当允许提出，并办理相关手续。

（4）民事案件出庭。罪犯进行民事诉讼需要出庭时，应当委托诉讼代理人代为出庭。对于涉及人身关系的诉讼等必须由罪犯本人出庭的，凭人民法院出庭通知书办理临时离所手续，由人民法院司法警察负责押解看管，并于当日返回。罪犯因特殊情况不宜离所出庭的，看守所可以与人民法院协商，根据《民事诉讼法》第121条的规定，由人民法院到看守所开庭审理。

（5）服刑期间死亡鉴定。罪犯死亡的，由看守所所属公安机关或者医院对死亡原因作出鉴定。罪犯家属有异议的，可以向人民检察院提出。

2. 环境保护部、公安部《关于加强环境保护与公安部门执法衔接配合工作的意见》[1]

该意见规定，在涉嫌犯罪的案件办理中，环保部门主要是发现、查处、移送涉嫌犯罪的行为以及后续配合公安机关办案；公安机关的主要任务是对违反治安管理规定的行为立案查处，对涉嫌环境犯罪的案件立案侦查，保障执法顺利进行。两个部门要树立证据意识，建立完善“三个制度”，即联动执法联席会议制度、联动执法联络员制度、重大案件会商督办制度；“四个机制”，即案件移送机制、紧急案件联合调查机制、案件信息共享机制、奖惩机制。其中，

（1）树立证据意识，依法严厉打击环境污染犯罪。两个部门要牢固树立证据意识，及时、全面、准确收集涉嫌环境污染犯罪的各类证据。环境保护部门在执法过程中要及时收集、提取、监测、固定污染物种类、浓度、数量等证据。各级公安机关依法侦办环境污染刑事案件，要借助环境保护部门的专业知识和技术支持，提高办案质量。公安机关应结合自身职能，主动摸排环境污染犯罪线索，发动群众举报、立案侦查环境污染犯罪案件，对重大案件实行挂牌督办，坚决依法严厉打击环境污染犯罪案件。

（2）建立完善案件移送机制，规范联动执法程序。两个部门要严格按照法律规定，不断完善涉嫌违反治安管理、环境污染犯罪案件的移送、受理、立案机制。各级环境保护、公安部门要按照《关于环境保护行政主管部门移送涉嫌环境犯罪案件的若干规定》[2]等要求，明确案件移送的职责、时限、

[1] 环发［2013］126号。
[2] 环发［2007］78号。

程序和监督等要求，积极做好案件调查、证据收集、法律适用等工作，防止“以罚代刑”。

（3）建立完善紧急案件联合调查机制，做到执法工作无缝衔接。遇到重大环境污染等紧急情况，两个部门要及时启动相应的调查程序，分工协作，防止证据灭失。环境保护部门负责对污染物进行取样、监测，出具监测报告，依法进行调查取证工作，提高案件查处效率。对环境污染涉案责任人身份不易确定、可能逃逸、证据难保全，可能涉嫌违反治安管理或者环境污染犯罪的，公安部门应当依法及时调查、立案侦查。

（4）建立完善案件信息共享机制，提高联动执法效率。两个部门应根据各自的专业特长和执法特点相互学习，相互指导，共同研究，努力提高调查取证的能力和证据质量，实现证据的互信和共享。两个部门应当及时通报环境污染犯罪案件的办理动态、共同分析案件办理中的疑难问题，共同研究打击环境污染犯罪的对策和机制。有条件的地区可借助电子化办公系统设置电子化环境保护、公安联合执法系统，实现环境违法案件信息互联互通，提高联动执法效率。

3. 公安部《关于进一步加强和改进刑事执法办案工作切实防止发生冤假错案的通知》[1]

浙江张辉、张高平叔侄强奸案等冤案被新闻媒体曝光后，公安部发出该通知要求进一步健全完善执法制度。涉及证据规则的主要内容包括：

（1）进一步增强法治思维、证据意识，摒弃“宁错勿漏”的错误执法观。①要从贯彻落实依法治国方略、维护社会公平正义的高度，充分认识冤假错案的严重危害性，进一步增强法治思维、依法办案意识，教育广大民警严格依照法定的权限、时限和程序履行职责，绝不能因为舆论压力、领导意志、立功心切等，突破法律底线，违法违规办案。②要树立打击犯罪和保障人权并重的理念，彻底摒弃“宁错勿漏”的错误执法观，把保证有罪的人受到刑事追究和保障无罪的人不受刑事追究摆在同等重要的位置。③要进一步强化证据意识，既注重收集有罪、罪重的证据，也注重收集无罪、罪轻的证据，防止因证据收集不全面、不充分导致冤假错案发生。④要从根本上转变破案定罪过于依赖“口供”的做法，坚决遏制刑讯逼供、暴力取证等非法取

〔1〕 2013年6月5日公安部发布，公通字［2013］19号。

证行为，尽快实现侦查办案由“抓人破案”到“证据定案”的转变。⑤要进一步强化程序意识，以程序公正保障实体公正，防止为了办案速度、办案效果而出现违反程序、变通程序甚至放弃程序等情形。

（2）进一步健全完善执法制度和办案标准，从源头上有效防止冤假错案发生。①要健全完善执法办案场所建设、管理和使用制度，将犯罪嫌疑人带到公安机关后，要按照规定流程先对其进行人身安全检查、信息采集和涉案财物、随身非涉案财物保管，之后在办案区讯问室依法及时讯问；犯罪嫌疑人被拘留、逮捕后，要依法及时送看守所羁押，并在看守所讯问室内讯问，讯问过程要全程录音或录像。②要健全完善证据的固定、保管、移送制度，确保证据的真实性、合法性和证明力。③要积极与检察院、法院等部门协调沟通，统一常见多发刑事案件和经济犯罪、网络犯罪、跨国犯罪、电信犯罪等新型犯罪的立案追诉标准及其证据形式、规格和标准，规范取证要求，为广大民警执法办案提供标准化、规范化指引，尽量减少因标准不统一、认识不统一导致不诉不判情形发生。④要进一步完善证据审查判断标准，细化非法证据排除规则，明确非法证据的类型、表现形式、排除方法和有关要求，对证据之间存在矛盾的，要严格全面地进行审查分析。

（3）进一步规范考评奖惩，推动形成正确的执法绩效观。要严格执行中央政法委、公安部关于建立健全执法办案考评机制的有关文件精神，进一步健全完善执法办案考评标准，不提不切实际的“口号”和工作要求，不得以不科学、不合理的破案率、批捕率、起诉率、退查率等指标搞排名通报，严禁下达“刑事拘留数”、“发案数”、“破案率”、“退查率”等不科学、不合理考评指标，积极引导广大民警既要多办案，更要办好案，坚决防止广大民警因办案指标和“限时破案”压力而刑讯逼供、办错案、办假案；对在考评年度内发生冤假错案的，年度执法质量考评结果直接确定为不达标。要健全完善执法质量考评与队伍管理相结合的机制，在申报优秀公安局、干部任用、晋职晋级、评优评先等工作中，要把执法质量作为重要考核依据；要进一步落实案件主办人责任，对优秀的办案集体、案件主办人在表彰奖励、晋职晋级时予以政策倾斜。需要予以表彰奖励的，必须事先征求法制部门的意见，坚决杜绝“带病奖励”，确保奖励质量。对出现案件质量问题的，要追究主办人责任。经公安机关领导审批后发生冤假错案的，主要领导、分管领导要负主要责任。要商人民法院建立无罪判决通报机制，今后凡是被人民法院判决无罪的案件，各地公安机关都要逐案解剖、点评、通报。要建立冤假错案责任终身追究机制，对有故意或重大过失的执法办案人员，要依法追究责任。

三、司法鉴定制度建设综述

(一) 人民法院司法技术管理工作制度建设

1. 进一步规范了技术性证据的审查内容

最高人民法院发布《关于建立健全防范刑事冤假错案工作机制的意见》[1]，其中规定，现场遗留的可能与犯罪有关的指纹、血迹、精斑、毛发等证据，未通过指纹鉴定、DNA鉴定等方式与被告人、被害人的相应样本作同一认定的，不得作为定案的根据。涉案物品、作案工具等未通过辨认、鉴定等方式确定来源的，不得作为定案的根据。对于命案，应当审查是否通过被害人近亲属辨认、指纹鉴定、DNA鉴定等方式确定被害人身份。

2. 规范了人民法院办理自赔案件程序鉴定相关事项

最高人民法院《关于人民法院办理自赔案件程序的规定》[2]，全文共20条，其中，与司法鉴定相关的内容主要包括：

(1) 鉴定人与勘验人的回避。第5条规定，参与办理自赔案件的审判人员是赔偿请求人或其代理人的近亲属，与本案有利害关系，或者有其他关系，可能影响案件公正办理的，应当主动回避。赔偿请求人认为参与办理自赔案件的审判人员有前款规定情形的，有权以书面或者口头方式申请其回避。以上规定，适用于书记员、翻译人员、鉴定人、勘验人。

(2) 鉴定期间与办案期限。第12条规定，人民法院应当自收到赔偿申请之日起2个月内作出是否赔偿的决定，并制作国家赔偿决定书。申请人向人民法院申请委托鉴定、评估的，鉴定、评估期间不计入办理期限。

3. 规范了人民法院赔偿委员会质证程序鉴定相关事项

最高人民法院《关于人民法院赔偿委员会适用质证程序审理国家赔偿案件的规定》[3]，全文共26条，其中，与司法鉴定相关的内容主要包括：①接

---

〔1〕 法发［2013］11号。2013年10月9日发布并实施。

〔2〕 法释［2013］19号。2013年7月26日发布，自2013年9月1日起施行。

〔3〕 法释［2013］27号。2013年12月19日发布，自2014年3月1日起施行。

受询问。第 17 条第 4 项规定，可以询问参加质证的证人、鉴定人、勘验人；②延期质证。第 25 条第 3 项规定，需要重新鉴定、勘验的可以延期质证。

4. 规范了常见犯罪量刑鉴定相关事项

最高人民法院发布《关于常见犯罪的量刑指导意见》[1]，其中，与司法鉴定相关的内容主要包括：①对某些犯罪对象的鉴定。对于犯罪对象为未成年人、老年人、残疾人、孕妇等弱势人员的，综合考虑犯罪的性质、犯罪的严重程度等情况，可以增加基准刑的 20% 以下。②故意伤害罪中“严重残疾”标准。以特别残忍手段故意伤害致一人重伤，造成六级严重残疾的，可以在 10 年至 13 年有期徒刑幅度内确定量刑起点。依法应当判处无期徒刑以上刑罚的除外。③毒品含量鉴定。毒品含量明显偏低的，可以减少基准刑的 30% 以下。

5. 规范了互联网公布裁判文书中鉴定人姓名匿名处理方式

最高人民法院发布《关于人民法院在互联网公布裁判文书的规定》[2]，其中，第 6 条规定对鉴定人等诉讼参与人的姓名必须采取符号替代方式进行匿名处理。

6. 废止了部分与鉴定相关的规范性文件

（1）最高人民法院《关于废止 1980 年 1 月 1 日至 1997 年 6 月 30 日期间发布的部分司法解释和司法解释性质文件（第九批）的决定》[3]，废止了《最高人民法院关于人民法院在审判工作中能否采用人类白细胞抗原作亲子鉴定问题的批复》[4]，理由是目前已不使用此种鉴定方式。

（2）最高人民法院《关于废止 1997 年 7 月 1 日至 2011 年 12 月 31 日期间发布的部分司法解释和司法解释性质文件（第十批）的决定》[5]，废止了最高人民法院研究室《关于氯胺酮能否认定为毒品问题的答复》[6]、最高人民

[1] 法发［2013］14 号。2013 年 12 月 23 日发布，自 2014 年 1 月 1 日实施。

[2] 法释［2013］26 号。2013 年 11 月 21 日发布，自 2014 年 1 月 1 日起施行。最高人民法院 2010 年 11 月 8 日制定的《关于人民法院在互联网公布裁判文书的规定》（法发［2010］48 号）同时废止。最高人民法院以前发布的司法解释和规范性文件与本规定不一致的，以本规定为准。

[3] 法释［2013］2 号。2013 年 1 月 14 日发布，自 2013 年 1 月 18 日起施行。

[4] 法（研）复［1987］20 号。1987 年 6 月 15 日发布。

[5] 法释［2013］7 号。2013 年 2 月 26 日发布，自 2013 年 4 月 8 日起施行。

[6] 2002 年 6 月 28 日发布。

法院《关于参照〈医疗事故处理条例〉审理医疗纠纷民事案件的通知》[1]、最高人民法院《关于贯彻落实〈全国人民代表大会常务委员会关于司法鉴定管理问题的决定〉做好过渡期相关工作的通知》[2]。

（二）人民检察院司法鉴定工作制度建设

1. 规范了民事诉讼监督程序鉴定相关事项

最高人民检察院发布《人民检察院民事诉讼监督规则（试行）》[3]，全文共 11 章 124 条，其中，与司法鉴定相关的内容主要包括：

（1）回避制度。第 18 条规定，鉴定人、勘验人适用检察官回避情形。

（2）调查核实的措施。第 66 条中规定，可以采取以下调查措施：咨询专业人员、相关部门或者行业协会等对专门问题的意见；委托鉴定、评估、审计；勘验物证、现场。但不得采取限制人身自由和查封、扣押、冻结财产等强制性措施。

（3）技术咨询。第 67 条规定，人民检察院可以就专门性问题书面或者口头咨询有关专业人员、相关部门或者行业协会的意见。口头咨询的，应当制作笔录，由接受咨询的专业人员签名或者盖章。拒绝签名盖章的，应当记明情况。

（4）技术鉴定。第 68 条规定，人民检察院对专门性问题认为需要鉴定、评估、审计的，可以委托具备资格的机构进行鉴定、评估、审计。在诉讼过程中已经进行过鉴定、评估、审计的，一般不再委托鉴定、评估、审计。

（5）勘验物证与现场。第 69 条规定，人民检察院认为确有必要的，可以勘验物证或者现场。勘验人应当出示人民检察院的证件，并邀请当地基层组织或者当事人所在单位派人参加。当事人或者当事人的成年家属应当到场，拒不到场的，不影响勘验的进行。勘验人应当将勘验情况和结果制作笔录，由勘验人、当事人和被邀参加人签名或者盖章。

（6）鉴定勘验费用。第 123 条规定，人民检察院办理民事诉讼监督案件，不收取案件受理费。申请复印、鉴定、审计、勘验等产生的费用由申请人直接支付给有关机构或者单位，人民检察院不得代收代付。

---

〔1〕 法［2003］20 号。2003 年 1 月 6 日发布。

〔2〕 法发［2005］12 号。2005 年 7 月 14 日发布。

〔3〕 高检发释字［2013］3 号。2013 年 11 月 18 日发布，自发布之日起施行。本院之前公布的其他规定与本规则内容不一致的，以本规则为准。

2. 规范了人民检察院办理未成年人刑事案件鉴定相关事项

最高人民检察院修订后的《人民检察院办理未成年人刑事案件的规定》[1]，其中，与司法鉴定相关的内容主要包括：拟定询问鉴定的提纲；针对法庭未告知未成年被告人及其法定代理人依法享有的申请回避、申请重新鉴定或者勘验等诉讼权利的情形，提出纠正意见。

3. 规范了审查起诉期间严重疾病鉴定相关事项

最高人民检察院发布《关于审查起诉期间犯罪嫌疑人脱逃或者患有严重疾病的应当如何处理的批复》[2]，其中，与司法鉴定相关的内容主要包括：

（1）丧失诉讼行为能力鉴定。犯罪嫌疑人患有精神病或者其他严重疾病丧失诉讼行为能力不能接受讯问的，人民检察院可以依法变更强制措施。对实施暴力行为的精神病人，人民检察院可以商请公安机关采取临时的保护性约束措施。

（2）刑事责任能力鉴定与强制医疗。经鉴定系依法不负刑事责任的精神病人的，人民检察院应当作出不起诉决定。符合《刑事诉讼法》第284条规定的条件的，可以向人民法院提出强制医疗的申请；有证据证明患有精神病的犯罪嫌疑人尚未完全丧失辨认或者控制自己行为的能力，或者患有间歇性精神病的犯罪嫌疑人实施犯罪行为时精神正常，符合起诉条件的，可以依法提起公诉。

4. 规划了基层人民检察院司法鉴定工作建设

12月10日，最高人民检察院发布《2014～2018年基层人民检察院建设规划》，其中规定：

（1）加强基层业务装备配备。坚持量力而行、尽力而为，认真落实基本业务装备配备指导标准。以提高侦查工作科技含量为重点，加强侦查指挥、证据收集、安全防范、检验鉴定等装备建设，完善执法办案科技手段和设施体系，加快执法办案科技装备更新升级。

（2）落实科技建设重点任务。完善检察技术融入执法办案工作机制，促进技术取证、技术鉴定、技术审查等检察技术手段有效利用。

---

〔1〕 高检发研字［2013］7号。2013年12月27日发布，自发布之日起施行。最高人民检察院2007年1月9日发布的《人民检察院办理未成年人刑事案件的规定》同时废止。

〔2〕 高检发释字［2013］4号。2013年12月27日发布，自2014年1月1日起施行。

(3) 推进基层基础设施建设。加强检察经费保障，落实“十二五”政法基础设施建设规划，进一步推进基层“两房”[1]建设。

5. 废止了部分与鉴定相关的规范性文件

(1) 最高人民检察院发布《关于废止1980年1月1日至1997年6月30日期间制发的部分司法解释和司法解释性质文件的决定》,[2]其中，废止了《最高人民检察院关于在办理强奸案件中可否检查处女膜问题的批复》[3]、《最高人民检察院关于盐酸二氢埃托啡是否属毒品及适用法律问题的批复》[4]。

(2) 最高人民检察院发布《关于废止1997年7月1日至2012年6月30日期间制发的部分司法解释性质文件的决定》[5]，其中，废止了《最高人民检察院关于检察机关的法医能否根据省级人民政府指定医院作出的医学鉴定作出伤情程度结论问题的批复》[6]。

(三) 公安机关司法鉴定工作制度建设

1. 规范了看守所留所执行刑罚罪犯鉴定相关事项

公安部发布修订后的《看守所留所执行刑罚罪犯管理办法》[7]，全文共5章88条，其中，与司法鉴定相关的内容主要包括：

(1) 罪犯病情与生理状态等的鉴定。第20条规定，对暂予监外执行罪犯的病情鉴定，应当到省级人民政府指定的医院进行；妊娠检查，应当到医院进行；生活不能自理鉴定，由看守所分管所领导、管教民警、看守所医生、驻所检察人员等组成鉴定小组进行；对正在哺乳自己婴儿的妇女，看守所应当通知罪犯户籍所在地或者居住地的公安机关出具相关证明。生活不能自理，是指因病、伤残或者年老体弱致使日常生活中起床、用餐、行走、如厕等不能自行进行，必须在他人协助下才能完成。对适用保外就医可能有社会危险性的罪犯，或者自伤自残的罪犯，不得保外就医。

---

[1] 指“办案用房和专业技术用房”。

[2] 高检发释字［2013］1号。2013年1月4日发布，自2013年1月18日起施行。

[3] 高检刑函［1981］137号。1981年7月27日发布。

[4] 高检发研字［1996］6号。1996年11月28日发布。

[5] 高检发释字［2013］2号。2013年3月1日发布。

[6] 高检发研字［1999］20号。1999年10月11日发布。

[7] 公安部令第128号。2013年10月23日发布，自2013年11月23日起施行。2008年2月29日发布的《看守所留所执行刑罚罪犯管理办法》（公安部令第98号）同时废止。

（2）罪犯死亡的鉴定。第65条规定，罪犯在服刑期间死亡的，看守所应当立即报告所属公安机关，并通知罪犯家属和人民检察院、原判人民法院。外国籍罪犯死亡的，应当立即层报至省级公安机关。罪犯死亡的，由看守所所属公安机关或者医院对死亡原因作出鉴定。罪犯家属有异议的，可以向人民检察院提出。

2. 司法鉴定技术标准化建设取得新进展

本年度，国家质量监督检验检疫总局、国家标准化管理委员会共批准发布与司法鉴定相关的国家推荐性标准3项；公安部共批准发布与司法鉴定相关的公共安全行业推荐性标准27项。国家推荐性标准包括：GB/T29635－2013《疑似毒品中海洛因的气相色谱、气相色谱－质谱检验方法》[1]；GB/T29636－2013《疑似毒品中甲基苯丙胺的气相色谱、高效液相色谱和气相色谱－质谱检验方法》[2]；GB/T29637－2013《疑似毒品中氯胺酮的气相色谱、气相色谱－质谱检验方法》[3]。公共安全行业推荐性标准包括：GA/T 1008.1－2013《常见毒品的气相色谱、气相色谱－质谱检验方法 第1部分：鸦片中五种成分》[4]；GA/T 1008.10－2013《常见毒品的气相色谱、气相色谱－质谱检验方法 第10部分：地西泮》[5]；GA/T 1008.11－2013《常见毒品的气相色谱、气相色谱－质谱检验方法 第11部分：溴西泮》[6]；GA/T 1008.12－2013《常见毒品的气相色谱、气相色谱－质谱检验方法 第12部分：氯氮卓》[7]；GA/T 1008.2－2013《常见毒品的气相色谱、气相色谱－质谱检验方法 第2部分：吗啡》[8]；GA/T 1008.3－2013《常见毒品的气相色谱、气相色谱－质谱检验方法 第3部分：大麻中三种成分》[9]；GA/T 1008.4－2013《常见毒品的气相色谱、气相色谱－质谱检验方法 第4部分：可卡因》[10]；

---

〔1〕2013年7月19日发布，2013年11月1日实施。
〔2〕2013年7月19日发布，2013年11月1日实施。
〔3〕2013年7月19日发布，2013年11月1日实施。
〔4〕2013年1月16日发布，2013年3月1日实施。
〔5〕2013年1月16日发布，2013年3月1日实施。
〔6〕2013年1月16日发布，2013年3月1日实施。
〔7〕2013年1月16日发布，2013年3月1日实施。
〔8〕2013年1月16日发布，2013年3月1日实施。
〔9〕2013年1月16日发布，2013年3月1日实施。
〔10〕2013年1月16日发布，2013年3月1日实施。

GA/T 1008.5－2013《常见毒品的气相色谱、气相色谱－质谱检验方法 第5部分：二亚甲基双氧安非他明》[1]；GA/T 1008.6－2013《常见毒品的气相色谱、气相色谱－质谱检验方法 第6部分：美沙酮》[2]；GA/T 1008.7－2013《常见毒品的气相色谱、气相色谱－质谱检验方法 第7部分：安眠酮》[3]；GA/T 1008.8－2013《常见毒品的气相色谱、气相色谱－质谱检验方法 第8部分：三唑仑》[4]；GA/T 1008.9－2013《常见毒品的气相色谱、气相色谱－质谱检验方法 第9部分：艾司唑仑》[5]；GA/T 1017－2013《现场视频分布图编制规范》[6]；GA/T 1018－2013《视频中物品图像检验技术规范》[7]；GA/T 1019－2013《视频中车辆图像检验技术规范》[8]；GA/T 1020－2013《视频中事件过程检验技术规范》[9]；GA/T 1021－2013《视频图像原始性检验技术规范》[10]；GA/T 1022－2013《视频图像真实性检验技术规范》[11]；GA/T 1023－2013《视频中人像检验技术规范》[12]；GA/T 1024－2013《视频画面中目标尺寸测量方法》[13]；GA/T 1069－2013《法庭科学电子物证手机检验技术规范》[14]；GA/T 1070－2013《法庭科学计算机开关机时间检验技术规范》[15]；GA/T 1071－2013《法庭科学电子物证Windows操作系统日志检验技术规范》[16]；GA/T 1073－2013《生物样品血液、尿液中乙醇、甲醇、正丙醇、乙醛、丙酮、异丙醇和正丁醇的顶空－气相色谱检验方法》[17]；

---

[1] 2013年1月16日发布，2013年3月1日实施。
[2] 2013年1月16日发布，2013年3月1日实施。
[3] 2013年1月16日发布，2013年3月1日实施。
[4] 2013年1月16日发布，2013年3月1日实施。
[5] 2013年1月16日发布，2013年3月1日实施。
[6] 2013年5月13日发布，2013年5月13日实施。
[7] 2013年5月13日发布，2013年5月13日实施。
[8] 2013年5月13日发布，2013年5月13日实施。
[9] 2013年5月13日发布，2013年5月13日实施。
[10] 2013年5月13日发布，2013年5月13日实施。
[11] 2013年5月13日发布，2013年5月13日实施。
[12] 2013年5月13日发布，2013年5月13日实施。
[13] 2013年5月13日发布，2013年5月13日实施。
[14] 2013年5月23日发布，2013年6月1日实施。
[15] 2013年9月30日发布，2013年9月30日实施。
[16] 2013年5月27日发布，2013年6月1日实施。
[17] 2013年6月24日发布，2013年8月1日实施。

GA/T 1074－2013《生物样品中 γ－羟基丁酸的气相色谱－质谱和液相色谱－串联质谱检验方法》[1]；GA/T 1087－2013《道路交通事故痕迹鉴定》[2]；GA/T 1088－2013《道路交通事故受伤人员治疗终结时间》[3]。

（四）司法行政机关登记管理与备案登记的司法鉴定工作制度建设

1. 规范了精神障碍医学鉴定相关事项

司法部《关于认真贯彻落实精神卫生法做好精神障碍医学鉴定工作的通知》[4]提出，做好精神障碍医学鉴定工作，既是精神卫生法赋予司法行政机关的一项新的管理职能，也是对司法鉴定管理工作提出的新要求。相应规范包括：

（1）鉴定性质。精神障碍医学鉴定以被鉴定人的精神健康为依据，属于医学判断的问题，是一项独立的鉴定类别。精神障碍医学鉴定的鉴定内容主要是被鉴定人是否患有严重精神障碍；被鉴定人是否需要住院治疗。

（2）鉴定机构与鉴定人。从事精神障碍医学鉴定的鉴定机构，除应当具备《全国人大常委会关于司法鉴定管理问题的决定》、《司法鉴定机构登记管理办法》等法律法规和规章规定的条件外，还应当具有副高级以上专业技术职称的精神科执业医师作为鉴定人。从事精神障碍医学鉴定的鉴定人，应当具备法律法规和规章规定的条件。未经省级司法行政机关登记并取得精神障碍医学鉴定执业资质的鉴定机构和鉴定人不得开展精神障碍医学鉴定活动。

（3）鉴定类别。省级司法行政机关应当组织专家对现有法医精神病司法鉴定机构、鉴定人的执业资质进行审查，符合要求的予以核准，并分别在司法鉴定机构许可证和司法鉴定人执业证上增加“精神障碍医学鉴定”的业务范围。现有鉴定机构不能满足需要的，对于资质条件好的经卫生计生行政部门推荐的精神卫生医疗机构，省级司法行政机关可以按照《司法鉴定机构登记管理办法》对其进行审核登记，设立精神障碍医学鉴定机构。

（4）鉴定机构名册。省级司法行政机关应当单独编制精神障碍医学鉴定机构名册，并于每年 3 月 31 日前将本地区开展精神障碍医学鉴定活动的机构

---

〔1〕 2013 年 6 月 28 日发布，2013 年 6 月 28 日实施。

〔2〕 2013 年 8 月 26 日发布，2013 年 10 月 1 日实施。

〔3〕 2013 年 10 月 10 日发布，2013 年 12 月 1 日实施。

〔4〕 司发通［2013］104 号。2013 年 6 月 6 日发布。

名单和联系方式提供给本省（区、市）卫生计生行政部门，同时向社会公告并报司法部备案。

（5）鉴定程序。精神卫生法关于由鉴定机构进行精神障碍医学鉴定的规定，目的是为了维护精神障碍患者的合法权益，防止非自愿住院治疗措施的滥用。精神障碍医学鉴定活动，应当参照《司法鉴定程序通则》执行。同时，针对此类鉴定的特殊性，从鉴定委托、受理与不受理、回避、鉴定人资格、依法依标原则、中止鉴定、鉴定期限、鉴定文书格式、鉴定费用等方面作出特别规范。

2. 部署贯彻落实《人体损伤程度鉴定标准》

司法部《关于认真做好贯彻落实〈人体损伤程度鉴定标准〉工作的通知》[1]，明确指出《人体损伤程度鉴定标准》是法医临床司法鉴定最重要、最基本的技术标准，是司法机关准确认定案件事实的重要依据，直接影响到公正司法和人民群众合法权益的维护。具体要求主要包括：

（1）认真组织开展全员培训。各地要分期分批对现有从事法医临床鉴定的司法鉴定人开展全员培训，并认真组织考核，确保每一个法医临床鉴定人都能熟悉掌握标准的基本内容、规范要求和具体尺度，切实提高司法鉴定人正确适用标准的执业能力和专业水平。对于考核不合格的，司法行政机关要暂停执业资格，对于经多次培训考核仍不合格的，要注销执业资格。

（2）严格法医临床司法鉴定人的准入条件。自2014年1月1日起，省级司法行政机关在授予法医临床司法鉴定人执业资格时，要对申请人掌握和适用标准的能力进行专项考评，对于不具备能力的，不得授予执业资格。

（3）切实加强法医临床司法鉴定的执业监督。各地要组织开展法医临床司法鉴定执业检查活动，及时发现和解决标准执行中存在的问题。要深入开展鉴定文书评查、能力验证等多种方式，督促司法鉴定机构和司法鉴定人正确适用标准，不断提高鉴定能力和水平。要严明执业纪律，严格执业要求，严肃处理违规违纪行为。

3. 进一步规范了司法鉴定投诉处理工作

司法部发布《关于进一步加强司法鉴定投诉处理工作的意见》[2]，从多

---

〔1〕司发通［2013］146号。2013年10月9日发布。

〔2〕司发通［2013］126号。2013年8月27日发布。

渠道开展投诉处理工作、严格规范投诉处理程序、切实加强投诉预防工作、切实加强组织领导等方面对进一步加强司法鉴定投诉处理工作提出了新要求作出了新规范。

4. 规范了司法行政机关强制隔离戒毒鉴定相关事项

司法部发布《司法行政机关强制隔离戒毒工作规定》[1]，规定司法行政机关强制隔离戒毒所对经公安机关作出强制隔离戒毒决定，在公安机关强制隔离戒毒场所执行3~6个月后，或者依据省、自治区、直辖市具体执行方案送交的强制隔离戒毒人员，依法执行强制隔离戒毒。其中，第62条规定，戒毒人员在强制隔离戒毒所内死亡的，强制隔离戒毒所应当立即报告所属主管机关，通知其家属、强制隔离戒毒决定机关和当地人民检察院。戒毒人员家属对死亡原因有疑义的，可以委托有关部门作出鉴定。其他善后事宜依照国家有关规定处理。

5. 司法行政机关登记管理的司法鉴定情况统计[2]

（1）司法鉴定机构数。截至年底，全国经省级司法行政机关审核登记的司法鉴定机构共4876家，比上年增长0.89%。从事法医类、物证类、声像资料类、计算机鉴定、电子数据鉴定、精神障碍医学鉴定的机构共2420家（其中包括既有三大类又有其他类的综合机构313家）；从事知识产权、司法会计、建设工程、产品质量、价格类、涉农类等其他类鉴定的机构2456家。司法鉴定机构数量整体平稳，略有增长，全部为三大类机构，共43家。在机构增加的21个省份中，增长比例较高的海南10%、上海9.8%、新疆9.4%、青海9.1%。鉴定机构数量没有变化的省份为福建、西藏、宁夏；机构数量减少的省份大多机构数量基数较大，如河北、江西、山东、河南、湖北、贵州，其中河南省鉴定机构较2012年减少8.9%，湖北4.7%、贵州3.9%、山东3.9%。

（2）司法鉴定人数。截至年底，经各省级司法行政机关审核登记的司法鉴定人共计55206人，比上年增长1.8%。鉴定人总数比上年增加的有25个省份，增长幅度较大的依次为新疆15.6%、黑龙江9.5%、安徽9.4%；减少

---

〔1〕 司法部令第127号。2013年4月3日发布，自2013年6月1日起施行。

〔2〕 参见李禹、党凌云："2013年度全国司法鉴定情况统计分析"，载《中国司法鉴定》2014年第4期。

的有河北、山东、河南、湖北、湖南、贵州 6 个省份，其中贵州减少最多，为 10.1%。司法鉴定人数量最多的是四川省 4445 人；3999 ~ 3000 人的为湖南、山西、河南 3 个省份，2999 ~ 2000 人的为云南、江西、河北、重庆、黑龙江、辽宁、山东、广东 8 个省份，1999 ~ 1000 的人为湖北、上海、安徽、陕西、湖南、江苏、福建、吉林、甘肃 9 个省份，999 ~ 500 人的为贵州、广西、宁夏、新疆、浙江、内蒙古、天津、青海 8 个省份；海南 295 人，西藏 86 人。

（3）司法鉴定检案数。本年度，经各省级司法行政机关审核登记的司法鉴定机构和司法鉴定人完成各类司法鉴定业务共计 1 675 423 件，比上年增长 11.3%。鉴定业务量增幅最大的为青海 54.2%、北京 32.6%、黑龙江 32%。增长 11% 以上的有 16 个省份，只有辽宁省减少 3.1%。据不完全统计，涉及刑事诉讼和民事诉讼的检案分别为 225 562 件和 816 175 件。司法鉴定人出庭数 16 351 人（次），甘肃最多，2697 人（次）。1000 人（次）以上的为四川 1993 人（次）、上海 1883 人（次）、湖南 1103 人（次）。司法鉴定法律援助鉴定数量为 31 580 件，比上年增长 7.9%，占业务总量的 1.9%。其中，最多的河南为 10 597 件、云南 3334 件、陕西 2437 件、四川 2243 件；其他超过 1000 件的有湖南、山东、江苏、湖北 4 个省份。司法鉴定机构所均检案数量为 343.6 件，司法鉴定人均检案数量为 30.3 件，分别比上年增长 10.3% 和 9%，保持稳步增长势头。但是，鉴定机构、鉴定人与检案业务量不平衡的现象仍然突出。如平均每个法医临床机构完成 326.9 件，平均每个法医临床司法鉴定人完成 49.9 件。而平均每个司法会计鉴定机构完成 14.1 件，每个司法会计鉴定人完成 2.4 件。

（4）司法鉴定教育培训人数。2013 年，根据司法部《司法鉴定继续教育规定》，以及 2013 年司法鉴定管理干部培训及《人体损伤程度鉴定标准》培训工作的要求，全国参加继续教育培训的司法鉴定人为 37 469 人，参加司法鉴定管理干部培训的为 1002 人，分别比上年增长了 37.5% 和 1.8%。参加培训的司法鉴定人为 37 469 人。其中继续教育培训 32504 人，转岗培训 2335 人，初任培训 2630 人。继续教育培训所占比例最高，为总数的 86.7%。参加法医类、物证类、声像资料类培训的 25 884 人，参加其他类培训的 11 585 人，分别占 69.1% 和 30.9%。在初任司法鉴定人培训的 2630 人中，培训人数最多的山东 463 人，其次是黑龙江 282 人、广东 267 人。天津、河北、山西、内蒙古、吉林、浙江、安徽、江西、河南、重庆、贵州、西藏、新疆13个省份未开展初任培训。参加培训的管理干部为1002人。各省开展的培训中，培训管理干部最多的是江西124人。天津、河北、上海、河南、湖南、海南、贵州、西藏、宁夏9个省份未开展省级管理干部培训。

（5）司法鉴定投诉举报数。本年度，各省级司法行政机关接到对司法鉴定机构和司法鉴定人投诉举报共计1436件，比上年增加1.8%。其中投诉司法鉴定机构的1227件，投诉司法鉴定人的499件，共涉及司法鉴定机构602家，司法鉴定人552人。对司法鉴定机构的投诉，符合受理条件的874件，占投诉量的71.2%；对司法鉴定人的投诉，符合受理条件的362件，占投诉量的72.5%。北京、天津、山西、辽宁、黑龙江、福建、河南、广东、海南、四川、云南、甘肃、青海、宁夏、新疆15个省份投诉有所降低，降幅最大的新疆36.4%、广东36.2%、宁夏33.3%。从整体上看，投诉举报量占全年业务总量的0.08%，继续保持下降趋势。投诉司法鉴定机构的1227件，比上年减少1.6%。其中不予受理的28.8%，查证不实或无法查实的59%。经过调查给予相应处理的150件，比上年减少23.1%。包括行政处罚32件（警告并责令改正24件，暂停执业8件），行政处理102件，行业处分16件，分别占投诉鉴定机构数的21.3%、68%、10.7%。山西、云南、陕西没有有效投诉。投诉司法鉴定人的499件，比上年增长15.2%。其中不予受理的27.5%，查证不实或无法查实的62.1%。经过调查给予相应处理的52件，包括行政处罚14件（警告并责令改正6件，暂停执业6件，撤销登记2件），行政处理35件，行业处分3件，分别占投诉鉴定人数的26.9%、67.3%、5.8%。

（五）司法鉴定技术相关部门规章与行业规范

1. 办理危害食品安全刑事案件与鉴定

最高人民法院、最高人民检察院公布《关于办理危害食品安全刑事案件适用法律若干问题的解释》[1]，其中，与司法鉴定相关的内容主要包括：

第2条规定，生产、销售不符合食品安全标准的食品，具有下列情形之一的，应当认定为刑法第143条规定的“对人体健康造成严重危害”：①造成轻伤以上伤害的；②造成轻度残疾或者中度残疾的；③造成器官组织损伤导

---

〔1〕 法释［2013］12号。2013年5月2日公布，自2013年5月4日起施行。最高人民法院、最高人民检察院此前发布的司法解释与本解释不一致的，以本解释为准。

致一般功能障碍或者严重功能障碍的；④造成 10 人以上严重食物中毒或者其他严重食源性疾病的；⑤其他对人体健康造成严重危害的情形。

第 4 条规定，生产、销售不符合食品安全标准的食品，具有下列情形之一的，应当认定为刑法第 143 条规定的“后果特别严重”：①致人死亡或者重度残疾的；②造成 3 人以上重伤、中度残疾或者器官组织损伤导致严重功能障碍的；③造成 10 人以上轻伤、5 人以上轻度残疾或者器官组织损伤导致一般功能障碍的；④造成 30 人以上严重食物中毒或者其他严重食源性疾病的；⑤其他特别严重的后果。

第 20 条规定，下列物质应当认定为“有毒、有害的非食品原料”：①法律、法规禁止在食品生产经营活动中添加、使用的物质；②国务院有关部门公布的《食品中可能违法添加的非食用物质名单》《保健食品中可能非法添加的物质名单》上的物质；③国务院有关部门公告禁止使用的农药、兽药以及其他有毒、有害物质；④其他危害人体健康的物质。

第 21 条规定，“足以造成严重食物中毒事故或者其他严重食源性疾病”“有毒、有害非食品原料”难以确定的，司法机关可以根据检验报告并结合专家意见等相关材料进行认定。必要时，人民法院可以依法通知有关专家出庭作出说明。

2. 办理环境污染刑事案件与鉴定

最高人民法院、最高人民检察院公布《关于办理环境污染刑事案件适用法律若干问题的解释》[1]，其中，与司法鉴定相关的内容主要包括：

第 1 条规定，实施刑法第 338 条规定的行为，具有下列情形之一的，应当认定为“严重污染环境”：……⑪致使 30 人以上中毒的；⑫致使 3 人以上轻伤、轻度残疾或者器官组织损伤导致一般功能障碍的；⑬致使 1 人以上重伤、中度残疾或者器官组织损伤导致严重功能障碍的；……

第 3 条规定，实施《刑法》第 338、339 条规定的行为，具有下列情形之一的，应当认定为“后果特别严重”：……⑥致使 100 人以上中毒的；⑦致使 10 人以上轻伤、轻度残疾或者器官组织损伤导致一般功能障碍的；⑧致使 3

---

〔1〕 法释［2013］15 号。2013 年 6 月 17 日公布，自 2013 年 6 月 19 日起施行。本解释发布实施后，《最高人民法院关于审理环境污染刑事案件具体应用法律若干问题的解释》（法释［2006］4 号）同时废止；之前发布的司法解释和规范性文件与本解释不一致的，以本解释为准。

人以上重伤、中度残疾或者器官组织损伤导致严重功能障碍的；⑨致使1人以上重伤、中度残疾或者器官组织损伤导致严重功能障碍，并致使5人以上轻伤、轻度残疾或者器官组织损伤导致一般功能障碍的；⑩致使1人以上死亡或者重度残疾的；……

第10条规定，下列物质应当认定为“有毒物质”：①危险废物，包括列入国家危险废物名录的废物，以及根据国家规定的危险废物鉴别标准和鉴别方法认定的具有危险特性的废物；②剧毒化学品、列入重点环境管理危险化学品名录的化学品，以及含有上述化学品的物质；③含有铅、汞、镉、铬等重金属的物质；④《关于持久性有机污染物的斯德哥尔摩公约》附件所列物质；⑤其他具有毒性，可能污染环境的物质。

第11条规定，对案件所涉的环境污染专门性问题难以确定的，由司法鉴定机构出具鉴定意见，或者由国务院环境保护部门指定的机构出具检验报告。县级以上环境保护部门及其所属监测机构出具的监测数据，经省级以上环境保护部门认可的，可以作为证据使用。

3. 办理寻衅滋事刑事案件与鉴定

最高人民法院、最高人民检察院《关于办理寻衅滋事刑事案件适用法律若干问题的解释》〔1〕，其中，与司法鉴定相关的内容主要包括：

第2条规定，随意殴打他人，破坏社会秩序，具有下列情形之一的，应当认定为《刑法》第293条第1款第1项规定的“情节恶劣”：①致1人以上轻伤或者2人以上轻微伤的；②引起他人精神失常、自杀等严重后果的；③多次随意殴打他人的；④持凶器随意殴打他人的；⑤随意殴打精神病人、残疾人、流浪乞讨人员、老年人、孕妇、未成年人，造成恶劣社会影响的；⑥在公共场所随意殴打他人，造成公共场所秩序严重混乱的；……

第2条规定，追逐、拦截、辱骂、恐吓他人，破坏社会秩序，具有下列情形之一的，应当认定为《刑法》第293条第1款第2项规定的“情节恶劣”：……③追逐、拦截、辱骂、恐吓精神病人、残疾人、流浪乞讨人员、老年人、孕妇、未成年人，造成恶劣社会影响的；④引起他人精神失常、自杀等严重后果的；……

第4条规定，强拿硬要或者任意损毁、占用公私财物，破坏社会秩序，

---

〔1〕 法释［2013］18号。2013年7月15日公布，自2013年7月22日起施行。

具有下列情形之一的，应当认定为刑法第 293 条第 1 款第 3 项规定的“情节严重”：……③强拿硬要或者任意损毁、占用精神病人、残疾人、流浪乞讨人员、老年人、孕妇、未成年人的财物，造成恶劣社会影响的；④引起他人精神失常、自杀等严重后果的；……

4. 办理利用信息网络实施诽谤等刑事案件与鉴定

最高人民法院。最高人民检察院公布《关于办理利用信息网络实施诽谤等刑事案件适用法律若干问题的解释》[1]，其中，与司法鉴定相关的内容主要包括：第 2 条规定，利用信息网络诽谤他人，具有下列情形之一的，应当认定为刑法第 246 条第 1 款规定的“情节严重”：……②造成被害人或者其近亲属精神失常、自残、自杀等严重后果的；……

5. 办理编造、故意传播虚假恐怖信息刑事案件与鉴定

最高人民法院公布《关于审理编造、故意传播虚假恐怖信息刑事案件适用法律若干问题的解释》[2]，其中，与司法鉴定相关的内容主要包括：第 4 条规定，编造、故意传播虚假恐怖信息，严重扰乱社会秩序，具有下列情形之一的，应当认定为刑法第 291 条之一的“造成严重后果”，处 5 年以上有期徒刑：①造成 3 人以上轻伤或者 1 人以上重伤的；……

6. 惩治性侵害未成年人犯罪与鉴定

最高人民法院、最高人民检察院、公安部、司法部印发《关于依法惩治性侵害未成年人犯罪的意见》[3]，其中，与司法鉴定相关的内容主要包括：公安机关侦查未成年人被性侵害案件，应当依照法定程序，及时、全面收集固定证据。及时对性侵害犯罪现场进行勘查，对未成年被害人、犯罪嫌疑人进行人身检查，提取体液、毛发、被害人和犯罪嫌疑人指甲内的残留物等生物样本，指纹、足迹、鞋印等痕迹，衣物、纽扣等物品；及时提取住宿登记表等书证，现场监控录像等视听资料；及时收集被害人陈述、证人证言和犯罪嫌疑人供述等证据。

7. 办理抢夺刑事案件与鉴定

最高人民法院、最高人民检察院公布《关于办理抢夺刑事案件适用法律

---

〔1〕 法释［2013］21 号。2013 年 9 月 6 日公布，自 2013 年 9 月 10 日起施行。
〔2〕 法释［2013］24 号。2013 年 9 月 18 日公布，自 2013 年 9 月 30 日起施行。
〔3〕 法发［2013］12 号。2013 年 10 月 23 日发布并实施。

若干问题的解释》[1]，其中，与司法鉴定相关的内容主要包括：

第2条规定，抢夺公私财物，具有下列情形之一的，“数额较大”的标准按照前条规定标准的50%确定：……⑥抢夺老年人、未成年人、孕妇、携带婴幼儿的人、残疾人、丧失劳动能力人的财物的；……⑩导致他人轻伤或者精神失常等严重后果的。

第4条规定，抢夺公私财物，具有下列情形之一的，应当认定为刑法第267条规定的“其他特别严重情节”：①导致他人死亡的；……

第5条规定，抢夺公私财物数额较大，但未造成他人轻伤以上伤害，行为人系初犯，认罪、悔罪，退赃、退赔，且具有下列情形之一的，可以认定为犯罪情节轻微，不起诉或者免予刑事处罚；必要时，由有关部门依法予以行政处罚。

8. *办理醉酒驾驶机动车刑事案件与鉴定*

最高人民法院、最高人民检察院、公安部发布《关于办理醉酒驾驶机动车刑事案件适用法律若干问题的意见》[2]，其中，与司法鉴定相关的内容主要包括：

（1）“醉驾”认定标准。在道路上驾驶机动车，血液酒精含量达到80毫克/100毫升以上的，属于醉酒驾驶机动车。血液酒精含量达到200毫克/100毫升以上的属从重处罚情形之一。

（2）醉酒认定依据。血液酒精含量检验鉴定意见是认定犯罪嫌疑人是否醉酒的依据。但犯罪嫌疑人经呼气酒精含量检验达到80毫克/100毫升以上，在抽取血样之前脱逃的，可以以呼气酒精含量检验结果作为认定其醉酒的依据。犯罪嫌疑人在公安机关依法检查时，为逃避法律追究，在呼气酒精含量检验或者抽取血样前又饮酒，经检验其血液酒精含量达到80毫克/100毫升以上的，应当认定为醉酒。

（3）检验过程记录。公安机关在查处醉酒驾驶机动车的犯罪嫌疑人时，对查获经过、呼气酒精含量检验和抽取血样过程应当制作记录；有条件的，应当拍照、录音或者录像；有证人的，应当收集证人证言。

---

〔1〕 法释［2013］25号。2013年11月11日发布，自2013年11月18日起施行。本解释公布施行后，《最高人民法院关于审理抢夺刑事案件具体应用法律若干问题的解释》（法释［2002］18号）同时废止；之前发布的司法解释和规范性文件与本解释不一致的，以本解释为准。

〔2〕 法发［2013］15号。2013年12月18日发布，自发布之日起施行。

9. 审理食品药品纠纷案件与鉴定

最高人民法院发布《关于审理食品药品纠纷案件适用法律若干问题的规定》[1]，其中，与司法鉴定相关的内容主要包括：

（1）鉴定标准适用原则。第6条规定，食品的生产者与销售者应当对于食品符合质量标准承担举证责任。认定食品是否合格，应当以国家标准为依据；没有国家标准的，应当以地方标准为依据；没有国家标准、地方标准的，应当以企业标准为依据。食品的生产者采用的标准高于国家标准、地方标准的，应当以企业标准为依据。没有前述标准的，应当以食品安全法的相关规定为依据。

（2）合格证明与检验鉴定。第7条规定，食品、药品虽在销售前取得检验合格证明，且食用或者使用时尚在保质期内，但经检验确认产品不合格，生产者或者销售者以该食品、药品具有检验合格证明为由进行抗辩的，人民法院不予支持。

（3）出具虚假检验报告的责任。第12条规定，食品、药品检验机构故意出具虚假检验报告，造成消费者损害，消费者请求其承担连带责任的，人民法院应予支持。食品、药品检验机构因过失出具不实检验报告，造成消费者损害，消费者请求其承担相应责任的，人民法院应予支持。

（4）出具虚假认证的责任。第13条规定，食品认证机构故意出具虚假认证，造成消费者损害，消费者请求其承担连带责任的，人民法院应予支持。食品认证机构因过失出具不实认证，造成消费者损害，消费者请求其承担相应责任的，人民法院应予支持。

10. 人体损伤程度鉴定

“两院三部”发布《人体损伤程度鉴定标准》，自2014年1月1日起施行。《人体重伤鉴定标准》（司发［1990］070号）、《人体轻伤鉴定标准（试行）》〔法（司）发［1990］6号〕和《人体轻微伤的鉴定》（GA/T146－1996）同时废止。

11. 麻黄草管理与鉴定

最高人民法院、最高人民检察院、公安部、农业部、食品药品监管总局

---

〔1〕 法释［2013］28号。2013年12月23日发布，自2014年3月15日起施行。本规定施行后人民法院正在审理的一审、二审案件适用本规定。本规定施行前已经终审，本规定施行后当事人申请再审或者按照审判监督程序决定再审的案件，不适用本规定。

发布《关于进一步加强麻黄草管理严厉打击非法买卖麻黄草等违法犯罪活动的通知》[1]指出，与司法鉴定相关的内容主要包括：以制造毒品罪、走私制毒物品罪、非法买卖制毒物品罪定罪处罚的，涉案制毒物品的数量按照300千克麻黄草折合1千克麻黄碱计算；以制造毒品罪定罪处罚的，无论涉案麻黄草数量多少，均应追究刑事责任。

12. 麻醉药品和精神药品管理与鉴定

国家食品药品监督管理总局、公安部、国家卫生和计划生育委员会根据《麻醉药品和精神药品管理条例》第3条规定，公布了《麻醉药品品种目录（2013年版）》和《精神药品品种目录（2013年版）》。

13. 强制隔离戒毒诊断评估

公安部、司法部、国家卫生和计划生育委员会发布《强制隔离戒毒诊断评估办法》[2]，界定了强制隔离戒毒诊断评估的涵义，明确了监督和指导机构，并对诊断评估内容和标准、诊断评估程序等作出明确规范。

14. 伤残抚恤与鉴定

民政部发布修订后的《伤残抚恤管理办法》[3]，对伤残抚恤适用对象、伤残等级评定、伤残证件和档案管理、伤残抚恤关系转移、抚恤金发放等作出了规范。

15. 职业病诊断与鉴定

卫生部发布新的《职业病诊断与鉴定管理办法》[4]，对职业病的诊断机构、诊断、鉴定、监督管理、法律责任等作出新规范。

16. 人口出生医学证明

国家卫生和计划生育委员会、公安部发布《关于启用和规范管理新版〈出生医学证明〉的通知》[5]，规定自2014年1月1日起启用新版《出生医学证明》（第五版），并对卫生计生行政部门、公安部门相关职责和《出生医

---

〔1〕 公通字［2013］16号。2013年5月21日发布并实施。

〔2〕 公通字［2013］32号。2013年9月2日发布，自发布之日起施行。

〔3〕 2007年7月31日民政部令第34号公布，根据2013年7月5日民政部令第50号《民政部关于修改〈伤残抚恤管理办法〉的决定》修订。

〔4〕 卫生部令第91号。2013年2月19日发布，自2013年4月10日起施行。2002年3月28日卫生部公布的《职业病诊断与鉴定管理办法》同时废止。

〔5〕 国卫妇幼发［2013］52号。2013年12月27日发布，自2014年1月1日起施行。

学证明》使用、信息变更、真伪鉴定等事项作出新规范。

17. 人口死亡医学证明

国家卫生和计划生育委员会、公安部、民政部发布《关于进一步规范人口死亡医学证明和信息登记管理工作的通知》[1]，人口死亡医学证明是医疗卫生机构出具的、说明居民死亡及其原因的医学证明。该通知规定自 2014 年 1 月 1 日起，各地医疗卫生机构使用全国统一制定的新版《居民死亡医学证明（推断）书》，并对人口死亡医学证明的签发与使用、人口死亡信息的报告、保障措施等作出新规范。

18. 临床检验与鉴定

国家卫生计生委《医疗机构临床检验项目目录（2013 年版）》[2]，对医疗机构临床实验室检验检测项目等作出新规范。

19. 消费者权益保护与鉴定

修订后的《消费者权益保护法》[3]，与司法鉴定相关的内容主要包括：

（1）消费者协会履行公益性职责与委托鉴定。第 37 条第 1 款第 6 项规定：投诉事项涉及商品和服务质量问题的，可以委托具备资格的鉴定人鉴定，鉴定人应当告知鉴定意见。

（2）与人身相关的鉴定项目。第 49 条规定，经营者提供商品或者服务，造成消费者或者其他受害人人身伤害的，应当赔偿医疗费、护理费、交通费等为治疗和康复支出的合理费用，以及因误工减少的收入。造成残疾的，还应当赔偿残疾生活辅助具费和残疾赔偿金。造成死亡的，还应当赔偿丧葬费和死亡赔偿金。

20. 农作物品种审定

农业部发布新的《主要农作物品种审定办法》[4]，对品种审定委员会、

---

〔1〕 国卫规划发［2013］57 号。2013 年 12 月 31 日发布并实施。

〔2〕 国卫医发［2013］9 号。2013 年 8 月 5 日发布，自即日起执行，原卫生部印发的《医疗机构临床检验项目目录》（卫医发［2007］180 号）同时废止。

〔3〕 中华人民共和国主席令第 7 号。2013 年 10 月 25 日公布，自 2014 年 3 月 15 日起施行。1993 年 10 月 31 日八届全国人大常委会四次会议通过；根据 2009 年 8 月 27 日十一届全国人大常委会十次会议《关于修改部分法律的决定》第一次修正；根据 2013 年 10 月 25 日十二届全国人大常委会五次会议《关于修改〈中华人民共和国消费者权益保护法〉的决定》第二次修正。

〔4〕 农业部令 2013 年第 4 号。2013 年 12 月 27 日发布，自 2014 年 2 月 1 日起施行。农业部 2001 年 2 月 26 日发布、2007 年 11 月 8 日修订的《主要农作物品种审定办法》同时废止。

申请和受理、品种试验、审定与公告、品种退出、监督管理等作出新规范。

21. 危险化学品管理与鉴定

国家安全生产监督管理总局、公安部、农业部发布《危险化学品使用量的数量标准（2013 年版）》[1]，公布了 75 种危险化学品使用量的数量标准。

22. 化学品物理危险性鉴定

国家安全生产监督管理总局《化学品物理危险性鉴定与分类管理办法》[2]，对危险特性尚未确定的化学品进行物理危险性鉴定与分类作出具体规范。

23. 煤与瓦斯突出矿井鉴定

国家安全监管总局、国家煤矿安监局发布《关于进一步加强和规范煤与瓦斯突出矿井鉴定工作的通知》[3]，对鉴定报告审批签字人报备、鉴定报告审批、专项检查、年度自检报告上报等作出新规范。

24. 价格行政处罚与鉴定

国家发展和改革委员会发布《价格行政处罚证据规定》[4]，从证据的种类、证据的收集、证据的审查与认定等几方面对相关鉴定事项作出新规范。

25. 文物管理与鉴定

国家文物局发布《1949 年后已故著名书画家作品限制出境鉴定标准（第二批）》[5]规定：①作品一律不准出境者（1 人）：吴冠中；②作品原则上不准出境者（2 人）：关山月、陈逸飞；③代表作不准出境者（21 人）：于希宁、王朝闻、白雪石、亚明、刘旦宅、刘炳森、许麟庐、启功、张仃、宗其香、郑乃珖、彦涵、娄师白、黄苗子、萧淑芳、崔子范、程十发、蔡若虹、黎雄才、潘絜兹、魏紫熙。

26. 文物拍卖与鉴定

修正的《文物保护法》[6]，第 56 条第 2 款规定，拍卖企业拍卖的文物，在拍卖前应当经省、自治区、直辖市人民政府文物行政部门审核，并报国务

〔1〕 国家安全生产监督管理总局、公安部、农业部公告 2013 年第 9 号。2013 年 4 月 19 日发布并实施。

〔2〕 国家安全生产监督管理总局令第 60 号。2013 年 7 月 10 日发布，自 2013 年 9 月 1 日起施行。

〔3〕 安监总规划［2013］116 号。2013 年 11 月 21 日发布并实施。

〔4〕 发改价监［2013］716 号。2013 年 4 月 9 日发布，自 2013 年 7 月 1 日起施行。国家发展和改革委员会 2007 年 10 月 19 日印发的《价格监督检查证据规定》同时废止。

〔5〕 文物博发［2013］3 号。2013 年 2 月 4 日发布并实施。

〔6〕 中华人民共和国主席令第 5 号。2013 年 6 月 29 日公布，自公布之日起施行。

院文物行政部门备案。

27. 保险公估

中国保监理发布修订后的《保险公估机构监管规定》[1]，对保险公估机构的市场准入、经营规则、市场退出、监督检查、法律责任等作出新规范。

28. 房地产估价

住房城乡建设部发布修正后的《房地产估价机构管理办法》[2]，对估价机构资质核准、分支机构的设立、估价管理、法律责任作出新规范。

29. 会计审计

财政部发布《关于下放境外会计师事务所在中国内地临时执行审计业务审批项目有关政策衔接问题的通知》[3]，境外会计师事务所在中国内地临时执行审计业务审批有关政策作出调整和补充规定。

四、司法实践中的证据制度建设

（一）张辉、张高平错案再审

1. 案情和诉讼程序

2003 年 5 月 18 日晚 9 时许，张辉、张高平叔侄（本案被告人）驾驶皖 J－11260 解放牌货车送货去上海，途经安徽省歙县竹铺镇“非典”检查站时，遇到要求搭车的同县女青年王某（本案被害人）。王某当时 17 岁，经人介绍搭乘张辉、张高平的货车。张高平同意将王某捎带至杭州市。当晚 12 时左右，该车到达浙江省临安市昌化镇停车休息片刻，于次日凌晨 1 时 30 分到杭州市天目山路汽车西站附近。王某借用张高平的手机打电话给朋友周荣箭要求其前来接人，周荣箭让王某自己打的到钱江三桥后再与其联系。以上事实清楚，有王、潘、许、周、吴等人的证言及杭州市公安局西湖分局出具的《关于 5.19 案件通话时间的说明》等证据。张辉、张高平对此所做的陈述也

---

〔1〕 中国保险监督管理委员会令 2009 年第 7 号发布，根据 2013 年 9 月 29 日中国保险监督管理委员会令 2013 年第 10 号《中国保险监督管理委员会关于修改〈保险公估机构监管规定〉的决定》修订。

〔2〕 2005 年 10 月 12 日建设部令第 142 号发布，根据 2013 年 10 月 16 日住房城乡建设部令第 14 号修正。

〔3〕 财会［2013］25 号。2013 年 12 月 27 日发布，自 2014 年 1 月 1 日起施行。

与上述证据证明的情况相符。王某离开汽车西站后，于2003年5月19日早晨被人杀害，尔后尸体被抛至杭州市西湖区留下镇留泗路东穆坞村路段路边溪沟。黄某某、刘某乙、吴某甲等人的证言，公安机关的现场勘验笔录、尸体检验报告等证据，能够证实上述事实。

对于上述事实，在一审、二审和再审程序中，控辩双方都无争议，法官均予认定。但是，对于被告人张辉、张叔平是否实施了强奸、杀害被害人王某的行为，存在争议。2004年4月21日，杭州市中级人民法院作出一审判决，[1]认定事实如下：王某凌晨1时30分打完电话后，张辉遂起奸淫王某的邪念，并将意图告知张高平。然后，张辉驾车掉头驶至杭州市西湖区留下镇留泗路东穆坞村路段僻静处停下，在驾驶室内对王某实施强奸。王某挣扎，张高平即应张辉要求按住王某的腿，尔后张辉采用掐颈等暴力手段对王某实施奸淫，并致王某因机械性窒息死亡。随后，张辉、张高平将被害人尸体抛于路边溪沟，并在开车逃离途中将被害人所携带的背包等物丢弃。一审判决张辉、张高平构成强奸罪共同犯罪，据以定罪的关键证据为被告人的有罪供述包括：①张辉的供述。5月24日两次讯问，作了无罪辩解；5月27日讯问，先作了有罪供述，然后又作无罪辩解；5月28日讯问作了有罪供述，该供述是一审程序中公诉方使用的主要证据；5月29日讯问，一开始作无罪辩解，后又作有罪供述；6月3日讯问，作有罪供述，并画出作案路线图；6月6日、20日、28日讯问均作有罪供述；7月24日讯问作无罪辩解；7月31日、8月5日都作有罪供述。②张高平的供述。5月23日至6月17日之间的讯问作无罪辩解；6月17日书写了有罪供述材料；6月18日、19日作有罪供述。[2]

被告人及辩护人提起上诉，认为原判认定事实不清，证据不足，原有罪供述系在侦查人员刑讯逼供下取得，且两被告人供述的作案细节不一，本案DNA鉴定不能排除他人作案的可能。浙江省高院于2004年10月19日作出二审终审判决。[3]二审判决与一审判决认定的事实一致，但改变了一审量刑。

被告人张辉之父、张高平之兄张高发向浙江省高级人民法院申诉，浙江

---

〔1〕（2004）杭刑初字第36号刑事附带民事判决。

〔2〕本案律师二审辩护词，载 http：//www.66law.cn/lawwrit/9011.aspx，最后访问时间：2014年12月15日。

〔3〕（2004）浙刑一终字第189号刑事附带民事判决。

省高院于 2013 年 2 月 6 日作出再审决定书，决定对本案进行再审，于 2013 年 3 月 20 日不公开开庭审理。再审程序中，原审被告人张辉、张高平及其辩护人提出：DNA 鉴定不能排除他人致死王某的可能性；有罪供述是通过非法程序取得的；供述相互之间及其与尸体检验报告之间存在矛盾。出庭检察员也认为：本案间接证据极不完整；技术鉴定不能排除他人作案可能性；公安机关侦查程序不合法。浙江省高院经审判委员会讨论，于 2013 年 3 月 26 日宣判："原判认定原审被告人张辉、张高平犯强奸罪的证据，现已查证不实"，判决张辉、张高平无罪。[1]

2. 证据分析

本案一审、二审为有罪判决，再审程序推翻有罪判决，纠正了错案。本案审理涉及如下证据问题：

(1) 关于非法证据的排除。

第一，本案再审排除非法证据的法律依据。本案一审、二审的有罪认定，依据的关键证据是被告人张辉、张高平的口供，认为其口供与现场勘查笔录、尸体检验报告反映的情况基本相符。但是，被告人及其辩护人主张，侦查阶段的有罪供述是用刑讯逼供方式收集的。由于本案一审、二审程序进行时，我国尚未明确确立非法证据排除规则，因此这一主张并未导致口供证据被排除。2013 年再审本案时，新刑诉法已确立了非法证据排除规则。再审程序中，被告人和辩护人以有罪供述和指认犯罪现场笔录均是采用刑讯逼供等非法方法收集为由，申请排除上述证据。根据《刑事诉讼法》第 54 条，应当排除的非法口供是指"采用刑讯逼供等非法方法收集的犯罪嫌疑人、被告人供述"。最高人民法院《刑诉法解释》第 95 条进一步界定："使用肉刑或者变相肉刑，或者采用其他使被告人在肉体上或者精神上遭受剧烈疼痛或者痛苦的方法，迫使被告人违背意愿供述的，应当认定为刑事诉讼法第 54 条规定的'刑讯逼供等非法方法'。"

第二，证据合法性的证明责任和排除非法证据的证明标准。《刑事诉讼法》第 57 条规定了证据合法性的证明责任："在对证据收集的合法性进行法庭调查的过程中，人民检察院应当对证据收集的合法性加以证明。"第 58 条规定了非法证据排除的证明标准："对于经过法庭审理，确认或者不能排除存

---

〔1〕参见（2013）浙刑再字第 2 号浙江省高级人民法院刑事附带民事判决书。

在本法第 54 条规定的以非法方法收集证据情形的，对有关证据应当予以排除。”

出庭检察员认为，本案中不能排除公安机关在侦查过程中有以非法方法获取证据的一些情形。法庭审理后认为：“公安机关审讯张辉、张高平的笔录、录像及相关证据证明，侦查人员在审讯过程中存在对犯罪嫌疑人不在规定的羁押场所关押、审讯的情形；公安机关提供的张辉首次有罪供述的审讯录像不完整；张辉、张高平指认现场的录像镜头切换频繁，指认现场的见证人未起到见证作用；从同监犯获取及印证原审被告人有罪供述等侦查程序和行为不规范、不合法。因此，本案不能排除公安机关存在以非法方法收集证据的情形，张辉、张高平的有罪供述、指认现场笔录等证据，依法应予排除。”〔1〕

第三，再审法院对于非法证据的认定符合《刑事诉讼法》及相关司法解释的要求。尤其值得注意的是，法院对“排除以非法方法收集证据情形”这一证明标准的把握是准确的。审讯场所不合法、审讯录像不完整、见证人未发挥作用等程序错误本身，并非我国现行刑诉法所规定的会导致口供被排除的“非法方法”，但是，这些程序错误表明，可能存在刑讯逼供等非法取证的可能性。再审法院正是将这些程序错误作为“不能排除以非法方法收集证据情形”的理由，进而根据证据合法性的证明责任和排除非法证据的证明标准，排除了所获得的口供。

（2）关于鉴定意见的审查判断。本案有一份重要鉴定意见：根据杭州市公安局 2003 年 6 月 23 日提供的《法医学 DNA 检验报告》，所提取的被害人王某 8 个手指甲末端检出混合 DNA 谱带，可由死者和一名男性的 DNA 谱带混合形成，但并非张辉或张高平与被害人混合形成。被告人和辩护律师提出，上述鉴定意见表明不能排除他人作案的可能。但二审法院在判决中认定：“本案中的 DNA 鉴定结论与本案犯罪事实并无关联。”〔2〕

二审法院以“无关联”为由，未将 DNA 鉴定意见作为证明本案被告人无罪的证据。所谓的“无关联”，即认为该证据缺乏相关性。我国《刑事诉讼法》没有明确界定证据相关性的含义，但其中第 48 条规定：“可以用于证明

〔1〕 参见（2013）浙刑再字第 2 号浙江省高级人民法院刑事附带民事判决书。
〔2〕 参见（2004）浙刑一终字第 189 号刑事附带民事判决。

案件事实的材料，都是证据。”所谓“可以用于证明案件事实”，既包括可以证明案件事实成立，也包括可以证明案件事实不成立。这一条可看作是我国刑诉法对证据相关性的一个侧面规定。对于相关性的概念，可以参照美国《联邦证据规则》第 401 条“相关证据的检验”：“下列情况下，证据具有相关性：①与没有该证据相比，它具有使一个事实更可能或更不可能的任何趋向性；并且②该事实对于决定该诉讼是要素性的。”[1]就是说，相关性有一个很低门槛的检验标准，只要与没有该证据相比，它能够在任何程度上有助于证明待证事实更可能或更不可能发生，它就具有相关性。在本案中，上述鉴定意见有助于证明，存在其他人接触被害人进而杀害被害人的可能性，即存在证明张辉、张高平未实施犯罪行为的趋向性。这符合相关性的定义，二审法官对于该鉴定意见的审查判断是错误的。

后来新的鉴定意见也证明，上述鉴定意见所表明的可能性是存在的。2011 年 11 月 22 日，杭州市公安局将被害人 8 个手指甲末端擦拭滤纸上分离出来的一名男性 DNA 分型与数据库进行比对时，发现其与勾某某 DNA 分型七个位点存在吻合的情况。同年 12 月 6 日，公安部物证鉴定中心出具的《物证鉴定查询比对报告》说明，被害人手指甲末端擦拭滤纸上的 DNA 检出混合物 STR 分型中包含勾某某分型。这两份鉴定意见表明，被害人死前曾与勾某某接触。再审程序查实，勾某某 2002 年 12 月 4 日开始在杭州市从事出租汽车司机工作，2005 年 1 月 8 日晚利用驾驶出租车的便利，采用扼颈等手段，将乘坐其出租车的吴某某杀死，并窃取吴某某随身携带的财物。2005 年 4 月 22 日，勾某某因犯故意杀人罪、盗窃罪被终审判处死刑，经核准于 4 月 27 日被执行死刑。上述事实表明，在本案中不能排除系勾某某杀害被害人的可能性。因此，在一审、二审程序中，对鉴定意见的错误审查判断，是酿成错案的原因之一。

（3）关于刑事诉讼证明标准。《刑事诉讼法》第 53 条规定了定罪的证明标准，即“证据确实、充分的，可以认定被告人有罪和处以刑罚。证据确实、充分，应当符合以下条件：①定罪量刑的事实都有证据证明；②据以定案的证据均经法定程序查证属实；③综合全案证据，对所认定事实已排除合理

---

[1] Ronald J. Allen, Richard B. Kuhns, Eleamor Swift, David S. Schwrtz and Michael S. Pardo, *Evidence: Text, Problems, and Cases*, Wolters Kluwer Law & Business in New York, 2011, p. 122.

怀疑。”

最高人民法院《刑诉法解释》第105条，规定了以间接证据认定犯罪事实的标准：“没有直接证据，但间接证据同时符合下列条件的，可以认定被告人有罪：①证据已经查证属实；②证据之间相互印证，不存在无法排除的矛盾和无法解释的疑问；③全案证据已经形成完整的证明体系；④根据证据认定案件事实足以排除合理怀疑，结论具有唯一性；⑤运用证据进行的推理符合逻辑和经验。”

如上所析，本案的有罪供述因为不能排除违法取证的情形，因此不能作为定案的根据。其他证据都是间接证据，如果据以认定被告人有罪，必须达到《刑事诉讼法》和相关司法解释的上述要求。再审程序中，出庭检察员认为，间接证据极不完整，缺乏对主要案件事实的同一证明力，没有形成有效的证据链。再审法院经审理后认为，现有证据不能排除勾某某杀害被害人的可能。也就是说，对于本案被告人实施犯罪的事实未能“排除合理怀疑”。

（二）李怀亮案

1. 案情简述

2001年8月2日晚，被害人郭某某和母亲、弟弟一起外出捉蝉蛹。期间，郭某某与母亲和弟弟分开，独自一人前往本村沙河堤的提灌站附件捉蝉蛹，然后失踪。家人随后同村民一起寻找郭某某，在沙河内打捞出郭某某的尸体以及当晚所用矿灯。当天晚上，郭某某的母亲、弟弟在河堤上寻找郭某某时，曾听到有人在案发现场附近喊“老二”。事后查明，“老二”即李全成（本案证人）。李全成证明：当天晚上，他与李怀亮（本案被告人）一起在沙河堤摸蝉蛹，是李怀亮在喊他。证人孙红杰等人的证言证明：当晚，李怀亮将捉的蝉蛹卖给了孙红杰、孙伟杰家的代销店。被告人亲属孙秋歌、孙景莲的证言证明：李怀亮在8月2日晚确实去捉蝉蛹了；听说郭某某出事后，李怀亮曾骑自行车到现场看过公安机关查案。

除上述证据和事实外，本案还存在以下证据：①侦查机关制作的现场勘查笔录，证明了现场情况，现场发现的带有血迹的花生叶片、血土若干等。②从现场提取的物证，包括带有卫生巾的裤头、拖鞋、发夹、矿灯等物品。③从被害人和被告人家中提取的、用于比照的物证，包括从郭某某家中提取的卫生巾，从李怀亮家中提取的李怀亮所穿的衣服。④侦查机关出具的辨认笔录，证明被害人父母确认在现场提取的矿灯、发卡、裤头是郭某某的物品。

⑤刑事技术鉴定意见证明：郭某某符合死后入水、被扼压颈部窒息死亡的特征；现场地面血迹为O型人血；李怀亮血型为AB型；郭某某是其父母亲生女的相对机会大于99.999%；现场花生叶上的血迹来源于郭某某的可能性大于99.999999%；对现场提取的血土检出了STR分型。⑥侦查机关制作的照片，证明李怀亮身上有划伤的血痕。侦查人员李新亮出庭证明了拍照情况。

李怀亮归案后，曾做过有罪供认，但后来又翻供。所供认的事实为：在摸蝉蛹时遇到郭某某，欲对其奸淫但遭到反抗，于是将其掐死后奸尸；然后将尸体及矿灯抛入沙河，将郭某某所穿裤头扔到现场附近花生棵下。该供述的情节，与其他证据所证明的被害人衣着、裤头及矿灯所扔的位置等事实不一致。李怀亮后来翻供，辩称未作案，原供述不属实。辩护人王永杰律师提出，该口供为刑讯逼供所得。侦查机关出具了没有刑讯逼供的情况说明；侦查人员袁国庆、王国宪、王秀群、吕水平出庭作证，证明审讯李怀亮时无刑讯逼供、诱供行为。

基于上述证据，公诉方所指控的犯罪事实为：2011年8月2日晚，被告人李怀亮到本村沙河堤上捉蝉蛹，与被害人相遇，李见四周无人，顿生奸淫恶念，上前拖拉被害人郭某某欲行奸淫，遭该女反抗。李怀亮用双手卡住郭某某颈部，将郭卡死，并对郭某某尸体奸淫后，将尸体和其所带矿灯抛入沙河，逃离现场。河南省平顶山市中级人民法院于2004年8月31日作出一审判决，认定被告人李怀亮犯故意杀人罪，判处死刑，剥夺政治权利终身。宣判后，双方均提出上诉。河南省高院于2005年1月22日二审裁定，撤销原判，发回重审。平顶山市中院2006年4月11日再次作出有罪判决，以故意杀人罪判处被告人李怀亮死刑，缓期两年执行，剥夺政治权利终身。宣判后，被害人父母提出上诉。河南省高院于2006年9月27日再次二审裁定，撤销原判，发回重审。直至2013年2月4日，平顶山市人民检察院才向市中院申请恢复法庭审理。在此期间，李怀亮一直被羁押在平顶山市叶县看守所。平顶山市中院2013年4月25日不公开审理了本案，判决如下："公诉机关提交的证据达不到认定李怀亮犯罪的证明标准，本案事实不清、证据不足，指控的犯罪不能成立。"〔1〕

〔1〕 对本案案情、证据和审理程序的介绍，参见（2013）平刑初字第23号判决书。感谢北京泽永律师事务所王永杰律师（本案辩护人）提供判决书影印件和庭审辩护词文本。

2. 证据分析

李怀亮案，涉及超期羁押、诉讼构造不科学、维稳压力对依法判决的影响等我国刑事诉讼实践中的痼疾。[1]就本案涉及的证据问题而言，该案反映司法实践中对刑事诉讼证明标准的把握情况。关于刑事诉讼定罪证明标准，我国法律区分了有口供和无口供两种情况。《刑事诉讼法》第53条第1款规定："对一切案件的判处都要重证据，重调查研究，不轻信口供。只有被告人供述，没有其他证据的，不能认定被告人有罪和处以刑罚；没有被告人供述，证据确实、充分的，可以认定被告人有罪和处以刑罚。"

（1）对口供的审查判断。根据上述法律规定，以口供认定犯罪事实，首先受到口供补强规则的限制，即必须还存在其他证据证明犯罪事实，否则，不能仅以口供定罪。另外，对口供的审查判断经常会遇到翻供的情况。本案中，李怀亮曾经做过有罪供述，但后来翻供，辩称未作案，原供述不属实。对于被告人翻供可能有两种处理方式：①如果翻供的同时也提出了非法证据排除请求，在符合条件的情况下，应当按照《刑事诉讼法》第56条启动非法证据调查程序。上述张辉、张高平案就是这种情况。②虽然翻供却未提起排除非法证据请求，或者不符合相关条件的，应当按照最高人民法院《刑诉法解释》第83条的规定。该条第2款规定："被告人庭审中翻供，但不能合理说明翻供原因或者其辩解与全案证据矛盾，而其庭前供述与其他证据相互印证的，可以采信其庭前供述。"第3款规定："被告人庭前供述和辩解存在反复，但庭审中供认，且与其他证据相互印证的，可以采信其庭审供述；被告人庭前供述和辩解存在反复，庭审中不供认，且无其他证据与庭前供述印证的，不得采信其庭前供述。"该条要求，在被告人翻供后，如果法庭要根据原口供定案，则原口供需要与其他证据相互印证。

在李怀亮案生效判决中，法院是按上述第二种方式对原口供审查判断的。法院认定："被告人李怀亮归案后虽作过有罪供述，但随后其又翻供，其供述不稳定，有罪供述在被害人衣着、裤头及矿灯所扔的位置等主要情节上不一致，开始供述被害人上身穿短袖、下身穿黑裤子，后又供述穿裙子；先供述

---

〔1〕关于对李怀亮案件所反映出来的诉讼构造问题和对被害人一方的维稳问题的分析，参见毛立新："'疑案'缘何难'从无'？——从河南李怀亮案谈起"，载何家弘主编：《法学家茶座》（第39辑），山东人民出版社2013年版。

被害人‘可能穿着运动鞋’，后又供为光脚，实际上郭某某当时穿的是拖鞋；李怀亮先供述将郭某某的裤头装在自己衣袋里，扔进了沙河里，案发一个月后在中心现场东侧花生地里发现被害人裤头后，李怀亮又供认将裤头扔在花生棵下边；关于被害人的矿灯，先供述扔在了地里，后又供述扔到了沙河里。其有罪供述与证人证言、现场勘查笔录、鉴定意见等证据也存在矛盾。如李怀亮曾供述奸尸并射精，但没有其他证据印证；……因此，李怀亮的有罪供述不能作为定案根据。"[1]

该判决以供述的反复和内在矛盾、供述与其他证据之间的矛盾为由，否定了该供述作为定案根据的资格，这符合最高人民法院《刑诉法解释》的规定。但是，据本案辩护人王永杰律师所言，在本案审判中，辩方提出了非法取证的事实并要求排除非法证据，法庭也对是否存在非法取证进行了法庭调查。判决书中所列的证据，包括侦查机关出具的没有刑讯逼供的情况说明，以及侦查人员袁国庆等人证明审讯李怀亮时无刑讯逼供、诱供行为的当庭证言。这说明，法院虽然启动了证据合法性调查程序，但在判决书中却没有关于取证合法性调查的结论，从而回避了是否根据非法证据排除规则排除本案口供的问题。判决书中所作的说理，是根据上述第二种方式来审查翻供后原口供的效力的。

（2）对间接证据的审查判断。如上所述，法庭将本案中唯一的直接证据即被告人的口供排除了，对于犯罪事实的认定就只能依赖间接证据。最高人民法院《刑诉法解释》第105条规定："没有直接证据，但间接证据同时符合下列条件的，可以认定被告人有罪：①证据已经查证属实；②证据之间相互印证，不存在无法排除的矛盾和无法解释的疑问；③全案证据已经形成完整的证明体系；④根据证据认定案件事实足以排除合理怀疑，结论具有唯一性；⑤运用证据进行的推理符合逻辑和经验。"

在李怀亮案中，法官对排除口供之后其他证据的审查判断，适用了上述间接证据定罪标准。在判决书的说理中，法官主要是围绕着上述第三点"全案证据已经形成完整的证明体系"进行审查：①现场勘验笔录证实的是被害人死亡现场位置；②鉴定意见确认了被害人身份和死亡原因；③有证言证明了案发当晚被害人在捉蝉蛹时失踪，并被抛尸沙河；④有证言证明被告人案发时也在捉蝉蛹；⑤犯罪现场遗留的物品、血迹等，经辨认和鉴定，皆为被

[1] 参见（2013）平刑初字第23号判决书。

害人所留；⑥侦查机关提供的照片表明李怀亮身上有血痕，但不能说明血痕产生的原因，即不能得出此血痕系其作案后抛尸所留。对于所指控的犯罪事实而言，上述证据并未构成“完整的证明体系”。其中，李怀亮实施杀人和奸尸的行为，没有证据予以证明。间接证据并未组成闭合的证据链条。

（3）对排除合理怀疑规则的把握。不管是根据口供还是间接证据定罪，都要达到《刑事诉讼法》第53条第2款“证据确实、充分”的证明标准：“证据确实、充分，应当符合以下条件：①定罪量刑的事实都有证据证明；②据以定案的证据均经法定程序查证属实；③综合全案证据，对所认定事实已排除合理怀疑。”本条规定将我国传统的“证据确实、充分”标准，解释为“排除合理怀疑”。

在前述张辉、张高平案中，有罪供述因为不能排除违法取证的情形，因此不能作为定案的根据。其他的证据都是间接证据，如果据以认定被告人有罪，必须达到上述证明标准要求。再审程序中，出庭检察员认为，间接证据极不完整，缺乏对主要案件事实的同一证明力，没有形成有效的证据链。再审法院经审理后认为，现有证据“不能排除勾某某杀害被害人的可能”。也就是说，对于本案被告人实施犯罪的事实未能“排除合理怀疑”。这是对我国刑事诉讼证明标准的正确理解与把握。

在李怀亮案中，法院判决书中并未明确使用“排除合理怀疑”、“排除其他可能性”等措辞。但是，关于间接证据未形成完整证明体系的认定，就意味着，本案尚存在“合理怀疑”或“其他可能性”。需要注意的是，辩护词中多次提到关于本案犯罪的其他可能性，这实际上是对“排除合理怀疑”规则的运用。律师提出：①现场地面上的血迹经鉴定是O型血，但李怀亮血型为AB型。这说明，如果该血迹不是被害人的，那么可能是第三人（真正的凶手）留下的。②被告人妻子的证言表明，当晚李怀亮回家后想与妻子行房事。如果真如所指控的那样，被告人刚杀过人、奸过尸，他回家还想与妻子行房事似乎不合常理。③案发当晚在犯罪现场附近摸蝉蛹的还有其他人，有证言表明，李某某、孙某某在当晚都遇到过被害人。从犯罪机会上来说，这些人都有犯罪嫌疑。[1]

---

〔1〕关于辩护律师的辩护词，载 http://blog.sina.com.cn/s/blog__62d832a901016sj5.html，最后访问时间：2015年1月17日。

第二篇

2013 年中国证据科学的学术进展

一、证据科学研究进展

本年度，有关证据科学的研究，依然沿袭了证据科学中国学派的特点，即体现为证据法学和法庭科学在司法实践和法学教育中的有机结合。值得一提的是，随着法治中国建设的继续推进，特别是2012 年《刑事诉讼法》、《民事诉讼法》在证据制度完善方面的进步，科学证据或者法庭科学证据在事实认定过程中的作用越来越受到学术界和法律实务界的重视，这为证据科学的发展提供了广阔空间。

（一）证据科学的理论研究

1. 关于证据科学发展的宏观背景

（1）科学革命、智能革命和社会革命的相互影响。1993 年6 月28 日的美国多伯特案审判产生了著名的多伯特规则。为纪念多伯特规则诞生20 周年，美国学者戴维·L. 费格曼（David L. Faigman）撰文，[1]对包括弗赖伊标准在内的科学证据可靠性检验标准作了系统的梳理、反思及展望。作者通过对科学革命（scientific revolution）、社会或政治革命（social or political revolution）和智能革命（intellectual revolution）三个概念的比较分析得出结论：16 世纪开始的科技革命引发了智能革命，导致了人的推理逻辑即信息搜集方式的变化，同时也带来社会变化。而人们对于社会需求的变化，直接导致政治变革，同时引发了人们思维观念的变化。多伯特规则的诞生是科技革命的结果，但正是基于法庭对于解决社会纠纷和准确认定案件事实的社会需求，才引发

〔1〕 See David L. Faigman, "The Daubert Revolution and the Birth of Modernity: Managing Scientific Evidence in the Age of Science", 46 *U. C. D. L. Rev.* 893 (2012 ~2013).

了诸如多伯特规则等一系列科学证据检验标准的诞生这样的政治变革，导致法庭事实认定过程中人们思维观念的变化，特别是对证据之思维方式的变化。因此，在科学与证据法交互作用的证据科学领域，科学是为法庭这个小社会服务的，现代法庭又离不开科学知识和科学的逻辑推理思维。作者强调，尽管多伯特规则是打着科学旗号诞生的，主要用以规制科学证据的可采性和可靠性，但实际上，该规则与《联邦证据规则》的其他普通证据规则一样，也是在解决规则104的预备性问题。无论什么样的科学性规则，说到底只不过是众多证据规则中的一种，多伯特规则的未来完善路径，应该以科学证据的有效性检验为宗旨，提高法庭审判事实认定者处理案件的能力。

（2）法庭科学证据的自然科学和社会科学属性。李昌钰等在“美国法庭科学证据的应用与发展”一文中指出：[1]法庭科学证据的应用与发展与法庭科学的发展与应用密切相关，它们相互促进。美国司法制度中关于法庭科学证据的证明力、可信度、可采性的分立质疑，对法庭科学本身的发展起到鞭策与促进作用。法庭科学与法庭科学证据在我国分别属于自然科学和法学范畴，两个领域的研究和应用合作很少，从事交叉研究与应用的人员也不多。显然，法庭科学和法庭科学证据两者是不可分割开来的，自然科学或检验得到的证据已被法庭作为法庭科学证据接受。但是，自然科学不能解决犯罪中的“是否”问题。例如，性虐待是否发生了？原告称被性虐待，且有性虐待类似的证据，原告也说了所谓的真相，但其提供证据的目的也可能并非是其所申明的目的。这类问题被认为是社会科学证据。法院允许心理学家、社会学家、社会工作者、律师和警察来阐明对证据的观点。法庭科学证据应用状态发生改变的根本原因是科技的快速发展，特别是生物技术及信息技术的迅猛发展。这个时期影响法庭科学证据的科学技术特征为：多学科交叉性、网络技术开放性、计算机小型化、检测仪器精密化和多样性。2009年美国法庭科学院和美国科学院法庭科学发展规划报告指出，法庭科学证据的应用应遵循7条基本原则，其中第7条要求：“与法庭科学家或法庭科学证据工作相关的律师和法官必须掌握科学方法和法庭科学原理”。

（3）传统与新型法庭科学技术的结合旨在提高证据检验水平。“21世纪

---

〔1〕 参见杨敏、李昌钰：“美国法庭科学证据的应用与发展”，载《政法学刊》2013年第2期。

以来法庭科学新进展”一文指出，[1]随着大众法律意识的提升以及科学技术的日益现代化，法庭科学的概念已经日渐普及。痕迹检验、文件检验、微量物证分析及刑事摄影等传统法庭科学技术，早已成为该学科体系的必备元素，近年来新发展的毒品分析、电子证据等新型科学证据也广泛进入人们的视野。医学、化学、物理、生物以及环境等自然科学与证据问题全面交叉，创造出以科学为手段、以证据为目的的崭新的局面。与西方国家相比，我国司法实践中的科学证据问题有一定独特性，证据理念不尽相同，科技水平也相对落后。因此，提高证据检验水平、完善证据规则就成为我国证据科学领域发展的当务之急。

2. *法庭科学和法学教育的交叉学科趋势*

（1）美国法庭科学课程体系对我国法庭科学教育的启示。“美国‘法庭科学’课程体系及对我国‘刑事科学技术’教育之启示”一文谈到，[2]美国“法庭科学”各专业课程中，通识教育课程和自然科学核心课程是学生的公共必修课，包括人文科学、社会科学、自然科学的课程设置，基础性强而且文理兼顾。我国在刑事科学技术专业设置上，应加强如法庭人类学、法庭牙齿学、法庭生物学、生物人类学等交叉学科的建设。随着我国法律制度的不断完善、公民法律意识的增强，在法庭上陈述证据观点会成为刑事科学技术人员日常工作的一部分。为此，还应该增设一些关于“出庭作证”的相关课程。

（2）“论法庭科学在科学证据时代的现实与未来”一文[3]的作者认为，要提高获取与分析物证的能力，法庭科学是解决这一难题的金钥匙。物证在诉讼证据中的地位越发凸显，以物证为主要研究对象的法庭科学所发挥的作用势必会越来越大。高等院校必须重新审视法学专业人才的培养理念，适时地调整教学目的和方案，建构以法庭科学为起点的自然科学与法学等人文社会科学相结合的“大法学”学科体系，以拓展法律人才的知识结构，促进法学教育的全面、协调、健康发展。文章倡导建立以法学专业核心课程为基础、以相关课程（如法庭科学等自然科学）为必要补充的教学体系，并规定法学

---

〔1〕 王元凤、雷雷、王淳浩：“21 世纪以来法庭科学新进展”，载何林涛、张振宇主编：《公共安全中的化学问题研究进展》（第 3 卷），辽宁大学出版社 2013 年版。

〔2〕 参见王丽婷，杨瑞琴：“美国‘法庭科学’课程体系及对我国‘刑事科学技术’教育之启示”，载《福建警察学院学报》2013 年第 1 期。

〔3〕 张凌燕、徐心磊：“论法庭科学在科学证据时代的现实与未来”，载《求索》2013 年第 5 期。

本科学生在完成核心课程学业之外，必须修完指定的交叉学科课程才能毕业。只有这样才能使法科学生通过对法庭科学的学习和实践，适应将来的证据实务操作，更好地运用法学专业知识服务于诉讼实践。

3. 循证医学与证据科学

钱洪良“论循证视角下的证据科学”一文指出，[1]循证以“遵循证据”进行实践的时代精神，成为多学科实践领域共同关注的方法论。循证因其以“证据”为核心，寻找最佳证据，追求最佳效果，而体现了科学精神的思维模式代替传统的经验思维。循证将科学研究所获得证据作为实践的依据，将理论研究与实践有机结合，彰显了实践领域重视科学证据的现代科学精神。证据法学尤其是发展中的证据科学已成为一种显学，并在错案评价方面发挥了重要作用。从最初的心理学，到后来的概率论、经济学、女权主义运动乃至其他自然科学都纷纷进入证据法研究领域，形成了证据法跨学科研究的多个分支。目前与证据科学相关的至少还包括了哲学、统计学、医学、法庭科学、认知与决策科学等其他学科。证据法以传统的阐释性方法，偏重于对规则的解释适用和系统化努力。证据科学则侧重于对规则背后之整体证明过程的探索，为了认识和描绘司法证明过程，证据科学更多的借助于心理学、修辞学、叙事学等社会科学和法庭科学。《证据科学》这一学术性杂志的创办到升级、法庭科学研究热潮、科技证据的广泛使用等，都代表着证据科学已在我国立足，多种学科交叉已成为证据科学未来发展的必由之路。

（二）证据科学的实践探索

1. 关于证据科学与司法文明的关系

7月20～21日，由司法文明协同创新中心、国际证据科学协会主办，中国政法大学证据科学研究院承办、法庭毒物分析公安部重点实验室协办的第四届证据理论与科学国际研讨会在北京举行。[2]来自中国大陆和台湾，以及美、英、西、意、荷、匈、瑞士、澳大利亚、韩国等国家和地区的150余位证据法学家和法庭科学家齐聚一堂，围绕本次会议的主题“证据科学与司法文明”展开了深入研讨。司法文明协同创新中心理事长、联席主任张文显教

〔1〕 参见钱洪良：“论循证视角下的证据科学”，载《证据科学》2013年第5期。

〔2〕 参见“第四届证据理论与科学国际研讨会举行”，载《法制日报》2013年7月24日，第009版。

授在致辞中指出，司法文明有五个支点，即科学的司法理论、先进的司法制度、公正的司法运作、卓越的司法精英、理性的司法文化。证据科学通贯这五个支点：科学的司法理论少不了科学的证据理论，先进的司法制度离不开先进的证据制度，公正的司法运作依赖于严格而公正的证据规则，卓越的司法精英必须具备坚实的证据意识和精深的证据知识，理性的司法文化自然包含社会大众的理性的证据文化。所以，推进司法文明化，必然要求加强证据科学研究和证据制度创新。最高人民法院常务副院长沈德咏在致辞中指出，证据制度是否科学、完善，直接反映着一国司法文明和进步的程度。近些年来，中国立法、司法机关为完善证据制度、促进司法文明、保障司法公正作出了不懈努力，取得了不少成就。但证据制度的改革与发展，不是一朝一夕所能完成，也不是一劳永逸的，可谓任重而道远。特别是伴随着科学技术的日新月异、经济社会的不断发展，人类的认识能力逐步提升，证据制度和理念的发展创新已成为法治发展的必然要求，更是司法文明进步的重要内容，必须持之以恒地加以推进。〔1〕

2. 证据科学研究在司法文明协同创新中心平台上的发展〔2〕

本年度，司法文明协同创新中心入选国家“2011计划”（高等学校创新能力提升计划）第一批14个协同创新中心之一。该协同创新中心以中国政法大学为牵头高校，吉林大学和武汉大学为主要参与高校，整合了3个教育部社科重点研究基地、1个证据科学教育部重点实验室、1个国家级司法鉴定机构、32个法院、检察院等司法机关。证据科学教育部重点实验室、国家级司法鉴定机构的加入，使司法文明协同创新中心具有了开展法学与自然科学交叉学科研究的条件和优势。司法文明协同创新中心与瑞士洛桑大学共建的“中瑞证据科学联合研究中心”，12月在洛桑大学举行了揭牌仪式。中心组建的10支创新团队中包括了证据法学和法庭科学2支创新团队，每个创新团队均由三所协同高校教师、法官、检察官和国外大学教授混合组成，实现了跨学校、跨部门和跨国境的协同创新。

---

〔1〕 参见“加强证据理论创新 促进司法文明进步”，载《人民法院报》2013年7月21日，第001版。

〔2〕 张文显、张保生、王树义、柳经纬：“突破机制体制壁垒，组建培育司法文明协同创新中心”，载《中国高等教育》2013年第9期。

二、证据法学研究进展

（一）证据法理论基础和体系

1. 关于证据法理论基础的研究

本年度，学者们对证据法理论基础的研究可以归纳为四种观点：一是“一论基础说”，认为辩证唯物主义认识论是证据法的理论基础；二是“两论基础说”，认为认识论和价值论构成了证据法的理论基础；三是“三论基础说”，认为认识论、价值论和方法论或真实理论构成了证据法的理论基础；四是“多论基础说”，主张认识论、程序正义论、形式理性、一般法理学等共同构成了证据法的理论基础。

（1）“一论基础说”。陈一云、王新清主编《证据学》（第5版）主张，我国证据制度的理论基础是辩证唯物主义认识论。证据制度所涉及的主要内容是司法人员通过收集和审查判断证据，认定案件事实。具体包括三个问题：一是如何认识案件事实；二是如何认识证据；三是如何认识司法人员对案件事实的认定。根据辩证唯物主义认识论，案件事实是客观存在的事实，证据也是客观存在的事实，两者都可以被司法人员认识和把握；在第三个问题上，司法人员借助于证据与案件事实之间固有的客观联系，可以对案件事实进行认定，其认识即具有真理性。“我国证据制度要解决的核心问题是如何保证司法人员能够正确认识案件事实，亦即如何保证其主观符合客观。”贯彻辩证唯物主义的立场、观点和方法，就必须客观、全面、联系和本质地看问题。[1]我们认为，证据法的理论基础不限于认识论，因为其求真和求善的双重功能，仅靠认识论基础是无法理解的；把认识论仅仅理解为辩证唯物主义认识论更有偏差，因为国外证据法的认识论基础可能没有贴上这种标签。

（2）“两论基础说”。张保生教授等著《证据法学》一书提出了新的“两论基础说”，主张认识论和价值论构成了证据法的理论基础，证据法是“求真”和“求善”的统一。认识论原理对于证据法学具有一般的方法论意义。案件的事实认定并非事实认定者“查明”的过程，而是控辩审三方互动的认

[1] 参见陈一云、王新清主编：《证据学》（第5版），中国人民大学出版社2013年版，第56～57、136～138页。

识过程，法官、诉讼律师、证人等在其中各具不同的认知角色。案件事实认定也并非所谓“心证”不可言说，而是一个从证据性事实到推断性事实，再到要件事实，最后到实体法要件的经验推论过程。这表明，案件事实认定是一个对证据信息进行收集、组织和加工、对事实进行观念重建的能动建构过程。证据法对案件事实真相的追求体现了求真的功能。证据法的价值论基础包括准确、公正、和谐和效率四个价值支柱。证据法的价值基础体现了维护普遍社会价值的求善功能。在上述四项价值之间发生冲突时，应当通过价值权衡，分别轻重予以兼顾。[1]

陈光中教授主编《证据法学》（修订版）主张，将“较多数学者认同”的认识论和价值论作为证据法的理论基础。应当将辩证唯物主义认识论原理与诉讼证据运用的特殊规律结合，形成诉讼认识论作为证据法的认识论基础；而公正、人权、秩序、效率等价值共同构成了证据法的价值论基础。在认识论与价值论的关系上，“价值论与认识论在证据法中有相统一的一面，也有矛盾之处；二者互相促进，但又有所制约。我们既要查明事实真相，又不应当只追求事实真相，必须通过证据制度和诉讼程序的规制，使多重诉讼价值互相结合并得以平衡实现”。[2]

（3）“三论基础说”。何家弘、刘品新合著的《证据法学》（第5版）坚持了该书前几版的观点，主张将认识论、价值论和方法论作为证据法的理论基础。具体而言，辩证唯物主义认识论是证据法的认识论基础；司法证明中法律价值和其他价值的平衡和法律价值内部的平衡是证据法的价值论基础；证据法的方法论包括哲学科学方法论、一般科学方法论和证据法专门方法论三个层次。[3]

叶青主编的《诉讼证据法学》（第2版）将“诉讼证据学的理论基础”区分为三方面：一是诉讼认识的真理性，诉讼活动本质上是认识活动，辩证唯物主义认识论应当作为我国证据法学的理论基础；二是诉讼认识的正当性，诉讼证明不同于人类的一般认识活动，还应建立在形式理性的程序正义基础之上；三是客观真实与法律真实的同一性，客观真实是诉讼认识的根本目标

[1] 参见张保生等：《证据法学》，高等教育出版社2013年版，第54～84页。

[2] 参见陈光中主编：《证据法学》（修订版），法律出版社2013年版，第84～107页。

[3] 参见何家弘、刘品新：《证据法学》（第5版），法律出版社2013年版，第40～75页。

或总体要求，法律真实是具体目标和直接目标，在诉讼中应当将两者有机地统一。[1]

（4）“多论基础说”。王彬主编的《刑事证据学》主张，刑事证据制度应当建立在多元化、多层次的理论基础之上。其理论基础包括：辩证唯物主义认识论、程序正义理论、人权保障理论、某些科技理论（如生命科学、信息技术等）等多重基础。在上述理论基础中，哲学层面的辩证唯物主义是第一层次，宪法理论、程序正义和人权保障是第二层次，而某些科技理论是第三层次。[2]宋振武、张洪燕在《证据法理论基础问题之再反思》一文中主张，辩证唯物主义认识论、形式理性是证据法理论基础；除此之外，程序正义、一般法理学、证言心理学等也构成了证据法的理论基础。[3]

2. 关于证据法理论体系的研究

本年度，学者对证据法理论体系的研究主要体现为三种观点：一是新的证据法理论体系探索；二是“纯粹的刑事证据法学”体系的构建；三是对传统“证据论+证明论”证据法体系进行修正。

（1）新的证据法学体系探索。张保生教授等著法律硕士专业学位研究生统编教材《证据法学》，倡导建立新的证据法体系。该书坚持了2009年法大版《证据法学》以“一条逻辑主线”（相关性）、“两个证明端口”（证明责任和标准）、“三个法定阶段”（举证、质证、认证）、“四个价值支柱”（准确、公正、和谐和效率）建构的新证据法学理论体系。[4]全书分五大板块，共九章。第一板块为理论篇，包括证据导论、证据法的理论基础和体系两章。第二板块即第三章证据开示。第三板块包括第四章展示性证据的出示和第五章言词证据的提出。第四板块即第六章证据排除规则，包括非法证据、传闻证据、意见证据、品性证据等排除规则。第五板块为证明和认证篇，包括第七章证明责任与证明标准，第八章证明过程，第九章推定与司法认知。

（2）“纯粹的刑事证据法学”体系。王超《中国刑事证据法学理论体系的科学建构》一文，提出构建“纯粹的刑事证据法学”，主张“按照刑事证

---

〔1〕 参见叶青主编：《诉讼证据法学》（第2版），北京大学出版社2013年版，第38~44页。

〔2〕 参见王彬主编：《刑事证据学》，郑州大学出版社2013年版，第52~55页。

〔3〕 参见宋振武、张洪燕：“证据法理论基础问题之再反思”，载《烟台大学学报（哲学社会科学版）》2013年第1期。

〔4〕 参见张保生等：《证据法学》，高等教育出版社2013年版，内容提要，第98页。

据法的本质确定刑事证据法学的研究范畴，剔除现有刑事证据法学理论体系中不纯粹的部分。”该体系包括四个部分：一是刑事证据法学的研究对象、理论体系、理论基础以及刑事证据法的性质、渊源、原则、功能、构造等；二是刑事证据及其规则，包括刑事证据的概念、功能、属性、法定形式、法理分类与刑事证据规则（规范证据能力的规则和规范证明力的规则）；三是刑事证明包括概念、特征、分类、方法、体系，与刑事证明规则（证明主体、证明客体、证明责任、证明标准）。四是刑事证据运用规则，包括庭前运用规则和庭上运用规则。〔1〕

（3）传统“证据论 + 证明论”理论体系的修正。在“证据论 + 证明论”二分的体系中，前者包括证据种类、分类；后者主要是证明概念、证明主体、证明对象、证明责任、证明标准等的论述。本年度新版教材对这一传统体系有所变革：一种做法是仍坚持这一框架，但实质内容有所革新，如陈光中教授主编《证据法学》（修订版），〔2〕何家弘、刘品新著《证据法学》（第 5 版），〔3〕潘金贵主编《证据法学》，〔4〕虽坚持了传统“证据论 + 证明论”体系，但内容上压缩了“证据论”部分、增加了“证明论”和证据规则的内容。另一种做法是对传统证据法体系适当改变，如陈一云主编《证据学》（第 5 版）〔5〕一书分为“史论”、“总论”、“分论”三部分；叶青主编《诉讼证据法学》（第 2 版），〔6〕在“总论”、“证据论”、“证明论”之外，新增“证据实践论”，讨论了证据的调查收集、审查判断和运用。占善刚、刘显鹏著《证据法学》（第 2 版），〔7〕增加了“证明过程”的讨论。

上述三种观点都对传统“证据论 + 证明论”体系作了反思和超越，体现了学界在证据法理论体系方面的学术探索和努力。第一种观点立足于证据法理论与实践的融合，将事实作为证据法的逻辑起点，重视诉讼证明原理的探究，极大地压缩了“证据论”的内容，将证据的提出与运用置于举证、质证、

---

〔1〕 王超：“中国刑事证据法学理论体系的科学建构”，载《法学评论》2013 年第 1 期。

〔2〕 参见陈光中主编：《证据法学》（修订版），法律出版社 2013 年版。

〔3〕 参见何家弘、刘品新：《证据法学》（第 5 版），法律出版社 2013 年版。

〔4〕 参见潘金贵主编：《证据法学》，法律出版社 2013 年版。

〔5〕 参见陈一云、王新清主编：《证据学》（第 5 版），中国人民大学出版社 2013 年版。

〔6〕 参见叶青主编：《诉讼证据法学》（第 2 版），北京大学出版社 2013 年版。

〔7〕 参见占善刚、刘显鹏：《证据法论》（第 2 版），武汉大学出版社 2013 年版。

认证三个法定阶段进行阐述，[1]打破了传统“证据论”与“证明论”割裂的局面，改变了传统证据法学内容陈旧、体系羸弱的局面。第二种观点主张回归刑事证据法的本质，在此基础上打造纯粹的刑事证据法体系，其价值在于厘清了刑事证据法的研究范围，但作者未能从这一框架推出证据法学教材，也未从学科体系方面作进一步论证，这一主张还会遇到如何看待三大诉讼事实认定共同规律的问题。第三种观点认识到了传统“证据论+证明论”的局限，或者压缩“证据论”内容，或者在内容中添加“证据实践论”等新内容，从证据法体系的构建角度出发，这种修补式做法仍然未能走出“证据”与“证明”割裂的基本格局，其学术前景仍不容乐观。

我们认为，传统上将证据法体系分为“证据论+证明论”，其主要缺陷是割裂了证据与证明的互动关系，导致了证据法学具体知识内容上的断裂、学术研究与司法实践的断裂。证据的取得以证明为目的、证据的运用也必须在证明中进行；证明的核心并非证明主体、证明对象、证明责任、证明标准等静态内容，而是如何通过证据认定待证事实的动态过程。证据以证明为场域，证明以证据为载体，两者实际上相互关联、密不可分。因此，我国证据法理论体系的构建必须对两者之间的关系给予足够重视，在此基础上才能形成体系合理、科学严谨的理论体系。

（二）证据属性和事实认定

1. 关于证据属性

本年度，关于证据属性的论述，既有“三性说”，也有“两性说”。

（1）潘金贵主编《证据法学》教材，延续了传统的证据属性“三性说”（客观性、关联性和合法性）观点。作者认为，证据的“三性说”已日益成为证据基本特征的主流观点。[2]

（2）叶青主编《诉讼证据法学》教材，也主张传统的证据属性“三性说”（客观性、关联性和合法性）观点。作者认为，较之证据属性的其他学说，传统“三性说”观点更为科学。其中，诉讼证据的客观性，强调的是其反映案件事实的真实程度；诉讼证据的关联性，强调的是证据事实与案件事

---

〔1〕参见王日春、邱爱民：“论证据法学统编教材的创新和发展——评张保生教授主编之《证据法学》”，载《重庆大学学报（社会科学版）》2009年第6期。

〔2〕参见潘金贵主编：《证据法学》，法律出版社2013年版，第50~59页。

实的相互关系；诉讼证据的合法性，强调的是其收集的程序性要求。其中，客观性和关联性是基础，合法性是其保证和法律方面的要求。在论述证据的客观性时，作者特别提出对客观性要作辨证的、唯物的理解，既应当在同诉讼证据的主观性相对立的背景下理解，又应当在同诉讼证据的主观性相统一的意义上理解。〔1〕

（3）王进喜主编《刑事证据法的新发展》一书，〔2〕秉持了证据属性的"两性说"（关联性和法律性）。作者认为，新《刑事诉讼法》第 48 条已把证据定义为"可以用于证明案件事实的材料"，这标志着新形式证据观的确立。基于这一新证据观，作者首先否定了证据的"客观性"。证据不再是一种客观事实。证据的存在虽然并不以人们的主观意志为转移，但对证据的认识以及对证据的应用却离不开人的主观意识。人们向法庭提供的证明材料，并非都是纯客观的真材实料，如虚假供述、证人的伪证以及伪造的书面材料等，但均不能否定它们的证据能力。虽然经过法定程序查证属"假"，不能作为定案根据，但这属于证据的审查判断和采纳与否的问题，而不是证据资格问题。其次，对证据的"关联性"应重新解读。新《刑事诉讼法》对证据的定义意味着，证据与案件事实的关系更多的是一种形式上的证明关系。至于证据实质上能否证明案件事实，只有经过审查判断才能确定。如果某项材料在形式上与待证事实毫不相干，就意味着不可用于证明案件事实，从而可认为它不具有相关性。因此，按照证据的新定义，相关性才是证据的本质属性，只不过新定义更强调证据的形式意义。最后，作者肯定了证据的属性包括合法性，认为新《刑事诉讼法》对非法证据排除规则的完善，凸显了证据合法性的意义。

2. 关于事实认定

（1）关于经验法则在事实认定中的运用及规制。柴晓宇《经验法则在事实认定中的运用及其规制》一文，对经验法则的性质进行了研究。作者认为，经验法则是对法官自由心证的内在制约，也是自由心证的基本方法。〔3〕

（2）关于法官在事实认定中的作用。刘广三和彭心韵《法官自身因素对

---

〔1〕 参见叶青主编：《诉讼证据法学》，北京大学出版社 2013 年版，第 51 ~57 页。

〔2〕 参见王进喜主编：《刑事证据法的新发展》，法律出版社 2013 年版，第 1 ~4 页。

〔3〕 参见柴晓宇："经验法则在事实认定中的运用及其规制"，载《社会科学家》2013 年第 2 期。

案件事实认定的影响》一文认为，[1]法官作为司法裁判的主体，是“法”或“正义”的化身，应当通过证据尽可能还原案件事实真相。然而，法官在审理案件过程中受自身各种因素的影响，不可避免地带有一定的主观倾向，这种情况严重影响了司法的公正性。法官在庭审过程中，要保持中立，不应过多地介入当事人之间的诉辩对抗，不应干涉当事人对自身权利的处分。法官应当围绕双方当事人的主张和争执点，小心谨慎地引导双方当事人充分行使诉讼权利。同时，法官也应当通过庭审更多地为当事人提供对抗平台，使当事人处于平等的地位，让当事人充分发挥，穷尽其所能地论证自己的主张。法官可以通过对审判经验的总结，自身修养的提高，来尽可能抑制自身因素对案件事实认定的影响，从而保证审判结果的公正性。

（三）证据开示

1. 关于刑事诉讼中的证据开示制度

徐丽英、王峰《关于刑事证据开示制度的思考》一文认为，[2]证据开示制度作为“起诉书一本主义”的配套制度，在平衡控辩双方力量、提高诉讼效率和发现案件真实等方面具有重要的作用。我国证据开示制度在新刑诉法第38～40条扩大辩护律师阅卷范围的基础上得以确立，并在有关司法解释中有具体规定，既确立了双向开示原则，也保留了原有的阅卷方式，并确立了审前由法院主持的庭前会议。其中，辩护人阅卷范围，由原来的“诉讼文书和技术性鉴定材料”扩大到现在的“案卷材料”，涵盖了所有案件卷宗，检察院向法庭提起公诉时应向法院移交全部案卷材料和证据，可有效保障辩护人阅卷权的实现。庭前会议制度在法院主持下，控辩审三方在庭前有一个正式程序，主要针对证据问题进行商议、讨论、交换意见，完成证据开示、非法证据排除等任务。在这一程序中，法院作为中立的第三方，可对证据开示的有效性发挥极大促进作用，同时也再一次确认了进入审判程序的证据范围，减少审判程序中出现新证据的可能性。但是，在现行证据开示制度中还存有一定空白，如对证据开示的违法责任没有规定，未尽到开示义务的检察机关或辩护人不会受到相应的约束和制裁；又如，司法实践中有大量犯罪嫌疑人、

[1] 参见刘广三、彭心韵：“法官自身因素对案件事实认定的影响”，载《山东警察学院学报》2013年第3期。

[2] 徐利英、王峰：“关于刑事证据开示制度的思考”，载《中国刑事法杂志》2013年第9期。

被告人没有委托辩护律师，对这类案件无法适用证据开示。因此，证据开示制度尚需要在实践中摸索和总结。

郭譞《新刑事诉讼法框架下证据开示制度的特点及完善》一文，[1]以新刑诉法实施为背景，分析了证据开示制度在我国刑诉法中的特点：一是表现形式为辩方阅卷和控方接受证据材料；二是双方均有开示证据的义务；三是开示内容不对等，控方应开示所有的案卷材料，辩方只需要开示犯罪嫌疑人不在现场、未达刑事责任年龄、属于依法不负刑事责任的精神病人的证据。不足之处是，目前证据开示制度只有原则性规定，可操作性不强，相关配套措施不到位，未规定违反证据开示义务的制裁措施。针对这些问题，应当全面规定证据开示的内容、开示主体、地点、开示程序以及违反证据开示义务的制裁措施等。

2. 关于刑事审判阶段庭前会议中的证据开示

姜新国《公诉案件庭前会议相关问题探究》一文提出，公诉案件庭前会议制度的核心内容，应包括排除非法证据和证据开示。在性质上，“证据开示”、庭前会议都是庭前程序的重要内容，完全可将证据开示纳入庭前会议予以解决，对双方认可的证据，无需再经过详细的举证和质证程序，对双方都具有约束力。庭审中不再就已开示的证据进行出示和质证，可使庭审更加集中。[2]

黄曙、吴小倩《庭前会议的司法实践与制度完善》一文提出，证据开示是庭前会议的重要内容。证据开示制度能够形成信息对称、防止证据突袭，有助于促进诉讼公正与效率的实现。修改后刑诉法恢复全卷移送制度及辩护人的全面阅卷权，为证据开示提供很好的基础，辩方的取证能力将逐步加强，证据开示更符合控辩平等的要求。因此，完全可以庭前会议为契机建立规范的证据开示程序，对于不履行证据开示责任的行为设立程序性后果，使未开示的证据不能在庭审中申请调查。[3]

方洁、张君《论庭前会议程序的改进》一文指出，由于辩护人阅卷权得到充分保障，在庭审会议时，检察机关向律师开示证据一般不会有什么问题，

---

[1] 郭譞：“新刑事诉讼法框架下证据开示制度的特点及完善”，载《法制与经济》2013年第10期。

[2] 姜新国：“公诉案件庭前会议相关问题探究”，载《中国检察官》2013年第23期。

[3] 黄曙、吴小倩：“庭前会议的司法实践与制度完善”，载《人民检察》2013年第18期。

而存在辩护人所掌握的证据是否应当向检察机关开示的问题。根据修改后《刑事诉讼法》第40条，辩护人手里的有关犯罪嫌疑人不在犯罪现场、未达到刑事责任年龄、属于依法不负刑事责任的精神病人的证据，应当及时告知公安机关、人民检察院。从该条立法意图可以推导出，辩护人在案件进入审判阶段时获取的以上证明犯罪嫌疑人无罪或不负刑事责任的证据，应当向检察机关开示。[1]

3. 关于民事诉讼鉴定材料的开示

张宪立《民事诉讼鉴定材料开示研究》，对民事诉讼鉴定意见如何进行证据开示进行了研究。作者认为，鉴定意见开示的理论基础是证据开示制度。鉴定意见等材料由于其内容的特殊性，在开示时可能需要一定的区别对待。结合我国的现状，可通过法律移植完善我国的司法鉴定制度。[2]

4. 关于证据开示制度的比较法研究

郭旭《证据开示制度的比较和发展》一文，对英美法中证据开示制度的历史溯源及发展过程作了介绍，并对新刑诉法及相关司法解释中有关证据开示的条文作了规范分析，指出了其进步及不足。作者建议，要完整设计刑事诉讼证据开示的程序，明确开示的阶段、范围和地点；既要为证据开示中未尽义务一方设立惩罚性后果，又要为证据开示设立一定的例外，如证人利益的例外、公共利益保护的例外等。[3]

（四）科学证据与司法鉴定

本年度，有关学术文章及著作研究的重点，既包括司法鉴定和科学证据“科学性”、司法鉴定意见审查判断的证据规则等基础理论研究，也包括对实践中存在的相关问题进行的学理分析。

1. 科学证据的性质及司法鉴定的科学性

作为司法鉴定的本质属性，“科学性”究竟何义、体现在哪些方面？对此，学者们存在争论。有学者指出，[4]鉴定意见的科学性实际上就是要注重

---

[1] 方洁、张君：“论庭前会议程序的改进”，载《中国刑事法杂志》2013年第12期。

[2] 张宪立：“民事诉讼鉴定材料开示研究”，青岛大学2013年硕士学位论文。

[3] 郭旭：“证据开示制度的比较和发展”，载《江西警察学院学报》2013年第3期。

[4] 参见陈敏、刘鑫：“论司法鉴定的可重复性”，载《中国司法鉴定》2013年第3期。另参见刘鑫：“论司法鉴定的科学性”，载《第四届证据理论与科学国际研讨会论文集》（下册），第403～413页。

科学精神，如果把鉴定意见的科学性绝对化、极端化、万能化那是有违科学本质的。司法鉴定的科学性，从可操作、可考察、可评价的角度来看，实质上就是指司法鉴定的可重复性。可重复性是司法鉴定科学性的代名词，一是指司法鉴定理论和技术的可检验性，二是指操作过程、鉴定结果的一致性。因此，法庭在遴选鉴定人的时候，不仅要对鉴定人的论断进行形式审查，更要对鉴定人的鉴定能力做实质审查，对鉴定意见科学性的审查还应当排除伪科学的东西，并且将鉴定结论回归到证据层面，通过质证，符合证据采信标准的鉴定结论才能作为定案依据。

但也有学者认为，可重复性并不是科学性的全部内容，只是科学结论可靠性的体现，而不是有效性的保障。"科学证据的可信性表明它所用到的检验方法具有可靠性，但是检验方法的可靠性仅针对科学结论的可重复性而言，真正能够表明科学结论正确性的是另外一个概念，即科学结论的有效性，也指科学结论反映客观真实的程度。可靠性与有效性并不是对立的两个概念，可靠性是有效性的形式保障要件，可靠的结论不一定导致有效的结论，但是有效的结论一定需要可靠性的保障。案件事实发生的可能性不能仅用科学证据可靠性这一个参数来说明。"〔1〕该学者还认为，鉴于科学证据认知对象和认知方法的知识性，需要在科学立场上来把握，因此：①科学家声称能够验证的非常可靠的科学方法所得出的科学结论，其可信程度与证明力大小，并不像科学家声称的那样可靠；②在科学结论显著违反"常识"时，应该注意结合其他证据来验证科学结论本身的正确性，不能只片面相信科学结论的证明力。

还有学者认为，〔2〕对鉴定意见证明力的认识，就是对其科学性的评价。鉴定技术的科学性除了常规审查方法外，还应考虑鉴定人的知识背景，包括业务素质、工作能力、执业道德，及鉴定依据的检材的可靠性。

对于科学证据的科学性和可信性能否确定一些较为客观的判断标准，这是证据法学需要解决的理论问题。然而，许多证据也因挂上"科学"的标签，堂而皇之地成为证明力较高的证据。因此，有学者不禁对"科学证据"概念

---

〔1〕 张斌："证据概念的学科分析——法学、哲学、科学的视角"，载《四川大学学报》（哲学社会科学版）2013 年第 1 期。

〔2〕 拜荣静："论刑事鉴定意见证明力的评价"，载《贵州大学学报》（社会科学版）2013 年第 5 期。

提出质疑，[1]认为“科学不是证据，只是专业技术人员认识物证的手段。鉴定结论不是证据本身，只是对事实的反映，是物证的派生物，不是独立的证据种类，但经查证属实后，可以代替证据作定案的根据；而夹杂在鉴定结论中的专家意见既不是证据，也不是证据资料，因而只能参考”。

2. 鉴定意见的审查与判断

新刑诉法将“鉴定结论”改为“鉴定意见”，樊崇义教授认为，[2]这一修改体现了立法对鉴定人所提供意见的基本态度的改变，不再将其作为理所当然应当采纳的证据而是赋予法官选择权。这一修改虽然恢复了鉴定意见的本来面目，但也为刑事司法带来一个亟待解决的问题，即应当根据什么标准来决定鉴定意见的采纳与否。英美国家从意见证据的相关性、所依据科学原理和方法的可靠性等方面规范专家证人意见的可采性，我国应当结合新刑诉法基本框架，借鉴英美国家专家证人意见证据规则，以相关性规则、必要性规则、可靠性规则、合规性规则、充分性规则、适格性规则为内部性规则，以鉴定人出庭作证规则、专家辅助规则、采信理由公开规则为外部性规则，从内外两个方面规范鉴定意见的审查与运用，以确保刑事司法的公正性。

由于我国专家证据审查失效的情况普遍存在，“以鉴代审”的现象也时常发生，有研究者认为，法官理应承担审查判断鉴定意见的责任。该作者通过调研发现，[3]对专家的适格性审查不足、对专家证据的内容审查不到位、采信不合理是刑事审判法官对专家证据审查存在的三个主要问题。作者进一步从心理学角度解析了此现象是受服从权威这种普遍的心理倾向影响的结果，即法官容易轻信权威的从众心理，而忽略了权威意见在具体案件中的适用性和局限性。有学者通过对“以鉴代审”现象的反思提出了应对的改革路径，[4]即强化法官在审判活动中对司法鉴定的掌控，包括程序控制及规范的质证规则、实现对司法活动的实际掌控等。也有学者对法院内部司法技术人员技术证据审核职能进行了分析，提出设立技术法官的构想。[5]不过，有学

---

〔1〕裴苍龄：“形式证据观的终结——四论实质证据观”，载《河北法学》2013年第5期。

〔2〕樊崇义、吴光升：“鉴定意见的审查与运用规则”，载《中国刑事法杂志》2013年第5期。

〔3〕郑松有：“刑事诉讼中专家证据审查制度之反思与重构——以服从权威心理倾向的影响为视角”，载《法治论坛》2013年第4期。

〔4〕夏万宏：“反思民事诉讼中的‘以鉴代审’”，载《中国司法鉴定》2013年第6期。

〔5〕李麒、王燕芳：“技术证据审核的困境与出路”，载《中国司法鉴定》2013年第5期。

者指出，[1]“以鉴代审”现象起因于法官缺乏专业知识，但根本原因是制度缺失。表面看来，鉴定结论的对错不是法官所能控制的，但法官控制着鉴定程序和鉴定结论的采信，具有结果的选择权和决定权。法官有意无意地偷懒是“以鉴代审”的根本原因。现行司法鉴定规则的宗旨是规范鉴定机构和诉讼当事人，这是根本性错位。司法鉴定中，法官是司法鉴定程序和鉴定结论的唯一控制者和权力行使者，司法鉴定规则应着眼于规范法官的行为，细化法院委托鉴定规则和鉴定结论的质证规则，确立鉴定结论不得与其他证据和常理相冲突原则、鉴定结论零瑕疵采信原则等。综合上述观点，对鉴定意见的审查判断，制度缺陷与法官责任缺位问题在我国是并存的。

3. 司法鉴定理论与实践研讨会综述

“司法鉴定理论与实践研讨会”5月在上海召开，来自俄、荷、澳大利亚、葡、韩以及香港、台湾地区和国内的专家学者、实务工作者等出席了会议。会议共收到论文95篇，其中，法医类50篇，物证类25篇，司法鉴定制度与管理类20篇。专题报告集中展现了司法鉴定领域的最新研究动态和技术进展，例如，国外学者关于“21世纪国际司法鉴定体系”（葡萄牙）、“电子数据和多媒体领域司法鉴定的新进展和挑战”（荷兰）、“法医毒物学研究新进展”（维多利亚）；国内报告的“生物芯片与转化医学”、“物证鉴定侦查应用新能力”、“虚拟解剖”、“破碎颅像重合”、“文件制成时间鉴别方法的评价”、“法医DNA遗传标记研究新进展”、“略论《刑事诉讼法》修改之后鉴定制度的完善”。除上述最新研究动态外，法医毒物化学专业的研究热点为，信息在线资源服务平台建设、毒物未知物分析策略等；法医精神病专业的研究热点是，关于精神障碍者肇事肇祸危险因素分析以及精神病人法律能力标准化评定；文件检验侧重于在笔迹特征研究、印章印文鉴别技术；痕迹物证侧重研究如何将常规理化设备（包括拉曼光谱技术、红外显微化学成像系统、荧光显微法、磁性纳米颗粒等）应用于痕迹检验；微量物证的热点问题，包括泥土、玻璃纤维及油漆等物质的鉴定技术；道路交通事故鉴定主要关注现场三维数字化快速解决方案、关于胎痕、车速以及特殊环境下道路交通事故

[1] 孟勤国：“司法鉴定规则应重在规范法官行为——最高法院（2011）民一终字第41号判决书研读”，载《法学评论》2013年第1期。

鉴定的技术探索等。[1]

（五）言词证据

本年度，新修订的《刑事诉讼法》和《民事诉讼法》开始实施，均涉及有关言词证据规则，因而成为证据法学新的研究热点。

1. 当事人陈述

新修订的《民事诉讼法》第63条把当事人陈述从证据种类第五位升为首位，这引起了一些学者关注。王晓利在《当事人的陈述证据排序论》[2]和《当事人陈述的诉讼地位论》[3]两篇文章中，提到当事人陈述制度的非体系化、非程序化和非制度化现象，认为现行规则简陋而无法弥补当事人陈述可信性的不足，对旧法和新法都持批判态度。

有关当事人陈述规则条文的粗疏由来已久，新《民事诉讼法》第63条虽将当事人陈述作为证据的一种，但未给出明确定义。有人主张区分当事人陈述和当事人主张，认为二者虽然都表现为当事人向法院所作的表述，但当事人主张的范围更泛，其中只有符合当事人陈述法定条件的才能作为当事人陈述。第63条和第138条的"当事人陈述"是不一样的，后者在法庭实践中是指原被告宣读起诉状、答辩状，实际上是"当事人主张"，而不是当事人对于事实的客观陈述。因此，可以强制当事人到庭陈述，尽量排除和避免当事人的虚假陈述。[4]有人提出，当事人真实陈述义务是对当事人自由处分权的适当限制，民诉法规定了诚实信用原则，就必然要求在当事人陈述制度中确立真实陈述义务。因此，应该采取主观标准来判断是否构成对真实义务的违反，对违反者不能适用剥夺人身自由的刑事制裁，而应以限制人身自由的司法拘留为最终手段。[5]

2. 被害人陈述

在侦查程序中，被害人和证人常被等同看待，适用同一套模式。方斌

---

〔1〕 王洁："2013司法鉴定理论与实践研讨会综述"，载《中国司法鉴定》2013年第3期。

〔2〕 王晓利："当事人的陈述证据排序论——新《民事诉讼法》第63条之审视"，载《云南社会科学》2013年第6期。

〔3〕 王晓利："当事人陈述的诉讼地位论"，载《天中学刊》2013年第6期。

〔4〕 彭芳林："我国当事人陈述若干问题研究——结合2012年民诉法修改的相关规定"，载《法制博览》2013年第1期。

〔5〕 武丽梅、冯书阳："论当事人陈述之真实义务"，载《法制与社会》2013年第6期。

《论侦查询问中的交流技巧——以证人和被害人为中心》[1]一文认为，决定一个案件能否破获的一个基本前提是，证人证言或被害人陈述的完整性与准确性。对犯罪进行有效追诉和审判、预防无辜者被错误逮捕和定罪，在很大程度上也依赖于此。但是，在侦查人员对证人和被害人的询问交流技巧方面，应当体现出差异。被害人陈述在我国刑事司法实践中广泛应用，但因为被害人的特殊身份，在主观意志作用和作证能力的限制下，被害人陈述也可能丧失可信性。因此对被害人陈述的证明力予以肯定的同时应当进行一定的限制。李月婷的《被害人陈述证明力的判断》简要阐述了实务中对被害人陈述证明力的判断规则。[2]

关注现实个案中被害人陈述，对被害人陈述类型化研究有重要意义。“一对一”强奸案件的证据采信问题一直是司法实践中的难题。有人从被害人陈述角度指出，此类案件言词证据规则的构建，可以在落实“直接、言词原则和对质权规则”的基础上，加上一些传闻证据例外规则。例如，可以在先前程序，尤其是侦查程序中赋予犯罪嫌疑人、被害人对质权，使经过对质的先前陈述进入庭审。由于强奸案件案情的特殊性，为了保护被害人隐私，并排除那些与案件事实相关性不大和容易导致对被害人产生歧视的证据，可借鉴美国强奸案件被害人保护规则。随着现代信息技术的发展，在案件侦查和审理过程中，使用更多的技术手段帮助缺乏对质能力的被害人进行对质的证据规则也值得我国参考。[3]

3. 被告人口供

口供，作为认定犯罪事实的重要证据之一，其非法获取的问题造成了一系列冤假错案。因此，在新修改的《刑事诉讼法》中，借鉴联合国和国外关于不得强迫自证其罪的相关规定，在严禁刑讯逼供的基础上增加了不得强迫任何人证实自己有罪的规定，这对维护司法公正和刑诉参与人的合法权利有积极意义。在实践中，不得强迫自证其罪对零口供案件的认定增加了难度。人民法院在审查此类案件时，对证据的审查、证据链的证明力等方面提出了更高要求。因此，有人认为，不得强迫自证其罪规则的确立从长远来看，必

---

〔1〕 方斌：“论侦查询问中的交流技巧——以证人和被害人为中心”，载《中国刑事法杂志》2013年第1期。

〔2〕 李月婷：“被害人陈述证明力的判断”，载《市场周刊》2013年第6期。

〔3〕 戚硕：“‘一比一’强奸案件被害人言词证据规则研究”，苏州大学2013年硕士学位论文。

然会促进刑事科学技术和信息化水平的提高。[1]有人指出，当前审判程序中的非法供述排除，被告人不是享有权利，而是承担对供述非法的初步证明责任。从理论上看，被告人无法也无力承担这种证明责任；从当前不多的实例看，被告人的责任有可能异化为对供述合法的证明责任，从而导致排除程序启动难与非法供述排除的不畅。应当把被告人在非法供述中的责任限制为主张责任，同时设定诬告陷害或藐视法庭罪等作为滥用其主张责任的惩罚。[2]

受传统观念和制度等因素影响，在刑事诉讼中，公安司法机关仍然带有浓厚的“口供情结”，侦查、审查起诉和审判多围绕口供而展开，并将口供作为定案的主要依据，形成了口供中心主义的办案方式。闫召华指出，口供中心主义虽然能保证绝大多数案件的正确处理，节约刑事诉讼的直接成本，但却异化了诉讼构造，增加了错误成本，损害了过程利益，导致刑讯逼供不止，冤假错案不断。为此，应当在对口供进行科学定位的基础上，在程序法中构建激励型的取供机制，在证据法中确立“不轻信口供”的口供运用机制，逐步推动口供运用理念及方式的根本变革。[3]此外，作者还提出一些配套改革措施，如理顺刑事诉讼公、检、法三机关的关系，强调权力分工和制约；合理调整刑事司法政策，转变“唯实体”的价值导向；严格控制被告人承担证明责任的情形；保障司法的相对独立，创建合理的刑事司法绩效考评机制。这些观点在刑诉法修改前，已是老生常谈。

有学者指出，此次刑事诉讼法再修改，非法证据排除规则的改革成为重中之重，其中非法口供排除规则更是万众瞩目，遗憾的是，修改后的非法口供排除规则始终未能为司法实践中非法口供的认证提供规范和引导，致使法官判断非法口供的活动缺乏最重要的技术性支持，而难以确保其统一性和确定性。因此，必须为非法口供的认证设置相应的认证标准，指导法官正确认证，进而综合衡量非法行为对被追诉人权利侵害的程度，在此基础上决定是否排除非法口供。[4]龙宗智在《我国非法口供排除的“痛苦规则”及相关问题》一文中指出，“两高”司法解释，就非法口供，以“在肉体上或者精神上遭受剧烈疼痛或者痛苦”为核心判断要件，可称为“痛苦规则”，从而有别

〔1〕 叶扬：“口供规定中不得强迫自证其罪规则之研究”，载《社会科学家》2013年第1期。
〔2〕 陈海锋：“中国非法供述排除中的被告人责任”，载《北京社会科学》2013年第6期。
〔3〕 闫召华：“口供中心主义评析”，载《证据科学》2013年第4期。
〔4〕 莫然：“非法口供的认证标准”，载《时代法学》2013年第3期。

于“自白任意性规则”。痛苦规则适用于肉刑与变相肉刑、多种非法行为叠加达到同等程度，以及严重威胁等情况。对于违法、不适当地采用引诱、欺骗方法取供，可用不能“查证属实”即客观性标准将其排除。对于“指供”，可区别情况，以其手段非法而排除，或以不可靠而排除，或以法律行为成立要件欠缺为由而认为口供不存在。对于在违法的时间或地点审讯形成的口供，严重者可以不能排除非法取供可能性为由而将其排除。重复自白，除庭审自白及发现隐蔽性很强的物证、书证外，应认为受波及效力影响而排除。[1]

有学者指出，我国刑诉法采取相互印证的证明模式，其功能发挥的程序机制在于全力突破口供，由供到证，以口供作为印证证明的中心，切断犯罪嫌疑人获知其他证据的可能，对口供排除强烈排斥。刑诉法再修改后，防止非法讯问的程序规范化，律师辩护权利的充分保障，非法证据排除规则的确立，使相互印证的办案模式面临严重冲击。诉讼证明应当转为由证到供的相互印证，以及时、详细地提审，应对审查起诉阶段的对抗化。[2]还有学者指出，《非法证据排除规定》和新《刑事诉讼法》为非法口供的证明设定了“证据确实、充分”的最高证明标准。实践中，控方举证难以达到此标准，而法官又常常以低标准作出不排除证据的裁决。作者认为，问题的核心并非法律对控方证明标准的过高要求，法官自由裁量权行使的任意性是非法口供证明标准难以落实的关键所在。[3]

4. 证人证言

《刑事诉讼法》对证人出庭制度进行了较大修改，但证人出庭率低的现状并未因此得到根本性改变。有学者指出，导致证人出庭制度失灵的原因众多，完善立法只是一个方面，并未触及证人出庭率低的根本症结。案卷笔录中心主义的刑事诉讼模式才是证人出庭作证难的根本原因。在这种模式主导下，司法机关仍然存在通过司法解释来突破新证人出庭制度的可能性，有限的司法资源也限制了证人出庭制度的正常实施。作者建议，司法机关内部应当建

---

〔1〕 龙宗智：“我国非法口供排除的‘痛苦规则’及相关问题”，载《政法论坛》2013年第5期。

〔2〕 谢小剑：“刑诉法修改下相互印证的证明模式”，载《中国刑事法杂志》2013年第5期。

〔3〕 高咏：“立法的理想与现实的困境——对非法口供证明标准的剖析”，载《苏州大学学报》2013年第5期。

立有利于证人出庭的考评制度，并制定防止证人翻证的有效措施。[1]

有人指出，我国证人出庭作证制度新规定仍存在一定的缺憾：法院拥有证人出庭决定权在合理性问题上有待商榷，在实践中可能会出现法官为片面追求效率自由裁定不让证人出庭的情况；证人作证补偿标准、补偿时间以及补偿的具体程序在立法中缺乏细致的规定，不利于法律规定的顺利落实；虽然新《刑事诉讼法》进一步加强了对于证人保护的力度，但证人保护对象的范围较窄，保护主体机构之间的职责分工也不明晰。[2]有人指出，强制证人出庭制度要实施，首先要解决可被强迫出庭的证人资格认定问题，新刑诉法规定必须出庭作证的证人须同时满足两个条件：一是控辩双方有一方或者两方均对证言有异议；二是该证人证言对定罪量刑有重大影响。这应当从案件性质以及证人证言重要性两个层面来加以明确界定。除此之外，要保障强制证人出庭制度能够得到切实有效的实施，还必须有证人免证权、保护、补偿、惩罚等措施。新刑诉法对于这些相关措施只是指导性的规定，不能完全解决实践问题，还需要进一步完善。[3]

有人枚举新刑诉法中证人作证制度的诸多不足之处：①对于证人及其近亲属进行保护的案件适用范围不够宽泛；②难以根治证人畏惧出庭的问题；③对于证人拒绝出庭作证时其先前书面证言效力并未予以规定；④强制证人出庭的法定豁免情形过窄。因此，只有加强对证人作证的法律保障，通过综合完善和运用证人及其相关人的保护制度、证人证言制度、司法鉴定制度，出台新的配套文件，才能有效解决我国司法实践中证人出庭难、出庭少的顽症。[4]还有人提出，要完善证人保护制度及其配套措施，[5]完善刑事案件证人作证补助[6]。

黄金华《证人证言质证的论证模型研究》一文，颇有新意。作者通过引入图尔敏、沃尔顿等知名法律论证学者的论证理论，基于对证人证言质证过

---

〔1〕 何莉："新刑诉法视角下证人出庭制度失灵问题的解决建议"，载《河北法学》2013年第6期。

〔2〕 陈静："证人出庭作证制度新问题研究——以刑诉再修为视角"，安徽大学2013年硕士学位论文。

〔3〕 张丹玉："强制证人出庭制度研究——以新刑诉法为视角"，安徽大学2013年硕士学位论文。

〔4〕 叶杨："论我国新刑诉法证人作证的有关制度的完善"，载《政法学刊》2013年第3期。

〔5〕 沈旸、张利钦："证人保护制度及其配套措施"，载《人民检察》2013年第3期。

〔6〕 刘民、尹晓静："刑事案件证人作证补助问题初探"，载《人民检察》2013年第16期。

程的形式、性质以及图尔敏模式的基本构造要素的分析，对法庭质证、询问证人的过程构建以图尔敏模式为框架的论证模型，并就该论证模型结论的可废止性、证人证言可信赖性等问题展开了探讨。[1]20 世纪中叶，英国哲学家图尔敏发现形式逻辑无法给出日常生活中的自然语言论证令人满意的解释，于是转向司法领域论证的研究，认为必须提出一个新的分析模型来解决这一问题，1958 年在其名著《论证的使用》中提出一个不同于传统的前提－结论序对式论证模型，它是一种“法律学论证模型”，该模型现被学界尊称为“图尔敏模式”。

5. 证人作证特免权

有人指出，新《刑事诉讼法》有关证人权利保护的最新规定，以“打击犯罪”与“保障人权”为原则，比旧法进步许多，但对证人作证特免权的规定不足，凸显出证人权利保障方面的弱势。司法机关在查明案件事实的过程中，仍然不能转变将证人当作工具或客体的思维模式，这对证人权利的保障犹如釜底抽薪。立法上对证人作证特免权规定的缺失或式微，加之一味强调证人作证义务，反而存在弊端，无益于查明案件事实。证人权利的亟待明确与完善，尤其是证人作证特免权的立法与完善，是保障证人履行作证义务的前提之一。[2]纵观对证人作证特免权的建议，空泛的理论研究较多，缺乏新意和实证研究的成果。

《刑事诉讼法》第 46 条规定：“辩护律师对在执业活动中知悉的委托人的有关情况和信息，有权予以保密。”这在某种程度上赋予了律师免于作证的义务。有学者进一步梳理律师—委托人特免权的概念和我国法律体系中的相关规定，认为新刑诉法赋予有关特免权的内容过窄，例外情况适用不明确，司法解释里也未能细化。[3]

有人提出，我国大陆目前还没有“心理医生—患者特免权”这一法律制度，然而，无论是从道义上维护患者隐私权和心理医生职业声誉的角度，抑或从功利上维护患者咨询和治疗利益、心理医生职业利益以及社会诚信和健

[1] 黄金华：“证人证言质证的论证模型研究——基于图尔敏模式的分析”，载《理论月刊》2013 年第 11 期。

[2] 黄荣飞：“论证人作证特免权”，载《东南大学学报（哲学社会科学版）》2013 年增刊。

[3] 马康：“新《刑诉法》视角下的律师—委托人特免权思考”，载《黑龙江省政法管理干部学院学报》2013 年第 2 期。

康稳定利益的角度，在法律层面构建我国“心理医生—患者特免权”制度，都是促进我国法治建设所需要的。为此，应从实体和程序两个层面来构建这种特免权制度，实体层面的构建包括对“心理医生—患者特免权”制度中的心理医生、患者、权利主张者、适用范围和例外进行界定，程序层面的构建包括对“心理医生—患者特免权”的告知程序、申请程序、审核程序和权利放弃等作出规定。在此基础上，心理医生职业道德和职业规则的具体化、证据开示制度的进一步完善等相关配套机制的设置，也是必不可少的。〔1〕

（六）证据排除规则

1. 证据排除规则的基础理论研究

（1）关于证据排除基本概念的研究。陈瑞华讨论了证据准入的概念问题。他认为，证据转化为定案根据的条件，是证据法要解决的核心问题。与英美法中的“可采性”和“相关性”相比，大陆法的“证明力”和“证据能力”与中国证据制度具有更大的兼容性，并在近期的证据立法中得到确立。证明力是一个证据所具有的证明案件事实的能力，包括真实性和相关性两个基本侧面；证据能力是一个证据转化为定案根据的法律资格，包含取证主体、取证手段、表现形式和经受当庭质证的合法性内容。对证据能力的限制，固然是证据法所要规范的主要对象，但证据法在必要时也要对证明力作出一定的规范。〔2〕

（2）关于刑事证据排除规则的中国特色。对我国刑诉法及相关司法解释中所确立的刑事证据排除规则的基本特征如何认识，一直是理论界讨论的主题。王超认为，根据排除规则的规范对象以及排除证据的法律后果和操作程序，刑事证据排除可以分为两种基本模式：一是以规范证据能力为中心的美国排除模式，二是以规范证明力为中心的中国排除模式。美国模式与其陪审团审判、对抗制审判方式密切相关；中国模式则是一元制审判组织、探求案件事实真相、防止法官滥用自由裁量权的产物。尽管美国模式有助于维护程序的正当性和提高审判效率，但却付出了牺牲案件事实真相的代价。中国模式虽然有助于发现案件事实真相，但却导致审查判断规则难以得到执行，而且无法为非法证据排除规则提供适合的生长土壤。而且，以规范证明力为中

---

〔1〕 龚冯健：“我国心理医生——患者特免权制度的构建”，苏州大学2013年硕士学位论文。

〔2〕 陈瑞华：“关于证据法基本概念的一些思考”，载《中国刑事法杂志》2013年第3期。

心的方式来防止法官滥用自由裁量权，既不符合法理，又没有对症下药，甚至为法官滥用裁量权提供了新的机会。[1]一些学者将我国证据排除规则视为可补救的规则，认为补救与排除的对象包括瑕疵证据与非法证据。证据的补救方式包括补正、证据重作（重新取证）、补强或印证、合理解释等。非法证据和瑕疵证据都有补救可能性，但两者在补救与排除的顺序、补救的侧重点、难度方面存在较大差异。对于非法证据，应当贯彻“先排除后补救”的原则，对于有补救条件的，则应当通过证据重作的方式补救其内容。对于瑕疵证据，则应当贯彻“先补救后排除”的原则，主要是采用补正、补强或印证、合理解释等方式，使其具有形式上的完整性和合法性，对于不能补救的，也应当予以排除。[2]

（3）关于证据排除规则的激励功能。美国约翰·勒布斯多夫（John Leubsdorf）教授将证据法视为一个激励人类行为的动机体系。在他看来，证据法常常是从法官的角度加以事后考虑的，而法官决定着是否采纳当事人提供的证据，这影响着人们如何考虑起诉或诉讼的当事人的行为。由这一角度观察，证据规则产生了各种激励与抑制的动机。[3]樊传明也讨论了从激励机制来认识证据法的问题，他认为，从激励功能的视角审视证据排除规则可以分为两个方面：第一个方面着眼于法庭上的事实认定。既然在理性主义传统中发现真相是司法制度的重要目标，那就应该要求当事人提交“最符合争议事实本身之性质的证据”。尽管这些规则背后可能有多种政策理由，但同时能够激励诉讼双方提交最佳证据，强化、矫正对抗制本身的激励作用。第二个方面着眼于法庭外的行为，包括审前诉讼阶段中的行为和诉讼外的行为。对于前者，排除规则通过否定行为收益的方式提供反向激励，而对于后者通过降低潜在成本的方式提供正向激励。这体现了外部政策的保护，激励功能的大小取决于几方面的变量。[4]从激励机制来认识证据排除规则，为认识其特殊性提供了一种独特视角。

---

〔1〕王超：“刑事证据排除的两种模式”，载《现代法学》2013 年第 4 期。

〔2〕王景龙：“论可补救的排除规则”，载《中国刑事法杂志》2013 年第 3 期。

〔3〕［美］John Leubsdorf：“作为动机体系的证据法”，刘强、王进喜译，载《证据科学》2013 年第 1 期。

〔4〕樊传明：“论证据排除规则的激励功能”，载《证据科学》2013 年第 1 期。

2. 非法证据排除规则研究

（1）非法证据排除规则本土化研究。顾永忠认为，我国的非法证据排除制度是基于我国的司法体制和司法制度而设立的，有自己的特色：它主要集中在庭审阶段，同时贯穿于刑事诉讼的主要程序；我国非法证据排除的含义，是指被排除的非法证据不得作为定案的根据：我国应当排除的非法证据，包括特定的非法言词证据及实物证据，而其中的非法言词证据既包括犯罪嫌疑人、被告人的供述，也包括证人证词和被害人陈述。我国不仅重视排除已经形成的非法证据，而且还注意遏制非法证据的形成。我国的非法证据排除规则在适用中要注意解决以下几个现实问题：一是庭前会议是否应当排除非法证据，法庭审判对非法证据是否应当“先行调查”、先行排除；二是“两院三部”《排除非法证据规定》与新《刑事诉讼法》的适用与协调问题。[1] 龙宗智认为，我国目前确立的非法证据排除规则，就非法口供，以“在肉体上或者精神上遭受剧烈疼痛或者痛苦”为核心判断要件，因此可称为“痛苦规则”，从而有别于“自白任意性规则”。痛苦规则适用于肉刑与变相肉刑、多种非法行为叠加达到同等程度，以及严重威胁等情况。对于违法、不适当地采用引诱、欺骗方法取供，可用不能“查证属实”即客观性标准将其排除。对于“指供”，可区别情况以其依托的非法手段作非法证据排除，或以不可靠而排除，或以法律行为成立要件欠缺为由而认为口供不存在。对于在违法的时间或地点审讯形成的口供，严重者可用不能排除非法取供可能性为由而将其排除。重复自白，除庭审自白及发现隐蔽性很强的物证、书证外，应以受波及效力影响而排除。[2]

（2）非法证据排除规则适用困境研究。许多学者发现，在非法证据排除规则实施方面，“书本上的法”与“纸面上的法”分离的现象表现得尤为突出。一些学者从局部实证研究的角度对其适用状况进行了研究。非法证据排除规则自进入刑诉法典以来，给刑事审判实践带来了诸多适用困境与理论迷茫。通过对东南地区某法院该规则适用情况进行调研分析，李海良发现，相关法律规范的操作性不强，司法机关难以相互制约，重实体轻程序的传统司

---

〔1〕 顾永忠：“我国司法体制下非法证据排除规则的本土化研究”，载《政治与法律》2013 年第 2 期。

〔2〕 龙宗智：“我国非法口供排除的‘痛苦规则’及相关问题”，载《政法论坛》2013 年第 5 期。

法观念，行政倾向性较强的畸形考核体系，都是非法证据排除规则适用的现实障碍；非法取证方法的理解，刑讯逼供行为的界定，瑕疵证据补正的标准，则是其适用范围上的困境所在；办案说明与侦查人员出庭的审判选择，重复自白效力如何认定，诉权启动程序中的辩方证明责任以及证据合法性的证明标准，是其适用程序及裁判标准上的桎梏症结。[1]杜豫苏认为，我国非法证据排除规则在审判实践中极少运用，基本处于休眠状态，其中一个重要原因是，非法证据排除的审理程序设计不完善。新《刑事诉讼法》虽然明确了非法证据排除的审理程序，但仍未有明显改观。他通过抽取某中级法院审理的百件刑事案件为样本，辅之以对法官的问卷调查，以实证研究检视法律设计困境而提出：从确立衡平裁判观、补强非法证据排除庭前程序、细化法庭调查程序、明确救济方式、规范法官自由裁量权等方面，完善该规则的审判适用程序。[2]

学者们从多个角度分析了上述问题的原因。栗峥从非法证据排除规则移植的角度，认为该规则之所以适用困难，根源在于立法层面。他认为，目前我国确立的非法证据排除规则是一个“错的制度”，或者说，立法出于某种所谓“循序渐进”的考量而任意篡改了非法证据排除规则，违背了该规则的应然原理与规律，使现在的规则变形为一个“非法证据几乎可以不排除的规则”，导致规则失去实效。为此，立法者应当洞察非法证据排除规则的精神主线与内核，整套引进该规则，以保全其完整的结构与功能，否则，就仅仅是一场“立法秀”。[3]这个分析应该说是十分深刻的。王超从程序角度，探讨了非法证据排除调查程序难以激活的原因，他认为，尽管越来越多的被告人及其辩护人在审判过程中采取程序性辩护的策略，要求法庭排除控方非法证据，但在该规则缺乏完善的证明责任分配机制，以及辩护方的非法证据排除申请缺乏程序性诉权制约效果的情况下，非法证据排除调查程序往往因为法官滥用自由裁量权而难以启动。为了激活非法证据排除调查程序，进而发挥非法证据排除规则的功能，不仅需要进一步明确界定辩护方的证明责任和提高辩护方的举证能力，而且应该从程序性诉权的角度来看待辩护方的非法证据排

---

〔1〕 李海良：“非法证据排除规则适用情况之实证研究——以东南地区某法院为例”，载《中国刑事法杂志》2013年第11期。

〔2〕 杜豫苏：“非法证据排除审理程序的困境与完善”，载《法律科学》2013年第6期。

〔3〕 栗峥：“非法证据排除规则之正本清源”，载《政治与法律》2013年第9期。

除申请和限制法官的自由裁量权。[1]何家弘则认为，人们不能奢望立法者制定出包罗万象且尽善尽美的法律规则，因此，只能由司法者在实践中面对具体案件时进行解释性适用，而司法判例就是这种适用的最佳方式。[2]因此，他提出，非法证据排除规则的适用，需要司法判例。

（3）关于重复供述的排除。在非法证据排除规则适用中，由非法取得的证据所衍生出来的重复供述能否有效地排除，是一个关键性问题。如果这些重复供述无法有效排除，则非法证据排除的效果便会大打折扣。因此，多位学者同时对重复供述的排除问题进行了分析。比如，林国强认为，由于审前重复供述的可采性直接关涉非法证据排除规则能否得到有效实施，因而，必须对审前重复供述的可采性进行规范。域外有关判例在判断重复供述可采性时，均分析前次非法取证行为是否对重复供述产生影响，这是一种“非法讯问行为持续影响效力”的分析方法。我国应采用这种分析方法，以便能在现行的法律框架内为法院排除重复供述提供法律依据。采用此种分析方法须综合考量个案中的具体因素。在我国，排除重复供述还面临着前次非法供述难以被排除以及法官自由裁量权过大两方面的困境，对此应进一步构建和完善相关制度。[3]王彪也认为，从确保非法证据排除规则有效实施、消极的实证真实发现主义、人权保障以及遏制刑讯的角度看，审前重复供述应该排除。非法取证行为的持续影响效力理论是排除审前重复供述的依据，排除审前重复供述的标准是刑讯逼供等非法行为与重复供述之间存在因果关系。具体来说，排除重复供述，需要有刑讯逼供等非法取供行为，且该行为对被追诉人产生了较大影响，使其供述自由受到了较大限制。排除非法口供后，可反驳地推定重复供述不具有可采性。控方如欲使用重复供述，需要证明不存在因果关系。排除重复供述可能会遇到诸多障碍，需要通过法官独立司法来维护司法公正。[4]

（4）审前阶段非法证据的排除问题。审前非法证据排除是我国非法证据排除规则的一大特色。随着“两院三部”2012 年“两个刑事证据规定”和 2012 年《刑事诉讼法》的颁布，证据规则的辐射效应已对公安机关侦查工作

---

[1] 王超：“非法证据排除调查程序难以激活的原因与对策”，载《政治与法律》2013 年第 6 期。
[2] 何家弘：“适用非法证据排除规则需要司法判例”，载《法学家》2013 年第 2 期。
[3] 林国强：“论审前重复供述的可采性”，载《证据科学》2013 年第 4 期。
[4] 王彪：“审前重复供述的排除问题研究”，载《证据科学》2013 年第 5 期。

和检察机关审查起诉与批捕工作产生了切实的影响，倒逼其必须进一步强化对证据收集合法性的强调与审查。卢乐云从整体上分析了检察机关排除非法证据机制建设问题，他认为，新刑诉法确立了检察院对非法证据的发现、调查、排除职责，对庭审证据收集合法性的证明职责，对非法证据形成背后涉嫌渎职、侵犯人权犯罪案件的立案侦查职责以及其他相关的法律监督职责。实践中，应当强化检察权运行中非法证据排除的发现机制、调查机制、认定机制、制裁机制等配套机制建设，以有效促进非法证据排除规则人权保障功能的切实实现。[1]

多位学者探讨了审查逮捕阶段的非法证据排除问题。比如，林喜芬发现，"两院三部" 2010 年"两个刑事证据规定"明确规定"检察机关批捕阶段的非法证据排除权能"，然而，2012 年《刑事诉讼法》却未将其写入，而"人民检察院刑诉法规则"又将其增加进来。规范的变动不居带来了理解的混乱，未来实践效果也有待观察。从学理、制度及语境分析，审查批捕阶段排除非法证据，可能遭遇检察官追诉性方面的障碍以及价值定位方面的困境：将证据听审放置在审前阶段与我国程序分流机制不匹配，同时也缺乏听证程序与配套机制的补充。我国检察机关在批捕实践中的信息获取乃受制于侦查机关，可能使排除非法证据沦为"无源之水"。[2]冯兴吾等从程序构建的角度，探讨了审查逮捕环节的非法证据排除问题。非法证据是影响审查逮捕质量的重要因素之一，在审查逮捕环节必须要排除据以定案的非法证据，切实提高审查逮捕质量。但是，审查逮捕环节书面审查的局限性、讯（询）问取得言词证据的片面性，以及缺乏排除非法证据的程序保障，使得这一环节排除非法证据带有主观性，存在一定风险；为此，在审查逮捕环节就应当充分发挥法律监督职能，设置启动排除非法证据的程序，保障各方权利充分行使，有效排除非法证据，尽可能地将据以定罪的非法证据排除在庭审之外，以减少非法证据排除成本，节约司法资源，提高司法效益，及时保障人权。[3]

（5）非法实物证据排除规则研究。闫永黎和张书勤认为，由于实体构成

---

〔1〕 卢乐云："检察机关排除非法证据机制建设"，载《国家检察官学院学报》2013 年第 2 期。

〔2〕 林喜芬："论我国审查逮捕阶段的非法证据排除问题——基于刑诉法修订与实践语境的分析"，载《当代法学》2013 年第 6 期。

〔3〕 冯兴吾、刁岚松："试析审查逮捕环节排除非法证据的程序构建"，载《中国刑事法杂志》2013 年第 3 期。

性规则和程序保障性规则的匮乏，我国尚未实质性地确立非法实物证据排除规则。考察域外该规则的发展历程，公民基本权利保障应是其基本功能，遏制非法取证是其表象功能。厘清“实物证据”的范围、“非法”与“排除”的关系，是该规则构建的实体性要件；合理设置启动模式和司法审查程序，是该规则构建的程序性规范；被扣押人的权利设置和刑事被害人的救济，是该规则构建的保护机制。[1]

3. 侦查阶段所取证据的可采性问题

2012 年《刑事诉讼法》将辨认笔录和侦查实验等都纳入了侦查笔录的范围，由此带来了对辨认笔录等证据的审查问题。邓陕峡认为，笔录类证据在诉讼中形成，由特定人员制作，具书面特征。其制作强调及时、纪实和合法。笔录类证据有助案件信息发现，将证据材料与案件事实连接起来，固定证据材料，反映取证过程，有的还具情景再现功能。搜查、提取、扣押笔录和审判笔录，应纳入笔录类证据范围。询问与讯问笔录属于人证范畴，不宜纳入笔录类证据范围，且应当限制询问、讯问笔录在庭审中的过量使用，促使审理形式从“笔录为中心”转向“证人为中心”。目前，真实性与可靠性不足，已成为影响笔录类证据的重要问题，解决之道在于细化笔录制作规范和强化笔录证据制作的外部监督机制，落实见证人制度，扩大全程录音录像适用范围，确立笔录制作相关人员出庭制度和辩护律师在场权。[2]

马明亮将笔录类证据的使用放到诉讼对抗程序中进行研究认为，2012 年《刑事诉讼法》的一个重要价值取向是增强控辩双方的对抗性。但是，审查机制非常模糊的笔录类证据的运用，可能会出现方向相反的两种趋势：质证程序的臃肿或者证据的简化处理，都会冲击司法审判的改革成果。因此，需要在整合笔录类证据的基础上，引入严格证明与自由证明理念与相关规则，实现“不同类别笔录适用不同的质证程序”，以防止质证程序的随意简化与过度对抗。[3]

除笔录类证据外，在侦查阶段形成的警讯录音录像证据也是《刑事诉讼法》修改后摆在理论界和司法实务界面前的一个新课题。吴纪奎认为，在科

---

〔1〕 闫永黎、张书勤：“论非法实物证据排除规则的构建”，载《中国刑事法杂志》2013 年第 7 期。

〔2〕 邓陕峡：“我国刑事笔录类证据制度探析”，载《证据科学》2013 年第 1 期。

〔3〕 马明亮：“诉讼对抗与笔录类证据的运用”，载《证据科学》2013 年第 1 期。

学理解警讯录音录像制度方面，对“犯罪嫌疑人”应做实质性解释，对“可能”的界定应以法定最高刑为准，在录音或录像方式的选择上应坚持录像优先原则。为切实发挥录音录像制度的功能，应建立警讯录音录像的随案移送和审前开示制度，并对违反录音录像规定的行为确立相应的实体性和程序性制裁措施。在程序性制裁方面，应当可反驳地推定违反警讯录音录像规定获得的犯罪嫌疑人供述不具有可采性。即便控方推翻了这一推定，也应允许对警讯笔录的证明力做不利推论。[1]

4. 个案中的证据排除问题研究

龙宗智认为，在薄熙来案中，将纪检程序中的自书材料以人证形式作为定案依据，不符合刑事诉讼法有关规定的精神。自书与笔录实无本质区别，但经合法性验证的自书材料可作书证，用以佐证事实或弹劾主要证据。对“明知”的证明，采直接证明与间接证明两种方式，前者常遇困难，因此应善于“根据客观实际情况予以推断”，结合相关直接证据认定“明知”。要慎重对待污点证人的证言，注意利害关系对证言的影响；在新规范的约束下，应建立可监督的作证豁免制度，以使豁免正当有据。相互印证是我国刑事证明之“铁则”，但应当注意取证方法与限度，坚持“自然法则”。被告人享有证据知悉权，但应防止对其他合法利益的损害。被告人的质证权可能与庭审效率冲突，但应以保障质证权为前提，同时须采取措施提高诉讼效率。辩护方的调查权应当强化，并给予制度保障。[2]

（七）证明责任与证明标准

1. 关于证明责任研究

（1）关于证明责任倒置、裁判形式及与自由心证的关系等理论问题。有学者认为，[3]证明责任倒置是大陆法系国家证明责任理论发展史上的过渡性概念，是对证明责任分配结果的描述，并非证明责任分配的特殊方法。如按规范说确定的分配方法，我国实体法中特殊侵权诉讼的证明责任分配并不属于倒置，此类规范的发展也并非对司法实践解决案件证明困境的经验总结。证明责任倒置与特定案件证明困境的解决不存在必然联系，不能作为解决现

---

〔1〕 吴纪奎：“论警讯录音录像证据”，载《证据科学》2013 年第 3 期。

〔2〕 龙宗智：“薄熙来案审判中的若干证据法问题”，载《法学》2013 年第 10 期。

〔3〕 参见胡学军：“证明责任倒置理论批判”，载《法制与社会发展》2013 年第 1 期。

代型案件证明困境的方法论。证明责任倒置是具体举证责任机制贫困的产物，必将随着具体举证责任机制与规则的发展而渐趋消亡。

有学者讨论了证明责任与自由心证的关系，[1]认为案件裁判是法官依据证据认定事实并适用法律作出判决之过程。民事诉讼体系要求法官认定事实必须适用自由心证。然而，即便在自由心证原则下，事实认定结果依然会限于真伪不明的困境。为使法院避免无法裁判之尴尬，证明责任予以适用，即当自由心证用尽之时证明责任开始发挥作用。自由心证与证明责任之间存在着联系与对抗关系。就二者而言，法官认定事实应当树立以自由心证为主、证明责任为辅的原则，而事案解明义务可视为缓解二者冲突之有效途径。

有学者对证明责任的裁判形式做了探讨。[2]民事案件的裁判，法官首先应当以证据作为工具，确认案件事实并将其作为裁判的基础资料。而在要件事实真伪不明时，则需运用证明责任分配规则作出裁判。这是法官作出判决时可供使用的两种截然不同的方法。前者是法官在认知了案件事实后适用法律进行裁判；后者是法官无法认知事实时，运用法律技术作出裁判。证明责任裁判是司法的一种无奈选择，因此，法官作出证明责任裁判时应慎之又慎。为了改变现实中对于真伪不明、证明责任和证明责任分配认识上的众多误解，判决的表述应突出证明责任裁判的特性要求。

有学者怀疑作为证明责任适用前提的真伪不明状态是否存在，[3]认为大陆法系强调事实认定的真伪不明状态及其法律适用过程，而普通法系则相反。这一差异的形成与两大法系的方法论研究、民事诉讼的运作起点、对实用主义的态度和陪审制的运用密切相关。我国通说倾向于大陆法系客观证明责任理论，但立法和司法活动都表明该理论尚未得到体系化运用；相反，普通法系说服责任的应用更为流行。理论与实践的背离，部分起因于法律真实观的矫枉过正、以纠纷解决为主的诉讼目的以及以二审事实审查标准为代表的程序，这在其他国家和地区的法治移植过程中也是常见的。

（2）关于民事诉讼领域中的证明责任研究，包括以下方面的内容：

---

〔1〕参见石达理等："自由心证适用问题研究"，载《河南社会科学》2013年第8期。

〔2〕参见冀宗儒："论证明责任裁判的表现形式"，载《证据科学》2013年第3期。

〔3〕参见曹志勋等："'真伪不明'在我国民事证明制度中确实存在么?"，载《法学家》2013年第2期。

有学者对侵权责任中的证明责任分配问题进行了探讨,[1]认为以一个因素作为一般侵权责任与特殊侵权责任划分标准的“单纯构成要件说”、“归责原则说”、“一般条款说”和“责任主体说”,均存在不足。从我国目前情况看,宜以证明责任的特殊性作为划分一般侵权责任与特殊侵权责任的标准,即凡是由权利人对加害行为、损害事实、加害行为与损害事实之间因果关系、加害人过错等侵权责任四个构成要件事实存在承担证明责任的侵权责任,属于一般侵权责任;凡其证明责任与这样证明责任不同的侵权责任,属于特殊侵权责任。

有学者认为,合同成立、合同有效和合同生效是三个不同的概念;相应地,它们的证明责任分配也不同。[2]合同成立证明责任分配,要区分不同的意思表示,分别确定其证明责任承担,当一项意思表示是要约还是要约邀请或者是承诺还是反要约发生争议时,由表意人承担证明责任。合同有效证明责任分配,存在于合同有效法律推定。合同生效证明责任分配,限制合同生效的三种情形中,仅有附条件合同情形才存在证明责任承担问题。最高人民法院《民事诉讼证据规定》第 5 条第 1 款第 1 句,没有涉及合同有效的证明责任分配问题,且其关于合同成立和合同生效证明责任分配的规定也存在不完善之处。

有学者认为,《侵权责任法》第 66 条确立的环境侵权诉讼证明责任规则,不能解释为只有污染者负担证明责任。[3]尽管环境侵权诉讼的证明有一定的难度,但通过表见证明、经验法则、法官自由心证、间接反证的援引,由证明责任双方当事人共同负担,证明该要件完全是可能的。立法论上关于这一问题的讨论,需要结合诸如民事诉讼的一般举证规则、证据距离、法官实质性考量等实质性因素,以及受害者权利的保护、日常生活经验、法律政治考量之类的外部因素进行。

有学者对侵权法上动物致害责任之证明责任分配问题进行了探讨,[4]认

---

〔1〕 王国征:“证明责任应为一般侵权责任与特殊侵权责任的划分标准”,载《齐鲁学刊》2014 年第 1 期。

〔2〕 王国征:“合同成立、合同有效和合同生效的证明责任分配”,载《湘潭大学学报》2013 年第 2 期。

〔3〕 王勇:“环境侵权诉讼证明责任的分配”,载《华中师范大学学报(人文社会科学版)》2013 年第 4 期。

〔4〕 王倩:“侵权法上动物致害责任之证明责任分配”,载《河南大学学报(社会科学版)》2013 年第 11 期。

为在实体法规范的表达未合理考虑证明责任分配的背景下，借鉴日本法的要件事实论成为一种合适的选择。将该学说应用于我国侵权法上动物致害责任的分析，通过重新解读法条之间的意义脉络，不仅可避免规范说在解释方法上的缺陷所带来的不当分配的后果，也可以发现和反思法律规范在立法技术上所存在的不足。

（3）刑事诉讼领域中的证明责任研究，包括以下方面的内容：

有学者认为，[1] 在我国现行刑事法律中，刑事证明责任由控诉方承担，通常情况下被告人不负证明责任，该规定以保护被告人的权利为目的，符合无罪推定原则。“幽灵抗辩”的出现，使仅由控诉方承担证明责任的方式成为不可能。我国刑事证明责任制度应借鉴英美证据法的“积极抗辩”理论，修正原来过于僵化的证明责任规则，实行证明责任转移并适度降低被告人的证明标准。

有学者认为，[2] 推定规则的适用不仅有助于解决控方对犯罪主观构成要件证明的难题，如对持有型犯罪主观方面构成要件的认定等，同时也促进了司法程序的公正。但是，推定规则的适用也必须注意适量和适度问题。适量，即对主观要件证明中推定的适用情形要做适量规定，既要满足司法实践的需求，又要保证立法资源的节约；适度，即推定规则的适用不能随意违背无罪推定原则，更不能随意降低刑事证明标准。

有学者认为，[3] 刑事程序性违法行为之证明责任分配机制，是刑事程序性制裁理论的重要组成部分。在其制度设计方面，应包括技术性程序违法行为的证明责任分配，以及侵权性程序违法行为的证明责任分配。对于前者的证明责任分配而言，任何当事人均不承担证明责任，只需补救即可。补救方式除了现行法律所规定的补正、解释之外，还应包括重做。对于后者的证明责任分配，被告人需要承担提供证据责任，被指控实施程序性违法行为的控诉机关需要承担证明责任。通过考察我国非法证据排除程序中的证明责任，可见检察机关承担非法证据排除的证明责任具有坚实的立法和实践基础。

---

〔1〕 许乐：“‘幽灵抗辩’与我国刑事证明责任分配制度之完善”，载《西北大学学报（哲学社会科学版）》2013 年第 4 期。

〔2〕 阮堂辉等：“犯罪主观要件的证明责任制度研究——以推定为核心”，载《学习与实践》2013 年第 7 期。

〔3〕 参见许乐：“刑事程序性违法行为之证明责任分配机制研究”，载《宁夏社会科学》2013 年第 6 期。

有学者探讨了非法证据排除程序启动的证明责任，[1]认为权利人申请启动非法证据排除调查程序时，有义务承担证明责任，但这种证明责任是一种广义的主观证明责任，当其提供了“相关的线索和材料”后，就完成证明责任的转移。

2. 关于证明标准研究

（1）关于证明标准基本理论的研究。有学者采用法经济学的分析框架，阐述了证明标准的设定应使行政成本和错误成本之和最小化，并比较分析了刑事、民事和行政诉讼的证明标准。[2]该文认为，国内对证明标准的传统法学分析，在系统一致性、全面性和可解释性上存在不足，而法经济学的比较分析可弥补上述不足。被传统法学分析忽视但却影响证明标准设定的一个极为重要的因素是，举证责任人为达到证明标准需付出的成本，即行政成本。将该分析框架运用于最高院公报案例廖宗荣诉交警案，可以得到不同于原判决的新结论，即该案证明标准可以进一步提高，法院有充分理由判交警败诉。这种运用法律经济学方法对证明标准进行研究的论证方式，有一定新意。但是，对于行政成本如何进行度量缺乏说明，提出的理论模型尚缺乏数据的验证，在定量化的道路上尚需继续深入。

有学者探讨了古代诉讼中的证明标准，[3]认为中国古代诉讼事实认定中，存在着铁案如山与莫须有两种证明标准。前者强调事实认定绝对正确，后者则允许事实认定有较大可能性。前者又分为不要求特定证据的一般铁案如山标准，及要求有特殊证据的特殊铁案如山标准；后者则可分为可能性很大与有可能两种标准。铁案如山标准关注案件的真实发现，莫须有标准则体现对伦理、效率、仁政等价值观的维护。对特殊铁案如山标准的强调有可能会导致无效审理；而莫须有标准若适用不当，则会导致冤案与错案的发生。

（2）关于刑事诉讼证明标准的研究，主要包括以下内容：

有学者探讨了违法所得没收程序中的证明标准问题。文章认为，[4]刑诉

---

〔1〕参见郭天武：“排除非法证据调查程序的启动问题”，载《广东社会科学》2013 年第 6 期。

〔2〕参见张卿：“证明标准的经济学分析”，载《比较法研究》2013 年第 4 期。

〔3〕蒋铁初：“铁案如山与莫须有——中国古代诉讼中的双重证明标准?”，载《证据科学》2013 年第 5 期。

〔4〕毛兴勤：“构建证明标准的背景与思路：以违法所得没收程序为中心”，载《法学论坛》2013 年第 2 期。

法新增的违法所得没收程序，与英美法系的民事没收程序有共同之处，即两者的对象为物而非人，由此决定了违法所得没收程序的证明标准应是民事性的。但违法所得没收程序参与各方的地位严重失衡，法院的权威性不足，犯罪嫌疑人、被告人财产权保障制度匮乏等“中国因素”，又决定了英美等国普遍采用的优势证据证明标准并不完全适用于我国。在违法所得没收程序中设置二元化的证明标准更为现实。申请人的证明标准原则上应确定为明显优势，同时，有无利害关系人的参与等因素，要求对该标准进行灵活、多层次的把握。为利害关系人确立优势证据证明标准，与其在程序中的地位和处境相契合。

有学者对“未经定罪之没收”程序的证明标准进行了探讨。文章认为，[1]证明标准是将各种没收制度加以类别化的重要判断要素，并对没收程序设计及功能定位具有重要意义。我国“未经定罪之没收”，体现于司法解释中原有的相关制度以及《刑事诉讼法》第五编第三章的新制度之中。然而，证明标准在原有制度和新制度中都是模糊的，这影响了特定程序制度功能的发挥及其与特定案件诉讼目的权重的一致性。我国《刑事诉讼法》第五编第三章之没收制度的证明标准宜选择立体解决模式：确立与一般民事证明类似的标准即“高度盖然性”，同时，完善利害关系人抗辩制度、上诉制度等相关保障措施和救济途径。

有学者对死刑案件的证明标准进行了分析，[2]认为国外立法和实践对死刑案件和非死刑案件所适用的证明标准或证明程序并不相同，有的是适用较普通刑事案件有罪判决更高的证明标准，有的虽适用相同的证明标准，但在适用的程序上有严格的限制。我国死刑案件并无单独的证明标准，且程序保障制度不完善，为体现对被告人生命权的尊重和保障，对其定罪与量刑应实行不同的证明标准，分别为“排除合理怀疑的唯一性”和“确定无疑的唯一性”，将有利于犯罪嫌疑人、被告人的量刑事实的证明标准确定为“可能成立”，将不利于犯罪嫌疑人、被告人的量刑事实的证明标准确定为“确定无疑”。

〔1〕　参见初殿清：“‘未经定罪之没收’的证明标准”，载《法学论坛》2013 年第 2 期。

〔2〕　参见郭志远：“定罪与量刑分离——论我国死刑案件的证明标准”，载《安徽师范大学学报（人文社会科学版）》2013 年第 1 期。

(3) 民事诉讼领域的证明标准研究。有学者对民事诉讼证明标准的类型化研究认为,[1]中国民事诉讼已将高度盖然性确定为民事诉讼的证明标准,在此前提下,按照案件的性质划分不同的标准,这是保护当事人合法权益的需要。民事诉讼证明标准应当按照案件的性质分为:极高的盖然性、很高的盖然性和较高的盖然性。

(八) 法院取证与证据保全

1. 法院取证

本年度专门研究法院取证的成果不多,除了数篇论文之外,其他有关法院取证的论述散见证据法和诉讼法教材和专著中。总体上看,有关法院取证的研究主要有以下几个方面:

(1) 法院庭外调查权存废问题。有论者研究了法官庭外调查权的理论依据,[2]认为只要刑事诉讼仍然以查明实体真实为主要目的,法官庭外调查权就是不可或缺的重要手段。保留法官庭外调查权的现实动因是,有利于查明案件事实。当前我国社会公众在法律素养等方面的不足,使得法官在法庭上不能过分消极被动。当事人经济条件的限制,也为法官行使庭外调查权提供了依据。也有人主张,[3]应扩展法院调查取证范围。因为,我国民事审判改革朝着弱化法院和法官职权的当事人主义方向发展,使得法院和法官在司法实践中过于奉行当事人主义,从而使法院调查取证权过快地在民事审判中退出,造成了审判权利的失位。尤其在当事人及其委托代理人调查取证能力还十分孱弱的现实状况下,对案件真实的发现更需要法院适度的调查取证,因此,完全否认法院的调查取证制度是不现实的。

(2) 法院庭外调查权运行中存在的问题。首先,法官庭外调查与其中立角色的冲突。[4]法官庭外调查,特别是法官主动调查控辩双方均未提出的新事实和新证据,会使得法官失去中立性立场,而且法官庭外调取证据的效力与法院审判权威之间存在矛盾。因为,法官庭外调取的证据面临控辩双方的

---

〔1〕 蒙晓毅:"民事诉讼证明标准的类型化研究",载《广西民族大学学报(哲学社会科学版)》2013年第2期。

〔2〕 高通:"我国法官庭外调查权的存废与适用",载《山东警察学院学报》2013年第4期。

〔3〕 叶斐:"应扩展法院调查取证范围",载《江苏法制报》2013年11月13日。

〔4〕 费蓬煜、任学婧:"法官庭外调查权与其中立角色的维护",载《人民论坛》2013年第11期。

质疑。其次，法官庭外调查权的启动比较随意。[1]只要合议庭认为“证据有疑问”，法官就可自行实施庭外调查活动，但庭外调查取证的范围和手段缺乏必要性限制。例如，按照《刑事诉讼法》的规定，人民法院调查核实证据，可以进行勘验、检查、查封、扣押、鉴定、查询、冻结。

（3）法院庭外调查取证的原则。法院调查取证应当遵循以下原则：[2]一是不能破坏民事诉讼中关于当事人之间举证责任的分配；二是收集证据要合法，包括主体合法、程序合法、手段合法三个方面，不能侵害他人合法权益或违反法律禁止性规定；三是证据应当与案件争议具有关联性，并为法官确定心证之所需；四是能够在合理的成本范围内调查收集到相关的证据。为此，应增加法院调查取证的一般性条款，规定“人民法院调查收集证据，应当为法官确定心证所必需，坚持合法性原则、必要性原则和可能性原则，并不得破坏诉讼当事人之间的举证责任分配”。

（4）法院庭外调查取证的程序规制。[3]一是严格限制法官主动庭外调查，规范当事人申请法院调查取证程序。法官庭外调查极易侵犯当事人特别是被告人的诉权，有僭越法官中立原则之嫌，必须严格限制法官庭外调查的启动。换句话说，法院庭外调查取证，应当依当事人申请进行。当事人申请法院调查收集证据的，须向法院提交书面申请，申请书上应当载明被调查人的姓名或者单位名称、住所地等基本情况、所要调查收集的证据的内容、需要由人民法院调查收集证据的原因及其要证明的事实，以及提交的期限，而且应当强调申请书必须载明一定的调查线索。二是细化庭外调取证据的效力认定程序。庭外调取的证据除了必须经过庭审出示、质证才能决定是否作为判决的依据以外，还应当细化有关效力认定的程序，例如，应当给不利方指定一定的时间为答辩期，以保证不利方能够充分地分析新证据，收集反驳证据，更好地准备质证。三是赋予当事人申请庭外调查未果的救济途径。有人建议，人民法院对当事人及其诉讼代理人的申请不予准许的，应当向当事人或其诉讼代理人送达通知书。当事人及其诉讼代理人可以在收到通知书的次日起3日内向受理申请的人民法院书面申请复议一次。人民法院应当在收到复议申

---

〔1〕 高通：“我国法官庭外调查权的存废与适用”，载《山东警察学院学报》2013年第4期。

〔2〕 赵一：“法院调查取证的进一步规范”，载《人民法院报》2013年12月11日。

〔3〕 参见费蓬煜、任学婧：“法官庭外调查权与其中立角色的维护”，载《人民论坛》2013年第11期。另参见赵一：“法院调查取证的进一步规范”，载《人民法院报》2013年12月11日。

请之日起 5 日内作出答复。此外，法官应当将拒绝查证的理由写在判决书内，如果当事人不服法院拒绝查证理由的，可以提出上诉。

（5）国际商事仲裁中取证的法院协助问题。本年度，最高人民法院公布了《关于依据国际公约和双边司法协助条约办理民商事案件司法文书送达和调查取证司法协助请求的规定》，对人民法院协助外国办理民商事案件调查取证问题作出了原则性规定。有学者据此探讨了法院为本国国际商事仲裁提供取证协助的理论依据包括：[1]法院协助仲裁的必要性以及支持仲裁的政策；国际商事仲裁不仅具有契约性还具有司法性；法院提供取证的协助符合国际商事仲裁的价值取向。尽管各国法院对国际商事仲裁取证的协助在力度上有所差异，不过它们都体现了以下基本内容：协助取证的申请，需要由仲裁庭向法院提出或者由当事人经过仲裁庭的同意后向法院提出；注重对被申请人的利益保护；法院提供的取证协助通常受到本国法院程序规则的影响。在我国，《民事诉讼法》和《仲裁法》都未提供法院协助仲裁取证的法律依据。不利推定和证据保全在一定程度上可以作为法院协助仲裁取证的替代措施，但它们不能完全弥补这种制度上的缺失。因此，我国应当借鉴国外立法经验，构建国际商事仲裁取证的法院协助制度，内容包括；①法院为仲裁提供取证协助的前提是，由仲裁庭或者经仲裁庭同意的当事人提出协助请求，当事人不能直接提出请求。②重视第三人利益的平衡保护，包括第三人特免权的保护、法院应当考虑证据提供请求对第三人来说是否过于苛刻等。③协助仲裁的取证程序，法院应当适用自己的程序规则，以避免法院在协助取证时的不便。④应当赋予我国法院审查请求适当的自由裁量权，其考虑的因素包括：被请求的取证行为依据法院国诉讼法或证据法能否被接受，对第三人来说取证要求是否过于苛刻，主权与公共政策，证据的相关性，有无其他替代取证方式等。

2. 证据保全

2012 年《民事诉讼法》增加了诉前证据保全制度，因此，民事诉前证据保全制度成为本年度的研究热点之一。从研究成果看，本年度有 5 篇硕士论文和 20 多篇期刊论文，还有部分证据法、诉讼法教材和专著中论及了证据保

---

〔1〕 崔起凡：“论国际商事仲裁中取证的法院协助——兼论我国相关制度的确实与构建”，载沈四宝、王军主编：《国际法论丛》（第 11 卷），法律出版社 2013 年版。

全问题，研究内容主要集中在以下几个方面：

（1）证据保全理论研究。有论者研究了目前关于证据保全的几种代表性学说，[1]认为无论是立法规定、司法实务还是理论本身，证据保全的涵义及其他相关要素尚未得到合理的厘清。例如，证据保全的定义含糊不清，常与证据收集混为一谈；将人民法院作为证据保全主体，缺乏合理性；证据保全作用有限，不能对诉讼进程的推进产生实质性影响。为此，应当从信息理论的视角重构证据保全理论。首先，在证据保全目的和效果方面，经过保全的证据的客观真实性能够得到当然的确认，证据中所蕴含的信息指向相关的待证事实，能够有效地发挥证明作用。其次，在证据保全主体方面，因人民法院担任证据保全主体存在种种缺陷，故不宜再充当这一角色。除了享有国家公信力的公证机关以外，有必要慎重考虑合理引入其他证据保全主体。最后，证据保全的对象，除了客观物质载体之外，证据中蕴含的待证事实信息也须纳入保全范围。那些对待证事实信息的运用发挥佐证作用的辅助信息，因其有助于确保诉讼主体正确地审查、判断和运用证据，故也应一并予以保全。

（2）民事诉前证据保全制度比较研究。我国台湾地区在2000年修改“民事诉讼法”，对诉前证据保全制度进行了变革，扩大了允许申请诉前证据保全的范围，并允许双方当事人在证据保全程序中，对诉讼标的、事实、证据或其他事项达成具有执行力的协议。有学者将大陆与台湾地区诉前证据保全制度进行了对比，[2]认为存在以下几点不同：①功能上的单一与复合；②地位上的附随与独立；③性质上的非讼与诉讼；④程序保障上的弱化与强化。作者提出，应当借鉴台湾地区诉前证据保全制度，弥补我国民事诉讼诉前证据保全制度的缺陷和不足。

（3）诉前证据保全制度的价值。[3]首先，《民事诉讼法》规定诉前证据保全制度是保障事实认定的准确性。我国民事诉讼中的诉前证据保全制度以实体公正的实现为价值标准，以发现真实为目的。其次，制止侵权行为发生。法官在诉前证据保全制度中所要考虑的不仅是该证据本身是否容易灭失或者以后难以取得，而是保全证据是不是有助于制止侵权行为的发生。最后，公

---

〔1〕 刘晶：“证据保全理论之审视与重构”，载《辽宁行政学院学报》2013年第2期。

〔2〕 田海鑫：“我国大陆与台湾地区民事诉讼诉前证据保全制度之比较”，载《太原理工大学学报（社会科学版）》2013年第3期。

〔3〕 张雪花：“诉前证据保全制度之价值解读”，载《人民法院报》2013年12月18日。

正与效率理念的竞合。在诉前证据保全程序中追求效率，最终也是为了实现案件的公正审理，二者是一种竞合的关系。法院在审查诉前禁令时应当同时考虑公正与效率，注重利益平衡。

（4）诉前证据保全制度的功能。1990 年代以来，随着大陆法系国家司法改革的推进，证据保全制度的功能由传统的保全证据向现代的开示证据、确定事实和促成诉讼外解决纠纷转变。我国新《民事诉讼法》虽然在诉前证据保全方面取得了突破，但该制度的现代功能仍然没有得到有效发挥。有论者认为，《民事诉讼法》的诉前证据保全制度在功能定位上存在的问题包括：保全类型单一，条件苛刻；保全缺乏证据调查程序，对当事人程序权利保障不足；未将促进诉讼外纠纷解决的理念贯彻到保全程序之中。[1]有论者提出，应当从我国民事诉前证据保全制度的具体完善入手，拓展诉前证据保全制度的三大现代功能：开示证据、确定事实和诉讼外解决纠纷。为此，建议增设确定事物状态之证据保全和经对方当事人同意之证据保全，引进独立调查程序，加强对当事人程序权利的保障。[2]

（5）民事证据保全主体的选择。在我国，公证证据保全和法院证据保全是确保证据效力的主要证据保全方式，两者在一定层面有交叉，也各具特色，为当事人带来选择上的困惑。有人对这两种证据保全的效力做了比较，认为尽管二者在活动性质、启动时间、承办主体、适用程序等方面有较大差别，所保全的证据在日后的法庭审理时对双方当事人的质证方式、内容、程度上也不尽相同，但二者的保全效力是相当的。在促进当事人主义诉讼模式发展的司法环境下，在选择的平等性和优先性上，公证证据保全是完全等同于法院证据保全的。[3]

（6）知识产权诉讼证据保全。知识产权纠纷中涉及的证据种类繁杂，证据隐蔽性大、技术性强、易失性高，证据取得较为困难，当事人向法院申请证据保全显得更为必要。目前存在的问题主要有：[4]一是诉前证据保全的适

---

〔1〕 李超哲：“我国民事诉前证据保全制度功能的拓展——兼评 2012 年新民事诉讼法相关条款”，载《知识经济》2013 年第 16 期。

〔2〕 陈慧：“从一元到多元：民事诉前证据保全机能的扩展”，载《重庆科技学院学报（社会科学版》2013 年第 10 期。

〔3〕 胡思博：“民事证据保全主体竞合论”，载《福建法学》2013 年第 1 期。

〔4〕 刘建杰：“知识产权诉前证据保全制度存在的问题及如何完善”，载《沧州师范学院学报》2013 年第 3 期。

用范围问题。商标、专利和著作权领域的诉前证据保全适用知识产权相关立法的规定；其他类型的知识产权案件，如不正当竞争案件、植物新品种侵权案件、商业秘密侵权案件等，也应该能够依据民事诉讼法的规定提起诉前证据保全申请。二是诉前证据保全的管辖问题。知识产权诉讼证据保全应由侵权行为地、被申请人所在地、证据所在地或应勘验地法院管辖。三是诉前保全证据保全的方法问题。诉前保全证据保全应根据知识产权领域证据种类的多样性和复杂性，确定科学合理和及时有效的诉前证据保全措施，如对商标纠纷、不正当竞争涉及的产品，可以扣押，或对被控侵权物品拍照或录像，并清点数量制作笔录。四是诉前证据保全的担保问题。当事人提供担保的前提条件是"可能涉及被申请人财产损失"，具体标准可以从被保全对象的价值、功能及保全方式进行判断和考量。五是技术专家参与诉前证据保全问题。知识产权诉讼中的证据保全涉及较强的专业技术问题，应制定邀请专家参与证据保全的意见，明确法院可根据需要聘请相关领域的专家参与，并严格规定专家在证据保全程序中的权利义务，规范专家参与证据保全的程序。

（7）医疗纠纷诉讼证据保全。医疗证据涉及面广，部分证据易灭失，或容易被篡改，医疗机构对医疗业务的垄断又导致患方获取证据的难度较大，因此，医疗证据的有效保全，对解决医疗纠纷意义重大。目前存在的一些问题，如保全证据的责任划分不够明确，执行过程中容易出现偏差，缺乏相关法律对保全证据的法律定位等。鉴于上述问题，有人提出，需要建立完善的证据保全制度，如医患双方应该在发生纠纷的时候，都选择自己可信任的第三方共同参与事故证据保全，从而避免双方因互不信任而造成关键证据的灭失；在封存证据的过程中要建立封存档案，并由双方以及共同的第三方见证人签字盖章。[1]

（8）海事证据保全。[2]海事证据保全是一种与财产无关的行为，其目的是当事人（申请人）通过对案件有关证据的保护，而确认当事人之间某种法律关系的成立，如是合同之诉还是侵权之诉。所以，证据保全除对证明案件的事实有重要作用外，还具有保护当事人的诉权的重要特点。海事证据保全

---

〔1〕 车玉涵："试论我国医疗纠纷证据保全若干问题和司法鉴定体制的完善"，载《法制与社会》2013年第1期（上）。

〔2〕 周冬冬："刍议海事证据保全制度"，载《青岛远洋船员职业学院学报》2013年第2期。

应具备下列条件：一是请求人是海事请求的当事人；二是请求保全的证据对该海事请求具有证明作用；三是被请求人是与请求保全的证据有关的人；四是情况紧急不立即采取证据保全就会使该海事请求的证据灭失或者难以取得。海事请求人申请诉前海事证据保全，应当向证据所在地的海事法院提交书面申请，并应载明请求保全的证据内容、该证据与海事请求的联系以及申请的理由，并应视保全内容提供一定数额的担保。海事法院接受诉前海事证据保全申请后，应当在48小时内作出裁定。诉前海事证据保全的请求人对驳回申请的裁定或者被申请人对准予申请的裁定不服，可以在收到裁定书之日起5日内申请复议一次。海事法院应当在收到复议申请的5日内作出复议决定。复议期间不应当停止裁定的执行。如果裁定采取诉前海事证据保全措施的，则应当立即执行。

（9）电子证据保全。电子证据保全大致可分为三类：[1]第一类为诉讼保全，当事人向法院提出申请，借助法院保全涉及诉讼的电子数据；第二类为公证保全，当事人委托相关公证机关保全涉及诉讼的电子证据；第三类为自行保全，当事人直接借助网络服务者提供的与事实相关的信息对电子数据进行保全。有人结合“富士康诉比亚迪案”，分析了电子证据保全的特点，并提出除应当坚持一般证据保全所遵循的及时性、全面性、手段相适应性等原则外，还应遵循符合电子证据保全特点的特有原则：[2]一是环境安全封闭原则，即电子数据的保全需要在一个安全且封闭的环境下进行。二是多副本保管原则，即应当对保全的电子证据制作多个副本用于备份，将原件与副本分开保管，以备审查。三是严格记录原则，即保全电子证据的每一个环节都要严格按照程序进行拆封记录。四是比例原则，即载体的大容量性以及设备的多功能性使我们在保全电子证据时，应当在必要的限度内进行，与案件无关的电子设备不应该被扣押；与案件有关的电子设备，如果还有其他功能，应当尽量把设备中的全部资料拷贝出来，以避免长期扣押给电子设备所有人带来损失。还有人对于网上证据保全进行专题研究，提出了网上证据保全应当注意的事项：[3]一是时间的关键性，即当需要采取措施保全时，要注意时间的顺

---

〔1〕 彭语良：“电子证据保全与规范使用的思考”，载《兰州学刊》2013年第5期。

〔2〕 罗尧：“论电子证据保全——从‘富士康诉比亚迪案’出发”，载《湖北警官学院学报》2013年第5期。

〔3〕 张芸：“网上证据保全的注意事项”，载《西部法制报》2013年4月16日。

序性和连续性；二是客观的存在性，即保全证据时只做自己能够做的，也就是你看到什么就记录什么、制作什么，除此以外不能另加东西；三是文书表述的严谨性，即运用专业术语，把保全的过程简明扼要又准确无误的表达出来。

（九）质证与认证

1. 对质

有学者认为，对质包括两种情况：一种是司法机构查明事实的手段与方法，从被告人的角度可称之为“忍受对质的义务”；另一种是被告人面对指控者或不利证人进行质问的权利，又称为对质权。目前，被告人对质权作为基本人权已被世界各国和地区广泛接受与认可。中国对质制度的构建，须赋予被告人对质权。中国刑事诉讼中证人基本上不出庭，侦查人员制作的案卷笔录具有天然证据能力和优势证明力，辩护律师的工作仍游离于裁判形成机制之外，法院审判的形式意义大于实质意义，如此等等。刑事审判要从空洞化走向实质化，就应当贯彻直接言辞原则，打破传统的“刑事案卷审判”做法；应当赋予被告人与证人、被害人当面对质的权利，合理建构证人、被害人出庭作证的制度，使得裁判者通过当庭听证和聆讯，对证人证言、被害人陈述等言词证据的证明力作出判断，而不是对证人的出庭设置重重限制；应当改变当下的证人证言的质证方式，建立完善的交叉询问机制，确保被告人获得有效的律师辩护权利。[1]

我们认为，对质作为一种揭示案件真相的重要方法，通过当面直接对话和辩驳，可有效发现证据矛盾，甄别虚假陈述。从被告人权利保障的角度，对质程序的启动和进行主要由被告人主导；被告人作为对质的一方，主体相对固定。我国《刑事诉讼法》应当建构对质制度，特别要保障被告人与证人对质的权利，可以将法庭对质的启动决定权仍然赋予合议庭行使，但同时应当赋予被告人对质申请权。对质具有很强的言词性和对抗性，应及时记录和保全。

2. 科学证据的质证模式

有论者认为，鉴定意见的质证，需要具备一定的科学知识才能完成。同

［1］ 参见汪容：“对质制度的双重解读与刑事诉讼法的再修改”，载《湖北社会科学》2013 年第2期。

时，鉴定意见是鉴定机构及鉴定人的行为结果，其合法性和资格也是质证的内容。我国目前仍采用职权主义与当事人主义相结合的质证模式，法官的职权行为起着重要作用。公诉人、当事人和辩护人、诉讼代理人对鉴定意见的质证，是质证的核心内容，应当赋予当事人完全的质证权利，法官不行使或慎用询问权，但如果当事人等发问的内容与案件无关的时候，应当行使制止权。[1]

3. 保密证据的质证

有学者认为，在刑事诉讼中，对于涉密证据一直存在保密需要、法官查证权与保障质证权之间的冲突。2012 年《刑事诉讼法》增加了技术侦查措施，涉密证据的质证成为亟待规范的新问题，需要采取不同的保护方法区别对待：其一，针对个人隐私和商业秘密采取不公开审判的方式。其二，对于国家秘密，需要区分保密等级，采取相应的质证方法。其三，区分技术侦查方法与技术侦查所获证据、技术侦查审批程序的不同，明确只有技术侦查方法不接受当庭质证。对于技术侦查的程序违法问题，例如扩大技术侦查的范围、种类、期限等，这些不属于技术侦查方法，而属于技术侦查的审批手续，不是保密对象，应当公开质证。其四，继续使用“转化方式”实现保密需要。其五，对线人的质证制度应在保密需要与保障质证权之间寻求平衡。一般应当保障线人身份，控方可以采取转化的方式，避免线人的证言成为定案的证据，控方对线人身份无证据开示的义务。可结合《刑事诉讼法》的庭前会议制度，建立涉密证据的庭前司法裁决程序。对于采取何种方式对证据予以质证，可在庭前会议程序中，由法官口头作出裁定，确定证据涉密，采取相应的保密程序。[2]

4. 认证的方法和规则

（1）民事案件的一般认证规则。有学者认为，某一待证事实需要几个证据证明，每一个证据的证明效力如何，在存在相反证据时其证明效果是否受影响等，都是法官自由心证的范畴。但法官判断证据证明力的自由受到以下认证规则的限制：其一，真实性和关联性规则，即实质上的认证规则。证明力大小既取决于证据本身真实可靠的信用度，又取决于证据资料推导出待证

---

〔1〕 参见杨进友：“鉴定意见质证模式设想”，载《人民检察》2013 年第 8 期。

〔2〕 参见谢小剑：“刑诉法修改后涉密证据的质证”，载《法学论坛》2013 年第 5 期。

事实的可信程度。其二，外观判断规则，即形式的认证规则。其三，单一证据认证和综合认证。其四，补强证据规则。[1]

（2）鉴定意见的认证规则。有学者认为，鉴定意见是否具有证明力，最终取决于鉴定意见与待证事实之间的关联性。作为定案根据的鉴定意见必须既有证明能力，又有证明力。司法人员在审查判断鉴定意见时，应当首先审查鉴定意见有无证明能力，然后再对确认有证明能力的鉴定意见的证明力进行判断。证明能力解决的是鉴定意见能否在法庭上提出，而证明力则是对庭审中鉴定意见的可信度和关联性进行的判断，是对鉴定意见予以确认的问题。[2]

（十）推定与司法认知

本年度，"推定与司法认知"问题的研究成果，主要集中在理论研究、刑事推定、民事推定等方面。司法认知问题的相关研究成果很少。

1. 推定问题的理论研究

（1）事实推定。有研究者认为，事实推定概念产生的原因，是在直接证据缺失、证明对象之主观性所导致的间接证明常规化以及直接诉诸经验法则的情况下，学者将之界定为事实推定。是否有必要将事实推定作为一个独立概念，关键要看是否有必要对其施加不同的法律处理方式。实际上，将间接证明称为事实推定，在规范层面没有任何意义。同时，试图用事实推定来指称表见证明所指称之法律现象，在我国是不可能的。因此，事实推定在我国现行法律概念体系中并无存在的必要性，无论是在事实认定结构还是在法律效果上，与间接证明均不存在差别。当法官的间接证明（事实推定）违背一定的经验法则时，只能作为事实认定错误予以救济。[3]

（2）推定与法律拟制。有研究者以奸淫幼女罪的刑法规定和相关司法解释为切入点，研究了推定与法律拟制的关系。文中提出，我国立法上将奸淫幼女型犯罪规定为强奸罪，运用了法律拟制的立法方法；司法上，对奸淫幼女犯罪的案件，只有认定行为人明知对方是不满 14 周岁幼女而实施奸淫行为的，才构成犯罪。这里对"明知"的认定，既包括直接证明，也包括推定。

---

〔1〕 参见应秀良："论民事审判中'法官'如何认证"，载《法律适用》2013 年第 6 期。

〔2〕 参见拜荣静："论刑事鉴定意见证明力的评价"，载《贵州大学学报》2013 年第 5 期。

〔3〕 参见孙远："论事实推定"，载《证据科学》2013 年第 6 期。

法律拟制和推定在法律适用过程中发挥着各自的功能性价值，都为司法带来便利与效率，但两者在性质、重点环节和可反驳性等方面存在差异，对其准确区分在立法和司法层面均具有意义。推定和法律拟制的创制和适用必须受到约束和限制，不能僭越侵害被告人利益和突破国民预测可能性的边界。[1]

2. 刑事推定

(1) 有关主观明知的推定。有学者从对主观明知的解释出发，对刑法分则的主观明知重新定位，提出使用推定方式加以认定的重要性。文章提出，在围绕关于奸淫幼女司法解释的争议中，刑法分则规定的明知与刑法总则规定的明知之区分并未引起足够重视。从德国及日本刑法学界关于主观违法要素理论的态度来看，有必要接受表现犯的概念，并以此作为刑法分则规定之明知的解释进路。根据表现犯的逻辑，刑法分则规定的明知是主观违法要素，同时也是主观的构成要件要素，而刑法总则规定的明知则是责任要素。因此，没有刑法分则规定的明知，是欠缺违法性，而没有刑法总则规定的明知，是在具备违法性的前提下缺乏有责性。刑法分则规定的明知已经不是一般意义上的认知问题，而是一个反真实的问题。在认定刑法分则规定的明知时，必须从确切性认识的意义上去把握其内容，并注重运用推定的方法。[2]

(2) 有关主观目的推定。有研究者对诈骗罪中“非法占有目的”的推定规则进行研究。文中提出，我国《刑法》并没有在诈骗罪等取得罪条文中都规定以非法占有为主观要素。非法占有目的作为一个定罪要件，由于其属于主观心理态度，无法像客观要件那样客观存在，程序上需依刑事推定予以认定。为了贯彻无罪推定原则，刑事审判中进行刑事推定需要遵循诉讼规律。推定可以解决法律规范要求的某类要件，特别是主观要件难被证明时，缓解证明上的困难，合理分配当事人的证明责任，推进案件审理进程，达到一定司法政策的要求和效果。适用推定认定非法占有目的，必须确保基础事实存在且真实，基础事实与推定事实之间须有逻辑的必然的联系，允许当事人反驳和反证。[3]

(3) 特定犯罪中主观故意的推定。有研究者针对恐怖犯罪进行研究认为，

---

[1] 参见李鲲：“推定与法律拟制”，载《湖南警察学院学报》2013年第2期。

[2] 参见陈兴良：“刑法分则规定之明知：以表现犯为解释进路”，载《法学家》2013年第3期。

[3] 参见李明：“诈骗罪中‘非法占有目的’的推定规则”，载《法学杂志》2013年第10期。

恐怖犯罪属于故意犯罪，按照我国法律，故意犯罪必须证明犯罪嫌疑人主观上具有明知、故意或目的。由于恐怖犯罪具有行为恐怖性、对象不特定性、目的多样性的特点，行为人的心理难以证明、口供难以取得、同案犯的作用难以认定，因此需要运用推定加以认定。在恐怖犯罪中适用推定，可以根据犯罪嫌疑人携带的物品、接近的地点、是否受过恐怖组织培训等因素，综合推定其是否意图实施恐怖犯罪。在适用中需要注意，基础事实确实可靠、符合法律规定或经验法则、推定事实可以反驳。[1]

有研究者提出，证券内幕交易罪由于涉案主体身份渐趋扩散、作案手段日益专业、信息传递方式更加隐蔽，因此，应在该罪认定中适用推定。由于推定可能带来的问题，不宜对内幕交易罪主体进行推定，但犯罪构成主观方面可以通过推定的方式认定。具体推定时，可以考虑交易时间、交易规模、交易方式和交往记录等因素。被告人反驳，可以提出不构成内幕信息和构成内幕信息但并非利用了内幕信息等理由。在内幕信息经过二次转手或被偶然获知时，行为人的主观方面也可通过推定方式认定，但如果行为人之间没有可识别的关系，可成立有责性的例外。[2]

有研究者分析了责任事故犯罪故意的推定。文中提出，刑法新设的若干行政犯罪、交通肇事以及煤矿责任事故犯罪的司法适用，内含“（行政）过失犯罪故意化的共同趋势”。中国矿业风险主要是一种人为的社会风险，近乎繁琐的监管与煤矿事故的有效避免之间并没有形成一种积极的正相关关系，关键在于刑法缺位。在管理者故意违规导致生产安全事故时，应严格推定相关责任主体为故意犯罪，除非能够证明责任人为避免事故发生确实施行了客观有效的管理。推定故意与严格归责原则在我国刑法中是一直存在的，其实质是行政规范的伦理化和国家对现代伦理建构的积极介入。[3]

3. 民事推定

有研究者以最高人民法院《适用婚姻法解释（三）》为分析对象，讨论了亲子关系推定的许可与禁止问题。文中提出，该司法解释第 2 条创立了两种新型推定，即亲子关系存在的推定和亲子关系不存在的推定。它们都违反

[1] 参见李富成：“恐怖犯罪中的推定”，载《犯罪研究》2013 年第 3 期。
[2] 参见缪劲翔：“证券内幕交易罪的认定”，载《比较法研究》2013 年第 4 期。
[3] 参见张克文、齐文远：“责任事故犯罪中故意的推定”，载《法学》2013 年第 4 期。

了举证责任基本原则，使本该由原告承担的举证责任转换到被告身上，造成了不利于被告的局面。但是，它们实施后所产生的社会效果不同，前者有利于未成年人取得抚养费、医疗教育费等经济权益，减轻其母亲的经济负担。而后者违反了我国有关法律所确定的保护妇女和未成年人的基本原则，侵犯了未成年人及其母亲的经济利益和其他相关利益。对于请求确认亲子关系不存在的诉讼，要禁止适用亲子关系不存在的推定；对于请求确认亲子关系存在的诉讼，应当适用亲子关系存在的推定，但要运用适当的法律技术予以修改，以消除其与举证责任规则的冲突。〔1〕

有研究者继续关注不动产登记簿这一民事推定中的焦点问题，并通过对最高人民法院公报中“丁福如与石磊房屋买卖合同纠纷”一案的分析，认为该案一、二审判决中，法院错误地理解了物权的公示与公信原则，不适当地从不动产登记簿的推定力与公信力角度出发，来论证房屋买卖合同的有效性。文中从理论角度阐释了不动产登记簿推定力的概念、适用对象、法律效果，公信力的概念、适用要件，两者之间的关系，以及是否有必要通过不动产登记簿的推定力、公信力来保护买受人的信赖；如果不能，应如何保护买受人的“信赖”。在此基础上，分析了本案例为何不能适用不动产登记簿的推定力。〔2〕

4. 关于推定概念误用

本年度，关于刑事推定的研究还存在一些误区，主要表现在，一些研究者把刑事诉讼中运用证据进行推论的证明活动误读为推定。请看下面两个案例分析中作者是如何误用推定概念的：

（1）关于毒品犯罪贩卖故意要件的证明被误读为推定的情况。陈久红、王东海的“毒品犯罪中‘以贩卖为目的而非法收买’的具体判断”一文，以刘某涉嫌贩卖毒品案进行分析。在该案中，刘某以 20 万元人民币的价格从黄某处购得冰毒 896.4 克，存放于其承租的房屋内。公安机关侦查发现后，将正要外出的刘某抓获，当场从其身上查获冰毒一袋，净重 49.6 克。随后，警察对刘某租赁的房屋进行搜查，在卧室衣柜内查获用透明塑料封口袋包装的

〔1〕参见叶自强：“亲子关系推定的许可与禁止”，载《政治与法律》2013 年第 8 期。

〔2〕参见程啸：“不动产登记簿的推定力、公信力与买方信赖的保护”，载《交大法学》2013 年第 4 期。

冰毒17袋（每袋重量为49.5克到50克不等，连同从其身上查获的冰毒共计896.4克），并从其卧室内查获电子秤2台、封锁机1台、透明密封塑料口袋40多个、手机2部等物品。刘某辩称，购买冰毒是为了吸食，将冰毒分成重量基本相同的18小袋是为了方便携带，购买电子秤是为了在买菜称重，封锁机是朋友暂时存放的。研究者提出，贩卖毒品的故意是构成该罪的必备要件，但并不需要具备相应的行为，对其认定需要摆脱以口供为中心的惯性思维，建立从客观到主观、从物证书证到言词证据的逻辑思维，需要合理运用刑事推定原则。该案中，对证据审查应当从搜查笔录、扣押物品清单、房屋租赁合同、毒品称重记录、手机通话清单、尿液检测报告、毒品检验报告等物证和书证开始，再到刘某承租房的邻居、房东以及同案人黄某等人的证言，最后再看犯罪嫌疑人刘某的供述。通过毒品数量、吸食数量、资金来源、电子秤、封锁机、40多个透明塑料封口袋的所有人、用途等证据，可以推定其具有贩卖故意，再加之其提出的反驳理由不能成立，最终可以认定贩卖目的。[1]

对于上述案例分析，我们认为，作者混淆了推定和证明的概念。该文所提出的对各种证据的审查办法，实际上是证明其具有贩毒故意的证明方法，即证明这些证据性事实与贩卖毒品故意的要件事实具有相关性的经验推论方法，而不是"推定其具有贩卖故意"的推定方法。因为，"证明就是国家公诉机关和诉讼当事人在法庭审理中依照法律规定的程序和要求向审判机关提出证据，运用证据阐明系争事实、论证诉讼主张的活动。"[2]然而，推定毕竟不是证明，而是证明过程的中断。这种性质决定了推定在刑事诉讼中具有严格的适用范围和条件。刑事诉讼中的推定适用的实质问题有两个：一是不能违背无罪推定原则，不能用其代替对犯罪要件事实的证明；二是不能降低刑事证明标准，不能成为确信无疑标准的例外。在毒品犯罪中，贩卖目的或贩卖故意是一个要件事实，对其应当证明达到确信无疑的证明标准，而不能用推定的方式代替证明。

在刑事诉讼中，关于犯罪要件的事实，一般是不允许进行推定的（公职

---

〔1〕 参见陈久红、王东海："毒品犯罪中'以贩卖为目的而非法收买'的具体判断"，载《中国检察官》2013年第2期。

〔2〕 卞建林主编：《证据法学》，中国政法大学出版社2007年版，第212页。

人员巨额财产来源不明是一个例外)。对于贩毒故意这样的犯罪要件事实，运用证明方法是允许的，但运用推定则是绝对不允许的。因为，公诉人提出证据性事实后，无论是举证责任还是说服责任，都不允许向被告转移，否则，就违背了无罪推定原则。同时，被告人没有证明自己有罪或无罪的义务，因此，被告未能反驳基础事实 A 的情况，或者被告用优势证据反驳了基础事实 A 的情况，都是不存在的，否则，不仅违背无罪推定原则，也违反了不得强迫自证其罪的原则。实际上，关于犯罪主观方面的直接故意之推定、间接故意之推定、犯罪目的之推定等议论，都混淆了“推定”与“证明”的本质区别。如果将上述说法换成：直接故意之证明、间接故意之证明、犯罪目的之证明，那将是正确的。只要是用证据来证明待证事实，就不是推定，而是以证据为基础的推论证明。

(2) 关于犯罪数额推算被误读为推定的情况。夏卫“刑事推定证明方法在犯罪数额认定中的运用”一文，以冯某等职务侵占案为例分析了用推定方式确定犯罪数额的问题。在该案中，冯某、邓某、肖某某等三人系成都某设备租赁有限公司水泥灌装车队队长、组长，自 2011 年 11 月至 2012 年 7 月期间，冯某等三人指使车队在加油站给车辆加满柴油后，即将车辆开至某指定地点，由事先联系好的收购人将油箱内柴油抽取倒卖，如此作案长达数月之久。后公司发现车队柴油用量异常，即报警，公安机关经侦查，在冯某等人又一次以该手段实施犯罪时，将本案三名被告人一举抓获。现场查获其抽取倒卖的柴油共计 1 894 升，价值人民币 13 049. 66 元。检察机关经审查，认定冯某等人在长达数月的时间里，以盗窃手段侵占的公司财产柴油折合人民币 27 万余元。本案中，控辩双方争议的焦点在于犯罪数额。控方认为，本案中侵占柴油的数量可以用推算的办法得出：加油站登记的涉案车辆的加油量减去涉案车辆的里程乘以理论耗油量。辩方认为，冯某等三人的职务侵占金额应以现场查获的盗窃数量为准，即查获柴油只有 1894 升。研究者认为，对犯罪数额的认定，应当参照盗窃罪中的认定方式，使用推定的方式。最高人民法院、最高人民检察院《关于办理盗窃刑事案件适用法律若干问题的解释》第 4 条第 3 款规定：“盗窃电力、燃气、自来水等财物，……盗窃数量无法查实的，以盗窃前 6 个月月均正常用量减去盗窃后计量仪表显示的月均用量推算盗窃数额；盗窃前正常使用不足 6 个月的，按照正常使用期间的月均用量减去盗窃后计量仪表显示的月均用量推算盗窃数额。”作者认为，这是以推定方式认定盗窃数额，具有高度的准确性，并和刑事司法政策紧密相关，本案中犯罪数额的认定可以参照该推定方式确认。[1]

对于上述案例分析，我们认为，作者混淆了推定和推算、证明等概念。推定是标志基础事实与假定事实之间法律关系的证据法范畴，具有影响民事诉讼证明责任和说服责任的功能。如果推定出现，就会造成证明过程的中断。推算则是一种证明活动，它运用的是明确的逻辑计算方法。因此，不能望文生义，看到“推算”中有一个“推”字，就把它说成是推定。

三、法庭科学研究进展

（一）法医病理学

本年度，法医病理学者在学术期刊上发表的文章，数量和质量均与去年基本相当。文章涉及领域有机械性损伤与窒息、猝死和死亡时间与损伤时间推断等热点问题，还有高低温等相对冷门的部分。其中，青壮年猝死综合征和溺死相关研究尤为引人注目。

1. 确定死亡原因

（1）机械性损伤研究。在机械性损伤中，颅脑是极易受累的器官，所以在法医学中外伤性脑损伤发生率较高，是法医学鉴定工作中常见的损伤类型，也是导致人暴力死亡的原因之一。外伤性脑损伤可以表现为各种类型的颅脑损害，包括蛛网膜下出血、颅内血肿、脑挫伤和弥漫性轴索损伤（DAI）等。以下主要介绍外伤性蛛网膜下出血与弥漫性轴索损伤的相关研究进展：

第一，外伤性蛛网膜下出血。有死者生前长期饮酒，并于酒后头部遭受轻微外力作用，导致外伤性蛛网膜下出血而死亡。这种类型案件的死亡一般为酗酒、外伤以及自身疾病等多种因素共同参与的结果，目前尚不完全清楚其发生及死亡机制，在死亡原因分析方面往往出现争议，影响案件的法医鉴定和审判量刑。魏来等[2]观察到，大鼠在慢性乙醇中毒的基础上，脑受到轻微外伤后耐受性明显下降，即可引起致死性蛛网膜下出血。并且灌酒组额叶、

[1] 参见夏卫：“刑事推定证明方法在犯罪数额认定中的运用——以冯某等三人职务侵占案为例”，载《中国检察官》2013 年第 16 期。

[2] 魏来等：“慢性乙醇中毒脑 β－淀粉样前体蛋白与外伤性蛛网膜下腔出血死亡的关系”，载《法医学杂志》2013 年第 2 期。

海马、小脑、脑干 β－淀粉样前体蛋白（β－amyloid precursor protein，β－APP）的表达高于灌水打击组及灌酒打击组。因此，酗酒引发的 β－APP 过表达及其异常裂解产生 Aβ，可能是参与灌酒和轻微外伤致蛛网膜下出血死亡的机制之一。此外，有学者研究发现，[1]家兔死后被悬挂 2 天后，脑实质和蛛网膜下腔可见多灶性血管外红细胞聚集，而死后处于水平体位状态的家兔脑血管周围未见漏出性出血。由此提示，尸体检验时需要将死后坠积性出血与外伤性脑出血、蛛网膜下出血相鉴别。上述两项研究都是从实际工作中所遇到的困难着手，关注多因素参与下外伤性蛛网膜下出血的致死机制以及死后血管漏出性出血的病理学特征。由于上述研究影响因素较多，实验操控不易，所以国内外在该领域的研究多为前瞻性和推测性的。

第二，弥漫性轴索损伤（DAI）。近年来，新发展起来的现代影像学技术，对 DAI 的早期诊断、病情评估、治疗指导及预后评估等均产生了深远影响。其中，磁共振弥散张量成像（DTI）已被国内外法医学者用来研究 DAI。李上勋等[2]参照 Marmarou 方法建立大鼠 DAI 模型，分别于伤后 3、12、24 及 72h 行磁共振 DTI 扫描，实验组胼胝体、内囊和外囊的轴向弥散（AD）、各向异性分数（FA）呈持续性下降。而 β－APP 单位面积阳性轴索数量、阳性染色面积百分比及 NF68 平均光密度伤后逐步增加。上述研究表明，DTI 弥散参数改变部位与免疫组织化学染色显示轴索损伤部位相吻合。并且相关分析证实，AD、FA 数值改变与 β－APP、NF68 变化呈显著负相关。磁共振 DTI 的弥散参数有望成为法医病理学检测早期 DAI 的辅助性指标。一项新的技术真正具有实用性，甚至取代传统技术手段，最重要的是能够弥补传统方法的缺陷和不足。在脑梗死、出血灶周围，HE 染色也可见到轴索收缩球，β－APP 和 NF68 免疫组织化学染色也会出现阳性结果。但是 DTI 弥散参数能否将其与 DAI 轴索损伤相鉴别值得进一步的研究与探讨。

---

〔1〕 Lei X. et al.，“Could Postmortem Hemorrhage Occur in the Brain?：A Preliminary Study on the Establishment and Investigation of Postmortem Hypostatic Hemorrhage Using Rabbit Models”，*Am J Forensic Med Pathol*，2013 Jun，34（2）：147～149.

〔2〕 参见李上勋等：“大鼠弥漫性轴索损伤脑组织弥散张量成像与免疫组化染色观察”，载《中国法医学杂志》2013 年第 4 期。另参见 Li SX. et al.，“Temporal Profiles of Axonal Injury Following Impact Acceleration Traumatic Brain Injury in Rats—A Comparative Study with Diffusion Tensor Imaging and Morphological Analysis”，*Int J Legal Med*，2013 Jan，127（1）：159～167.

（2）机械性窒息研究。水中尸体是法医学尸体解剖中常见的类型，由于水中尸体常处于腐败甚至高度腐败状态，根据尸表检查、尸体解剖以及组织病理学检验有时很难鉴别水中尸体的死因，因此硅藻检验仍是一种有效鉴定溺死的辅助手段。目前，硅藻检验的方法有很多，其中，强酸消化法是硅藻检验的传统方法，应用最广泛。但此方法安全性较差，易造成污染，而且最后检测到的多是一些耐酸性的无机硅藻，其他类型硅藻则容易被破坏，造成漏检，因此该方法的可靠性一直存在争议。近年来，随着分子生物学技术的发展和多学科技术的交叉应用，国内外许多法医工作者通过PCR方法对溺死进行相关研究，取得了重要成果。有学者分别应用强酸消化法与浮游生物16S rDNA PCR法[1]、硅藻特异的核糖体小亚基（SSU）片段PCR-DHPLC法[2]、微波消解－真空过滤－扫描电镜（MD-VF-AutoSEM）法[3]对水中尸体和家兔器官进行比较研究，发现PCR法和MD-VF-AutoSEM法具有检材用量少、信息量大、特异性和敏感性较高等特点，具有一定的推广和实践价值。

目前溺死法医学研究主要聚焦于硅藻检验方法的优化和检出率的提高等方面，而甚少考虑由于环境、水文等多种因素影响，同一河流不同河段甚至同一河段不同时期，硅藻数量及种群具有差异性的可能。杜宇等[4]于2011年全年在沈阳市内浑河河段不同取水点采集水样，观测硅藻数量及种群的变化规律。结果显示，沈阳市内浑河河段中硅藻数量及种群数12～2月最低，5月和10月达高峰，之后迅速减少；硅藻优势种群4～11月同一采样点相邻两周间变化明显，而7～8月同一周内不同采样点变化不明显。多数学者认为，在严格控制操作污染后，从肺、肝、肾、骨髓等多个器官中检出硅藻，并与

---

〔1〕 韩军鸽等：“硅藻硝酸消化法与浮游生物16S rDNA PCR法在溺死鉴定中的比较”，载《法医学杂志》2013年第5期。

〔2〕 余政梁等：“PCR-DHPLC法检测硅藻SSU基因在溺死鉴定中的应用”，载《中国法医学杂志》2013年第6期。

〔3〕 Zhao J. et al.，“Microwave Digestion-Vacuum Filtration-Automated Scanning Electron Microscopy as a Sensitive Method for Forensic Diatom Test”，*Int J Legal Med*，2013（2）. 另参见Hu S. et al.，“Detection of Diatoms in Water and Tissues by Combination of Microwave Digestion，Vacuum Filtration and Scanning Electron Microscopy”，*Forensic Sci Int*，2013 Mar 10，226（1－3）：e48～51.

〔4〕 杜宇等：“沈阳市内浑河河段中硅藻数量及种群变化规律”，载《法医学杂志》2013年第5期。

现场水样硅藻种群一致，可推断落水地点，而种群不一致，说明存在漂尸过程。但依据杜宇等研究的硅藻种群变化规律，推断冬季落水后冰封春季浮尸或于4~11月落水与捞尸间隔时间达一周以上者，即使落水点与捞尸点相同或相近，但因水中硅藻种群的显著变化，可能造成现场水样与器官内检出硅藻的种群结构差异极大，因而导致落水点与捞尸点不相同的错误结论。因此依据硅藻检验认定溺死及推断落水点时需格外谨慎。

（3）高低温研究。因高低温死亡的尸体上缺乏特异性病理学改变，所以是法医病理学死因鉴定中的难点。青年学者王起长期致力于高低温研究，取得丰硕成果。他对122例高低温死者肺脏进行MMPs、ICAM-1、claudin-5和AQPs免疫组织化学染色和real-time PCR。Real-time PCR结果显示，除了AQP5，其他指标mRNA在高温死者肺脏中表达都增加，而在低温死者中MMP-9 mRNA表达更高。但是心源性猝死、机械性窒息和中毒死亡者不会出现上述改变。免疫组织化学染色结果表明，MMP-9在大多数高低温死者表达强阳性，而MMP-2仅在高温死者表达明显。[1]此外，他还收集55例烧死并存在脑水肿改变的法医学案例，对其进行MMPs、claudin-5和AQPs免疫组织化学染色和real-time PCR。烧伤后迟发性死亡的大脑含水量增加，应用不同内参得出的相对mRNA量是不同的。当PES1、POLR2A和IPO8作为内参时，上述所有指标mRNA表达水平都升高；如果内参为GAPDH，只有AQP1和MMP-9表达增加；但是当内参为B2M时，MMP-9表达升高，MMP-2却降低。免疫组织化学染色结果显示，仅AQP1和MMP-9在严重烧伤后迟发性死亡中表达。[2]这些指标变化提示，系统性分析上述基因表达有利于法医学烧伤死因研究，以及内参基因的选择。此外，熊昌艳等[3]观察到，烧伤后人皮肤磷酸化c-Jun蛋白主要定位于表皮细胞和部分炎细胞中，阳性细胞率明显高于对照组，可能与创面愈合相关。

---

〔1〕 Wang Q. et al.，"Molecular Pathology of Pulmonary Edema in Forensic Autopsy Cases with Special Regard to Fatal Hyperthermia and Hypothermia"，*Forensic Sci Int*，2013 May 10，228（1~3）：137~141.

〔2〕 Wang Q. et al.，"Molecular Pathology of Brain Edema after Severe Burns in Forensic Autopsy Cases with Special Regard to the Importance of Reference Gene Selection"，*Int J Legal Med*，2013 Sep，127（5）：881~889.

〔3〕 熊昌艳等："皮肤烧伤愈合过程中磷酸化c-Jun的表达"，载《中国法医学杂志》2013年第4期。

（4）猝死研究。主要内容包括：

第一，心源性猝死（SCD）。SCD 是指由各种心脏原因所导致的以意识丧失、晕厥为特征的突发性死亡。从疾病发作到死亡历经时间短促，少有机会进行临床检查和救治。在法医鉴定中，多数 SCD 存在可见的病理基础，如冠心病和病毒性心肌炎等。刘德衍等[1]收集 25 例冠心病猝死案例，进行 SOCS－1 和 Bax 免疫组织化学染色研究，发现 25 例 SCD 猝死组心肌纤维表达 SOCS－1，22 例表达 Bax，有望成为诊断 SCD 的病理形态学指标。但是有 8 例对照组表达 SOCS－1，2 例对照组表达 Bax，并且有 3 例 SCD 猝死组未表达 Bax，可能与多种因素有关，因此还需要加大样本量，可望获得更为夯实的基础数据。上述研究主要集中于心肌损伤的形态学指标检测。然而，一些案件 SCD 的病变或形态学指标往往缺乏特异性，这类死亡可能与心功能障碍直接相关。因此，客观评价死亡之前的心功能状态能更好地阐明猝死的确切机制，尤其能够为缺乏典型形态学损伤的心源性猝死案件的司法鉴定提供证据。高卫民等[2]建立大鼠急性心功能障碍模型，运用免疫组织化学染色、Western、实时 RT-PCR 等技术检测心功能障碍过程中心肌组织 BNP 蛋白和 mRNA 的表达变化。结果显示，1～2h 心肌细胞表现为弱阳性染色，4～6h 心肌细胞主要表现为阳性，10～12h 表现为强阳性。上述研究为了探索早期 BNP 基因的表达，还检测了 BNP mRNA 的含量变化，结果表明急性心功能障碍后 1h 即能检测到 BNP mRNA 显著升高。很多临床医学研究表明 BNP 是预测住院病人发生心律失常及预后和死亡率的强有力的指标，可见心肌组织中 BNP 与心律失常可能有密切的关系。所以，检测心肌组织中 BNP 的表达可为法医病理学者客观评价心功能状态提供一种新的途径。该方法值得推广，并且须在人体标本中进一步验证。此外，大部分 SCD 尸体表面无严重损伤，同时受到宗教信仰等因素的影响，死者家属反对进行系统性尸体解剖。迫切需要一种无创或微创技术进行尸体检验。

病毒性心肌炎主要是柯萨奇病毒引起的心肌感染，是造成新生儿死亡的重要病因，更是引起青壮年扩张性心肌病的主要诱因，严重危害人类健康。

---

〔1〕 刘德衍等："冠心病猝死者心肌中 SOCS－1 和 Bax 的表达"，载《中国法医学杂志》2013 年第 1 期。

〔2〕 高卫民等："急性心功能障碍大鼠心肌中 BNP 的表达"，载《法医学杂志》2013 年第 2 期。

刘婧等[1]和高迪等[2]收集病毒性心肌炎致死案例，分别进行 TLR3、NF-κB 以及 VCAM－1、caspase－3 免疫组织化学染色，发现它们在实验组表达明显升高，与对照组比较有统计学意义。此外，许弘飞等[3]通过对小鼠病毒性心肌炎模型进行研究，发现 Spry1 蛋白在实验组表达降低，而 MAPK 蛋白表达升高，推测 Spry1 参与 MAPK 通路在病毒性心肌炎心肌纤维化过程中起着促进胶原形成的作用，从而导致心律失常的发生、心功能减退甚至猝死。

第二，青壮年猝死综合征（SMDS）。SMDS 是一类迄今为止原因未明，主要好发于东南亚地区青壮年男性的睡眠中猝死综合征。大部分死者呈现非典型形态学特征，如肥胖、右心室扩张等，从而给相关案例鉴定带来巨大困难。[4]因为部分 SMDS 与编码人心脏钠离子通道 α 亚基的 SCN5A 基因的结构异常密切相关，同时 SMDS 在临床表现和猝死诱因等方面与以 Brugada 综合征为主要代表的心脏钠离子通道疾病高度相似，所以其他的心脏钠离子通道相关作用蛋白的变异和部分 SMDS 的发生是否相关，就成了该领域的研究热点。心脏钠离子通道可以看作是由形成孔道的 α 亚基、调节性 β 亚基及其他相关作用蛋白一起构成的多蛋白复合体。编码甘油－3－磷酸脱氢酶样基因（GPD1－L）在心肌细胞膜表面与 SCN5A 编码的 α 亚基共表达，提示二者之间可能存在直接的相互作用。GPD1－L 错义突变可导致钠通道向心肌细胞膜表面的转运受限，钠离子内流减少。在人类钠通道 β 亚基主要由四种基因（SCN1B～SCN4B）编码，在各种心律失常患者体内都发现了编码 β 亚基的基因突变，提示其在心脏病中的重要作用。徐小龙等[5]和孙溢等[6]收集广州、东莞、深圳等地区散发的 SMDS 病例，对其白细胞中 DNA 分别进行 GPD1－L 和

---

〔1〕 刘婧等：“TLR3、NF-κB 在病毒性心肌炎心肌中的表达及意义”，载《热带医学杂志》2013 年第 1 期。

〔2〕 高迪等：“病毒性心肌炎致死者心肌中 VCAM－1 和 caspase－3 的表达”，载《法医学杂志》2013 年第 3 期。

〔3〕 许弘飞等：“Spry1 和 MAPK 蛋白在病毒性心肌炎心肌组织中的表达”，载《法医学杂志》2013 年第 3 期。

〔4〕 Zhang MC. et al.，“Causes of Sudden Death in Patients with Obstructive Sleep Apnea”，*J Forensic Sciences*，2013 Sep，58（5）：1171～1174.

〔5〕 徐小龙等：“GPD1－L 基因检测及其与青壮年猝死综合征的相关性”，载《法医学杂志》2013 年第 5 期。

〔6〕 孙溢等：“青壮年猝死综合征 SCN2B、SCN4B 基因检测”，载《中国法医学杂志》2013 年第 4 期。

SCN2B、SCN4B 基因检测，结果未发现既往已报道的或新的 GPD1－L 和 SCN2B、SCN4B 外显子非同义突变，只是在基因非编码区检出多个变异位点。虽然非编码区具有调控基因表达的作用，但这些基因变异位点的病理生理意义及其与 SMDS 发生的相关性仍然不清楚。因此，心脏钠离子通道疾病是 SMDS 原发病因的假说理论值得进一步的探索和验证。还有研究人员〔1〕则通过研究人心脏钾离子通道相关基因发现，在 SMDS 人群的钾离子通道 KCNQ1、KCNH2、KCNE1 和 KCNE2 基因中共找到 2 个新发现外显子非同义突变和 3 个已报道可以导致心律失常的易感多态性。该研究的重要性不仅仅是推测以上基因与部分 SMDS 的发生存在关联性，更主要的是提示我们除了钠离子通道基因外，SMDS 的发病原因还有可能与其他通道基因相关，为该领域的研究提供了新的思路。

第三，过敏性休克死亡。梁琪等〔2〕研究发现，豚鼠过敏性休克死亡后冷藏 48h 或冷冻 7d，其心肌、气管、喉头黏膜上皮细胞 IL－10 呈较强阳性表达，为过敏性休克死亡研究打下基础。

2. 推断死亡时间

有多种因素影响死亡时间的推断，其中环境温度是主要因素。所以，国内研究人员重点探讨了在环境温度变化条件下推断死亡时间的可行性。杨天潼等〔3〕分别抽取家兔和人体静脉血，置于 10℃、15℃、20℃、25℃、30℃和 35℃下，检测心血氧化还原电位和 ATP 值，因此得到了多种温度条件下、较为精确的心血氧化还原电位和 ATP 值随死亡时间的变化曲线回归方程，并以此为基础，推导出了死亡时间推断的曲面方程和三维曲面图。上述研究仅对外界单一环境温度下死亡时间的推断进行了探讨，但实际案例中人死后所处环境中的温度是随时变化的，尤其是温差较大的地方，同时还会存在其他不同因素的作用，所以心血氧化还原电位和 ATP 值的死后变化仍具有很多不确定性，需要在进一步的研究中加以证实。

---

〔1〕 Liu C. et al.，“Postmortem Molecular Analysis of KCNQ1，KCNH2，KCNE1 and KCNE2 Genes in Sudden Unexplained Nocturnal Death Syndrome in the Chinese Han Population”，*Forensic Sci Int*，2013 Sep，231（1～3）：82～87.

〔2〕 梁琪等：“过敏性休克死亡豚鼠心、气管、喉头 IL－10 表达的死后变化”，载《中国法医学杂志》2013 年第 5 期。

〔3〕 参见杨天潼等：“家兔死后心血氧化还原电位值变化与死亡时间的关系”，载《法医学杂志》2013 年第 5 期。另参见杨天潼等：“不同温度下离体人静脉血 ATP 含量与死亡时间的关系”，载《中国法医学杂志》2013 年第 3 期。

还有研究人员[1]发现，利用傅里叶显微红外光谱（FTIR）技术推断死亡时间，不会受到性别、年龄和器官种类因素的影响。石学志等[2]发现，家猪尸体胸主动脉的极限载荷、平均力和应力等生物力学参数指标均随死亡时间延长呈明显下降趋势，其中极限载荷效果最好，对推断死亡时间有一定意义。李晓娜等[3]应用光学显微镜摄取全角膜图像，结合图像分析软件观察到角膜上皮层厚度、角膜基质层厚度和全角膜厚度的变化值与死亡时间呈较好的线性关系，且角膜基质层厚度优于全角膜厚度，可作为推断死亡时间的指标。任广睦等[4]发现，人体胸肌组织中rRNA各亚基5srRNA、5.8srRNA、18srRNA、28srRNA稳定性好，各亚基的表达量与死因、年龄无关，是适用于晚期死亡时间推断的内参基因。

3. 推断损伤时间

目前，损伤时间推断研究遇到的问题与死亡时间推断相似。由于影响因素众多，以往大多数相关实验只是在单一条件下研究在不同时间段死后即刻的表达情况，所以实验数据很难用于实践工作。杜秋香等[5]不仅研究大鼠生前骨骼肌挫伤后不同时间点SNAT2 mRNA的表达情况，还重点检验了大鼠死后不同时间再致伤后SNAT2 mRNA的稳定性，发现生前伤后4、16、20和24h SNAT2 mRNA的表达明显增高，24h至48h则变化不明显。而死后标本中SNAT2 mRNA没有发现降解。法医在大多数情况下遇到的是死后一段时间的尸体，会受到环境因素等影响，常有一定程度的死后变化，会对生物学指标的表达产生不利作用。因此，SNAT2 mRNA的死后稳定性较好，较适合应用于人体实验中。张凌宇等[6]也对大鼠骨骼肌损伤时间进行研究，发现伤后

---

〔1〕 Xuan MG. 等："The Impact of Gender, Age and Tissues in Vitro on Estimating Postmortem Interval by FTIR Spectroscopy"，载《法医学杂志》2013年第1期。

〔2〕 石学志等："利用猪胸主动脉生物力学性能时序性变化推断死亡时间"，载《中国法医学杂志》2013年第2期。

〔3〕 李晓娜等："兔死后角膜厚度与死亡时间的关系"，载《法医学杂志》2013年第4期。

〔4〕 任广睦等："死亡人体胸肌组织中rRNA亚基的稳定性评价"，载《中国法医学杂志》2013年第6期。

〔5〕 Du QX. et al., "Time-Dependent Expression of SNAT2 mRNA in the Contused Skeletal Muscle of Rats: a Possible Marker for Wound Age Estimation", *Forensic Science, Medicine, and Pathology*, 2013 Dec, 9 (4): 528～533.

〔6〕 张凌宇等："大鼠骨骼肌挫伤后ASCT2 mRNA的表达变化"，载《中国法医学杂志》2013年第3期。

12、16h ASCT2 mRNA 的表达明显增高，但是其他组表达变化不明显。此外，秦豪杰等[1]和杨永强等[2]分别观察大鼠皮肤切创和脑损伤后不同时间点 Cygb、HIF－1α mRNA 及 α－syn 蛋白的表达情况，这些表达具有一定的时间规律性，可以成为损伤时间推断的参考依据。

4. “第九次全国法医学术交流会”法医病理学情况

2013 年 10 月 19～22 日，中国法医学会在北京召开“第九次全国法医学术交流会”，交流内容涵盖法医病理学、法医损伤学、法医临床学、医疗损害鉴定、法医物证学、法医毒物学、法医人类学、司法精神病学以及其他相关交叉学科。会议共选出 125 篇论文公开出版发行，其中，法医病理学文章共有 33 篇，数量最多，占 26.4%。法医病理学文章中共有论著 4 篇、综述 3 篇、办案经验 4 篇、案例报道 22 篇。其中，1 篇论著和 3 篇综述的研究方向为猝死，另 3 篇论著的研究方向为硅藻分布与检验。

（二）法医临床学

法医临床学正逐渐成为一门法医学、临床医学及法学的交叉学科。它拥有相对独立的概念体系及任务，明确的专业领域、研究范畴、理论基础，核心的技术手段（神经电生理学），体现学科特点的思维方式；拥有大量专职的从业人员、大量的司法鉴定案例等。2013 年统计数据显示，[3]我国共有法医临床类鉴定机构（均为社会性鉴定机构，不包括公安、检察系统的法医鉴定机构）1901 家，从业人员 18 356 人，社会性鉴定机构结案量达 910 472 件（比 2006 年增长 182%），人均结案 50 件左右。如此惊人的增长速度，反映了其巨大的社会需求。

1. 法医临床学前沿问题研究

本年度，在国家自然基金项目中有两项法医临床学课题，一是四川大学邓振华教授“利用多元影像学技术构建中国 18 周岁汉族青少年骨龄评价指标体系”，二是苏州大学陈溪萍副教授“应用视觉信息加工 ERPs 客观评价视力的法医临床学研究”。

---

〔1〕 秦豪杰等：“大鼠皮肤切创愈合过程中 Cygb 及 HIF－1α mRNA 的表达”，载《中国法医学杂志》2013 年第 1 期。

〔2〕 杨永强、李凡、马书玲：“大鼠弥漫性脑损伤后脑组织 α－syn 的表达”，载《中国法医学杂志》2013 年第 4 期。

〔3〕 李禹、党凌云：“2012 年度全国司法鉴定情况统计分析”，载《中国司法鉴定》2013 年第 4 期。

国家科技支撑计划课题“司法鉴定关键技术研究”（牵头单位为司法部司法鉴定科学技术研究所，2012年年底批准）的子课题，“人体功能障碍客观评定技术研究（2012BAK16B03）”属法医临床学研究，涵盖了“肢体功能评定技术”、“平衡功能评定技术”、“视觉功能评定技术”、“认知功能障碍评定技术”以及“活体骨龄评定技术”，代表了目前法医临床学研究的前沿技术。上述课题分别由上海司法部司法鉴定科学技术研究所、中山大学中山医学院法医学系、中国政法大学证据科学研究院承担。

2. 新的《人体损伤程度鉴定标准》出台

人体损伤程度的司法鉴定，是法医临床学学科的骨架和脊梁。[1]2013年8月30日，“两院三部”发布《人体损伤程度鉴定标准》，该标准作为人体损伤程度鉴定的唯一依据，标志着法医临床学的技术工作进入新阶段。该标准在原人体损伤鉴定“三标准”基础上作了全面修订，强调原发损伤为主、结合损伤后果及结局综合分析的鉴定原则，增强了标准的可操作性、科学性及严谨性。王旭[2]、常林[3]、刘鑫[4]等学者撰文指出，该标准汇聚了20余年法医临床学关于人体损伤鉴定的经验、规则和理念。它大量吸纳世界卫生组织（WHO）关于残疾分类的新理念，如《国际功能、残疾和健康分类》（ICF）的理念，其听觉、视觉分类的变化，更接近国际潮流。王旭[5]认为，该标准满足了司法审判对“严重残疾”予以医学界定的需求，其中“重伤一级”是对“严重残疾”的明确界定。对比分析显示：“重伤一级”的24个条款中，有23个属“严重残疾”状态（另一条款属致命伤），其残疾等级分属“1～4级”。当然，该标准还存在一些技术缺陷，如操作难度增加，标准内在的不平衡性、不严谨，等等。未来几年，对该标准的解读、争议与规制，将是中国法医临床学研究的重要内容之一。

3. 法医临床学应用技术研究

（1）视觉功能客观评定研究。在传统的神经电生理（视觉、听觉、周围神经损伤）研究中，以视觉功能评定的研究最为活跃。视野是视功能评定的

---

〔1〕 常林：“损伤程度鉴定标准及鉴定原则探讨”，载《中国法医学杂志》2007年第3期。

〔2〕 王旭：“《人体损伤程度鉴定标准》解读与评析”，载《证据科学》2013年第6期。

〔3〕 常林：“论人体损伤程度鉴定的原则”，载《证据科学》2013年第6期。

〔4〕 刘鑫：“人体损伤鉴定标准的变化与问题研究”，载《证据科学》2013年第6期。

〔5〕 王旭：“《人体损伤程度鉴定标准》解读与评析”，载《证据科学》2013年第6期。

重要指标，其客观评定是法医学鉴定的难点问题。传统视诱发电位（VEP）虽能反映视觉通路整体功能状态，但不能定位，对局灶病变不敏感，应用于视野客观评定受到一定限制。项剑等[1]和彭书雅等[2]对多焦视觉电生理技术在法医学客观视野检查中的应用价值进行探讨，指出，多焦视觉电生理技术主要包括多焦视网膜电图（multifocal electroretinography，mfERG）和多焦视诱发电位（multifocal visual evoked potential，mfVEP），可通过同时刺激大量局部视网膜区域得到各局部反应以客观评价视网膜功能和视网膜－皮层传导通路的状态，具有测试时间短、灵敏度高等优点。项剑等首次报道了在实际案例中 mfVEP 的应用（取得较好的效果）。大量文献显示：mfVEP 采用多焦刺激技术，同时间内同时、分别刺激视网膜各个不同区域，并提取对应部位的局部 VEP，使客观地定量、定位检测视野成为可能。因 mfVEP 与视野检查存在良好相关性、客观性及可重复性，有望成为一项在客观视野检查方面极具应用前景的新技术。

王旭等[3]微视野“固视稳定性”检测的应用，具有客观预估视敏度区间的法医临床学实用价值。在对 64 名眼底损伤者的研究中，将受检者按固视性质分为 3 组：固视稳定组、固视相对不稳定组、固视不稳定组；分别统计 3 组间视敏度的差异。单因素方差分析结果提示，3 组间的视力水平存在统计学上的显著性差异。同时研究显示，视敏度与 2°、4°范围固视百分率之间均有相关性，Pearson 相关系数分别为 0.631、0.732（$P<0.05$），且视敏度与 2°、4°范围固视百分率之间均有线性关系。

（2）事件相关电位（ERP）研究。情绪障碍是颅脑损伤导致的精神损伤的最常见的精神症状，目前一般采用量表评价，缺乏可靠的客观指标。李晖等[4]对脑器质损伤后情绪障碍的 ERP 研究进展及法医学意义综述认为，该技术可能是揭示大脑的情绪加工机制的有效手段。综合介绍了情绪相关 ERP 检

---

〔1〕 项剑、王旭：“多焦视诱发电位在法医学客观视野检查中的应用价值”，载《中国法医学杂志》2013 年第 4 期。

〔2〕 彭书雅等：“多焦视觉电生理技术在视功能评估中的应用”，载《法医学杂志》2013 年第 4 期。

〔3〕 王旭等：“微视野‘固视稳定性’与视敏度相关性分析”，载《中国法医学杂志》2013 年第 3 期。

〔4〕 李晖、刘子龙、陈晓瑞：“脑器质损伤后情绪障碍的 ERP 研究进展及法医学意义”，载《中国法医学杂志》2013 年第 1 期。

测范式，以及与情绪加工相关的 N170/VPP、P2、P300、LPP、EML 等 ERP 成分的特征与意义，有望为法医学鉴定中采用 ERP 检测情绪障碍提供参考和借鉴。

赵二红等[1]应用图形异同判别 ERP 范式，探讨了鉴别伪装认知损害的法医学价值。40 例健康志愿者在合作和伪装认知损害两种情境下，接受了二项必选数字记忆测验（BFDMT）及图形异同判别 ERP 范式检测，以 20 例合作的三级脑外伤者为对照组。结果三组被试完成相同、无关、相似图形刺激后引出的 ERP 波均包括 N1、P2、N2、P3 和 N3 五个成分，三组样本组间的 N2、P3 和 N3 的潜伏期和波幅均存在差异。其中，伪装组相同图形的 N3 潜伏期与正常组无显著性差异，明显短于外伤组（$P<0.01$）；伪装组无关图形的 N3 潜伏期较正常组延长，但短于外伤组，波幅较正常组降低（$P<0.05$）；伪装组相似图形的 N3 潜伏期较正常组和外伤组缩短（$P<0.01$），波幅较正常组降低（$P<0.01$）。以 N3 潜伏期为指标进行判别分析，探查伪装认知损害的敏感性为 81.8%、特异性为 76.9%、命中率为 79.2%。说明图形异同判别范式可引出稳定的特征性 ERP 成分，其中 N3 的波幅和潜伏期有显著的组间差异，对判断伪装认知损害有一定的参考价值。

（3）等速肌力检测研究。肌力检测一直沿用徒手肌力检查法，但其难以完全辨别伪装，肌力的客观检测是法医临床学的难题。黄婷婷等[2]首次对等速肌力测试这一新技术在肌肉功能评定中的作用进行研究，认为等速肌力测试与训练技术是一种全关节范围的连续动态测试，在肌肉功能评定方面有较强的针对性，能客观、量化地反映关节活动范围内的肌力情况。其后，黄婷婷等[3]在另一篇文章中，报道了 1 例胫骨平台骨折伤者的等速肌力测试结果，研究显示：胫骨平台骨折后膝关节活动障碍与膝关节周围肌肉力量的减退有一定关系。在本例检测中，伤者伤侧膝关节伸肌力矩值与健侧相比明显异常，反映出其膝关节在负重状态下肌肉功能是受到影响的。这表明，将关节活动度和肌力同时作为评定肌肉功能的指标，可以弥补单纯依靠关节活动

---

〔1〕 赵二红等：“图形异同判别 ERP 技术检测伪装认知损害的研究”，载《中国法医学杂志》2013 年第 3 期。

〔2〕 黄婷婷等：“等速肌力测试与训练技术在肌肉功能评定中的研究进展”，载《法医学杂志》2013 年第 1 期。

〔3〕 黄婷婷等：“胫骨平台骨折等速肌力测试 1 例”，载《法医学杂志》2013 年第 4 期。

度计算功能丧失程度的局限性。

（4）各种功能量表研究开始展开。司法鉴定实践中，伤残等级的判断须参考器官损伤、功能障碍、医疗依赖与护理依赖以及社会心理因素等方面。其中，医疗与护理依赖以及由伤残引起的社会心理因素，涉及伤者生活质量，在鉴定标准中对其中主观成分的界定相对模糊。丛晓斌等[1]采用 DASH 量表［上肢功能评定表（disability of the arm，shoulder and hand questionnaire），最早由 Hudak 设计］作为评价肩、肘、腕、手关节功能的主观量表，评估伤者日常生活、娱乐、社交能力及症状严重程度。研究中对 48 名上肢工伤者进行调查，并与伤者的致残等级进行比较，其信度分析结果显示，Cronbach α[2]为 0.952，ICC 为 0.950（$P<0.01$），DASH 评分结果与致残等级呈现显著负相关，相关系数为 -0.591（$P<0.01$），为中度相关。说明 DASH 量表可以在一定程度上辅助司法鉴定，而使得法医临床学更加科学有效。

视功能评定中，汪岚等[3]首次研究了视力减弱补偿率问题，对国标 GB/T16180-2006《劳动能力鉴定职工工伤与职业病致残等级》标准中规范性附录 A.8 规定的视力减弱补偿率问题进行了解读。其后，汪岚等[4]在另一篇文章中，针对无晶体眼鉴定中涉及视力减弱补偿率问题（业内对鉴定标准理解不一、缺乏统一认识的情况），借鉴国外有关规定和经验，提出相关的参考方案。此解读与国外标准，如美国医学会（AMA）的《永久残损评定指南》（Guides to the Evaluation of Permanent Impairment，GEPI）一脉相承，对司法鉴定具有指导意义。

4. 相关技术标准研究

王静等[5]谈及旧损伤程度鉴定标准的缺陷，认为司发［1990］70 号《人体重伤鉴定标准》和司发［1990］6 号《人体轻伤鉴定标准（试行）》，这两个标准部分条款尚有不足之处：标准内容规定不够全面，同等级伤情损

---

〔1〕丛晓斌等："DASH 量表在上肢工伤司法鉴定中的应用"，载《中国法医学杂志》2013 年第 6 期。

〔2〕信度分析以 Cronbach α 系数位于 0.6 至 0.8 之间较好，大于 0.8 极好；组间相关系数 ICC（intraclass correlation coefficient）在 0.6 至 0.75 间较好，大于 0.75 极好。相关系数大于 0.7 为强相关，0.3～0.7 属中度相关，小于 0.3 为弱相关。$P<0.05$ 为差异具有显著性意义。

〔3〕汪岚、余丽萍、Judy Danley："视力减弱补偿率研究"，载《中国法医学杂志》2013 年第 4 期。

〔4〕汪岚等："无晶体眼视觉损伤程度评价研究"，载《中国法医学杂志》2013 年第 5 期。

〔5〕王静、胡健："浅谈人体损伤程度鉴定标准的不足"，载《中国法医学杂志》2013 年第 S1 期。

伤的程度差别较大，某些条款用词模糊，对鉴定时机未作明确规定，某些条款与社会发展不相适应。

张晓彤等[1]认为，《道路交通事故受伤人员伤残评定》（GB18667－2002）施行至今十余年，其权威性毋庸置疑。但其存在如下问题：一是伤残基本概念不清；二是伤残等级百分比值跨度过大；三是伤残评定依据没有得到很好的解决；四是伤残评定时机没有得到很好的解决；五是多处损伤累计没有得到很好的解决。张晓彤等建议，在 ICF（即《国际功能、残疾和健康分类》）模式基础上构建伤残概念和设定伤残等级；划定局部伤残相对于局部整体及人体整体的伤残百分比值；伤残等级应客观体现各系统的解剖和功能特点；对多处伤残进行综合计算获得总的伤残值；严格把握伤残评定时机，标准结构宜按照人体系统分类编排；设立循证医学研究和标准修改及解释工作。

王宏兴[2]对胸腰椎骨折伤残评定标准进行研究，指出胸腰椎爆裂性骨折在交通事故中常见，约占胸腰椎骨折的 64%～81%。对 32 例胸腰椎骨折伤残评定中所存在的问题进行剖析，反映出《道路交通事故受伤人员伤残评定》（GB18667－2002）标准六级到十级条款中规定的畸形愈合和活动度丧失在实际操作时难以把握，需要对相应条款给予明晰的司法解释，以便于统一掌握。同时对八级伤残、九级伤残给出了个人意见。

5. 法医临床学鉴定人出庭质询的探讨

徐华等[3]认为，新《刑事诉讼法》对司法鉴定人提出了更高要求，其中，“鉴定结论”变成“鉴定意见”，两个字的改动是实质的变化。鉴定结果本质上是一种言词证据，在实践中却常以鉴定书这样的书证形式出现，公诉人常常代替鉴定人角色，当庭宣读鉴定结果，并不绝对需要解释说明。这一方面增加了对鉴定结果的盲目信任，另一方面，也导致在多个鉴定结果出现矛盾时无所适从。因此，应完善鉴定人培养机制，提高鉴定人素质；重视鉴定人出庭培训以确保出庭效果；紧急情况下，鉴定人确因客观因素无法出庭

〔1〕 张晓彤、王云介：“完善道路交通事故伤残评定标准探讨”，载《中国法医学杂志》2013 年第 S1 期。

〔2〕 王宏兴：“胸腰椎骨折伤残评定标准探讨”，载《中国法医学杂志》2013 年第 S1 期。

〔3〕 徐华、陈莉、刘光林：“新《刑事诉讼法》语境下的法医鉴定人出庭之探析”，载《中国法医学杂志》2013 年第 S1 期。

的，建议在庭前会议上使用专家意见书的方式说明鉴定情况，设置专业人员代为解释等。

针对鉴定人出庭，王家昱等[1]指出，法医临床学鉴定人应制定法医出庭预案，主动把握应询质量。为了提升鉴定人出庭应对质询的质量，开展出庭应询能力的指导和培训是极为必要的。出庭常见的焦点问题包括：死因争议，损伤时间问题，损伤机制问题，损伤参与度、诱因、临床治疗并发症问题等。

6. 疑难复杂案例探讨及医疗纠纷的司法鉴定研究

本年度，高东等[2]报道了再次骨折的法医学因果关系鉴定3例，尹晓宏等[3]报道了牙齿脱落致伤方式法医学鉴定1例，张运楼等[4]报道了先天性蝴蝶椎伤残等级重新鉴定1例，关楠思等[5]报道了小儿盆部损伤成伤机制分析1例。

医疗纠纷的司法鉴定问题依然是法医临床学研究的重要问题，与往年以个案报道为主的学术研究相比，本年度出现了回顾性的统计学分析。项剑等[6]对112例外科医疗损害鉴定进行回顾分析，试图寻找外科医疗纠纷司法鉴定案例的一般特点。其统计学分析显示，在法院起诉的医疗纠纷中，医疗过失行为在外科的常见表现形式有以下几种：一是手术操作不当（28.57%）；二是告知与说明不充分（26.79%）；三是病情监测不力（22.32%）。损害结果以残疾或功能障碍最多见（61.61%），死亡次之（31.25%），一过性损害/未遗有明显不良后果少见（7.14%）。参与度方面，医疗过失行为在损害结果发生中起次要作用（26.79%）、同等作用（19.64%）、轻微作用（14.29%）多见，完全责任、主要责任、无责任少见。项剑等建议，外科医疗损害鉴定应重点关注手术操作、医患沟通及病情监测等环节。

---

〔1〕王家昱、王明双、王颖富："制定法医出庭预案　主动把握应询质量"，载《中国法医学杂志》2013年第S1期。

〔2〕高东、范利华："再次骨折的法医学因果关系鉴定3例"，载《法医学杂志》2013年第2期。

〔3〕尹晓宏、姜子明、史立辉："牙齿脱落致伤方式法医学鉴定1例"，载《法医学杂志》2013年第5期。

〔4〕张运楼等："先天性蝴蝶椎伤残等级重新鉴定1例"，载《法医学杂志》2013年第3期。

〔5〕关楠思等："小儿盆部损伤成伤机制分析1例"，载《法医学杂志》2013年第1期。

〔6〕项剑等："112例外科医疗损害鉴定回顾分析"，载《法医学杂志》2013年第3期。

李平龙等[1]对我国（2002～2012年）医疗损害鉴定制度研究述评指出，医疗损害鉴定对于医疗损害纠纷的公正处理具有重要意义。学界过往主要研究了医疗事故鉴定制度、医疗司法鉴定、医疗损害鉴定如何统一等问题。对医疗事故鉴定制度的研究，主要集中在医疗事故鉴定的性质、医疗事故鉴定制度的主要弊端、医疗事故技术鉴定制度存在的合理性、医疗事故技术鉴定制度的完善途径；对医疗司法鉴定的研究主要集中在医疗司法鉴定制度的合理性、医疗司法鉴定制度的弊端；对统一医疗损害鉴定的研究集中在统一医疗损害鉴定的模式、指导原则，建立统一医疗损害鉴定体制的具体建议以及需进一步研究的主要问题。

杨铁囡等[2]对医疗损害鉴定制度现状的探讨指出，目前我国医疗损害鉴定体制存在双轨制的问题（既有由卫生行政部门指导、各级医学会组织进行的医疗事故技术鉴定，也有在司法行政部门登记注册的法医司法鉴定机构组织进行的医疗过错鉴定），其原因主要是我国对医疗损害鉴定缺乏统一明确的法律规定，没有统一的医疗损害鉴定制度。医疗损害鉴定的难点是“因果关系与参与度问题”。在参与度的定量中，可采用以下形式：直接因果关系，主要责任（相关度为75%左右）；临界型因果关系，同等责任（相关度为45%～55%）；间接因果关系，次要责任，诱发因素（相关度为25%左右）；间接因果关系，轻微责任，辅助因素（相关度为10%左右）；无因果关系，无责任（相关度为0）。此种划分的缺点在于过分依赖主观判断，存在武断和先入为主的弊端。

谈在祥[3]指出，刑事医疗过失鉴定是追究医疗过失刑事责任的重要依据。我国目前相关法律与鉴定制度存在缺陷，造成刑法对重大医疗过失行为的过度放纵。因此，有必要借鉴两大法系国家及地区之经验，拓宽重大医疗过失进入刑事司法程序的渠道，严格限定鉴定主体，严格鉴定意见的审查和对鉴定人之约束，完善刑事医疗过失鉴定层级制度。

---

〔1〕 李平龙、肖鹏：“我国医疗损害鉴定制度研究述评（2002～2012）”，载《证据科学》2013年第2期。

〔2〕 杨铁囡、白延东：“医疗损害鉴定中几个问题的探讨”，载《中国法医学杂志》2013年第S1期。

〔3〕 谈在祥：“论我国刑事医疗过失鉴定的困境与展望”，载《证据科学》2013年第2期。

针对医疗损害鉴定之因果关系问题，刘鑫[1]指出，因果关系既是一个哲学问题，更是一个实践运用问题。在医疗损害侵权责任认定中，被告医疗行为与原告损害后果之间必须具有相应的因果关系，侵权责任才能成立。侵权诉讼实践中必须先认定是否存在事实因果关系，进而判断是否存在法律因果关系。法律因果关系由法官在事实因果关系的基础上作出认定，而事实因果关系由于其专业性往往由司法鉴定来判断。医疗损害鉴定之因果关系判断，首先应当依据事故归因理论来分析造成患者损害的所有致害因素，进而依据相关理论检索、专家咨询、因素分析、实案验证来精确判断医疗损害事件中的因果关系，并作定量判断，得出参与度结论。医疗损害鉴定之因果关系分为主要因果关系、临界因果关系、次要因果关系、机会丧失因果关系。医疗损害鉴定之因果关系鉴定实务中还会涉及一系列特殊的鉴定情形，如医疗不当因素难以排除、医疗机构未尽告知义务的因果关系，误诊的因果关系，各情形在鉴定中都有各自具体的操作要点。

（三）司法精神病学

随着新《刑事诉讼法》和《精神卫生法》的实施，本年度司法精神病学的热点集中于强制医疗和《精神卫生法》等相关问题。

1. 强制医疗问题研究

对肇事、肇祸精神病患者的强制医疗作为现代社会所面临的一个重大难题，在世界各国都受到了普遍重视。一直以来，我国对强制医疗制度缺乏相关立法，导致了强制医疗措施处于一种无法可依、实施混乱的状况。新《刑事诉讼法》第一次以国家立法形式，将“依法不负刑事责任的精神病人的强制医疗程序”作为四种特别程序之一作了规定，对强制医疗的申请程序、审理程序、法律援助、救济程序和法律监督等均作了详细规定，使强制医疗措施开始纳入法治轨道。

（1）强制医疗的适用对象范围问题。根据《刑法》第 18 条第 1 款和《刑事诉讼法》第 284 条的规定，对经过司法鉴定、没有辨认能力或者控制能力的依法不负刑事责任的精神病人，进行强制医疗已不存在什么争议；但对于无受审能力的精神病人、限制刑事责任能力的精神病人、服刑期间患精神病的犯人、间歇性精神病犯人、一审后被判处死刑的患精神病的犯人以及非

[1] 刘鑫：“医疗损害鉴定之因果关系研究”，载《证据科学》2013 年第 3 期。

精神病性精神障碍者，是否可以适用强制医疗，却没有提及。对强制医疗对象应该满足的具体条件也规定得比较模糊，给实际司法操作造成了很多不便。袁坚[1]认为，强制医疗适用于在无刑事责任能力状态中实施刑法所规定的危害社会的行为，或者在实施危害行为后因患有精神病而失去辨认或控制自己行为的能力，并且精神状态和实施行为的性质对社会具有危害性的人。陈卫东等[2]认为，强制医疗不仅适用于无刑事责任的精神病人，还应包括限制刑事责任能力的精神病人、无受审能力的精神病人以及服刑期间患精神病的人。

（2）执行机构问题。选择合适的执行机构对肇事、肇祸精神病患者进行强制医疗，是保证强制医疗顺利进行的基础。在我国现行《刑法》、《刑事诉讼法》和《精神卫生法》等法律法规中，都没有提及由什么机构执行强制医疗；最高人民法院《刑诉法解释》第535条也仅仅规定，在人民法院作出强制医疗决定并向公安机关送达强制医疗决定书和强制医疗执行通知书后，由公安机关将被决定强制医疗的人送交强制医疗，却没有标明该送到哪里进行强制医疗。

1988年公安部《全国公安机关第一次精神病管治工作会议纪要》指出，将不负刑事责任的精神病人关在看守所或者采取其他囚禁方法都是违法的，针对这些精神病人，应当在卫生、民政、财政等部门的支持和配合下，加快建立由公安机关管理的精神病管治院，即"安康医院"。2010年在武汉召开的全国安康医院工作会议上，公安部监所管理局再次特别强调，"强制医疗是一种特殊的行政强制措施"，决定进行强制医疗必须同时满足两个先决条件：第一，被强制医疗人员已发生了触犯刑法的行为，涉嫌犯罪；第二，被强制医疗人员是经法定鉴定程序，确认无刑事责任能力的精神病人。

除安康医院外，卫生系统和民政系统也有各自管理的精神病医院，但这些医院没有强制医疗功能。从目前状况来看，[3]尽管法律上没有明确规定由隶属于政府的精神病院收治不负刑事责任的精神病人，但在实际的司法操作

---

〔1〕 袁坚："不负刑事责任精神病人强制医疗程序的立法比较与完善"，载《人民司法》2013年第13期。

〔2〕 陈卫东、柴煜峰："精神障碍患者强制医疗的性质界定及程序解构"，载《安徽大学学报（哲学社会科学版）》2013年第1期。

〔3〕 宋行健："我国刑事强制医疗制度完善的新思考"，载《法制与社会》2013年第9期。

中，强制医疗大部分选择在各地的安康医院执行。王耀世[1]建议，对此应该通过立法加以规定。鉴于目前我国只有27所安康医院，对于还没来得及建立安康医院的部分省市，可以考虑授权有资质条件的社会精神病院暂时代为履行强制医疗的职责，以缓解强制医疗能力不足的局面。

（3）经费保障问题。经费短缺是我国管理重性精神病患者所面临的一大难题。纵博等[2]认为，重性精神病患者免费收治是国际上较为成功的经验，我国应该借鉴这种做法，通过完善精神病人的救助机制、康复机制等一系列配套措施，为精神病患者提供医疗康复乃至生活照料服务。强制医疗作为一类特殊的精神病人治疗措施，是国家刑法特殊预防功能的体现，费用应由其受益者——国家或者社会——来承担。

（4）强制医疗期限问题。强制医疗既是一项医学措施，又是一项强制措施。李民等[3]建议，强制医疗与普通的医疗一样，针对的都是病人，只不过面对的病人不同而已，其治疗的期限也应该严格以医学尺度为标准。但由于强制医疗本身的特殊性，其医疗的期限又不能完全按照医学标准执行。关于强制医疗的期限，我国《刑法》和《刑事诉讼法》都没有规定。在我国各省市颁布的地方性法规或者行政规章里，对强制医疗的期限也规定得比较模糊，大部分都是以“病情缓解、稳定或者基本治愈”为参考。不管是从法律的角度还是从医学的角度，对接受强制医疗的精神病人的治疗期限进行合理的限制都是非常必要的，它既是保护精神疾病患者人权的需要，也是维护法律尊严、社会正义的需要，具体实行中采取强制医疗的方式和轻重，应该与患者所实施的危害行为的性质和危险性大小相适应。如果不对强制医疗的期限加以规范，有可能导致一系列的不良后果。

（5）《精神卫生法》与《刑事诉讼法》关于强制医疗规定的衔接问题。虽然这两部法律均对强制医疗作了规定，但是，孙东东[4]认为，其中关于强

---

〔1〕 王耀世：“我国精神病人刑事强制医疗程序研究”，载《中国检察官》2013年第15期。

〔2〕 纵博、陈盛：“强制医疗程序中的若干证据法问题解析”，载《中国刑事法杂志》2013年第7期。

〔3〕 李民等：“精神病人强制医疗鉴定程序浅析”，载《法医临床学专业理论与实践——中国法医学会·全国第十六届法医临床学学术研讨会论文集》，2013年。

〔4〕 孙东东：“自知力缺损精神障碍患者知情同意权的法学理论与实务”，载《中国心理卫生杂志》2013年第8期。

制医疗的规定仍有区别。《精神卫生法》对于患者的强制医疗规定，主要目的在于对精神病患者的有效诊断、治疗，同时兼顾防止普通人“被精神病”及维护社会安全。而《刑事诉讼法》的强制医疗对象，均是肇事、肇祸精神病人，目的主要在于维护社会安定和正常秩序。

2. 《精神卫生法》的实施问题引领司法精神病学的相关研究

《精神卫生法》于2013年5月1日起正式实施，标志着其立法问题已基本告一段落，随之而来的是法律实施中出现的一系列问题。

（1）自愿医疗原则的具体执行问题。《精神卫生法》体现了尊重精神疾病患者的自愿医疗原则。对于疑似精神疾病患者的送诊，除个人自行到医疗机构进行精神障碍诊断外，疑似患者的近亲属可将其送诊；对查找不到近亲属的流浪乞讨疑似精神障碍患者，由当地民政等有关行政部门按职责分工送诊；疑似患者发生伤害自身、危害他人安全行为或有这方面危险的，其近亲属、所在单位、当地公安机关应立即采取措施制止，并将其送诊。

在诊断程序方面，《精神卫生法》规定：精神障碍的诊断，除法律另有规定外，不得违背本人意志进行确定其是否患有精神障碍的医学检查。特别需要指出的是，精神障碍患者的住院治疗“实行自愿原则”。“严重精神障碍患者”的住院条件是：已发生伤害自身的行为，或有伤害自身危险的；已发生危害他人安全的行为，或有危害他人安全危险的。对前者，监护人不同意的，医疗机构不得实施住院治疗；对后者，如患者或监护人不同意住院，可要求再次诊断和委托医学鉴定，如再次诊断结论或鉴定报告表明仍需住院，而监护人阻碍或患者擅自脱离住院的，可由公安机关协助医疗机构采取措施实施住院治疗。刘鑫[1]提出，相关条款在执行过程中尚存在操作性问题，矛盾的焦点在精神疾病患者、监护人、送诊者/单位、医院，如果意见和评估结果不一致，目前还缺乏良好的协调机制。

（2）复诊及委托鉴定问题。为有效防止“被精神病”现象的发生，《精神卫生法》规定了两种复诊、两次鉴定制度。“两种复诊制度”，即因患者有伤害自身等情形而需要强制收治的，不同意住院的患者（此时其近亲属同意）可要求复诊；因患者有危害他人安全等情形而需要强制收治的，不同意住院的患者或监护人可选择所在地省级行政区域内其他有资质的医疗机构复诊。

〔1〕刘鑫：“精神卫生法的理想与现实”，载《中国卫生法制》2013年第5期。

“两次鉴定制度”，即对复诊结论有异议、要求鉴定的，应当自主委托依法取得执业资质的精神障碍司法鉴定机构进行鉴定；对鉴定意见有异议的，可以要求该司法鉴定机构另外指定鉴定人重新鉴定。胡晓翔[1]认为，引入司法鉴定机构作第三方鉴定，是利用现有力量、突出专业性，提供一种专业的救济渠道。但是，在两种鉴定模式如何衔接，两个鉴定程序转换时间较长，期间如何保障普通公众和精神障碍患者的权益等方面，均存在较大争议。此外，对于鉴定性质的界定仍有一定争议，孙也龙[2]建议，由从专家库随机抽取的医学、法学、社会学等领域专家组成独立第三方机构进行鉴定。

（3）权益保障和法律责任问题。《精神卫生法》规定：精神障碍患者的人格尊严、人身和财产安全不受侵犯；精神障碍患者的教育、劳动、医疗、隐私保护以及从国家和社会获得物质帮助等方面的合法权益受法律保护。此外，针对通讯、会见权利，《精神卫生法》也作出明确规定：除在急性发病期或为了避免妨碍治疗可以暂时性限制外，不得限制患者的通讯和会见探访者等权利。但是，于欣[3]认为，一些权益的保障单凭法律条款无法实现，亟须建立合理的社会保障体系，如精神障碍患者的教育权，尤其是如何对精神发育迟滞患者进行教育；精神障碍患者隐私权的过度保护是否会影响病人享受适宜的医疗卫生服务；在精神障碍发作期间，患者躯体疾病的治疗权如何保护；精神障碍患者后续的就业问题如何解决等问题。

李敬[4]指出，全社会要树立一个重要理念：精神病人首先是公民，确保他们的基本权利和人格尊严、获得治疗和不受歧视的权利，是《精神卫生法》立法的基础。《精神卫生法》规定了监护人制度，家庭承担患者的治疗、监护、照料等责任，如果不承担或不及时将患者送进、接出医院，将构成“虐待罪”或“遗弃罪”。借鉴国外经验，今后精神障碍患者的医疗重点从医院转向社区，并建立起系统的精神障碍防治网络十分关键。

---

〔1〕 胡晓翔：“《精神卫生法》浅析”，载《南京医科大学学报（社会科学版）》2013 年第 3 期。

〔2〕 孙也龙：“美国精神卫生制度的发展——兼论我国新《精神卫生法》”，载《西南政法大学学报》2013 年第 3 期。

〔3〕 于欣：“‘亦余心之所善兮，虽九死其犹未悔’：写在《精神卫生法》即将实施之际”，载《中国心理卫生杂志》2013 年第 4 期。

〔4〕 李敬：“《精神卫生法》实施后可能面临的挑战”，载《中国残疾人》2013 年第 5 期。

3. 司法精神病鉴定管理问题

对于司法精神病鉴定的管理，学者们从不同角度提出了意见和建议。袁尚贤〔1〕认为，司法行政管理部门应依法对法医精神病学司法鉴定机构加强科学化、专业化、规范化建设，严格审批法医精神病学司法鉴定人的资质，建立严格的司法鉴定人准入制度；参照历史经验，司法部应尽快制定“精神疾病司法鉴定条例”；由资深法医精神病学家、心理学家、法学家等组建省级和国家级法医精神病学专家咨询委员会，解决目前法医精神病鉴定中存在的重大疑难案例鉴定和重新鉴定问题。此外，潘广俊〔2〕从法医精神病学的人才培养、建立和完善“受害人”赔偿机制等方面，对司法精神病鉴定提出了有益的意见。

4. 其他研究进展

唐安平等〔3〕对“指令执行”检查方法在司法精神病鉴定工作中对被鉴定人伪装精神病的识别作用进行了研究，对 306 例接受司法精神病鉴定者进行指令执行检查，结果发现，指令执行检查对伪装精神病的诊断率与金标准差异无统计学意义，从而得出结论：指令执行检查在司法精神病鉴定中可以作为一种识别伪装精神病的方法使用。

李学武等〔4〕对于辨认和控制能力与责任能力在司法精神病鉴定上的差异进行了比较研究。结果显示，大多数法学界人士认为，司法精神病鉴定“评定辨控能力”有别于“评定刑事责任能力”、“作出精神病症对行为人作案行为的影响及其影响程度”或“作出辨认能力和控制能力的鉴定意见”，比评定责任能力更符合自身学科的行业规范。

石华孟〔5〕认为，鉴于司法精神病鉴定的特点，有必要在司法精神病鉴

---

〔1〕 袁尚贤：“我国法医精神病学司法鉴定回顾与展望初探”，载《中国法医学理论与实践创新成果精选——全国第九次法医学术交流会论文集》，2013 年。

〔2〕 潘广俊：“论法医精神病鉴定机构规范化建设——以浙江省为视角”，载《中国司法鉴定》2013 年第 4 期。

〔3〕 唐安平等：“‘指令执行’检查在司法精神病鉴定中对伪装精神病的识别”，载《中国心理卫生杂志》2013 年第 4 期。

〔4〕 李学武等：“辨认和控制能力与责任能力司法精神鉴定差异的调查”，载《法医学杂志》2013 年第 4 期。

〔5〕 石华孟：“论建立司法精神病鉴定专家辅助人制度”，载《2013 浙江省医学会精神病学分会学术年会暨浙江省医师协会精神科医师分会第六届年会论文汇编》，2013 年。

定中建立专家辅助人制度，从而解决法官过度依赖鉴定意见的问题，并保障当事人程序参与权，进而最大限度地保证鉴定意见的科学性、客观性和公正性。

刘明〔1〕从犯罪心理学角度对刑事责任能力鉴定进行了探析，认为应着重探讨刑事责任能力的心理学基础，并在此基础上进一步具体化刑事责任能力考察的心理学维度和指标。

（四）法医生物学

本年度，法医生物学的遗传标记检测体系的研发与应用，主要集中在短串联重复序列（STR）、单核苷酸多态（SNP）以及线粒体 DNA（mtDNA）序列多态检测体系的研发。其应用研究也取得了一定进展。随着更多试剂盒的开发以及司法鉴定检案量的积累，遗传标记变异的研究成果丰硕，为实际应用中减少分型误判提供了有价值的参考依据。其他研究成果包括：亲子、亲缘关系鉴定研究与案例分析，同卵双生子的鉴别研究，DNA 推断体貌特征、个体来源的研究，混合检材的研究，RNA 的应用研究，动物、植物 DNA 研究，样品采集、提取、直接扩增的方法学研究，等等。

1. STR 检测体系的研发与应用

STR 检测是法医 DNA 个人识别和亲权鉴定的主要手段，研发具有高鉴别能力的检测试剂盒及相关耗材，一直是法医物证技术研究的重点。此外，还需对这些试剂盒所检测的 STR 位点进行特定群体的遗传学数据调查，以作为实际法庭科学应用的基础，这在我国这样的多民族国家尤为必要。

（1）常染色体 STR 检测。常染色体 STR 分析的法医生物学应用，在个人识别与亲权鉴定中发挥了重要作用。可被系统性检测的 STR 位点数目也在初期的 13 个 CODIS 推荐位点的基础上不断得到追加与补充，从而在国内外出现多种商品化常染色体 STR 检测试剂盒。新的试剂盒的开发、试剂盒的比较与评价，以及基于试剂盒的群体遗传学数据调查构成目前常染色体 STR 的主要研究内容。

唐建新等〔2〕评估了新建立的23 个 STR 复合扩增体系 EX23 的法医学应用

---

〔1〕 刘明：“刑事责任能力鉴定的犯罪心理学角度探析”，载《贵州警官职业学院学报》2013 年第 2 期。

〔2〕 唐建新等：“23 个 STR 基因座荧光复合扩增体系的法医学应用评估”，载《中国司法鉴定》2013 年第 1 期。

价值，对其对法医学应用参数、灵敏度、种属、脱落细胞检材及降解检材分型效果进行观察，并与 Sinofiler™试剂盒比较。DNA 模板量在 0.05～1.00ng 时，各位点分型结果清晰准确，均衡性好，特异性强。应用该复合扩增体系检验混合样本、降解检材及脱落细胞检材，均能获得正确的分型结果。统计结果显示，该23个STR位点累计个人识别率（TDP）达0.999 999 999，三联体累计非父排除率（CPE）达0.999 999 997。

Huang YM 等[1]评价了 GoldenEye™ 20A 试剂盒的应用价值。该试剂盒共含有19个常染色体STR位点，包括13个 CODIS 位点以及 PentaE、PentaD、D2S1338、D19S433、D12S391 和 D6S1043。作者采用该试剂盒检测了289个亲子鉴定案例的 FTA 血液样品，PCR 扩增产物经毛细管电泳检测了包括 Amelogenin 在内的共20个遗传标记。实验结果与常见的三个商品化试剂盒 AmpFℓSTR® Identifiler®、PowerPlex® 16，以及 AmpFℓSTR® Sinofiler™的分型结果进行了对比。GoldenEye™ 20A 试剂盒相对可获得更高的 CPI 值或者在排除父权案例中得到更多的可排除位点。另外，赵金玲等[2]也从灵敏度、杂合等位基因峰高均衡性、耐受性、混合样本检测及等位基因分型结果5个方面，对 Goldeneye™20A 试剂盒和 Sinofiler™试剂盒进行了比较。两种试剂盒的检测灵敏度值均为125pg；两种试剂盒在不同模板量扩增得到的杂合子平均峰高比值相近；Goldeneye™20A 试剂盒对血红素抑制剂的耐受性略好于 Sinofiler™试剂盒；两种试剂盒对7：1和1：7比例的混合样本，都能得到主要与次要成分的完整等位基因分型结果。同一样本两种试剂盒在15个共有位点上的分型结果完全相同。

杨荣芝等[3]观察和分析了 STR-typer 10G/F 试剂盒在单亲鉴定中的作用。随机抽取湖北地区汉族个体206人静脉血样，使用 Chelex－100 法提取基因组 DNA。采用 STR-typer 10G/F 试剂盒进行复合扩增，分型和计数基因型，并计算基因频率、位点杂合度（H）、标准三联体非父排除率（PE3）和二联体非

〔1〕 Huang YM. et al.,"Assessment of Application Value of 19 Autosomal Short Tandem Repeat Loci of GoldenEye™ 20A Kit in Forensic Paternity Testing", *Int J Legal Med*, 2013 May, 127 (3): 587～590.

〔2〕 赵金玲等："Goldeneye™ 20A 和 Sinofiler™试剂盒的比较研究"，载《中国法医学杂志》2013年第4期。

〔3〕 杨荣芝等："STR-typer 10G/F 试剂在单亲鉴定中的应用"，载《中国法医学杂志》2013年第1期。

父排除率（PE2）。9 个 STR 位点等位基因数 9～14 个，杂合度在 0.75 以上，平均非父排除率为 0.57～0.75；STR-typer 10G/F 试剂盒累积非父排除率（PE3）达 0.999 973，合并使用 Identifiler® Plus 系统，累积非父排除率可达 0.999 999 967 6。STR-typer 10G/F 系统多态性程度基本接近 Identifiler® Plus 系统，在单亲鉴定时，可作为 Identifiler® 试剂盒的有效补充。

除了以上这些研发性和比较性应用的研究成果之外，以下列出本年度常染色体 STR 群体遗传学数据调查研究的主要成果：

沈红缨等[1]应用 Goldeneye™ DNA ID system 20A 系统对辽宁回族人群 19 个 STR 位点的等位基因频率分布进行调查，并对位点的遗传多态性进行分析。张茂修等[2]采用 Goldeneye™ 20A 试剂盒对山东汉族人群中 205 例无关个体进行基因分型，得到 19 个 STR 位点的等位基因频率及群体遗传学参数。Liu J 等[3]采用 Goldeneye™ DNA ID system 20A 试剂盒检测中国满族 150 名个体，获得了可用于法庭科学的 19 个 STR 位点的群体遗传学数据。Tong D 等[4]采用 Goldeneye™ DNA ID system 20A 试剂盒检测了中国南方汉族 1161 位个体的 19 个 STR 位点，结果表明在该群体中多态性分布较好，适合法庭科学应用。张庆霞等[5]应用 Goldeneye™ DNA ID system 18NC 试剂盒，对北京地区 300 名汉族无关个体的 16 个非 CODIS STR 位点进行多态性调查。

Li B 等[6]采用 AmpFℓSTR® NGM SElect™ PCR 扩增试剂盒调查中国福建省汉族 454 名个体的等位基因频率和法庭科学相关的群体统计学数据。Zhou A 等[7]在中国浙江汉族群体中检测 17 个 NGM SElect STR 位点，结果显示该

---

〔1〕 沈红缨等："辽宁回族人群 19 个 STR 基因座遗传多态性"，载《中国法医学杂志》2013 年第 6 期。

〔2〕 张茂修等："山东汉族人群 19 个 STR 基因座的遗传多态性"，载《法医学杂志》2013 年第 6 期。

〔3〕 Liu J. et al.，"Allele Frequencies of 19 Autosomal STR Loci in Manchu Population of China with Phylogenetic Structure among Worldwide Populations"，*Gene*，2013 Oct，529（2）：282～287.

〔4〕 Tong D. et al.，"Polymorphism Analysis and Evaluation of 19 STR Loci in the Han Population of Southern China"，*Ann Hum Biol*，2013 Mar，40（2）：191～196.

〔5〕 张庆霞等："北京地区汉族人群 16 个非 CODIS STR 基因座的遗传多态性"，载《法医学杂志》2013 年第 3 期。

〔6〕 Li B. et al.，"Population Genetic Analyses of the STR Loci of the AmpFℓSTR® NGM SElect™ Kit for Han Population in Fujian Province，China"，*Int J Legal Med*，2013 Mar，127（2）：345～346.

〔7〕 Zhou A. et al.，"Population Genetic Data of the NGM SElect STR Loci in Chinese Han Population from Zhejiang Region，China"，*Int J Legal Med*，2013 Mar，127（2）：377～378.

群体遗传学数据独特，在世界范围内仅与福建汉族较接近。Liu J 等[1]检测了中国辽宁锡伯族群体的150 位个体的15 个 STR 位点。Wang HD 等[2]检测了中国内蒙古自治区俄罗斯族群体的114 位个体的21 个非 CODIS STR 位点和牙釉蛋白基因。王乐等[3]采用公安部物证鉴定中心研制推出的商业化试剂盒 DNATyper™19，调查了河南省济源市汉族人群 18 个 STR 位点的遗传多态性。董雷等[4]对新疆境内 307 例维吾尔族无关个体的 D6S1043、PentaE 两个 STR 位点遗传多态性进行调查，为相关研究与应用提供参考数据。王峰等[5]调查了湖南地区汉族人群 12 个常染色体 STR 位点的遗传多态性；曾于宝等[6]调查了云南玉溪汉族 15 个 STR 位点多态性；范生贵等[7]调查了甘肃武威地区汉族人群 15 个 STR 位点遗传多态性；白雪等[8]调查了西藏藏族人群 18 个 STR 位点遗传多态性；张丽萍[9]调查了吐鲁番地区维吾尔族人群 15 个 STR 位点遗传多态性；李斌等[10]调查了福建汉族人群 16 个 STR 位点遗传多态性；沈红缨等[11]调查了辽宁锡伯族群体 15 个 STR 位点遗传多态性。

---

〔1〕 Liu J. et al.，"Genetic Analysis of 15 STR Loci from a Xibe Population in Liaoning，Northeast of China"，*Ann Hum Biol*，2014 May-Jun，41（3）：244～248.

〔2〕 Wang HD. et al.，"Allelic Frequency Distributions of 21 Non-combined DNA Index System STR Loci in a Russian Ethnic Minority Group from Inner Mongolia，China"，*J Zhejiang Univ Sci B*，2013 Jun，14（6）：533～540.

〔3〕 王乐等："河南省济源市汉族人群 18 个 STR 基因座遗传多态性"，载《中国法医学杂志》2013 年第 5 期。

〔4〕 董雷、任博："新疆维吾尔族人群 D6S1043 和 PentaE 基因座遗传多态性"，载《中国法医学杂志》2013 年第 6 期。

〔5〕 王峰、胡韬、周建波："湖南地区汉族人群 12 个常染色体 STR 基因座的遗传多态性"，载《法医学杂志》2013 年第 6 期。

〔6〕 曾于宝等："云南玉溪汉族 15 个 STR 基因座多态性及遗传关系分析"，载《中国法医学杂志》2013 年第 1 期。

〔7〕 范生贵等："甘肃武威地区汉族人群 15 个 STR 基因座遗传多态性"，载《中国法医学杂志》2013 年第 1 期。

〔8〕 白雪等："西藏藏族人群 18 个 STR 基因座遗传多态性"，载《中国法医学杂志》2013 年第 1 期。

〔9〕 张丽萍等："吐鲁番地区维吾尔族人群 15 个 STR 基因座遗传多态性"，载《中国法医学杂志》2013 年第 1 期。

〔10〕 李斌等："福建汉族人群 16 个 STR 基因座遗传多态性"，载《中国法医学杂志》2013 年第 1 期。

〔11〕 沈红缨等："辽宁锡伯族群体 15 个 STR 基因座遗传多态性"，载《中国法医学杂志》2013 年第 3 期。

（2）Y染色体STR检测。与常染色体STR位点比较，Y-STR为男性所特有，呈父系单倍型遗传特征，因此在涉及男性个体的个人识别与亲子鉴定中有特殊用途，尤其是在强奸案件以及父系重建等方面。AmpFℓSTR ® Y-filer™是目前被广泛应用的商品化试剂盒，包含17个Y-STR（DYS19、DYS389 Ⅰ、DYS389 Ⅱ、DYS390、DYS391、DYS392、DYS393、DYS437、DYS438、DYS439、DYS385a/b、DYS448、DYS456、DYS458、DYS635、Y-GATA－H4）。

姜先华等[1]建立20个Y-STR位点的复合扩增体系，进行遗传多态性调查，并评价了其法医学应用价值。采用五色荧光素标记技术对20个Y-STR位点（DYS391、DYS389 Ⅰ、DYS390、DYS389 Ⅱ、DYS438、DYS460、Y-GATA－H4、DYS456、DYS439、DYS635、DYS448、DYS393、DYS388、DYS437、DYS19、DYS392、DYS458、DYS447、DYS385 a/b）进行复合扩增和毛细管电泳检测，调查辽宁汉族376名无关男性个体20个Y-STR位点的遗传多态性数据，并对系统性能进行检测。结果证明可以用于实际案例检验，调查所获数据对建立Y-STR数据库与相关研究和应用具有重要意义。

吴洪浦等[2]调查山东寿光地区汉族男性家族起源及研究17个Y-STR位点单倍型在家族中的遗传稳定性。对寿光地区624个无关男性家族群体进行抽样，应用Y-filer荧光标记复合扩增系统，对17个Y-STR位点进行复合扩增，用ABI-3130xl型基因分析仪对扩增产物进行检测，并统计其群体遗传学参数。结果未发现家族性偶合，表明寿光地区624个汉族无关男性家族在经过了约七百年的遗传和突变累积后，其Y-STR单倍型仍具有较强的家族识别能力，可以很好地用于推断嫌疑人的家族来源。吴德清等[3]对中国闽南地区汉族17个Y-STR位点和单倍型频率的遗传多态性进行调查。刘亚举等[4]采用AGCU Y24荧光标记复合扩增系统，对河南汉族人群22个Y-STR位点的遗

---

〔1〕姜先华等："复合扩增20个Y-STR基因座及其法医学的应用"，载《中国法医学杂志》2013年第1期。

〔2〕吴洪浦、宋永泉："利用Y-STR单倍型推断嫌疑人家族来源的研究"，载《刑事技术》2013年第1期。

〔3〕吴德清等："闽南地区汉族17个Y-STR基因座遗传多态性"，载《中国法医学杂志》2013年第5期。

〔4〕刘亚举等："河南汉族人群22个Y-STR基因座遗传多态性"，载《中国法医学杂志》2013年第6期。

传多态性进行调查。Wang XQ 等〔1〕调查了中国广西仫佬族的 Y 染色体 STR 和线粒体 DNA 群体遗传学数据，仫佬族高频率拥有 Y 染色体单倍群 O1a1 – P203 和 O2a1* – M95。F1a、M*、B4A、B5A、M7b 和 N9A 是仫佬族拥有的高频率线粒体 DNA 谱系。于海龙等〔2〕调查了苏北地区汉族人群 19 个 Y-STR 位点的遗传多态性。

Y 染色体无精子症因子（azoospermia factor，AZF）微缺失是无精子症、严重少精子症的主要遗传因素，这种缺失造成法医学相关的 Y 染色体短串联重复位点缺失，在性侵犯案件中可导致错误的解释。阐明 Y-STR 在男性不育人群中的异质性在法医 DNA 鉴定中可以更好地完善 Y-STR 数据库和提高 STR 数据的解释能力。叶峻杰等〔3〕对男性个体进行 Y 染色体 AZF 微缺失检测及分型；应用 AmpFℓSTR®　Y-filer™ 体系在上述人群中进行 17 Y-STR 基因分型。上述人群中 AZF 的总缺失率为 16.95%（40 例/总 236 例）。40 例不育个体通过 17 Y-STR 检测在 DYS438、DYS439、DYS437、DYS389Ⅰ、DYS389Ⅱ、DYS392、DYS385a/b、DYS448 位点发现了无效等位基因，在其他 196 例男性不育个体中未见 Y-STR 缺失。

（3）X 染色体 STR 检测。X 染色体遗传标记具有特殊的遗传特点，使其成为亲权鉴定重要的辅助遗传标记，尤其是在祖母 – 孙女等亲权关系的鉴定方面。部分紧密连锁的 X 染色体短串联重复序列（X，X-STR）呈连锁遗传，因此进行 X-STR 检验时，既要考虑位点间的连锁关系，也要考虑不同等位基因间的连锁不平衡状态。目前应用于法医遗传学领域的有超过 50 个高度多态性 X-STRs，筛选到高度多态性的 X-SNPs 和 X-INDELs 的数量也在逐渐增加，且 X 染色体特异性遗传标记对复杂疾病的易感性也受到了临床工作者的重视。〔4〕

马腾等〔5〕从山东地区 481 例无关汉族人群的 15 个 X 染色体中筛选出如下

---

〔1〕 Wang XQ. et al.，"Genetic Analysis of Y Chromosome and Mitochondrial DNA Poly-morphism of Mulam Ethnic Group in Guangxi，China"，*Hereditas*，2013 Feb，35（2）：168～174.

〔2〕 于海龙、储国栋、詹梅："苏北地区汉族人群 19 个 Y-STR 基因座的遗传多态性"，载《法医学杂志》2013 年第 6 期。

〔3〕 叶峻杰等："男性不育人群 17 个 Y 染色体短串联重复基因座无效等位基因分析"，载《中华医学遗传学杂志》2013 年第 3 期。

〔4〕 许淼等："X 染色体遗传标记的研究应用进展"，载《中国司法鉴定》2013 年第 2 期。

〔5〕 马腾等："山东地区汉族人群 15 个 X-STR 基因座的遗传多态性"，载《法医学杂志》2013 年第 3 期。

STR 位点（DXS10011、DXS101、GATA165B12、DXS6795、DXS6800、DXS6801、DXS6803、DXS7132、DXS7133、DXS7423、DXS7424、DXS8377、DXS8378、DXS9898 和 HPRTB）并进行检测。所检测的 15 个 X-STR 位点中，GATA165B12、DXS6800、DXS6803、DXS7133 与 DXS7423 在中国山东汉族人群中具有中度多态性。所构建的荧光标记复合扩增体系为建立中国山东汉族人群 X-STR 位点群体遗传学数据库及其法医学应用提供了有效的手段。于昕等〔1〕研究分析 Xq21、26 区 6 个 X-STR 位点（DXS10101、HPRTB、DXS10103、DXS6799、DXS6789、DXS6801）的连锁不平衡状态及其单倍型分布，为法医学应用提供了基础数据。刘亚举等〔2〕采用 Investigator Argus X－12 复合扩增系统对 538 例河南汉族人群 12 个 X-STR 位点的遗传多态性进行调查，获得了这 12 个 X-STR 位点的河南汉族人群遗传学数据。

（4）STR 检测试剂耗材研发。孙敬等〔3〕利用法医 DNA 标准品对自主研发的法医 DNA 检验试剂耗材进行电泳检测准确性的实验考查。实验平台分为 2 个：平台 1 全部由美国 Applied Biosystems 公司进口的 3130xl 遗传分析仪、16 道电泳毛细管与甲酰胺、电泳缓冲液、凝胶构成；平台 2 由 Applied Biosystems 公司进口的 3130xl 遗传分析仪、16 道电泳毛细管与本实验室研发的甲酰胺、电泳缓冲液、凝胶构成。在实验平台上对等位基因 ladder、内标等标准品以及阳性对照 9947a 的 STR 复合扩增产物进行电泳检测，利用 GeneMapper 软件对电泳结果进行分析。结果显示，所研发的法医 DNA 检验试剂耗材可与国外进口的 3130xl 遗传分析仪配套使用，所构建的实验平台对法医 DNA 标准品的检测结果准确无误，从而证明自主研发的甲酰胺、电泳缓冲液、凝胶等法医 DNA 检验试剂耗材检测准确性达到了国外同类产品水平。

2. SNP/mtDNA 检测体系的研发与应用

（1）SNP 检测。单核苷酸多态性（SNP）相对于 STR 具有法庭科学应用的独特优势，例如位点突变率更低、扩增片段可以更短、更适合大规模自动

〔1〕于昕、唐剑频、蒋丰慧："6 个 X-STR 基因座的连锁不平衡和单倍型分析"，载《中国法医学杂志》2013 年第 6 期。

〔2〕刘亚举等："河南汉族人群 12 个 X-STR 基因座的遗传多态性"，载《法医学杂志》2013 年第 4 期。

〔3〕孙敬等："国产法医 DNA 检验试剂耗材检测 DNA 标准品的准确性研究"，载《刑事技术》2013 年第 2 期。

检测等。SNP 检测与甲基化分析相结合可以为法庭科学提供更丰富的信息。

王鑫等[1]采用 PCR 和测序技术，对 105 例中国北方汉族健康无关个体的常染色体印迹基因 H19 上游启动子区检测；使用 Haploview 4.1 和 PowerStats V12 软件进行统计学分析。选用甲基化敏感的限制性内切酶（msRE）HpaⅡ，检测 5 个家系样本 H19 等位基因的亲代来源。测序结果显示，H19 启动子区含有 13 个 SNPs，组成 5 种单倍型、13 种单倍型组合。经 msRE HpaⅡ消化母源等位基因后，进行 PCR 及测序分析，可检测出父源等位基因。DNA 甲基化标记和 SNPs 多态性检测，可同时进行多态性分型并确定等位基因的亲代来源，具有较高的法医学应用价值。

孙亚男等[2]建立 5 – plex Y-SNPs 复合扩增体系，采用 SNaPshot Multiplex 试剂盒，检测 O3 – M122 单倍群下 O3* – M122、O3a* – M324、O3a3* – P201、O3a3b* – M7、O3a3c* – M134、O3a3c1* – M117 共 6 个 Y-SNPs 分型，并对上述 6 个 Y-SNPs 在云南佤族、白族、傣族共 174 名无关男性个体中的分布进行调查。上述 3 个民族分别在 3 个、5 个、5 个位点上发现多态性，其中佤族 O3a3* – P201 分布频率最高；白族 O3a* – M324 频率最高；傣族 O3a3c1* – M117 频率最高。多重 PCR 反应及 SNaPshot 技术的联合应用适用于法医案件检材 DNA 的 SNP 检测。

李辉等[3]建立变性梯度凝胶电泳（denaturing gradient gel electrophoresis，DGGE）技术与焦磷酸测序技术对小核核糖核蛋白多肽 N（small nuclear ribonucleoprotein polypeptide N，SNRPN）基因 rs220030 位点的分型方法，利用 DGGE 技术分析了 97 例上海地区汉族家系血样的 rs220030 位点，同时应用焦磷酸测序技术对其中 25 例血液来源的家系样本的 rs220030 位点进行分型，并对两种方法在 SNP 分型结果上进行比较。通过重亚硫酸盐修饰联合焦磷酸测序技术分析随机 2 组家系样本 rs220030 位点上游 CpG 甲基化状态，判断甲基化是否有亲缘相关性。经焦磷酸测序检测 25 例血液来源的家系样本结果与

---

〔1〕 王鑫等："H19 基因上游差异性甲基化区 SNPs 多态性研究"，载《中国法医学杂志》2013 年第 1 期。

〔2〕 孙亚男等："SNaPshot 技术检测 Y-SNP 位点 O3 – M122 单倍群的应用"，载《中国法医学杂志》2013 年第 1 期。

〔3〕 李辉等："SNRPN 基因 rs220030 位点的分型及甲基化亲缘相关性"，载《法医学杂志》2013 年第 2 期。

DGGE检测结果一致。经重亚硫酸盐修饰联合焦磷酸测序技术分析，2组血液来源的家系子代的rs220030位点上游CpG甲基化状态均与母亲较相似，提示rs220030位点可用于亲缘等位基因判定。相比DGGE技术，焦磷酸测序技术更精确、方便，适合大样本、高通量SNP分型。

曹洋等[1]通过Hapmap筛选出74个条件较优的SNP位点，建立了新的法医SNP分型系统。该SNPs系统平均杂合度为0.4861~0.4999，累积个体识别率大于0.999 999 999 999 999 999 99，可以作为个人识别亲权认定系统。

另外，为了探索SNP在法医学方面更广泛的应用可能性，一些法医生物学研究对群体SNP多态性与神经系统疾病的关系进行了探讨。CUI Hong-gang等[2]检测了帕金森病（PD）的一个易感基因PARK16的5个SNP位点（rs823083，rs708723，rs4951261，rs823076和rs16856110）并探讨了可能的法医学应用。样本包含215名PD患者和212名对照组的中国北方汉族人群。两个独立的PCR系统扩增5个SNP位点，其产物经酶切分型（PCR-RFLP）显示这些SNP位点在中国北方汉族群体中与帕金森病无显著相关性。其中4个位点（rs708723，rs4951261，rs823076和rs16856110）在中国北方汉族群体中呈现高度多态性，可用于遗传学和法庭科学分析。徐晓明等[3]调查中国北方汉族群体TPH2基因5′和3′端SNP位点遗传多态性，并探讨了其法医学应用价值。测序分析244例中国北方健康无关个体TPH2基因5′端905 bp和3′端1104 bp两个靶片段的序列特征和6个SNP位点（rs4570625、rs11178997、rs11178998、rs41317118、rs17110747和rs41317114）的遗传多态性。中国北方汉族群体TPH2基因5′和3′端序列呈现出高度遗传多态性，可作为相关疾病关联分析的遗传学指标，同时可用于个体识别和亲权鉴定。赵怡等[4]调查多巴胺受体D5（DRD5）基因的4个SNP（rs77434921、rs2076907、rs6283和rs1800762）位点在中国北方汉族群体中的遗传多态性分布，其中

---

〔1〕 曹洋等："法医SNPs筛选系统的建立"，载《中国法医学理论与实践创新成果精选——全国第九次法医学术交流会论文集》，2013年。

〔2〕 CUI Hong-gang等："Association of Five SNPs at the PARK16 Locus as a Susceptibility Locus with Parkinson's Disease for Forensic Application"，载《法医学杂志》2013年第3期。

〔3〕 徐晓明等："中国北方汉族群体TPH2基因5′和3′端SNP位点遗传多态性"，载《法医学杂志》2013年第1期。

〔4〕 赵怡等："中国北方汉族群体多巴胺受体D5基因4个SNP遗传多态性"，载《法医学杂志》2013年第1期。

rs2076907与rs6283位点多态性分布较好，在法医学个体识别与亲子鉴定中具有一定的应用价值。

（2）mtDNA检测。人类线粒体单倍群的确定对人类学以及法医学研究具有重要意义。近年来高通量技术的出现产生出大量的数据，以及不断更新的线粒体进化树。

Fan L等[1]为了研究快速确定线粒体单倍型的自动化方法，整合了一种新的评分系统以更新MitoTool，它在速度、准确性和易于操作等方面具有优势。为了方便接触MitoTool，还提供一个单机版本的程序，可供本地电脑应用并且可在MitoTool网站（www.mitotool.org）上免费获得。

李莉等[2]用ESI-TOF-MS分型技术检测线粒体DNA的D环高变区，通过碱基组成分析其多态性。在PLEXID技术平台上，分别对mtDNA高变区Ⅰ（HVⅠ，15924－16428nt）和高变区Ⅱ（HVⅡ，31－576 nt）进行碱基组成分析，考察mtDNA在华东汉族人群中的多态性。在高变区Ⅰ的8个区段检见碱基组成的多态性，在高变区Ⅱ的10个区段检见多态性。ESI-TOF-MS检测mtDNA的技术具有良好的应用前景，在一些特殊案件中，该法可为最终获得可靠鉴定结论提供技术支撑。

3. 遗传标记变异的研究与案例

STR位点等位基因在Identifiler™等复合扩增系统检测中突变现象较为常见，法医学鉴定时应引起注意。遗传标记的变异可以产生稀有等位基因和位点丢失，为了避免判型错误，实验室应该应用多种方法来检测遗传标记变异。

郝宏蕾等[3]采集817例亲子鉴定的2722份血液样本，采用Identifiler™系统扩增15个STR位点分型，共有33 060次等位基因传递，统计各位点发生突变的频率。在15个位点中发现11个位点共25次突变，平均突变率为0.8×10^{-3}，其中一步突变20次，两步突变3次，三步突变2次；父、母来源突变比率为2.6：1，不能确定来源突变7次。刘莹等[4]探讨了STR位点三带型等

〔1〕 Fan L., Yao Y. G. et al., "An Update to MitoTool: Using a New Scoring System for Faster mtDNA Haplogroup Determination", *Mitochondrion*, 2013 Jul, 13 (4): 360～363.

〔2〕 李莉等："用ESI-TOF-MS分型技术检测线粒体DNA高变区碱基组成的多态性"，载《中国司法鉴定》2013年第4期。

〔3〕 郝宏蕾等："15个STR基因座的突变观察和分析"，载《刑事技术》2013年第1期。

〔4〕 刘莹、任贺："STR基因座三带型等位基因的统计学分析"，载《法医学杂志》2013年第6期。

位基因的统计学方法。对 8846 份无关个体进行 STR 分型，并通过直接计数法检测三带型基因型频率，公式计算三带型等位基因频率，并推导三带型统计学分析在亲缘鉴定及个体识别中的公式。结果共检出 4 例三带型等位基因和 3 种三带型基因型，且发现等位基因基因频率的乘积与实际发生率差异具有统计学意义，并成功推导出三带型在亲缘鉴定及个体识别中的公式。三带型等位基因某两个等位基因作为整体在群体中遗传的频率可用这两个等位基因频率的乘积进行估算。

Weng W 等[1]利用 AmpFℓSTR® Y-filer™试剂盒的 Y-STR 位点对 918 个父－子配对进行检测分析。在 15 606 个等位基因传递中，共检出 36 个突变。Y-STR 的平均突变率为 0.0023（95% 可信区间，0.0016～0.0032）。DYS389II 位点发现了一个两步突变，其他均为一步突变。较长的等位基因更容易突变，基因多样性越高的位点越易发生突变，另外高龄父亲更易产生突变。翁玮霞等[2]采用 Y-filer™试剂盒检测了广东汉族群体 1000 个无关个体和 1000 个父子对的 17 Y-STR 位点，所有的突变都进一步经过测序进行确证。1000 个无关个体均持有独特的单倍型。在 1000 个父子对中共观察了 17 000 个减数分裂，父子对中共发现 46 个不同事件。每个位点的平均突变率为 0.0027（95% 可信区间，0.0020～0.0036）。

Chen PY 等[3]报告了利用 Investigator HDplex™ 试剂盒检出 STR 位点 D10S2325 的一个新的等位基因 13，其产生原因是，核心重复序列的侧翼序列发生了一个单碱基置换，从而形成了含有一个聚鸟嘌呤区（TTG GGG GGG）的特殊序列结构。此等位基因的电泳迁移异常可能使分型标准物以外的等位基因命名存在错误的风险。赖力等[4]分析了亲子鉴定中 TH01 位点的等位基因脱扣（allele dropout）现象以明确正确的基因分型。采用特异的引物，克隆和 DNA 测序，发现 TH01 位点的一个稀有等位基因 5.2。该等位基因不能被

---

〔1〕 Weng W. et al.，“Mutation Rates at 16 Y-chromosome STRs in the South China Han Population”，*Int J Legal Med*，2013 Mar，127（2）：369～372.

〔2〕 翁玮霞等：“17 个 Y-STR 基因座在广东汉族人群中的单倍型频率及突变率”，载《南方医科大学学报》2013 年第 3 期。

〔3〕 Chen PY. et al.，“Substitution Mutation Induced Migration Anomaly of a D10S2325 Allele on Capillary Electrophoresis”，*Int J Legal Med*，2013 Mar，127（2）：363～368.

〔4〕 赖力等：“亲权鉴定中 TH01 基因座丢失现象分析”，载《中华医学遗传学杂志》2013 年第 5 期。

PowerPlex 21 系统所检测，但是可以被 Identifiler 系统检测到。段莹等[1]报道 D6S1043 位点等位基因丢失 1 例。采用 Sinofiler^{TM}试剂盒，发现在 D6S1043 位点上某女（假设母）为 19 纯合子，父亲为 14/15，女儿为 15 纯合子，不符合孟德尔遗传规律，其余 14 个 STR 位点均符合遗传规律。再采用 Goldeneye^{TM} 20A 进行检测，在 D6S1043 位点上某女为 18/19，女儿为 15/18，其余 18 个 STR 位点均符合遗传规律。

另外，杨朝利等[2]报道 Penta D、D21S11 位点分型表现异常 3 例。魏淑荣等[3]报道亲子鉴定 Penta D 检出三等位基因 1 例。翟倩等[4]报道胎儿亲权鉴定同时检出父源和母源突变 1 例。李海霞等[5]报道 27 个 STR 位点分型中 TPOX 三等位基因的遗传关系分析 1 例。

4. 亲子、亲缘关系鉴定研究与案例

使用常染色体 STR 检测手段对三联体、二联体的亲子鉴定策略已基本成熟，目前研究热点主要集中在使用其他检测手段解决特殊遗传特征个体的鉴定问题。

林汉光等[6]探讨了常染色体三体综合征患者异常位点的父权指数计算方法。根据三体综合征的发病机理，以及父权指数计算原理，分别推导涉及三体综合征孩子的标准三联体和二联体亲子鉴定中的异常位点的父权指数计算式，并举例演算。作者总结了在涉及三体综合征孩子的标准三联体和二联体的亲子鉴定中，明确和不明确不分离染色体来源的情况下 X 和 Y 的计算式。对于涉及三体综合征孩子的亲子鉴定，在明确的核型分析诊断的前提下，通过归纳的计算式可进行三体位点的父权指数计算。另外，龙驹等[7]报道胎儿

---

〔1〕 段莹、肖南、于卫建：“D6S1043 基因座等位基因丢失 1 例”，载《中国法医学杂志》2013 年第 6 期。

〔2〕 杨朝利等：“Penta D、D21S11 基因座分型表现异常 3 例”，载《中国法医学杂志》2013 年第 1 期。

〔3〕 魏淑荣、张付瑶、王峰：“亲子鉴定 Penta D 检出三等位基因 1 例”，载《中国法医学杂志》2013 年第 4 期。

〔4〕 翟倩等：“胎儿亲权鉴定同时检出父源和母源突变 1 例”，载《中国法医学杂志》2013 年第 5 期。

〔5〕 李海霞等：“三等位基因的遗传关系分析 1 例”，载《中国法医学杂志》2013 年第 6 期。

〔6〕 林汉光等：“常染色体 STR 三体基因座父权指数计算方法探讨”，载《中国法医学杂志》2013 年第 5 期。

〔7〕 龙驹等：“胎儿亲子鉴定中 21 - 三体综合征 1 例”，载《中国法医学杂志》2013 年第 2 期。

亲子鉴定中 21 - 三体综合征 1 例；骆继怀等[1]报道数据库比中多个疑父的亲权鉴定 1 例。

张胤鸣等[2]推导了 X 染色体短串联重复序列（X-STR）分型用于两个体间亲缘关系鉴定的似然率计算公式。根据不同亲缘关系的两个体间的血缘同一系数获得两个体特定的联合基因型概率（X 值），计算两无关个体特定的联合基因型概率（Y 值），从而求得似然率（X/Y）。推导出女性 - 女性、女性 - 男性、男性 - 男性个体间不同亲缘关系各种基因型组合的似然率计算公式，并通过案例验证。根据 X-STR 分型推导的计算两个体间亲缘关系的似然率的方法更加简便、准确，为 X-STR 位点在疑难亲缘关系鉴定中发挥更大应用价值奠定了基础。

随着法医 DNA 检验技术的不断发展，PCR-STR 分型技术也逐渐运用于各类特殊亲缘关系案件鉴定，尤其是叔侄等较复杂亲缘关系鉴定。唐泽英[3]报道用 AI 定律计算叔侄亲缘关系鉴定 1 例。该类案件常常涉及非婚生子女要求继承遗产所引起的纠纷。当事人（被检父）由于已去世等原因不能参加检验，只能通过对当事人（被检父、母）的兄弟（姐妹）与孩子间是否存在叔（伯）侄、姑（姨）侄等亲缘关系来明确孩子的身份。

5. 同卵双生子的鉴别研究

同卵双生子（MZ）共享相同的基因组序列，所以不可能用常规的 STR 位点等遗传标记来进行区分。然而同卵双生子的表型不完全相同，可能显示出不同的表观遗传学特征。DNA 甲基化是一种重要的表观遗传学修饰。

Li C 等[4]运用甲基化 BeadChip 芯片检查了 22 对同卵双生子的 27 578 个 CpG 位点。结果显示，同卵双生子全基因组范围内 5 - 甲基胞嘧啶存在显著的不同。经过严格筛选，共 92 个在同卵双生子中存在明显甲基化状态不同的 CpG 位点，它们在全球范围的表观基因组中被确认。这个初步的研究显示 CpG 甲基化状态可能成为对同卵双生子进行个人识别的有用生物学标记。

---

〔1〕 骆继怀等："数据库比中多个疑父的亲权鉴定 1 例"，载《法医学杂志》2013 年第 2 期。

〔2〕 张胤鸣、李莉、孙宏钰："X-STR 分型用于亲缘关系鉴定的似然率计算"，载《法医学杂志》2013 年第 3 期。

〔3〕 唐泽英："用 AI 定律计算叔侄亲缘关系鉴定 1 例"，载《中国司法鉴定》2013 年第 1 期。

〔4〕 Li C. et al.，"Differences of DNA Methylation Profiles between Monozygotic Twins' Blood Samples"，*Mol Biol Rep*，2013 Sep，40（9）：5275 ~ 5280.

王彦学[1]探讨了同卵双生子甄别策略。同卵双生子（MZ）之间存在抗体库差异、甲基化修饰差异和基因突变体差异，甲基化修饰差异的比较可望成为甄别 MZ 的手段之一，抗体库差异和基因突变体差异比较的方法在甄别 MZ 方面亦有潜在价值。当前，对 MZ 的表观遗传以及基因突变等领域的研究还很有限，而抗体库技术的应用方法也有待探讨，因此 MZ 识别技术的应用前景和发展空间需要进一步摸索与完善。

6. DNA 推断体貌特征、个体来源

曲冬阳等[2]定量检测人外周血中信号结合 T 细胞受体删除 DNA 环（sjTREC）以判断人的年龄。外周血样品采自 30 位年龄已知的健康无关个体。采用实时荧光定量 PCR 法检测 sjTREC，并选择人 TATA 盒绑定蛋白（TBP）作为内参基因。人的个体年龄采用如下公式进行计算：年龄 = $-7.1815Y-42.458\pm9.42$（$Y=dCt_{TBP\text{-}sjTREC}$），结果显示，利用这种方法推断人个体年龄的正确率为 76.67%。该研究表明，定量检测 sjTREC 是一种简单、快捷、灵敏、种属特异性好的年龄推断方法，具有重要的法庭科学应用价值。

7. 混合检材研究

在法医学检案中，经常遇到混合样本的 DNA 检验，也有相关的研究报告，但由于检材中混合样本浓度比例较复杂等问题，检验结果的分析常存在不确定性。马庆等[3]制备不同混合比例的混合样本进行 DNA 分型检验，探讨了精确计算混合样本各组分含量的方法，希望能为实际应用提供数据参考。

随着医疗新技术的迅速发展，造血干细胞移植在临床上的用途越来越广泛。移植后供者源细胞几乎存在于受者所有组织，必然对个人识别和亲权鉴定产生重要影响，应引起法医工作者的重视，避免因此而作出错误的司法鉴定意见。丁春丽[4]就近年来 allo-HSCT 受者不同组织 DNA 嵌合状态的研究进展及其对法医物证鉴定的影响进行综述，希望能为相关研究和实践提供参考。

---

〔1〕 王彦学："同卵双生子甄别策略探讨"，载《中国司法鉴定》2013 年第 3 期。

〔2〕 曲冬阳等："利用人体外周血痕 sj TREC 含量推断个体年龄"，载《法医学杂志》2013 年第 4 期。

〔3〕 马庆等："混合生物样本组分含量的计算方法及应用初探"，载《中国法医学杂志》2013 年第 6 期。

〔4〕 丁春丽："allo-HSCT 受者 DNA 嵌合状态研究进展及法医学意义"，载《中国法医学杂志》2013 年第 2 期。

8. RNA 研究

近年来，随着 RNA 生物学性质和功能研究的日渐深入，RNA 在法医学体液鉴别、斑迹形成时间推断、死亡时间推断、死亡原因分析、损伤时间推断等方面的作用受到了广大法医学研究者的重视，逐渐成为目前法医学应用研究的热点之一。秦娟娟等[1]综合介绍了 mRNA 在法医学中的应用现状，并对其未来应用前景进行了展望。

许炎等[2]探讨了分子生物学方法判定刑事案件现场物证生物属性的可行性。取 30 份现场生物检材，其中血液（斑）、唾液（斑）、精液（斑）各 10 份，运用常规检验法和分子生物学方法，通过 DNA-RNA 共提取技术，将其中的 mRNA 运用反转录 PCR 技术反转录成 cDNA，根据 3 种生物检材不同的目标基因设计 3 对特异性引物，进行实时荧光定量 PCR 扩增，通过熔解曲线测定不同的熔解温度（Tm）和不同长度的扩增片段来区分生物检材。与常规检验法比较，联合应用 RT-PCR 和实时荧光定量 PCR 技术判定检材的生物属性特异性强、灵敏度高、结果稳定可靠，可应用于日常法医物证检验。王冲等[3]采集月经血和外周血样本，检测若干个特定基因 mRNA 的表达情况。外周血中可检测到 SPTB（β－血影蛋白）、PBGD（卟胆原脱氨酶）基因 mRNA，但检测不到 MMP－7（基质金属蛋白酶－7）基因 mRNA；而在月经血中三种基因 mRNA 都可以检测到。这可能成为鉴别外周血和月经血的新方法。

Wang Z 等[4]采用 qPCR-array（TaqMan ® Array Human MicroRNA Cards）筛查体液特异的 miRNA。共筛查出 7 个 miRNA 可用于法医学体液鉴定：miR16 和 miR486 可鉴定静脉血，miR888 和 miR891a 可鉴定精液，miR214 可鉴定月经血，miR124a 可鉴定阴道液，miR138－2 可鉴定唾液。另外采用 BestKeeper 软件检验了 RNU44、RNU48、U6 和 U6b 四个内参基因的表达稳定性。结果显示，U6 可能比较适合在法医学体液鉴定中被用作内参基因。miR486、

---

〔1〕 秦娟娟等："mRNA 在法医学中的应用现状与展望"，载《中国法医学杂志》2013 年第 1 期。

〔2〕 许炎等："应用反转录 PCR 和实时荧光定量 PCR 技术判定现场物证生物属性"，载《法医学杂志》2013 年第 4 期。

〔3〕 王冲等："细胞 mRNA 检测鉴别外周血和月经血"，载《中国法医学杂志》2013 年第 5 期。

〔4〕 Wang Z. et al.，"Screening and Confirmation of MicroRNA Markers for Forensic Body Fluid Identification"，*Forensic Sci Int Genet*，2013 Jan，7（1）：116～123.

miR888、miR214、miR16 和 miR891a 与内参的相对比值可被用来鉴定体液种类。血痕和精液斑在通常实验室环境下放置一个月后，并不影响该方法的应用和鉴定结果的准确性。

Qi B 等[1]运用逆转录定量 PCR 技术（RT-qPCR），测定 18S rRNA 与 β－actin mRNA 的比值，用来推断血痕形成时间。检测了 16 位中国个体的非控室温条件下 28 天内血痕，发现 18S rRNA 与 β－actin mRNA 的比值呈线性变化，并且，性别可以影响时间和 RNA 比值间的线性关系。

9. 动物、植物 DNA 研究

近年来，在法庭科学领域中出现越来越多的非人类同一认定或种属鉴定的问题。通常在种属水平上仅依靠形态学特点会使法庭科学家的日常工作面临挑战，但是作为一种补充，分子遗传学分析常能简单明确地解决问题，并且节省时间。

昆虫学证据在推断法医案件中的死亡时间方面具有重要意义。由于各种麻蝇的幼虫、蛹和成虫的形态学特点的相似性，导致利用麻蝇推断死亡时间的方法常常受限。通过 DNA 检测可以更加准确可靠地识别麻蝇。Sanaa M. Aly 等[2]通过检测线粒体 CO Ⅰ与 CO Ⅱ基因的部分序列来区分多种来自埃及和中国的具有法医学重要意义的麻蝇。检测方法是直接测序基因的 PCR 产物，以及利用限制性内切酶 HinfI 和 MfeI。Su RN 等[3]针对 23 个阎甲类昆虫标本检测了一段长度为 288bp 的 16S 核糖体 RNA（16S rRNA）基因片段以及一段长度为 334bp 的细胞色素（Cyt b）基因片段。这些样品采自中国 6 个省的 7 个地区。通过测序 16S rRNA 和 Cyt b 基因序列，有助于确定采样地域、进行样品种属鉴定，并积累地域化数据。单源性系统进化树的分支结构显示可以对甲虫家族进行进一步的分类。

董庆旭等[4]针对犬毛发 mtDNA 高变区Ⅰ多态性进行检测，并探讨了其

---

〔1〕 Qi B. et al.，"Gender-related Difference in Bloodstain RNA Ratio Stored under Uncontrolled Room Conditions for 28 Days"，*J Forensic Leg Med*，2013 May，20（4）：321～325.

〔2〕 Sanaa M. Aly et al.，"Identification of Forensically Important Sarcophagidae（Diptera）Based on Partial Mitochondrial Cytochrome Oxidase I and II Genes"，*Am J Forensic Med Pathol*，2013 Jun，34（2）：159～63.

〔3〕 Su RN. et al.，"Identification of Forensically Important Beetles（Coleoptera：Histeridae）in China Based on 16S rRNA and Cyt b"，*Trop Biomed*，2013 Sep，30（3）：375～387.

〔4〕 董庆旭等："犬 mtDNA 高变区Ⅰ多态性及法医学意义初探"，载《中国法医学杂志》2013 年第 2 期。

在法医学中的应用价值。采用复合巢式 PCR 对 54 只家犬（包括拉布拉多犬、史宾格犬、德国牧羊犬、罗威纳犬、藏獒、昆明犬、杜伯文犬、金毛寻猎犬、昆明本地犬）mtDNA HVR Ⅰ 15803～16114 区域进行测序分析，共检测到 643 个碱基对信息；共检出分属 3 大单倍群 26 个多态性位点，15 个单倍型。采用该方法，可检测犬 mtDNA HVR Ⅰ 多态性，并可利用其较高的个体识别概率为相关案件侦查提供线索或依据。熊新等[1]选用犬荧光标记 16 个 STR 复合扩增试剂盒进行 PCR 扩增，通过对 449 头藏獒进行检测及统计学分析，建立藏獒的基因多态性数据库。这 16 个犬 STR 位点在藏獒中具有较高的个体识别能力，可用于藏獒的个体识别和亲权鉴定，以及建立藏獒的 DNA 多态性数据库。

雷湘华等[2]以 rDNA-ITS 序列片段为植物 DNA 条形码，对涉及一例交通命案的植物检材进行种属鉴定，并获得可靠的鉴定意见。

10. *样品采集、提取、直接扩增*

DNA 分型技术广泛应用于法医学实践，对侦查破案有重要意义。个体识别成功率在很大程度上取决于 DNA 的成功提取。接触性微量 DNA 检材的检验是法医生物学实际检案中的难点，目前所涉及相关检材呈现多样化、微量化趋势，为了提高效率，直接扩增的方法也日益受到重视。

手印除了形态学鉴定，还能从 DNA 的角度发掘出遗传学价值。李鹏飞等[3]研究了金粉、银粉、磁粉显现纸张汗潜指纹后对 DNA 提取的影响。另外，李鹏飞等[4]研究并筛选出一个既能显现指纹又能对提取人类脱落细胞 DNA 影响最小的技术方法。郝金萍等[5]对理想状态下捺印在纸张上的 48 份手印样本进行了 DNA-STR 检验，并对其成功率进行了统计。郝金萍等[6]采

---

〔1〕 熊新等："藏獒 16 个 STR 基因座的遗传多态性"，载《法医学杂志》2013 年第 4 期。

〔2〕 雷湘华、周倩、高必达："植物 DNA 条形码技术用于交通命案的调查"，载《中国司法鉴定》2013 年第 5 期。

〔3〕 李鹏飞、梁克伟、石云杰："纸张上汗潜指纹粉末显现后粉的量和种类对 DNA 提取的影响"，载《中国人民公安大学学报（自然科学版）》2013 年第 4 期。

〔4〕 李鹏飞等："4 种纸张汗潜指纹显现方法对 STR 分型影响的研究"，载《中国刑警学院学报》2013 年第 3 期。

〔5〕 郝金萍等："纸张上汗潜指印 DNA-STR 检验成功率分析"，载《中国法医学杂志》2013 年第 5 期。

〔6〕 郝金萍等："两种方法提取汗潜手印 DNA 的比较研究"，载《刑事技术》2013 年第 4 期。

用 M48 和 DNeasy ®　plant Mini 两种方法分别提取 16 对汗潜手印 DNA，M48 法明显比 plant Mini 法提取到的 DNA 量多。田蕊等[1]探讨了鞋内底不同部位接触 DNA 提取检出率，指出分区提取检验 DNA 更有针对性。

坚硬组织或福尔马林固定后组织脏器的 DNA 提取与 PCR 检测常常比较困难。吕晋等[2]探讨了经福尔马林固定、石蜡包埋组织（FFPET）提取 DNA 的简易有效方法，结果证明二甲苯脱蜡、Chelex－100＋层析柱纯化法是一种简单、有效的处理方法。张越等[3]探讨了多重置换扩增（multiple displacement amplification，MDA）技术应用于法医学组织病理切片 DNA 分型的可行性，结果表明 MDA 可提高病理切片模板基因组量，相对降低 PCR 扩增抑制物浓度，减少等位基因脱扣现象，有效提高位点检出率。张青军等[4]研究了对石蜡包埋的骨组织切片能否有效提取出 DNA 并成功进行同一认定。高林林等[5]探讨了建立骨骼及牙齿 DNA 自动化提取的新方法，经冷冻研磨处理的骨骼和牙齿样本均获得了较好的 STR 分型结果，且 AutoMate Express™ 自动化法医 DNA 提取系统提取牙齿样本所得 DNA 质量浓度高于手工提取。

磁珠法的应用价值在 DNA 提取方面得到广泛而深入的研究。王彦涛等[6]对 M48 磁珠法和 Chelex－100 法提取脱落细胞 DNA 的检验效果进行比较，相对而言，M48 磁珠法更具优势。刘莉等[7]证明了磁珠法在自动化核酸提取工作站中可以提高检验过程的准确性，减少因手工操作引起的失误，缩短检验时间，提高每次检验结果的可重复性及均一性。王清山等[8]探讨了应用免疫磁珠法分离精子－上皮细胞混合液中精子的可行性。结果表明，免疫磁珠可有效分离精子和混合斑中的其他成分，在精子个数低于 2000 个/mL 的

---

〔1〕 田蕊、班茂森：“鞋内底不同部位接触 DNA 提取初探”，载《刑事技术》2013 年第 2 期。

〔2〕 吕晋等：“福尔马林固定石蜡包埋组织 3 种 DNA 提取方法比较”，载《中国法医学杂志》2013 年第 3 期。

〔3〕 张越等：“多重置换扩增在病理切片 DNA 分型中的应用”，载《法医学杂志》2013 年第 1 期。

〔4〕 张青军、景强：“石蜡包埋骨组织的 DNA 检验”，载《法医学杂志》2013 年第 2 期。

〔5〕 高林林等：“利用 AutoMate Express™ 自动化法医 DNA 提取系统提取骨骼及牙齿 DNA”，载《法医学杂志》2013 年第 2 期。

〔6〕 王彦涛、宋道江：“M48 磁珠法和 Chelex－100 法提取脱落细胞 DNA 的初步比较”，载《刑事技术》2013 年第 2 期。

〔7〕 刘莉、王卫华、唐剑锋：“磁珠法在自动化核酸提取工作站中的应用”，载《法医学杂志》2013 年第 2 期。

〔8〕 王清山等：“应用免疫磁珠分离混合斑中精子”，载《中国法医学杂志》2013 年第 4 期。

检材中优于差异裂解法。

直扩试剂盒 Identifiler Direct 主要用于违法人员数据库建设，而用于现场检材则较少，用于微量 DNA 检材则更少。李长征等[1]采用该试剂盒对接触性微量 DNA 检材进行检验，并总结了经验为同行提供参考和借鉴。李林等[2]收集棉签擦拭血痕、烟蒂、肋软骨，采用 Identifiler Direct PCR 试剂盒进行直接扩增及分型检验，表明直接扩增法可在实际检案中选择使用。吴婷等[3]采用 Goldeneye™ DNA ID System 20A 试剂盒，对现场所提取到的生物检材如血滤纸、血棉签、血纱布、烟蒂、吸管、硬质糖果等进行直接扩增检验，结果证明，直接扩增检验技术能够应用于实际案例中常见现场检材的检测。巴华杰等[4]探讨了 5 种免提取试剂盒（AGCU 17 +1、Goldeneye 20A、Powerplex16HS、Identifiler Plus、Identifiler Direct）对滤纸血痕样本检验的效果，表明这 5 种试剂盒均可用于滤纸血痕的直接扩增检验，但使用 AGCU 17 +1、Goldeneye 20A 及 Powerplex 16HS 试剂盒时需将新鲜血痕作陈旧化处理。

11. *数据库建设与应用*

我国公安机关 DNA 数据库自 2001 年依托国家“十五”科技攻关课题启动研究，2003 年作为“金盾工程”一期项目开始建设，目前已建成了三级架构、实时传输、自动比对的构建模式，研发了集数据库比对系统、实验室管理系统和信息发布系统于一体的 H 型架构的 DNA 数据库系统，形成了以部级 DNA 数据库为中心，多点应用的“部 - 省 - 地市（县）”三级 DNA 数据库网络结构。李盛[5]对下一代 DNA 数据库构建进行了探讨。陈新星等[6]探讨了 DNA 数据库中混合物证自动比对功能的应用。

---

〔1〕 李长征、刘海东：“直扩试剂盒检验接触 DNA 检材初探”，载《中国法医学杂志》2013 年第 3 期。

〔2〕 李林等：“直接扩增法在血痕、肋软骨和唾液检材中的应用”，载《中国法医学杂志》2013 年第 2 期。

〔3〕 吴婷等：“免提取直接扩增技术在现场生物物证中的应用”，载《中国刑警学院学报》2013 年第 3 期。

〔4〕 巴华杰等：“5 种免提取试剂盒检验滤纸血痕结果的比较”，载《中国法医学杂志》2013 年第 1 期。

〔5〕 李盛：“关于下一代 DNA 数据库构建的思考”，载《刑事技术》2013 年第 1 期。

〔6〕 陈新星等：“DNA 数据库中混合物证自动比对功能的应用”，载《刑事技术》2013 年第 2 期。

我国DNA数据库仅包含常染色体STR位点，利用DNA数据库破获的案件以个体间的匹配为主，这也是“全国公安机关DNA数据库”的局限所在。由于罪犯绝大多数为男性，在DNA数据库中增加Y染色体的男性家系遗传特性及其比对功能，可在未来进一步扩展DNA数据库的作用，使其功能从个体覆盖扩展到家系覆盖。葛建业等〔1〕探讨了中国Y-STR数据库建设相关问题。吴微微等〔2〕采集诸暨市17镇156村的55个姓氏，且各镇－村有同姓人员10人以上（含）的家族样本5903份男性个体血样。采用Y-filer™复合扩增试剂盒进行17个Y-STR分型，所得数据进行镇（乡/街道）/村/姓氏的组合和镇（乡/街道）/村/姓氏/单倍型组合分布情况统计分析。各镇/村中同姓人员出现的主流分型大部分为1～2种（90.7%），建议应针对次要分型较多的姓增加采样量，减少遗漏风险，获得高质量的Y-STR数据库。

（五）文件检验学

1. 笔迹检验

笔迹检验作为文件检验学最重要的组成部分之一，本年度取得了重要进展，主要体现在鉴定人员逐渐认识到量化检验对笔迹鉴定的重要性，并进行了卓有成效的研究。此外，签名笔迹、笔痕特征、老年人笔迹及阿拉伯数字笔迹检验方面都有一定的成果。

（1）笔迹的量化检验。长期以来，笔迹检验学作为法庭科学的传统学科，其检验方法和分析过程仍停留在主观的经验判断阶段，缺乏客观、自动、定量化的检测手段。笔迹的量化研究是当前笔迹检验的主要发展方向，韩丹岩〔3〕针对汉字笔迹检验中最重要特征之一的笔顺特征，通过筛选并确定研究单字、设计并制作笔顺调查表和笔顺编码表，编制了“汉字笔顺查询统计系统”软件，建立了拥有11 000多人的笔顺信息的数据库。利用“汉字笔顺查询统计系统”既可以进行案件中相关笔顺出现率的具体查询，指导鉴定人对笔顺特征价值进行客观评判；也可以借此对汉字笔顺特征进行系统量化研究，丰富笔迹检验基础理论。这是笔迹检验由定性研究向定量研究发展的一个重

---

〔1〕 葛建业等：“中国Y-STR数据库建设相关问题探讨”，载《法医学杂志》2013年第3期。

〔2〕 吴微微等：“用Y-STR单倍型信息指导数据库采样分析”，载《刑事技术》2013年第1期。

〔3〕 韩丹岩：“‘汉字笔顺查询统计系统’的研究与实现”，载于彬、王虹、刘道前主编：《国际文件检验鉴定技术理论与实践》，中国人民公安大学出版社2014年版，第31～36页。

要环节。李志荣等[1]将笔迹量化研究的视角放在了笔迹的另一个重要特征——错字特征上。该研究参考有关易错字的专著及平时案件鉴定中常遇到的错字，确定了143个易错样品字，将易错样品字组词并设计了《汉字调查表》。然后在全国范围内收集调查表1400余份，并将调查表中错字信息的数据录入错字特征查询分析软件的数据库，从而实现对143个易错字出现率的多层次、多角度量化的查询，为笔迹检验的进一步量化提供较高的参考价值。李震[2]的研究着眼于签名笔迹的笔力特征量化方面，通过将签名运动过程中笔压的变化规律和签名笔迹静态图像的颜色变化建立数学模型，利用签名笔迹二维静态图像的颜色深浅变化反映签名笔迹的笔力特征的变化，结合计算机技术显示笔迹中各点的相对笔力值；通过大量的实验获取静态签名笔迹颜色变化与笔力变化的数学模型，运用笔力特征的量化分析为专家作出鉴定意见提供客观依据。

（2）签名笔迹检验。伪装签名是一种签名造假手段，目的是通过否认签名为自己所写，而非法占有他人财物或逃避责任。李志荣[3]对伪装签名笔迹进行了研究，在总结出伪装签名中出现的"正常与变化并存"、"整体性变化突出"、"伪装手段多样"三大特点后，提出检验伪装签名的要点，即检验伪装签名时，鉴定人要客观看待笔迹发生的变化；选用正确的检验方法；客观全面地选择笔迹特征；适时补充笔迹样本；条件具备时还应充分利用案情。

（3）笔痕特征检验。白晓峰[4]对滚珠型签字笔的笔痕特征进行了系统研究，让20名熟练掌握书写技能的成年人分别使用市场上常见的3种不同品牌的滚珠型签字笔抄写含有52个字的一个句子，共计收集到60份笔迹样本。将样本置于放大镜及显微镜下观察，发现同一人使用不同的签字笔、不同人使用同一支签字笔和不同人使用不同的签字笔进行书写，所形成的笔痕特征都有相同的表现，即不同人的笔痕特征同其他类别的笔痕特征一样具有共性表现，该实验结果打破了文件鉴定人对笔痕特征的传统认识，一个特定的笔

---

[1] 李志荣、李震："错字特征价值量化查询系统的研制"，载于彬、王虹、刘道前主编：《国际文件检验鉴定技术理论与实践》，中国人民公安大学出版社2014年版，第41～44页。

[2] 李震："签名笔迹笔力特征量化分析模型的构建"，载于彬、王虹、刘道前主编：《国际文件检验鉴定技术理论与实践》，中国人民公安大学出版社2014年版，第45～50页。

[3] 李志荣："伪装签名检验初探"，载《中国司法鉴定》2013年第3期。

[4] 白晓峰："滚珠型签字笔笔痕特征的实验研究"，载《中国司法鉴定》2013年第3期。

痕特征并不只是同一人使用同一支笔书写才能形成的，在实际鉴定中要对笔痕特征的价值进行客观评断。

(4) 老年人笔迹检验。随着人口老龄化的步伐加快，涉及老年人笔迹鉴定的案件占了很大的比例。由于年龄问题，老年人在生理病理等各方面的功能都出现了一些变化，这些变化造成了老年人笔迹与其之前笔迹存在较大差异，导致了对老年人笔迹鉴定难度加大。鞠启[1]从历史背景、现状、探讨意义及科学论据着手，通过对老年人的书写习惯进行分析，将老年人的笔迹与其他相似笔迹进行对比，并通过对这些理论知识的探讨，尝试提出老年人笔迹鉴定的方法。该研究阐释了影响老年人笔迹的两大因素，即生理因素和心理因素，并总结了正常老年人的笔迹特点和以患阿尔兹海默病和帕金森病为代表的老年人的笔迹特点，同时比较了老年人笔迹与高位执笔笔迹、左手伪装笔迹和摹仿伪装笔迹三种常见的伪装笔迹的异同，并在此基础上对老年人笔迹检验的要点进行概括。

(5) 阿拉伯数字笔迹检验。阿拉伯数字笔迹相对于汉字笔迹，具有笔画简单、结构单一、书写特征易变化等特点，其鉴定难度较大。王连昭[2]从阿拉伯数字笔迹鉴定的理论基础入手，总结归纳了阿拉伯数字书写动作习惯理论、阿拉伯数字笔迹鉴定科学基础理论以及对阿拉伯数字书写动作的反映分析，提出单个数字是反映分析阿拉伯数字书写动作习惯的核心，布局习惯是反映分析阿拉伯数字书写动作习惯的辅助，数字组合是反映分析阿拉伯数字书写动作习惯的重点。针对阿拉伯数字的自身特点，分别对 0 至 9 十个阿拉伯数字的写法特征进行细化研究与分析，并从特征的共性与个性、总体与个体、稳定与变化、本质与非本质四对矛盾中，辩证分析特征的价值意义。并在此基础上，较为系统地阐明了阿拉伯数字笔迹的鉴定要点与注意事项，并进一步通过实际案例予以论证。

2. 印章印文检验

随着科技的进步，印章印文检验鉴定的复杂性越来越强，难度越来越大，这就要求文件鉴定人员积极研究相应的检验方法。周光磊等[3]、王长

---

[1] 鞠启："老年人笔迹鉴定问题研究"，华东政法大学 2013 年硕士学位论文。

[2] 王连昭："阿拉伯数字笔迹鉴定研究"，华东政法大学 2013 年硕士学位论文。

[3] 周光磊等："同源性印章印文鉴别方法的研究"，载于彬、王虹、刘道前主编：《国际文件检验鉴定技术理论与实践》，中国人民公安大学出版社 2014 年版，第 196 页。

亮等[1]通过制作多枚同源性机雕橡塑印章、同源性机雕渗透印章和同源性光敏印章，盖印大量实验样本，利用文件检验专用仪器进行印章印文特征的观察、发现、固定、分析，并进一步探讨了每类同源性印章印文在规格性特征一致的情况下细节特征存在的具体差异，为区分不同印章印文提供了鉴别依据。该研究发现，同源性机雕橡塑印章印文容易在印文图文笔画边框露白特征、修饰打磨特征、印面缺陷特征、印文图文笔画边缘锯齿状特征、印文附着物特征、印油成分特征以及由激光雕刻机扫描速度不同造成的印文细节特征等方面存在差异；同源性机雕渗透印章印文容易在印文图文笔画边缘锯齿状特征、印文附着物特征、印油成分特征、印文浓淡分布特征以及由渗透垫渗透性不同造成的笔画细节特征、由激光雕刻机扫描速度不同造成的印文细节特征等方面存在差异；同源性光敏印章印文容易在印章印文边框特征、附着物特征、印油成分以及由于激光打印硫酸纸稿模软片自身缺陷、曝光条件不同、印章制作过程中的脏版、同一张激光打印硫酸纸稿模软片反复使用等因素造成的印文细节特征等方面存在差异。王晓光等[2]通过对激光雕刻渗透印章印文的研究和分析，总结了激光雕刻渗透印章印文的种类特征和支撑点痕迹、定位扫描切割线特征、露白特征、笔画缺失粘连特征和章面打磨整理痕迹特征等个体特征，为此类案件的检验提供了有力的依据。

3. 印刷文件检验

随着打印机等办公设备日渐普及，由此衍生出的利用打印机进行违法犯罪的案件日益增多，涉及印刷文件检验的案件所占比例亦越来越高。打印技术的不断提升，使得传统的检验印刷文件的方法越来越满足不了当前鉴定的需要。因此，寻找打印机自身特征，实现对打印机等办公设备的识别和认定势在必行。

（1）喷墨打印文件检验。白萃萃等[3]通过对原装喷墨打印机打印的彩色文件中的墨点形态特征、细线条间墨迹形态特征、黄色色块墨迹形态特征、飞溅墨迹形态特征、暗色笔画中黑色墨点排列特征以及墨点定位特征等图文特征的检验比较，确认了在常规文本打印模式下，鉴别惠普、佳能和爱普生

---

[1] 王长亮等："同源性机雕渗透印章印文鉴别方法"，载《中国司法鉴定》2013年第3期。

[2] 王晓光等："试论激光雕刻机雕刻渗透印章印文的特征"，载《刑事技术》2013年第1期。

[3] 白萃萃等："利用彩色文件上的图文特征鉴别喷墨打印机品牌"，载《中国司法鉴定》2013年第2期。

等喷墨打印机的依据。王洁等[1]应用 ImageXaminer 图像扫描系统对喷墨打印机打印的文件进行量化分析，通过对灰度、校色、尺寸精度、线条打印精度、墨斑、炭粉附着性、色调再现、色域和色间渗透等参数的测量，可得出最佳区分参数组合。因此，应用 ImageXaminer 图像扫描系统量化打印文件质量对于区分打印机机台、品牌、型号有积极参考意义。贾晓光等[2]选用爱普生（Epson）、佳能（Canon）、惠普（Hp）品牌共 27 台常见彩色喷墨打印机制备了实验样本，并收集平时样本，采用宏观检验、显微检验和测量检验等方法，分析归纳了字符横向白线、字符拼接错位、字符偏斜等喷墨打印文件同机识别特征，为喷墨打印机同机识别提供了客观依据。

（2）激光打印文件检验。激光打印机更新换代速度较快，但目前缺乏对激光打印文件的系统研究，无法适应激光打印文件检验实践中复杂多变的情况。王楠[3]利用收集到的 77 种不同型号的激光打印机制作了百余份实验样本，对实验样本采用文检仪检验和显微镜检验结合的方法，侧重于形态方面特点的研究，从暗记特征和墨迹特征两方面对从各常见品牌激光打印机的打印文件上观察到的现象和规律作了归纳总结。研究发现，彩色激光打印机的打印文件可能会有暗记特征的出现，且暗记特征有各自的特点，可以作为判断制作机具品牌的依据；且大部分激光打印机打印文件的暗记特征不会随着时间发生变化，无法完全将其作为判断文件形成时间的依据，该发现可以在一定程度上提高激光打印文件检验的鉴别效率和证明力，为涉及激光打印文件证据的各类诉讼案件的侦查、审判和有关公共事务的处理提供技术参考。韩星周等[4]系统研究了激光打印机 1 个硒鼓打印文件的连续性，1 个硒鼓从刚换上到打印不出图文共打印 2100 页，每间隔 50 张选取 5 张作为测量样本，共收集 210 张实验样本。通过 ImageXpress 软件测量每页图文的 11 个灰度特征，发现其中 Profile Gray Max、Profile Gray AVG、Gray Average of Dark Streak、Gray

[1] 王洁等："喷墨类打印机打印文件量化分析研究初探"，载于彬、王虹、刘道前主编：《国际文件检验鉴定技术理论与实践》，中国人民公安大学出版社 2014 年版，第 86 ~ 90 页。

[2] 贾晓光等："常见喷墨打印机打印文件的同机识别特征研究"，载《中国刑警学院学报》2013 年第 3 期。

[3] 王楠："常用激光打印机打印文件特点的研究"，华东政法大学 2013 年硕士学位论文。

[4] 韩星周等："激光连续打印文件特征变化的实验探究"，载于彬、王虹、刘道前主编：《国际文件检验鉴定技术理论与实践》，中国人民公安大学出版社 2014 年版，第 91 ~ 93 页。

Average of Light Streak 四个灰度特征比较稳定，最大变化范围均在 8% 以内，从而为激光打印文件是否为同台打印机打印的问题提供了量化的思路和研究基础。

（3）复印文件检验。在复印文件检验中，对于复印文件底灰的判定是复印文件检验的重要手段之一。于彬等[1]使用 Delphi 软件开发平台研制的底灰量化检验软件对复印文件底灰进行量化检测，并对得到的数据进行分析，讨论了影响底灰检验的因素，使复印文件底灰特征检验从定性检验转变为定量化检验，为复印文件的检验提供了新的方法和思路。

（4）一体机印制文件检验。喷墨打印与复印或激光打印与复印为一体的多功能一体机由于其价格低廉、色彩丰富、使用便捷，被广泛应用于日常生活的各个领域，随之而来的与之相关的鉴定需求也越来越多，难度也越来越大。牟小彬等[2]利用文件检验仪、体视显微镜等仪器设备对佳能、惠普、爱普生、兄弟品牌共 23 个型号的喷墨打印机、一体机的打印、复印实验样本进行形态观察，初步总结了分辨率特征、底灰特征、疵点特征、文字细节特征和传统复印特征等 5 种喷墨打印、复印文件判别特征，为准确区分喷墨打印、复印文件提供了可靠的判断方法。梁政等[3]利用 ImageXpress 系统对理光 MP4000BSP 激光打印复印一体机的打印文件和复印文件进行灰度特征值的测量，发现二者在平均灰度值上的确存在一定的差异，在行、列的灰度值的曲线特征上也呈现出一定的规律性，可以据此区分激光打印复印一体机的打印文件和复印文件。

（5）特殊票证检验。由明文等[4]研究了第五套 100 元人民币的防伪特征后，提出对目前市场上流通的常见假币综合采用直观比较法、特征比对法和仪器检验法等方法，从假币的纸张、油墨、印刷方法和票面设计、印版方式

---

〔1〕于彬等："检验复印文件底灰特征的新方法"，载于彬、王虹、刘道前主编：《国际文件检验鉴定技术理论与实践》，中国人民公安大学出版社 2014 年版，第 110～115 页。

〔2〕牟小彬等："喷墨打印、复印文件鉴别方法初探"，载于彬、王虹、刘道前主编：《国际文件检验鉴定技术理论与实践》，中国人民公安大学出版社 2014 年版，第 124～126 页。

〔3〕梁政、韩星周、郝红光："利用 ImageXpress 系统灰度特征区分激光打印复印一体机的打印及复印文件初探"，载《刑事技术》2013 年第 4 期。

〔4〕由明文等："第五套 100 元人民币防伪特征及其真伪鉴别的研究"，载于彬、王虹、刘道前主编：《国际文件检验鉴定技术理论与实践》，中国人民公安大学出版社 2014 年版，第 99～109 页。

及暗记等防伪特征入手，来有效进行识别。杨傲寒等[1]对目前正在使用的第二代居民身份证的防伪技术进行了相关研究，从印刷、压膜等方面入手，介绍了几种相对简易的鉴别第二代居民身份证真伪的方法。陈丁文[2]根据新版机动车驾驶证的防伪特征，从证芯纸张、油墨、印刷方法、印刷工艺和塑封套等方面入手，利用一观察、二照射、三放大、四比较的方法进行快速识别。林红等[3]以文件检验中的同一比对及相关防伪技术原理为指导理念，系统总结了中国97-1版普通护照整版伪造资料页的识别方法和技巧。孙德伟等[4]对申根签证制作和签发中涉及的物质及工艺流程进行了介绍，并对伪造和变造申根签证的手法进行了归类分析，系统总结了对申根签证进行光学检查的一般流程，为有条件的文件检验实验室提供了较全面的申根签证鉴别参考。

4. 篡改文件检验

姜志刚[5]探讨了显微共焦拉曼光谱法在添改文件检验中的应用，通过对黑色签字笔油墨拉曼光谱检测结果的分析，发现该方法具有快速、无损、灵敏度高和重复性好等特点，在检验黑色签字笔字迹的添改方面有着广阔的应用前景。张金庄[6]利用傅里叶红外图像对添改数字进行无损检验。秦静[7]对打印文件的跟踪代码进行了实验研究，发现不同品牌的打印机打印出来的文件，其跟踪代码在布局、大小、形态上都有不同的特征，在对各类打印机的跟踪代码进行数据分析的基础上，讨论了利用跟踪代码来鉴定打印文件是否换页的可能性。王乐[8]利用 photoshop 对指印与文字混合的文件进行了分

---

[1] 杨傲寒等："第二代居民身份证的真伪鉴别"，载于彬、王虹、刘道前主编：《国际文件检验鉴定技术理论与实践》，中国人民公安大学出版社2014年版，第194页。

[2] 陈丁文："新版机动车驾驶证真伪的简易、快速识别方法"，载于彬、王虹、刘道前主编：《国际文件检验鉴定技术理论与实践》，中国人民公安大学出版社2014年版，第73～80页。

[3] 林红等："整版伪造普通护照资料页的识别方法研究"，载于彬、王虹、刘道前主编：《国际文件检验鉴定技术理论与实践》，中国人民公安大学出版社2014年版，第81～85页。

[4] 孙德伟等："申根签证快速查验要点"，载于彬、王虹、刘道前主编：《国际文件检验鉴定技术理论与实践》，中国人民公安大学出版社2014年版，第116～123页。

[5] 姜志刚："显微共焦拉曼光谱法在添改文件检验中的应用"，载《刑事技术》2013年第5期。

[6] 张金庄："傅里叶红外图像无损检验添改数字的研究"，载《刑事技术》2013年第2期。

[7] 秦静："打印文件的跟踪代码在换页文件检验中的实验研究"，载于彬、王虹、刘道前主编：《国际文件检验鉴定技术理论与实践》，中国人民公安大学出版社2014年版，第195页。

[8] 王乐："利用 photoshop 分离指印与文字混合样本的方法研究"，载《广东公安科技》2013年第4期。

离实验研究，发现在RGB模式下的B单色通道能很好地分离文字，显现出指印；在CMYK模式下的C单色通道能很好地分离指印，显现出文字；利用添加图层的方法也可以分离文字，显现出指印，可为后期的笔迹或痕迹的检验及鉴定工作提供帮助。暴仁等[1]以溶液浸泡老化文件的机理为基础，通过大量的平行性、对比性实验，全面系统地研究了影响溶液浸泡老化文件形成的相关因素，包括纸张、色料、浸泡溶液、浸泡时间、浸泡方式、干燥方式及蒸汽熨烫方法，获得了实验样品材料在经溶液浸泡后的表观特征及变化规律，并与自然老化文件作比较，初步探明了溶液浸泡伪造文件的检验方法和技术，为检验鉴别伪造或变造文件提供了一些有价值的参考依据。

5. 朱墨时序检验

在文件检验中，朱墨时序的判定一直是一个常见且又比较疑难的问题，对于鉴别文件的真伪往往具有决定性的重要意义。邹卫东等[2]总结了有统一的技术规范作指导、检验设备应当满足技术规范要求、对字迹和印文以色料与纸张结合方式进行检验、多种检验方法相互对照印证、客观评价阳性反应的出现率和排除假阳性反应的干扰等基本环节来保证鉴定意见的准确性。陈晓红等[3]通过对显微镜检验在朱墨时序鉴定中的技术要点进行讨论，阐述了如何通过选择不同的显微镜，调整放大倍率、照明方式、观察方式及运用共焦等技术手段达到最佳观察效果，总结了朱墨时序显微镜检验所依据的表观特征及其观察和分析要点，从而对朱墨时序鉴定实践起到积极的指导作用。黄建同等[4]利用电阻测量法检验黑色签字笔字迹和印泥印文的形成顺序，通过对“未交叉笔画”、“交叉笔画”和“重叠笔画”的电阻值进行测量，发现当“先墨后朱”时，测量三种笔画电阻，结果均可以测出电阻数值，电阻值基本没有变化；当“先朱后墨”时，测量三种笔画电阻，电阻值变化较大，其中“未交叉笔画”电阻可正常测出，而“交叉笔画”和“重叠笔画”两部

---

〔1〕暴仁等：“浸泡法老化文件的实验研究”，载于彬、王虹、刘道前主编：《国际文件检验鉴定技术理论与实践》，中国人民公安大学出版社2014年版，第206～207页。

〔2〕邹卫东、杨桔：“正确把握朱墨交叉时序鉴定的几个基本环节”，载《中国司法鉴定》2013年第3期。

〔3〕陈晓红等：“朱墨时序显微检验的技术要点及应用”，载《中国司法鉴定》2013年第5期。

〔4〕黄建同等：“测量字迹笔画电阻判断朱墨时序和添改文件的新方法”，载于彬、王虹、刘道前主编：《国际文件检验鉴定技术理论与实践》，中国人民公安大学出版社2014年版，第156～162页。

位电阻数值不能测出。原因是先有印文后写字时，笔画不连续，有“露白”影响笔画电阻的测量和数值。该方法为朱墨交叉时序的鉴定提供了新的思路。王少仿等[1]为探索判断无交叉笔画状态下激光打印文字与钢笔书写文字时序的程序和方法，借以鉴别可疑文件的真伪，通过大量实验，运用显微形态观察法，分析无交叉笔画状态下书写文字笔画的微观状态、激光打印机墨粉颗粒及纸张纤维的分布特点，发现先书写后打印与先打印后书写的两种时序下的实验材料存在明显差异，从而为判断无交叉笔画状态下激光打印文字与钢笔书写文字的时序提供了一种可能。张淙溪等[2]对使用光谱成像检验技术鉴定印油印文与墨迹色料交叉时序进行了有益的探索。

6. 文件制成时间检验

文件制成时间检验一直是文件鉴定领域最具争议和挑战的疑难问题，本年度关于文件制成时间的研究比较活跃。杨旭等[3]通过一起印章印文盖印时间鉴定的实际案例，探讨了如何运用统计学方法定量分析印章印文阶段性特征中的定量特征与印文盖印时间之间的关系，为印章印文盖印时间鉴定提供了一种定量分析的方法，也为如何进一步运用统计学方法定量分析文件制成时间的类似问题提供了一种研究思路。谢朋等[4]利用气相色谱法对自含墨印章印文的盖印时间进行了较为全面系统的研究，并对正常保存条件下自含墨印章印文中常见的3种溶剂成分1，2-丙二醇、1，3-丙三醇和邻甲酚的自然老化规律进行了报道。在此基础上，谢朋等[5]对该3种溶剂在恒温烘烤、紫外线照射、纯水浸泡等人为老化条件下的变化规律进行了研究，通过测定自含墨印章印文中所含有的主要溶剂成分相对含量的变化，考查了自含墨印章印文盖印时间受老化条件的影响，得出了主要溶剂成分在人为老化条件下

---

[1] 王少仿等：“鉴定无交叉笔画状态下激光打印文字与钢笔书写字迹时序的研究”，载于彬、王虹、刘道前主编：《国际文件检验鉴定技术理论与实践》，中国人民公安大学出版社2014年版，第127~133页。

[2] 张淙溪等：“使用光谱成像检验技术鉴定印油印文与墨迹色料交叉时序”，载于彬、王虹、刘道前主编：《国际文件检验鉴定技术理论与实践》，中国人民公安大学出版社2014年版，第209~210页。

[3] 杨旭等：“文件形成时间鉴定的统计学方法初探”，载《中国司法鉴定》2013年第6期。

[4] 谢朋等：“气相色谱法测定自含墨印章印文的盖印时间”，载《中国人民公安大学学报（自然科学版）》2013年第2期。

[5] 谢朋等：“自含墨印章印文盖印时间受老化条件的影响”，载《中国司法鉴定》2013年第6期。

其含量的变化规律以及人为老化与自然老化的对应关系，不仅在理论上为自含墨印章印文盖印时间和人为老化文件的检验提供了依据，而且在实际相关案件检验的应用上也提出了一种有效的技术方法。尤伟等[1]利用气相色谱－质谱联用法对5种品牌的光敏印章印文印迹的甲醇提取物进行了分析，发现每种光敏印油均含有二丙二醇及其同分异构体2－（2－羟基丙氧基）－1－丙醇，利用内标法对不同形成时间的光敏印章印迹中二丙二醇及其同分异构体的相对含量进行分析，发现二丙二醇及其同分异构体的相对含量较高并且随时间下降明显，在印迹形成2个月后其相对含量很低并且随时间下降不明显。由此，我们可以通过检测光敏印章印迹中二丙二醇及其同分异构体的相对含量来判断其新旧程度。孙其然等[2]通过研究建立了利用LC-MS/MS检测碱性蓝7及其5个去乙基产物的方法，通过对9支圆珠笔墨迹样品进行自然光照老化试验，发现在光照条件下碱性蓝7的相对含量不断下降，其去乙基产物E4和E3的相对含量依次在达到峰值后下降，E2、E1和E0相对含量持续增加，碱性蓝7的相对含量和光的辐照能量之间成指数函数关系，而其降解产物E4、E3的相对含量和光的辐照能量成二次函数关系，为进一步研究圆珠笔墨迹的书写时间提供了基础数据。此外，年广奎等[3]、赵亮等[4]、周亚红等[5]、喻彦林等[6]分别从印文凝固收缩状态、圆珠笔油墨的红外光谱、蓝色圆珠笔油墨的色差和计算机软件字库的启用时间等方面对文件的制成时间进行了有益的摸索。

（六）毒物和毒品检验学

本年度，我国毒物和毒品检验技术稳步发展。大量新技术广泛应用于毒物和毒品分析之中，固相萃取技术、固相微萃取技术以及中空纤维液相微萃

---

〔1〕尤伟、胡向阳："光敏印章印迹形成时间的研究"，载《中国刑警学院学报》2013年第3期。

〔2〕孙其然等："LC-MS/MS法检测圆珠笔墨迹中碱性蓝7及其去乙基产物的降解变化"，载《中国司法鉴定》2013年第1期。

〔3〕年广奎等："凝固收缩法检验印文盖印时间的探索与实践"，载于彬、王虹、刘道前主编：《国际文件检验鉴定技术理论与实践》，中国人民公安大学出版社2014年版，第138～141页。

〔4〕赵亮等："利用傅立叶红外光谱仪检验圆珠笔书写时间初探"，载于彬、王虹、刘道前主编：《国际文件检验鉴定技术理论与实践》，中国人民公安大学出版社2014年版，第141～144页。

〔5〕周亚红、房诚："显微分光光度法推断蓝色圆珠笔书写时间的研究"，载《中国刑警学院学报》2013年第3期。

〔6〕喻彦林等："计算机字体：文件形成时间检验的一个特例"，载于彬、王虹、刘道前主编：《国际文件检验鉴定技术理论与实践》，中国人民公安大学出版社2014年版，第137页。

取技术等前处理技术日臻成熟，极大地提高了毒物和毒品分析的准确度和分析效率，完善了分析技术体系。在传统色谱等分析方法的基础上，各种新分析方法也得以逐步建立和完善，超高效液相色谱－质谱等联用技术丰富了分析方法及内容体系，这些高精度的方法在传统的应用基础上均有所提升，在各类分析技术与方法中依然发挥着重要作用。

1. 毒物分析技术的发展

毒物种类的广泛性、检材的多样性、目标化合物的不确定性以及化学性质的差异性，使得毒物分析前处理技术的重要性凸显出来。目前常用的提取方法有液液萃取（LLE）、固相萃取（SPE）、固相微萃取（SPME）、超临界流体萃取（SFE）、微波萃取（MWE）、液相微萃取（LPME）、微珠萃取（MBE）、中空纤维液相微萃取（HF-LPME）。

（1）前处理方法的多样化。固相萃取又称为固液萃取（SLE），是一个包括液相和固相的物理萃取过程，萃取过程中固相对分析物的吸附力大于样品基液，当样品通过固相柱时，分析物吸附在固体填料表面，其他样品组分则通过柱子，分析物可用适当溶剂洗脱下来，这一过程主要利用分析物在不同介质中被吸附的能力差将标的物提纯，有效地将标的物与干扰组分分离，大大增强了对分析物特别是痕量分析物的检出能力，提高了被测样品的回收率。固相萃取作为样品前处理技术，在实验室中得到了越来越广泛的应用。谭晓辉等[1]采用了 OASIS® HLB3cc（60mg）固相萃取柱对尿液中氯氮平及其主要代谢产物进行提取。与传统的液液萃取前处理方法相比，采用固相萃取法提取血、尿中的氯氮平以及各自的主要代谢物，回收率高，重复性好，快速有效，并能应用于实际案件的检验。舒翠霞等[2]采用固相萃取－气相色谱法检测了全血中的佐匹克隆，结果表明在 50～5000ng/mL 范围内线性良好，回收率为96.9%，检出限为30ng/mL。该方法样品前处理简单，回收率高，灵敏度高，可适用于实际案件的检验。何文婷等[3]采用 ZORBAX Extend－C18 柱检

---

〔1〕 谭晓辉等："SPE-LC-MS/MS 法同时测定尿液中氯氮平及三种代谢产物"，载《实用医学杂志》2013 年第 5 期。

〔2〕 舒翠霞等："固相萃取－气相色谱法检测全血中佐匹克隆"，载《中国法医学杂志》2013 年第 1 期。

〔3〕 何文婷等："固相萃取 HPLC 法同时测定兔血中地西泮及其代谢产物"，载《中西医结合心脑血管病杂志》2013 年第 11 期。

测了兔血中的地西泮及其代谢产物，结果表明地西泮及其Ⅰ相、Ⅱ相代谢产物的最低检出限分别为30ng、30ng和60ng，回收率为83.7%～107.9%，在一定范围内线性相关性良好。采用该方法提取地西泮及其代谢产物，具有溶剂消耗少、操作简单、对样品污染小、萃取效率高和样品处理快速等优点。高利娜等〔1〕采用顶空－固相微萃取法（HP-SPME）测定了水样中的痕量扑草净，检出限为0.05μg/L，水样加标回收率为101.5%～103.0%，相对标准偏差为1.01%。该方法检测线性范围宽、重复性好、定量准确，满足检测的要求。肖昆等〔2〕采用固相微萃取膜技术对尿液中的曲马多进行了提取，结果表明，适当加大固相微萃取膜的面积、浓缩样品、延长浸泡时间、引入超声技术到膜的吸附解析过程中，可以提高尿样中曲马多的提取率。该方法将固相微萃取技术和膜分离技术通过定向合成的方式结合到一起，使其同时具备两者的优势，可以直接对液体中的微量有机物进行分离提取。

当前，固相萃取法和固相微萃取法是毒物毒品分析的主要前处理方法，并且萃取效率很高，但是这两种萃取方法却存在着各自的缺陷。固相萃取法需要消耗大量的有机溶剂，容易对环境造成污染；固相微萃取法虽然无需耗费有机溶剂，但是纤维头的价格昂贵且使用次数有限。因此人们尝试着选取一种新型的价格低廉、环境友好型、萃取效率高的前处理方法。

中空纤维液相微萃取技术是以中空纤维膜为微萃取溶剂（接受相）的载体，集采样、萃取和浓缩于一体的技术，在多孔的中空纤维腔中进行萃取，不与样品溶液直接接触，并能阻止大分子和颗粒杂质通过纤维壁孔，从而起到净化样品的作用，还能扩大检材的范围。曹洁等〔3〕应用中空纤维膜液相微萃取法提取了血液中的氯丙嗪，最低检出限为0.01mg/L，线性范围为0.01～10 mg/L，相对回收率为93%～102%。该方法操作简单，提取率高，消耗有机溶剂少，可避免残留和交叉污染，适用于血液中氯丙嗪的检测。王丹等〔4〕

---

〔1〕高利娜等："固相微萃取结合气相色谱法测定水样中痕量扑草净"，载《中国法医学杂志》2013年第6期。

〔2〕肖昆、王玉瑾："固相微萃取膜技术结合气相色谱法检验尿样中曲马多"，载《中国卫生检验杂志》2013年第17期。

〔3〕曹洁等："中空纤维膜液相微萃取－气相色谱法检测血液中氯丙嗪"，载《中国卫生检验杂志》2013年第15期。

〔4〕王丹、孟品佳、龚舜："中空纤维液相微萃取——GC-MS检测尿中的安眠酮"，载《中国刑警学院学报》2013年第4期。

采用中空纤维液相微萃取法提取了尿液中的安眠酮，考察了不同pH、温度、搅拌速度、萃取时间等影响因素下的中空纤维液相萃取模式对尿液中安眠酮提取效果及稳定性的影响。检测结果显示，尿液中安眠酮相对标准偏差为0.6%，检测限为49.1ng/mL。该方法检测尿液中的安眠酮灵敏度高、萃取时间短、回收率高。

（2）新分析方法的建立。常见药物中毒致死的情况在毒物案件中时有发生，因此，需要鉴定人不断研究合适的技术并建立系统的检测方法。超高效液相色谱技术在常见药物中毒致死案件的分析检验中得到了广泛应用。王毅等[1]采用UPLC-MS/MS法测定了人血中雪上一枝蒿甲素，雪上一枝蒿甲素是一种生物碱，样品经过乙酸乙酯提取后，C_{18}柱分离，以0.1%甲酸乙腈-0.1%甲酸水为流动相梯度洗脱，正离子-多反应离子监测模式检测，结果表明，雪上一枝蒿甲素在3.5～850μg/L^{-1}范围内与峰面积呈现良好的线性关系（r=0.9968），检测限为0.1μg/L^{-1}，回收率为86.6%～89.4%。该方法操作简便，结果准确，可作为人血中雪上一枝蒿甲素的定量检测方法。岳玥等[2]建立了一种采用UPLC-MS/MS检测全血中磺胺嘧啶的方法，以HLB固相萃取柱提取血样，应用UPLC色谱法分离，MS/MS进行检测，实验结果的检测限为0.21ng/mL，线性范围为10～1000ng/mL，回收率高于102%。该方法具有浓缩富集效果，具有灵敏度高、分析速度快、操作简便等优点，可用于全血中磺胺嘧啶的定性、定量分析检验。赵森等[3]建立了UPLC-MS/MS检测全血中的甲哌啶的方法，样品血经pH=8的氨水稀释后，涡旋离心，上清液过混合型弱阳离子交换柱进行纯化，再采用UPLC-MS/MS检测，采用正离子扫描，多反应离子监测模式。以甲哌啶母离子114.098（m/z）和子离子58.078（m/z）及98.215（m/z）定性、定量，加标回收率在65%～75%，检出限为0.3ng/mL。实验结果证明，该方法灵敏度高，分析速度快，操作简便，适宜应用于法庭科学领域中解决甲哌啶中毒案件的检测。黄健等[4]建立了UPLC-MS/

---

〔1〕王毅等："UPLC-MS/MS法测定人血中雪上一枝蒿甲素"，载《中国司法鉴定》2013年第6期。

〔2〕岳玥等："UPLC-MS/MS法检测血液中的磺胺嘧啶"，载《中国法医学杂志》2013年第4期。

〔3〕赵森等："超高效液相色谱-质谱法测定全血中甲哌啶"，载《中国法医学杂志》2013年第5期。

〔4〕黄健等："超高效液相色谱串联质谱法检测血液中的林可霉素"，载《刑事技术》2013年第3期。

MS测定全血中林可霉素的方法，样品血使用3mL水提取，涡旋离心，上清液过HLB柱，用10%甲醇溶液淋洗，甲醇洗脱，洗脱液用于UPLC-MS/MS分析。以林可霉素母离子406.987（m/z）和子离子126.011（m/z）及359.009（m/z）定性、定量，加标回收率为104.98%～120.74%，检出限为55.4pg/mL。该方法重现性好，准确度高，分析速度快，可以在法庭科学领域中应用推广。此外，超高效液相色谱技术还被用于抗精神病药物氯丙嗪[1]以及麻醉辅助药物氯化琥珀胆碱[2]的检测中，结果均稳定可靠，并实际解决了多起案件。超高效液相色谱法快速、简便、灵敏的优势使其在药物分析领域中得到了广泛应用。

传统的液相色谱－串联质谱法和气相色谱－串联质谱法也依然在毒物检测中发挥着重要作用。唐群星等[3]采用高效液相色谱－串联质谱联用对盐酸头孢替安酯原料药中的杂质进行结构解析，通过对盐酸头孢替安酯和有关物质的液相色谱图以及液相色谱峰对应的质谱图进行分析归纳，推测盐酸头孢替安酯样品中有关物质1为Δ^3－异构体，并解析了有关物质2中的3个杂质的结构。该方法可快速准确地分离鉴定盐酸头孢替安酯中的有关物质，对盐酸头孢替安酯的质量控制具有指导意义。栾玉静等[4]利用高效液相色谱－质谱联用仪建立了人血浆中地芬尼多的定性定量检测方法，检出限为0.5ng/mL，在1.0～100.0 ng/mL浓度范围内回收率均在80%以上。采用该方法检验地芬尼多，保留时间短，峰形对称，分离度和质谱响应好，灵敏度、准确性和精密度都满足临床血药浓度检测和地芬尼多中毒的法医毒物学检验的要求。

化妆品的毒物分析检验一直是人们关注的热点。环氧乙烷和环氧丙烷一般存在于以聚乙二醇、聚丙二醇类结构物质为原料的化妆品中，特别是洗面奶、洗发水等清洁类产品，由于其具有致突性和致癌性，欧盟法规和我国《化妆品卫生规范》均将其列为禁用物质，国内尚无标准检测方法。张

---

〔1〕 董颖、杜鸿雁、邵永军："UPLC-MS/MS测定全血中的氯丙嗪"，载《中国法医学杂志》2013年第1期。

〔2〕 张云峰等："超高效液相色谱－质谱法分析人全血中的氯化琥珀胆碱"，载《中国法医学杂志》2013年第6期。

〔3〕 唐群星等："HPLC-MS/MS分析盐酸头孢替安酯中未知杂质的结构"，载《四川大学学报（医学版）》2013年第44期。

〔4〕 栾玉静等："LC-MS/MS法测定人血浆中地芬尼多的含量及其在案件中的应用"，载《药物分析杂志》2013年第7期。

敬轩等[1]优化了盐饱和、破乳、顶空条件等前处理过程，采用顶空进样－气相色谱－质谱法检测清洁类化妆品中环氧乙烷和环氧丙烷的残留量，并对多种清洁类产品进行了实际样品验证，可以作为国家或者行业检测标准起草的参考。

农药由于其自身廉价易得的特性，往往是各类中毒案件中的常用毒源。百草枯是目前广泛应用的灭生性除草剂，对人畜毒性较大。刘俊亭等[2]为了实现百草枯在GC/MS或GC上的精确定量，加入百草枯类似物作为内标，用联吡啶和碘代乙烷反应，自主合成了乙基百草枯和异丙基百草枯，并用GC/MS考察了百草枯类似物用硼氢化钠还原后的多种产物，确证了百草枯类似物的各种还原产物，为生物样品中百草枯的定量检测奠定了基础。硫丹是一种高毒有机氯杀虫剂，对棉铃虫等多种作物害虫有良好的杀虫效果。一些不法分子利用硫丹向鱼塘投毒的案件屡见不鲜。张云峰等[3]采用气相色谱/负化学电离质谱法（GC/MS-NCI）和固相萃取的前处理方法对鱼塘水和鱼体内的硫丹、硫丹醇进行检测，最低检测限为0.1ug/mL。该方法灵敏度高，操作简单，准确可靠，可以为水中硫丹投毒案件的侦破提供证据。

2. *毒品检验技术的发展*

近年来，毒品的滥用在我国日益猖獗，与毒品有关的犯罪案件和死亡人数不断增加，毒品问题已经成为严重的社会毒瘤。而新型毒品的不断涌现，也给毒品分析工作带来了挑战。因此，研发和推广经济、快速、准确的毒品检验方法对遏止毒品蔓延和打击毒品犯罪具有重要意义。

（1）传统毒品检验技术的发展。大麻的主要成分为四氢大麻酚、大麻酚和大麻二酚。翟晚枫等[4]比较了电喷雾电离（ESI）和大气压化学电离（APCI）两种模式对大麻酚类物质的离子化效果，采用超快速液相色谱－质谱联用仪（UFLC-MS）分别考察了使用ESI和APCI时雾化电压、雾化气流

[1] 张敬轩等："顶空进样－气相色谱－质谱法检测清洁类化妆品中环氧乙烷和环氧丙烷残留量"，载《分析化学》2013年第8期。

[2] 刘俊亭、高利娜、王春媛："百草枯类似物的合成及其还原产物GC/MS确认"，载《中国法医学杂志》2013年第5期。

[3] 张云峰等："鱼塘中投放硫丹致鱼死亡1例"，载《刑事技术》2013年第3期。

[4] 翟晚枫等："电喷雾和大气压化学法对大麻酚类物质离子化的比较"，载《中国法医学杂志》2013年第2期。

量、干燥气流量、加热块温度、解离管温度等参数变化对大麻酚类物质的影响规律，确定了最优条件参数组合。结果表明，检测大麻样品时，ESI 为首选，基质复杂时可以使用 APCI 作为补充手段。

海洛因是一种极易上瘾的传统毒品。于晓巍等[1]采用 SPE-LC-MS/MS 方法同时检测了尿液和血液中海洛因主要代谢产物 3－β－D 葡萄糖醛酸吗啡（M3G）、吗啡和 O^6－单乙酰吗啡（O^6）。选取 BAKERBOND™spe Octadecyl（C_{18}）进行提取，应用 LC-MS/MS 方法检测并通过 MRM 及内标法进行量化。结果表明，尿液中 M3G、吗啡、O^6－单乙酰吗啡的最低检测限分别为 1.25pg、6.71pg、0.47pg，而血液中 M3G、吗啡、O^6－单乙酰吗啡的最低检测限分别为 1.50pg、8.21pg、0.52pg。该方法样品采集时间短，分离效果良好，杂质干扰小，回收率均较高，适用于尿液与血液中海洛因主要代谢产物的提取、净化和分析。刘翠梅等[2]采用超高效液相色谱－串联四级杆质谱仪（UPLC-MS/MS），在电喷雾离子源正离子和多反应监测模式下建立了定性、定量测定海洛因中 10 种掺杂物的方法，定量限为 0.005～0.5μg/g，添加水平在 25～250ng/mL 范围内，加标回收率为 95.8%～114.2%。此方法简便、快速、准确、灵敏，满足了对海洛因样品中掺杂物进行快速定性、定量分析的需要。

鸦片成分主要包含吗啡、可待因、蒂巴因、罂粟碱、那可汀五种生物碱，长期吸食会产生药物依赖性，对人体造成不可挽回的损害，甚至引起死亡。刘翠梅等[3]采用超声辅助固相萃取－HPLC 法检测了缴获样品中吗啡、可待因、蒂巴因、罂粟碱、那可汀五种生物碱，结果表明，该方法的定量限为 0.58～2.78 mg/kg，添加水平在 0.2～1.5mg/mL 范围内，平均加标回收率为 81.0%～99.2%，相对标准偏差为 1.6%～5.0%。该方法能提取不同地域缴获的鸦片中的生物碱，操作简便，萃取效率高，是较为理想的鸦片生物碱的检测方法。

---

〔1〕 于晓巍等："SPE-LC-MS/MS 法测定尿液与血液中海洛因 3 种代谢物"，载《中国法医学杂志》2013 年第 3 期。

〔2〕 刘翠梅、刘培培、白燕平："UPLC-MS/MS 法测定海洛因中 10 种掺杂物"，载《中国法医学杂志》2013 年第 5 期。

〔3〕 刘翠梅、白燕平："超声辅助固相萃取－HPLC 法测定不同地区缴获鸦片样品中生物碱"，载《中国司法鉴定》2013 年第 2 期。

（2）新型毒品检验技术的出现。卡西酮类策划药“浴盐”是近期国际上出现的一类新型毒品，主要成分包括4-甲基甲卡西酮和/或者亚甲基二氧吡咯戊酮。钱振华等[1]对该毒品的理化性质、毒副作用、检验方法及管制情况等作了介绍，有助于法庭科学人员对该毒品有进一步了解。常颖等[2]建立了LC-MS/MS法定性定量分析甲卡西酮。采用三重串联四极杆液质联用仪（LC/QQQ），流动相为0.1%甲酸-乙腈，梯度洗脱，流速为0.3mL/min，质谱应用ESI源、正离子模式、多反应监测方式。在0.1～10 000ng/mL质量浓度范围内，检出限为0.04ng/mL，回收率为95.6%～100.7%，日内和日间保留时间和峰面积的相对标准偏差不大于5.28%。该方法与已报道的方法相比，具有灵敏度高、分析时间短、流动相消耗少、线性范围良好等优点。

氯胺酮俗称K仔、K粉、K他命、克他命，是一种很危险的精神科药物，属于非鸦片系麻醉科药物，具有一定的精神依赖性。朱军等[3]选择GC/MS、GC/NPD方法对毛发中的氯胺酮进行了检测，采用酰化衍生化后分析，GC/MS和GC/NPD的检出限分别为0.1ng/mg和0.2ng/mg，提取回收率大于95%。该方法回收率高、检测限低、精密度和样品稳定性良好，可用于毛发中氯胺酮的定性定量分析。

另外，现在很多毒贩把新型毒品加工成奶茶、咖啡、绿茶等饮料，并称为“神仙水”、“开心水”。徐鹏等[4]采用GC/MS方法分别检验了5例新型“神仙水”液体毒品和1例含有15种有效成分的罕见复杂液体毒品（其中除7种为国家规定的管制药品或易制毒化学品外，其余几种成分均不受国家管制）。该方法对各种液体毒品中主要有机成分分离良好，分析快速、灵敏、准确。徐鹏等[5]还采用UFLC方法同时测定了新型香料中2个毒品成分1-丁

---

〔1〕 钱振华、徐鹏、刘克林：“新型毒品卡西酮类策划药‘浴盐’”，载《中国药物滥用防治杂志》2013年第1期。

〔2〕 常颖、张春水、高利生：“甲卡西酮的LC-MS/MS定性定量分析方法”，载《化学分析计量》2013年第3期。

〔3〕 朱军等：“GC/MS、GC/NPD法检测毛发中的氯胺酮”，载《中国法医学杂志》2013年第3期。

〔4〕 参见徐鹏、钱振华、刘克林：“新型‘神仙水’液体毒品的GC/MS检验5例”，载《刑事技术》2013年第3期。另参见徐鹏、钱振华、刘克林：“新型液体毒品的检验1例”，载《中国法医学杂志》2013年第4期。

〔5〕 徐鹏等：“UFLC法同时测定新型香料中2个毒品成分的含量”，载《药物分析杂志》2013年第9期。

基-3-（1-萘甲酰基）吲哚（JWH-073）和1-戊基-3-（1-萘甲酰基）吲哚（JWH-018）的含量，结果显示，JWH-073和JWH-018线性关系良好，平均回收率分别为98.58%和98.72%。该方法灵敏度高、重现性好、简便可行，是检测新型香料中JWH-073和JWH-018含量的可靠方法。常颖等[1]采用GC/MS联用仪、EI离子源，首次从缴获的可疑物品中检出了2，6-二叔丁基对甲基苯酚，其外形和甲基苯丙胺极其相似，都是白色或淡黄色晶体，是一种甲基苯丙胺的新型掺杂剂，其本身不具有成瘾性且价格低廉，犯罪分子为谋取暴利，往往向毒品中添加这种掺杂剂，或者直接冒充毒品贩卖。

毒物毒品快速检测芯片是未来十年毒物分析技术研究的热点。刘晓培[2]对在毒物毒品检测中传感芯片技术的联用进行研究，以可待因作为模板分子，甲基丙烯酸（MAA）为功能单体，乙二醇二甲基丙烯酸酯（EGDMA）为交联剂，偶氮二异丁腈（AIBN）为引发剂，乙腈为反应溶剂，在金芯片表面制备出反应完全、均匀、稳定的可待因分子印迹聚合物膜。通过空白膜和可待因分子印迹聚合物膜及与可待因结构相似物质的吸附实验证明，可待因分子印迹聚合物膜对底物的选择性取决于底物分子与分子印迹聚合物膜中的结合位点以及空穴的立体结构。此外，通过对可待因分子印迹聚合物膜进行洗脱吸附，结果表明，一定范围内（10～15 mol/L至10^{-8} mol/L）的吸附液浓度与共振角呈良好的线性关系，线性回归方程为$y=-0.315x+3.455$（$R^2=0.9878$）。该研究致力于毒品的现场快速检测，解决以往鉴定周期长、操作步骤繁琐等问题。

现场实施血液和尿液样品的采集存在一定困难，需要其他更容易获得的样品替代，唾液就是其中之一。唾液在样品采集和毒品检测中具有诸多优势。与传统的血液、尿液样品相比，唾液的收集具有以下优点：①可以避免对客体及其隐私权的侵犯；②不需要特殊收集设备，易于防止作弊和近距离监控；③较易净化，可降低体内杂质对检验的干扰；④可以检测药物及其代谢物的游离态浓度，有利于分析评估药物滥用者个体的受损情况；⑤通过分析代谢

---

〔1〕常颖、徐鹏、高利生：“2，6-二叔丁基对甲基苯酚的检验1例”，载《刑事技术》2013年第3期。

〔2〕刘晓培：“毒品可待因化学传感器的表面等离子共振表征”，中国政法大学2013年硕士学位论文。

物在唾液中的比率，可以推断药物的摄取时间。陈跃等[1]对国内外唾液样本用于毒品检测方面的研究成果进行了综述，介绍了唾液检材在毒品检测中的发展情况以及相关代谢动力学研究状况，旨在为相关研究和实践提供参考。

3. 毒物及毒品相关理论研究

吴明健等[2]介绍了代谢组学在法医毒理学中的应用现状，为相关研究和应用提供了参考。毒性物质与细胞或组织发生作用，使代谢物的浓度、流量及相互比例发生了变化，代谢组学可在整体水平上灵敏而全面地检测机体在毒物作用后各种代谢物的这些变化，从而帮助对毒物毒性的作用机制进行解析。现有毒品滥用成瘾判定标准和法令普遍较为主观、缺乏可操作性，代谢组学技术为判定吸毒成瘾提供了新的思路。毒品滥用将对机体代谢物产生一定具有特异性和可重复性的影响，利用代谢组学方法检测，可推断滥用种类、滥用程度和复吸史。

随着科学技术的进步和司法体制的建立健全，法庭毒物分析结果的可靠性、可比性要求更高、更严谨，毒物分析实验室质量控制是满足这一要求的有效手段。刘烁等[3]从法庭科学毒物分析质量控制的发展历程和现状，探讨了现阶段我国毒物分析实验室质量控制的不足和解决措施。

法医毒物鉴定报告是毒物鉴定结果的表述方式，由于毒物鉴定报告的简约性和模糊性，其可靠性和科学性存在质疑，这影响了毒物分析结果的有效利用。沈敏[4]通过对国内外毒物鉴定报告形式和内涵的比较分析，提出了毒物鉴定报告表述模式的建议。

4. 相关著作及会议

法医毒物学不仅包括对药物的定性和定量检验，而且包括研究这些药物对死亡所起的作用。对毒理学结果的分析需要综合多种因素，包括死亡中毒时间、耐药性以及是否与其他药物共同导致中毒，即使各种药物都处于"治疗浓度"范围内，药物相互作用而导致中毒的可能性也是存在的。郝红霞[5]

---

〔1〕 陈跃等："唾液检材在毒品检测中的应用"，载《中国法医学杂志》2013年第1期。

〔2〕 吴明健等："代谢组学及其在法医毒理学中的应用"，载《中国法医学杂志》2013年第1期。

〔3〕 刘烁等："法庭科学毒物分析实验室质量控制的发展与现状"，载《刑事技术》2013年第4期。

〔4〕 沈敏："法医毒物鉴定结果科学表述模式的思考"，载《中国司法鉴定》2013年第6期。

〔5〕 [美] D. K. 莫利纳：《法医毒物学检验手册》，郝红霞译，知识产权出版社2013年版。

翻译了《法医毒物学检验手册》，该书给出了常见毒品、毒药、处方药和非处方药的临床治疗和尸检数据，有助于毒物分析专业人士分析常见的毒理学结果。

2013年11月12~15日，中国毒理学会第六届全国毒理学大会暨第六次全国会员代表大会在广州召开。大会主题是“现代毒理科学与社会经济和健康事业发展”，国内外毒理学专家就毒理学领域的最新研究进展、国际动态与发展趋势、学科前沿和高新技术以及各自的学术研究成果作了大会特邀报告。大会内容还包括了毒理学领域急需发展提高和大家关注的一些热点问题。

（七）微量物证检验学

本年度，微量物证检验学领域的发展趋势是“多样性”。第一，从多样性的案件类型看，微量物证检验不仅在传统的纵火案、爆炸案以及交通事故等科学证据依赖性较强的案件类型中发挥着重要作用，而且在美容医疗纠纷、产品质量、食品安全以及环境保护等新型敏感案件中，均呈现出“全面出击”的发展姿态。第二，从多样性的证据衔接方式看，微量物证以油墨、纸张、土壤、木屑、动物毛发以及日常工业产品（如塑料、胶水等）等多种形式为证据载体。第三，从多样性的理化分析方法看，色谱法与光谱法继续占据微量物证检验的大部分领域；同时，传统的显微镜检验以及显微镜与光学分析仪器的联袂产品也日益凸显；新型质谱学方法、热分析方法以及虚拟技术的介入似乎在指引着微量物证检验学的未来。第四，从多样性的学科研究视角看，越来越多的学者开始关注微量物证检验学的基础研究，并试图完善该学科建设；有学者逆向追寻到微量物证的源头——犯罪现场，去探索提高证据效力的方法；有学者跨入微量物证的下游区域——庭审现场，去挖掘展示证据、传递证据信息的方法；此外，在分析方法个性化发展的今天，对同一种微量物证的多种分析方法的比较正逐步受到人们的关注。

1. 案件类型的多样性

（1）纵火案件。在纵火案中，纵火剂物质的化学检验是证据链条的重要环节。周晨等[1]借天津的实际案例，全面展示了气质联用法在助燃剂检验中

---

〔1〕周晨等：“气/质联用技术在助燃剂检验中的应用”，载何林涛、张振宇主编：《公共安全中的化学问题研究进展》（第3卷），辽宁大学出版社2013年版。

的应用。其研究范围不仅涵盖汽油、柴油等传统燃料，还包括醇酸稀释剂等近年来颇受犯罪分子青睐的新型燃料，以及甲缩醛等在纵火案件中较为罕见的燃料，拓展了纵火剂物质检验的范围。邢若葵等[1]以 ATD-GC/MS 方法为分析手段，以芳烃、烷烃、茚满和萘系列的 4 个特征离子色谱图作为比对分析的出发点，通过计算未知样品与已知样品的向量夹角，对汽油残留物与稀释剂残留物进行区分。其研究结果表明，在易燃液体残留量适当的前提下，该方法可准确区分汽油残留物与稀释剂残留物。刘祥伟等[2]通过一起涉及固体酒精检验的案例，总结了市面上出现的固体酒精的凝固剂种类（硝基纤维素、硬脂酸钠以及乙醇钠等）和醇的种类（乙醇以及甲醇），并针对上述两类成分，建立了红外光谱法和气相色谱法联合检验固体酒精样品的方法。

（2）爆炸案件。由于近年国内恐怖袭击事件增多，炸药及爆炸残留物的检验再次成为关注焦点。针对国内民间较为盛行的硝铵类炸药，李继民等[3]先后建立了以阳离子交换色谱法检验私炒炸药中硝酸铵含量的方法，以及以气相色谱法定性分析私炒炸药中矿物油的方法，为综合审视私炒炸药提供了一种可行的方法。针对以烟火药为有效成分的自制炸药，吕纪忠等[4]以离子色谱法为分析手段，建立了同时检测烟火药中 Cl^-、SO_4^{2-}、ClO_3^-、NO_3^- 以及 ClO_4^- 五种阴离子的分析方法；孙振文等[5]则以实现快速检测的激光共聚焦拉曼光谱法为分析手段，对自制炸药中常见的硫磺、硝酸钡、氯酸钾、高氯酸钾、玻璃以及聚乙烯塑料分别进行了检测，并依据成像技术得到不同组分的分布信息。针对社会危害性较强的军用猛炸药，吕小宝等[6]使用实时直接分析飞行时间质谱技术（DART-TOFMS）对发射药中的硝化甘油和Ⅱ号中

---

〔1〕 邢若葵等："火场样品中汽油与稀释剂燃烧残留物的区分方法探讨"，载《刑事技术》2013 年第 3 期。

〔2〕 刘祥伟等："纵火案件中固体酒精检验 1 例"，载《刑事技术》2013 年第 1 期。

〔3〕 参见李继民、邹宁："私炒炸药中矿物油的定性分析"，载何林涛、张振宇主编：《公共安全中的化学问题研究进展》（第 3 卷），辽宁大学出版社 2013 年版。另参见李继民："阳离子交换色谱法测定私炒炸药中硝酸铵含量"，载《中国人民公安大学学报（自然科学版）》2013 年第 1 期。

〔4〕 吕纪忠等："离子色谱法测定烟火药及其爆炸残留物中常见阴离子"，载何林涛、张振宇主编：《公共安全中的化学问题研究进展》（第 3 卷），辽宁大学出版社 2013 年版。

〔5〕 孙振文、权养科、陶克明："激光共聚焦拉曼光谱技术在烟火药检验中的应用"，载《刑事技术》2013 年第 2 期。

〔6〕 吕小宝等："DART-TOFMS 法检测发射药中的硝化甘油和Ⅱ号中定剂"，载《中国司法鉴定》2013 年第 2 期。

定剂进行定性分析，该方法可在1分钟内实现对于上述两种目标物的检测。其中，对硝化甘油的检测限为0.044 mg/L，对Ⅱ号中定剂的检测限为0.0032 mg/L。胡晓春等[1]培养出2，4，6－三硝基均苯三酚一钾的单晶，使用X射线衍射法对其晶体结构进行表征，使用DSC、TG-DTG等热分析方法对该化合物的热分解规律进行了探索。此外，夏攀等[2]针对由中东外延至国内的新型炸药TATP的相关案例进行了报道；尤岩松[3]从爆炸实验的角度对不明爆炸物的爆炸性能和爆炸威力进行了客观评价。

（3）交通事故案件。孙其然等[4]以三种红色油漆样品作为分析对象，使用裂解气相色谱－质谱法与红外光谱法对样品进行平行测试，其实验结果表明，裂解气相色谱－质谱法对油漆膜成分的分析能力较强，是对红外光谱检验油漆物证的重要补充。该研究结果为我国未来油漆物证检验的发展和规范提出了方向性指引。徐利英[5]、罗元明等[6]、冉金明[7]对微量物证鉴定结论在处理交通事故案件中的作用进行了总结，发现其在判断道路交通事故性质、确定驾驶员、查找和证实肇事车辆、判断事故接触点和接触方式等方面具有重要作用。孙振文等[8]通过总结2009～2011年公安部物证鉴定中心受理的545起涉及微量物证鉴定的交通事故案件，对微量物证的种类、数量、单一类物证鉴定的有效认定率以及两种及两种以上物证鉴定的有效认定率进行了统计。

（4）美容医疗纠纷案件。针对假冒伪劣美容医疗产品的主要化学成分鉴定需求逐日增多的趋势，法大法庭科学技术鉴定研究所对国内美容整形行业

[1] 胡晓春、张同来、乔小晶：“三硝基均苯三酚一钾的晶体结构与热分解”，载何林涛、张振宇主编：《公共安全中的化学问题研究进展》（第3卷），辽宁大学出版社2013年版。

[2] 夏攀等：“利用强酸引爆TATP爆炸伤害案件勘验1例”，载《刑事技术》2013年第5期。

[3] 尤岩松：“浅论爆炸实验在涉爆案件中的刑事证据作用”，载何林涛、张振宇主编：《公共安全中的化学问题研究进展》（第3卷），辽宁大学出版社2013年版。

[4] 孙其然、罗仪文、徐彻：“裂解气相色谱－质谱法和红外光谱法对红色汽车油漆的比较分析”，载《中国司法鉴定》2013年第5期。

[5] 徐利英：“微量物证检验判断驾驶员1例”，载《刑事技术》2013年第4期。

[6] 罗元明、刘军：“物证检验鉴定结论在处理交通事故中的作用”，载《湖北警官学院学报》2013年第1期。

[7] 冉金明：“道路交通事故中微量物证的应用”，载《法制与社会》2013年第29期。

[8] 孙振文、权养科、孙玉友：“545例交通事故微量物证鉴定的统计分析”，载《中国法医学杂志》2013年第4期。

所使用的填充性产品进行了调查，发现在2006年国家药监局叫停“奥美定”后，依然有许多不法机构使用主要成分为聚丙烯酰胺的产品冒充合格产品，导致患者受害；2006年前接受过“奥美定”注射的患者群体大约为30万人，这些患者很可能在今后的生活中表现出“奥美定”中毒或感染的迹象。为对该类案件的处理提供科学鉴定方法，王元凤等[1]以具体案例为接入点，以生物显微镜法、傅里叶红外光谱法、扫描电镜能谱法以及超高液相色谱法等分析方法，对检材及样本的形态、成分进行了全方位分析，并建立了确定假冒产品中游离丙烯酰胺的含量的定量分析方法。使用该方法提供的科学证据首次应用于我国“奥美定”注射案事实认定过程中，为案件的最终判决起到了重要的证明作用。

（5）产品质量案件。华碧司法鉴定所以纺织品拉链拉头中金属铅的含量[2]、载货汽车轮毂爆裂原因[3]、医用螺钉质量问题[4]、真伪手表产品鉴别[5]、锂电池隔膜质量问题[6]、手机触摸屏知识产权问题[7]、产品失效原因查证[8]、矿热炉耐火材料质量鉴定[9]以及齿轮裂纹分析[10]等司法鉴定问题为研究对象，以扫描电镜/X射线能谱法、电感耦合等离子体原子发射光谱法、X射线荧光能谱法、体视显微镜法、金相显微镜法、红外光谱法、DSC差示扫描量热法以及撕扯实验法等多种分析方法为研究途径，以待测样品的显微形貌观察、微区成分分析以及物理性能测量（如晶粒度以及透光性等）

---

[1] Yuanfeng Wang, Ran Du, Tianshui Yu, “Systematical Method for Polyacrylamide and Residual Acrylamide Detection in Cosmetic Surgery Products and Example Application”, *Science & Justice*, 2013, 53 (3): 350~357.

[2] 罗喜清等：“重金属的测定——微量物证在纺织品拉链拉头含铅量超标的质量鉴定中的应用”，载《神州》2013年第2期。

[3] 张涛等：“载货汽车轮毂爆裂原因的微量物证分析鉴定”，载《电子质量》2013年第3期。

[4] 颜景林等：“微量物证技术在医用螺钉质量问题鉴定中的应用”，载《神州》2013年第2期。

[5] 刘学森等：“微量物证技术在手表真伪鉴定中的应用”，载《电子质量》2013年第2期。

[6] 张涛等：“微量物证技术在锂离子电池隔膜质量鉴定中的应用”，载《电子质量》2013年第5期。

[7] 王晓云等：“手机触摸屏知识产权微量物证分析鉴定”，载《电子质量》2013年第4期。

[8] 刘学森等：“微量物证技术在产品问题原因查证的司法鉴定应用案例”，载《科技创业月刊》2013年第7期。

[9] 张涛等：“微量物证技术在矿热炉耐火材料质量鉴定中的应用”，载《科技创业月刊》2013年第9期。

[10] 林天辉等：“微量物证与齿轮裂纹分析”，载《科技创业月刊》2013年第9期。

为研究思路，揭开了我国微量物证鉴定领域的一个新篇章。

（6）食品安全案件。化学分析是揭示食品安全问题真相的重要手段。针对某高校学生宿舍内发生的使用洗衣液污染果汁饮料的事件，黄桂兰等[1]探索了使用顶空固相微萃取－气相色谱－质谱联用的方法，快速测定受污染果汁饮料以及嫌疑洗衣液样品的挥发性组分，并通过比对分析，判断二者来源是否相同。该方法可以为其他食品污染、食品异味的事件提供重要参考。针对地沟油事件多发、证明难度大的尴尬局面，刘俊亭等[2]建立了使用气相色谱/质谱法检测维生素 E 的四种同分异构体（α 生育酚、β 生育酚、γ 生育酚和 δ 生育酚）的方法，并依据植物油与动物油中所含维生素 E 的烯类衍生物的差异，为地沟油的准确认定提供了一个途径。在学者们相继探索实验方法的同时，黄迎等[3]从提高实验评价方法的角度，探索了虚拟技术（in silico）在食品添加剂的安全性评价和管理方面的应用，从提高效率和降低成本两个方面对相关工作进行了改善。

（7）环保案件。环保案件中，污染物的寻找、污染源的确认、因果关系的判断以及原告损害程度的评估等问题交织在一起。学者们针对各种常见环境污染物，设计相应的分析方法以及仪器设备。针对持久性有机污染物的一类——全氟辛烷磺酰基化合物（PFOS），田兴涛等[4]从大气污染、水体污染、沉积物污染以及生物介质污染等几个角度将 PFOS 的环境污染状况作了介绍，并从化学降解、生物降解以及吸附分离技术等几个方面对 PFOS 的治理方法作了总结。其研究成果为制定相应的政策法规以及降低污染物对环境的影响提供了参考。此外，王心刚等[5]、徐家龙等[6]针对气体样品检测设备的

---

[1] 黄桂兰、李欣海、向宇："顶空固相微萃取－气相色谱－质谱联用鉴定果汁饮料中的异味来源"，载何林涛、张振宇主编：《公共安全中的化学问题研究进展》（第 3 卷），辽宁大学出版社 2013 年版。

[2] 刘俊亭等："用维生素 E 异构体鉴别地沟油"，载何林涛、张振宇主编：《公共安全中的化学问题研究进展》（第 3 卷），辽宁大学出版社 2013 年版。

[3] 黄迎等："虚拟技术在食品添加剂安全性评价中的应用"，载何林涛、张振宇主编：《公共安全中的化学问题研究进展》（第 3 卷），辽宁大学出版社 2013 年版。

[4] 田兴涛等："全氟辛烷磺酰基化合物（PFOS）的污染现状与治理技术研究进展"，载何林涛、张振宇主编：《公共安全中的化学问题研究进展》（第 3 卷），辽宁大学出版社 2013 年版。

[5] 王心刚等："房屋空气质量检测与传感器应用"，载何林涛、张振宇主编：《公共安全中的化学问题研究进展》（第 3 卷），辽宁大学出版社 2013 年版。

[6] 徐家龙、徐水侠："有害气体检测仪的选用与报警值设定"，载何林涛、张振宇主编：《公共安全中的化学问题研究进展》（第 3 卷），辽宁大学出版社 2013 年版。

传感器种类以及报警值的设定等进行了研究，为气体样品检测设备的研发和推广奠定了基础。

2. 证据衔接方式的多样性

(1) 油墨种类判断。对红色印油、印泥中的染料成分作出准确判定，对于许多经济犯罪事实的认定有重要意义。鉴于红色染料特有的理化性质，在样品量允许的前提下，液相色谱法堪称多项分析方法中的首选。邹积鑫等[1]使用超高效液相色谱法（UHPLC）对35种市售印油产品中的8种红色染料进行检测，并依据红色染料的种类及相对含量来区分不同的印油印迹，种类区分率高达85%。此外，该研究团队使用高分离度快速液相色谱法，对25种常见印油产品进行了印油与印油印迹的比对检验，发现转印方式对印泥的影响最小，对印台印油、渗透印油的影响较大（组分相对含量的波动可达9%），对翻转印章印油的影响最大（组分相对含量的波动可达19%）。[2]针对红色印泥印章色痕中红色颜料种类较为单一的现状，张振宇等[3]使用高效液相色谱法和液－质联用法对市售的30种印泥印章色痕进行了分析，并对其中的金光红C和大红粉808两种颜料进行了准确的识别。对于其他种类的文书材料，周欣欣等[4]使用高效液相色谱法对46张不同案源收缴的百元假币上的橙色团花图文油墨进行了分析，取得了较为理想的分离效果。除了色谱法之外，光谱法在油墨种类分析中的地位也举足轻重。姜志刚[5]通过显微共焦拉曼光谱法对文件中的添改字迹进行了有效的识别，该方法具有无损、稳定以及高效的特点。而赵鹏程等[6]通过加压热熔的方式将激光打印字迹上的墨粉提取下来，并使用傅立叶变换红外光谱法对其进行成分分析。其研究结果表明，激光打印墨粉的主要成分为苯乙烯和甲基丙烯酸甲酯的共聚物；依据红外光谱中是否在1780 cm^{-1}处出现碳酸盐羰基（C＝O）的伸缩振动，我们可以将

---

[1] 邹积鑫、王妍椧、右高军：“印油印迹中色料成分的UHPLC方法研究”，载《中国司法鉴定》2013年第5期。

[2] 邹积鑫等：“印油与印油印迹比对检验方法的影响因素研究”，载《刑事技术》2013年第1期。

[3] 张振宇、朱昱、许英健：“高效液相色谱法和液－质联用法分析红色印章色痕”，载何林涛、张振宇主编：《公共安全中的化学问题研究进展》（第3卷），辽宁大学出版社2013年版。

[4] 周欣欣等：“假币橙色图文油墨的HPLC分析”，载《中国刑警学院学报》2013年第1期。

[5] 姜志刚：“显微共焦拉曼光谱法在添改文件检验中的应用”，载《刑事技术》2013年第5期。

[6] 赵鹏程、姚丽娟、崔岚：“傅立叶变换红外光谱法检验激光打印字迹墨粉”，载何林涛、张振宇主编：《公共安全中的化学问题研究进展》（第3卷），辽宁大学出版社2013年版。

常见的激光打印墨粉分为两大类。

（2）油墨形成时间判断。染料和溶剂是油墨的两个重要组成部分。其中，染料是字迹色痕形成的主要原因，溶剂是油墨流动性的主要因素。二者均能够随字迹的形成时间发生变化，其变化规律可为追寻字迹色痕的形成时间提供重要依据。对于油墨印迹中的溶剂，谢朋等[1]使用气相色谱法对自含墨印章印文中的1，2-丙二醇、1，3-丙二醇和邻甲酚分别进行了跟踪，得出了正常条件下三种溶剂随盖印时间发生变化的规律。其研究成果可以较为精确地判断出盖印时间较短的印文的形成时间。尤伟等[2]使用气相色谱-质谱联用法对光敏印章印迹中的二丙二醇及其同分异构体进行了有效的监测，并得出了二丙二醇与光敏印章印迹形成时间之间的关系。对于油墨印迹中的染料，孙其然等[3]使用LC-MS/MS法对圆珠笔墨迹中碱性蓝7及其5种去乙基产物随字迹形成时间的变化规律进行了细致的探索，并发现：第一，碱性蓝7的相对含量与光的辐照能量呈指数函数关系，其去乙基产物E4、E3的相对含量与光的辐照能量呈二次函数关系；第二，不同油墨中碱性蓝7的老化曲线不同；第三，温度对碱性蓝7的降解基本没有影响。周亚红等[4]使用显微分光光度法对蓝色圆珠笔中的蓝色染料进行了测定。通过考察相关影响因素、探索圆珠笔色痕与空白纸张之间的色差值以及建立数学模型等方式，为推断一年内蓝色圆珠笔字迹的形成时间提供了一个途径。

（3）纸张成分判断。传统的纸张检验方法主要集中于通过显微镜法观察纸张的主体成分纤维；然而，填充于纸张纤维之间的无机颜料也可以帮助人们对其“身份”进行有效的识别。王继芬等[5]使用X射线衍射技术对204种常见纸张中的无机填料进行了有效的分析，并依据衍射图谱比较、“面间距 *d*

---

〔1〕谢朋等：“气相色谱法测定自含墨印章印文的盖印时间”，载《中国人民公安大学学报（自然科学版）》2013年第2期。

〔2〕尤伟、胡向阳：“光敏印章印迹形成时间的研究”，载《中国刑警学院学报》2013年第3期。

〔3〕孙其然等：“LC-MS/MS法检测圆珠笔墨迹中碱性蓝7及其去乙基产物的降解变化”，载《中国司法鉴定》2013年第1期。另参见Sun QR等：“The Aging Behavior of Basic Blue 7 and Its De-ethyl Products in Ballpoint Pen Ink Entries by LC-MS/MS”，载《中国司法鉴定》2013年第1期。

〔4〕周亚红、房诚：“显微分光光度法推断蓝色圆珠笔书写时间的研究”，载《中国刑警学院学报》2013年第3期。

〔5〕王继芬等：“利用X射线衍射技术对纸张中填料的无损检验研究”，载何林涛、张振宇主编：《公共安全中的化学问题研究进展》（第3卷），辽宁大学出版社2013年版。

（Å）与衍射相对强度 *I*%”数据、衍射绝对强度数据等逐层区分各种纸张样品。高婷等[1]使用激光刻蚀等离子质谱法测定20个不同品牌打印纸样品，并依据其中常量和微量元素的聚类分析结果，将20个样品区分为12类。总体而言，纸张样品中无机填料的分析可以为样品的种类划分提供一定的依据。针对近年来频繁现身于各种经济案件的无碳复写纸，张隽杰等[2]通过甲醇提取无碳复写纸上层纸中的有效成分，使用高效液相色谱－荧光检测器法（HPLC-FLD）对样品中的光致发光性物质进行检测，并根据色谱峰的峰数、保留时间以及相对峰高比等参数对于不同品牌、不同产地的无碳复写纸样品进行区分，获得了较为理想的实验结果。刘猛等[3]则使用衰减全反射红外光谱法对具有多层结构的无碳复写纸的一联正/反面、二联正/反面以及三联正/反面的化学成分进行直接分析，并实现了不同复写纸样品的区分。该方法具有操作简单、测量方便、快速无损以及经济环保等特点。此外，姜红等[4]也使用傅里叶红外光谱法对70个香烟盒内包装纸的镀膜面进行成分分析，比较了透射法和反射法两种红外信号采集方式的优劣，并探索了该方法对于香烟盒内包装纸的区分能力以及方法的重现性。由此可见，对于各类案件中出现的以纸张为载体的物证，学者们逐渐瞄准纸张中植物纤维以外的化学成分，选择恰当的分析方法，准确识别其个性特征，并以此作为证据信息的切入点。

（4）法庭地质学证据。这是建立在洛卡德物质交换原理理论上的一门学科。由于地球表面常常由岩石、矿物、化石、土壤、玻璃或其他人造材料的混合物构成，所以它们可以共同成为法庭地质学家的研究对象——法庭地质学证据。在分析检验过程中，法庭地质学家首先对那些在物体接触过程中发生转移的物质进行收集；然后，通过检验分析判定这些物质的来源；最后，以证据形式使检验结果服务于刑事及民事诉讼过程。常用的设备和方法有双目显微镜、偏光显微镜、X射线衍射仪、扫描电子显微镜以及微量化学分析

[1] 高婷、郭洪玲、权养科：“激光刻蚀等离子质谱测定打印纸中的常量和微量元素”，载《刑事技术》2013年第6期。

[2] 张隽杰、杨若锦、许英键：“无碳复写纸上层纸的HPLC-FLD分析”，载何林涛、张振宇主编：《公共安全中的化学问题研究进展》（第3卷），辽宁大学出版社2013年版。

[3] 刘猛等：“红外光谱法对无碳复写纸的分析检验”，载何林涛、张振宇主编：《公共安全中的化学问题研究进展》（第3卷），辽宁大学出版社2013年版。

[4] 姜红等：“香烟盒内包装纸的红外光谱检验”，载何林涛、张振宇主编：《公共安全中的化学问题研究进展》（第3卷），辽宁大学出版社2013年版。

法等。郭洪玲等[1]使用X射线荧光光谱法对225个泥土样品进行元素定量分析，以泥土样品之间的欧氏距离作为量化判别依据，通过主成分分析法对样品进行较为准确的归类，为未知泥土样品来源推断提供依据。此外，谢体慧[2]对泥土物证的组成及分类进行了简单介绍，对泥土物证的各类检验方法进行了系统总结，并对泥土物证的发展前景进行了深入探讨。王元凤等[3]将世界上第一本系统介绍法庭地质学证据的专著翻译出版，该书介绍了法庭地质学的历史，岩石、土壤、珠宝及相关人造材料的类型，地质证据与犯罪嫌疑人及案发现场的联系，检验矿物、珠宝及艺术品的方法和技术，以及用于法庭地质学检验的专用设备。该书还带读者体验了多个囊括泥土以及岩石等证据的奇特案例，例如保险柜失窃案，棕榈树失窃案，以及一些绑架、谋杀案例，包含备受瞩目的Aldo Moro（意大利前总理）绑架案与Adolph Coors（美国康胜啤酒继承人）谋杀案等，为我国学者在微量物证检验领域探索法庭地质学证据检验提供了重要参考。

（5）木屑证据。中国刑事警察学院的一支研究团队从两个研究思路出发，对木屑证据的特征性组分进行识别。首先，使用裂解气相色谱法对木屑难容物中的纤维素、半纤维素和木质素的裂解产物进行了跟踪；[4]同时，使用高效液相色谱法对木屑甲醇浸提物中的萜类、脂肪醇、脂肪酸、黄酮类、木质酚、色素、果胶质以及碳水化合物进行了检测。[5]上述分析方法对于常见木屑样品的种类划分具有重要意义。在木屑样品的比对分析过程中，两类分析

---

〔1〕郭洪玲、权养科、陶克明：“法庭科学中泥土物证XRF检验数据的分析研判”，载《中国司法鉴定》2013年第3期。

〔2〕谢体慧：“泥土物证的分类与检验”，载何林涛、张振宇主编：《公共安全中的化学问题研究进展》（第3卷），辽宁大学出版社2013年版。

〔3〕［美］雷蒙德·默里：《源自地球的证据——法庭地质学与犯罪侦查》，王元凤、金振奎译，中国人民大学出版社2013年版。

〔4〕邹宁、张海鹏、史晓凡：“裂解气相色谱法分析东北地区常见树种木屑”，载何林涛、张振宇主编：《公共安全中的化学问题研究进展》（第3卷），辽宁大学出版社2013年版。另参见史晓凡、李心倩、丁军凯：“裂解－气相/质谱法分析木屑物证”，载何林涛、张振宇主编：《公共安全中的化学问题研究进展》（第3卷），辽宁大学出版社2013年版。

〔5〕许英健、石永生：“高效液相色谱串联紫外－荧光同时检测常见树种木屑浸提物”，载何林涛、张振宇主编：《公共安全中的化学问题研究进展》（第3卷），辽宁大学出版社2013年版。另参见许英健、史晓凡：“阔叶木树皮浸提物的高效液相色谱法分析”，载《中国刑警学院学报》2013年第3期。

结果的交叉使用可以显著提升鉴定意见的准确性。这种针对某一类微量物证的具体问题进行全面而深入的研究的方法，对于建立并完善其他种类微量物证的分析方法具有重要借鉴意义。

（6）动物毛发证据。由于宠物犬已成为人的重要伴侣，通过比对从犯罪现场处提取的犬毛检材与从犯罪嫌疑人处提取的宠物犬毛，可为缩小侦查范围、推断犯罪嫌疑人提供重要的线索和依据。张海鹏等〔1〕使用偏振光显微镜法对 13 种宠物犬毛的形态特征进行了观察，通过相对稳定的形态特征对不同种属的宠物犬毛以及同品种不同产地的宠物犬毛进行了区分检验。针对涉及野生动物的犯罪，王元凤等〔2〕对近年来相关检验技术进行了综述，并认为通过显微镜比对不同动物的触须剖面图可以有效地区分虎、豹等不同种类的野生动物。这样的检测结果对于顺藤摸瓜、揭露非法野生动物贸易链条具有重要的意义。

（7）其他微量物证检验。针对凶杀、焚尸、碎尸、分尸等恶性案件中微量油脂物证的检验问题，史晓凡等〔3〕、王磊等〔4〕使用高效液相色谱－蒸发光散射分析法替代传统的高效液相色谱－紫外检测法，解决了目标物高级脂肪酸甘油酯的分子中因缺乏发色团和助色团而无法在常规紫外检测器上得到响应的问题。该方法不仅可以对油脂混合物的各个组分进行成功的分离，而且可以根据色谱图显著的特征差异，将人体脂肪与动物油脂进行成功的区分。延续同样的研究思路，王岩等〔5〕使用红外光谱法分别获得人体脂肪和动物油脂的红外光谱图，并依据 CH_3、CH_2、$C=O$ 以及 $C-O-C$ 等官能团的特征红外吸收，结合聚类分析法，成功地将人体脂肪与常见的三种动物油脂（猪脂肪、牛脂肪以及羊脂肪）进行区分。同时，王岩等〔6〕还对红外光谱法在常见

---

〔1〕张海鹏、李泰山："宠物犬毛形态特征的偏光显微镜分析"，载何林涛、张振宇主编：《公共安全中的化学问题研究进展》（第 3 卷），辽宁大学出版社 2013 年版。

〔2〕王元凤、雷蕾、王淳浩："21 世纪以来法庭科学新进展"，载何林涛、张振宇主编：《公共安全中的化学问题研究进展》（第 3 卷），辽宁大学出版社 2013 年版。

〔3〕史晓凡等："高效液相色谱－蒸发光散射法分析人和动物油脂种属"，载《中国法医学杂志》2013 年第 2 期。

〔4〕王磊等："人体脂肪的高效液相色谱－蒸发光散射分析"，载《中国司法鉴定》2013 年第 3 期。

〔5〕王岩、秦向铭："红外光谱法识别动物油脂及人体脂肪"，载《中国刑警学院学报》2013 年第 4 期。

〔6〕王岩、秦向铭、姚丽娟："犯罪现场常见植物油红外光谱特征的研究"，载何林涛、张振宇主编：《公共安全中的化学问题研究进展》（第 3 卷），辽宁大学出版社 2013 年版。

植物油区分中的应用前景进行了探索，并获得了重现性好、操作简便、灵敏可靠的分析结果。此外，针对常见的日用工业产品，如胶带[1]、塑料[2]、香皂[3]以及胶水[4]等，相关研究也逐步开展。

3. 理化分析方法的多样性

如果从观察不同种类微量物证的纵向视角转向采用不同理化分析方法的横向视角，可以发现多姿多彩的理化分析方法正游走于各种微量物证检验问题之间，推动着微量物证检验学科的发展和进步。

（1）色谱法。对于同时具有分离和定性能力的液相色谱法，一方面可以看到，在色谱分析理论方面，人们突破了近年来在分析化学领域占有统治地位的常规高效液相色谱法，相继探索了超高效液相色谱法[5]、离子色谱法[6]在微量物证检验方面的应用；另一方面，在色谱检测型号类型方面，质谱检测器与液相色谱的串联技术已经日趋成熟，串联质谱检测技术在微量物证检验领域中的应用也在逐日增多，[7]新型液相色谱检测技术层出不穷，如蒸发光散射法[8]以及荧光法[9]等。

（2）光谱法。对于破坏性小、分析速度快的光谱法，我们不仅能够看到傅里叶红外光谱法的频频现身，而且 Imaging 红外线显微镜技术的出现也实现

---

[1] 孙振文、权养科、陶克明：“透明胶带的厚度检验”，载《刑事技术》2013 年第 4 期。

[2] 阎子龙等：“傅立叶变换红外光谱法检验黑色塑料垃圾袋”，载何林涛、张振宇主编：《公共安全中的化学问题研究进展》（第 3 卷），辽宁大学出版社 2013 年版。另参见张晓霞等：“偏振光显微镜检验透明塑料初探”，载何林涛、张振宇主编：《公共安全中的化学问题研究进展》（第 3 卷），辽宁大学出版社 2013 年版。

[3] 王勇、王景翰、吴波：“浅谈香皂的分析”，载何林涛、张振宇主编：《公共安全中的化学问题研究进展》（第 3 卷），辽宁大学出版社 2013 年版。

[4] 姚丽娟、伊魁宇：“傅立叶变换显微红外光谱法分析有机胶水”，载何林涛、张振宇主编：《公共安全中的化学问题研究进展》（第 3 卷），辽宁大学出版社 2013 年版。

[5] 邹积鑫、王妍楸、石高军：“印油印迹中色料成分的 UHPLC 方法研究”，载《中国司法鉴定》2013 年第 5 期。

[6] 吕纪忠等：“离子色谱法测定烟火药及其爆炸残留物中常见阴离子”，载何林涛、张振宇主编：《公共安全中的化学问题研究进展》（第 3 卷），辽宁大学出版社 2013 年版。

[7] 参见孙其然等：“LC-MS/MS 法检测圆珠笔墨迹中碱性蓝 7 及其去乙基产物的降解变化”，载《中国司法鉴定》2013 年第 1 期。

[8] 史晓凡等：“高效液相色谱－蒸发光散射法分析人和动物油脂种属”，载《中国法医学杂志》2013 年第 2 期。

[9] 张隽杰、杨若锦、许英健：“无碳复写纸上层纸的 HPLC-FLD 分析”，载何林涛、张振宇主编：《公共安全中的化学问题研究进展》（第 3 卷），辽宁大学出版社 2013 年版。

了多组分样品的同时检测,〔1〕并且通过图像模式对多组分样品的结构信息和化学信息进行了客观的呈现。X 射线衍射法〔2〕以及 X 射线荧光法〔3〕因在无机组分分析领域的优势而逐渐成为人们多维度审视微量物证的方法之一。此外，拉曼光谱法也因硬件技术的日趋完善以及与红外光谱法的无缝衔接而成为人们检测微量物证的重要方法之一。〔4〕

（3）显微镜法。现代化的显微镜检测手段正在向微量物证检验领域全面渗透。例如，马子宁等〔5〕、杨晓红等〔6〕使用扫描电子显微镜，对于打印、复印文字与印油印文交叠时序进行了客观揭示。他们通过前期实验，探索出此类微量物证检验的最佳观察电压为 22kV；随后，通过交叠处表面平整光滑，没有立体感，边界较规则，大孔洞数量少、分布不均匀等细部特征，判断出样品为先朱后墨的时序；通过交叠处表面不平整，有立体感，边界不太规则，大孔洞数量明显增多、分布较均匀等细部特征，判断出样品为先墨后朱的时序。这为正确揭示朱墨时序的客观真实提供了一种可靠的方法。周亚红等〔7〕则将显微镜与分光光度法的结合成果——显微分光光度法作为观测手段，探索了该方法在蓝色圆珠笔书写时间推断方面的应用空间。总之，在巩固传统光学显微镜在微量物证检验中的地位的同时，要重视显微镜技术与其他现代仪器分析技术的结合在微区化学分析中的应用前景。

---

〔1〕张金庄：“Imaging 红外显微镜在物证检验中的应用”，载《江苏警官学院学报》2013 年第 2 期。

〔2〕王继芬等：“利用 X 射线衍射技术对纸张中填料的无损检验研究”，载何林涛、张振宇主编：《公共安全中的化学问题研究进展》（第 3 卷），辽宁大学出版社 2013 年版。

〔3〕郭洪玲、权养科、陶克明：“法庭科学中泥土物证 XRF 检验数据的分析研判”，载《中国司法鉴定》2013 年第 3 期。

〔4〕参见李蕾、邹菁：“激光共焦显微拉曼光谱在微量物证鉴定中的应用进展”，载何林涛、张振宇主编：《公共安全中的化学问题研究进展》（第 3 卷），辽宁大学出版社 2013 年版。另参见苗丽文等：“便携式拉曼光谱仪在刑事案件现场检验中的应用”，载何林涛、张振宇主编：《公共安全中的化学问题研究进展》（第 3 卷），辽宁大学出版社 2013 年版。

〔5〕马子宁、杨晓红、马方城：“扫描电镜检验打印、复印文字与印油印文交叠时序综合研究”，载何林涛、张振宇主编：《公共安全中的化学问题研究进展》（第 3 卷），辽宁大学出版社 2013 年版。

〔6〕杨晓红等：“扫描电镜在打印、复印文字与印油印文交叠时序综合研究”，载《电子显微学报》2013 年第 5 期。

〔7〕周亚红、房诚：“显微分光光度法推断蓝色圆珠笔书写时间的研究”，载《中国刑警学院学报》2013 年第 3 期。

（4）其他方法。热分析法[1]、分子印迹技术[2]以及虚拟技术[3]等新型技术方法，已经逐步现身于微量物证检验领域中。这勾勒出未来多维度仪器分析方法在微量物证检验领域中联合出击的发展前景。如果说微量物证检验的重中之重是思路设计的话，那么现代化的仪器分析方法则是实现上述思路设计的有效途径。未来的微量物证检验应该紧紧跟随仪器分析技术的发展，与时俱进地探索现代化的技术方法在各类微量物证检验中的应用。

4. 学科研究视角的多样性

（1）微量物证检验的基本问题研究。相对于其他法庭科学下属的分支学科而言，微量物证检验的起步较晚。因此，现阶段的微量物证检验领域呈现出一种分散性应用研究普遍、深入性理论研究缺失的状态。有鉴于此，苏家浒[4]从刑事技术工作实践的角度出发，对微量物证的概念、特点以及分类进行了阐述，为学科的完善和发展提供了依据。杨瑞琴[5]针对现阶段微量物证检验的发展情况，对微量物证检验学教材作了进一步的调整和完善。王元凤等[6]对21世纪以来的法庭科学新进展进行了综述，总结出三种发展趋势，即提供证据的方法手段日益科技化、研究对象日益复杂化以及解释证据的过程日益系统化。此外，雷蕾等[7]以交通事故案件中的油漆物证为例，从证据的提取、分析以及使用等三个环节，深入剖析了此类微量物证检验的问题所在，并提出了相应的解决方案。该项研究直面微量物证检验方法的不足，以逆向思维的方式为完善微量物证检验方法提供了研究途径。

（2）现场勘查对微量物证检验的重要性。相对于其他科学证据，微量物证在犯罪现场中的掩藏程度更深，与犯罪现场的关联性更高。一方面，如果

---

[1] 夏国良、张海鹏、贾铠："差示扫描量热法分析汽车轮胎橡胶"，载何林涛、张振宇主编：《公共安全中的化学问题研究进展》（第3卷），辽宁大学出版社2013年版。

[2] 王松才、李攻科："分子印迹技术及其在司法鉴定领域的应用"，载《中国司法鉴定》2013年第2期。

[3] 黄迎等："虚拟技术在食品添加剂安全性评价中的应用"，载何林涛、张振宇主编：《公共安全中的化学问题研究进展》（第3卷），辽宁大学出版社2013年版。

[4] 苏家浒："微量物证基本问题研究"，载《云南警官学院学报》2013年第6期。

[5] 杨瑞琴主编：《微量物证检验》，中国人民公安大学出版社2013年版。

[6] 王元凤、雷蕾、王淳浩："21世纪以来的法庭科学新进展"，载何林涛、张振宇主编：《公共安全中的化学问题研究进展》（第3卷），辽宁大学出版社2013年版。

[7] 参见雷蕾、王元凤："模式识别与似然率在红外光谱法分析油漆类物证中之应用初探"，2013年鉴识科学研讨会论文（台湾）。

将微量物证的生命历程分为证据发现、证据分析和证据使用三个阶段的话，那么犯罪现场往往出现在发现微量物证的源头阶段，从根本上制约着微量物证作用的发挥。另一方面，如果能够透过犯罪现场将隐藏在深处的微量物证挖掘出来，那么其将以超强的证明力为事实裁定者提供重要的判断依据。余静等〔1〕、苗丽文等〔2〕分别探讨了傅立叶红外光谱法以及拉曼光谱法在现场快速检测方面的应用情况。王德章〔3〕、冉金明〔4〕针对交通事故案件中的微量物证问题进行了详细的论述。夏桂珍〔5〕着眼于微量物证的发现和提取技术，展开了全面的研究。孔令勇〔6〕则从现场勘查物证信息调控论的视角对微量物证问题进行了诠释。

(3) 微量物证检验结果的证据价值。微量物证检验结果往往以间接证明的方式扮演着完善证据链条的角色。然而，在司法实践过程中，将来源层级的微量物证视为活动层级的证据或者犯罪层级的证据的情况却屡见不鲜。因此，对于微量物证检验结果证据价值的研究成为近年来的热点。罗元明等〔7〕、孙振文等〔8〕从交通事故案件的角度探索了微量物证的作用和价值。李尧〔9〕、宋志刚等〔10〕从刑事案件侦查的角度对微量物证的作用和价值进行了归纳总结。

(4) 微量物证分析方法的比较。对微量物证而言，单一分析方法往往不

---

〔1〕 余静等："傅立叶红外光谱法对可疑液体的快速检验"，载何林涛、张振宇主编：《公共安全中的化学问题研究进展》（第 3 卷），辽宁大学出版社 2013 年版。

〔2〕 苗丽文等："便携式拉曼光谱仪在刑事案件现场检验中的应用"，载何林涛、张振宇主编：《公共安全中的化学问题研究进展》（第 3 卷），辽宁大学出版社 2013 年版。

〔3〕 王德章："谈谈道路交通事故现场物证的化学问题"，载何林涛、张振宇主编：《公共安全中的化学问题研究进展》（第 3 卷），辽宁大学出版社 2013 年版。

〔4〕 冉金明："道路交通事故中微量物证的应用"，载《法制与社会》2013 年第 29 期。

〔5〕 夏桂珍："犯罪现场微量物证的发现和提取"，载《湖北警官学院学报》2013 年第 12 期。另参见夏桂珍："浅谈微量物证遗留的重点部位"，载《科教导刊（中旬刊）》2013 年第 10 期。

〔6〕 孔令勇："论物证技术的理性基础及非理性克服——以公安机关现场勘查物证信息调控论为视角"，载《福建警察学院学报》2013 年第 4 期。

〔7〕 罗元明、刘军："物证检验鉴定结论在处理交通事故中的作用"，载《湖北警官学院学报》2013 年第 1 期。

〔8〕 孙振文、权养科、孙玉友："545 例交通事故微量物证鉴定的统计分析"，载《中国法医学杂志》2013 年第 4 期。

〔9〕 李尧："对微量物证在刑事侦查中所起作用之反思"，载《法制与社会》2013 年第 36 期。

〔10〕 宋志刚、云小龙："微量物证检验在侦查破案中的作用"，载《科技创业家》2013 年第 1 期。

能满足诉讼过程对证据证明力的要求。因此，多重方法应用于同一微量物证检验的情况较为普遍。然而，不同方法孰先孰后，孰重孰轻，这对系统分析方案的设计至关重要。本年度，学者们将交通事故案件中最为常见的油漆证据作为重点研究对象，或者采用两种具体方法，通过实验数据例举不同分析方法的区分能力；[1]或者通过分析检验方法的整体发展状况，系统总结出适用于油漆证据分析的各类方法。[2]

（八）痕迹检验学

本年度，痕迹技术类论文中，有关指纹显现、提取及案例分析的论文占有较大的比例，说明该类传统痕迹技术仍为研究的重点；关于交通事故鉴定的论文呈不断上升的趋势，说明研究人员对交通事故鉴定技术的关注不断增加。痕迹技术分析以指纹技术为主要成分，还包括工具痕迹、枪弹痕迹、足迹、火灾调查、交通事故痕迹等。

1. 潜在指纹显现技术研究

指纹的显现、固定一直是痕迹鉴定技术的重点研究内容。指纹技术作为认定人身的重要技术手段，其前提条件是技术人员要显现出作案人遗留在现场物品上的潜在手印。针对图像检验鉴定中遇到的实际问题，即如何利用光学无损的方法提取红色纸张上的同色指印，高树辉等[3]为特殊指印的照相无损提取提供了实例分析。通过多种预实验，决定利用全波段 CCD 照相系统，采用短波紫外反射照相方法对红色纸张上的同色指纹印进行光学无损检验。通过合理配光获得了红色纸张上同色指印的最佳提取结果，为指纹的比对及检验鉴定提供了技术支持。其技术原理是：可见光下红色纸张和红色指印均反射红色光，吸收其他色光，两者反差不大；但在短波紫外波段，红色的纸张载体和红色的指印对短波紫外线的吸收和反射能力不同，紫外线这样的性质，使得红色指印纹线与红色纸张在短波紫外反射照相下达到一定亮度反差

---

〔1〕 孙其然、罗仪文、徐彻：“裂解气相色谱－质谱法和红外光谱法对红色汽车油漆的比较分析”，载《中国司法鉴定》2013 年第 5 期。

〔2〕 王萍、李朝军、张振宇：“交通肇事案件中涂料物证的分析方法评述”，载何林涛、张振宇主编：《公共安全中的化学问题研究进展》（第 3 卷），辽宁大学出版社 2013 年版。另参见雷蕾等：“法庭科学领域中油漆检验技术的进展”，载常林、张中主编：《证据理论与科学——第四届国际研讨会论文集》，中国政法大学出版社 2014 年版。

〔3〕 高树辉、樊攀、杨飞黄：“红色纸张上同色指纹印记的光学无损提取方法”，载《中国人民公安大学学报（自然科学版）》2013 年第 4 期。

并无损显现，具体的实验结果非常良好，体现了紫外反射照相技术的强大功能，也为该类鉴定提供了良好的解决方案。

在案件现场勘查特别是室内案件现场勘查中，作为房门的开闭机构，金属门把手经常会遗留下犯罪嫌疑人的指纹信息；彩色画报也时常散落在房间的各个角落，同样极易保留下犯罪嫌疑人的指纹信息。对于这些指纹客体，常规的显现和提取方法包括采用物理粉末刷显或采用化学试剂熏显等，但由于要对客体进行技术处理，已不能适应当前公安部提出的无损显现和提取现场痕迹物证的趋势。有时，在光滑的渗透性客体表面（如牛皮纸信封、纸币等）也会遗留潜在的指纹信息，但是这些信息无法直接通过肉眼观察到，经常有此类物证被忽视、放弃等情况的发生。张铭等〔1〕以金属门把手、彩色画报上的各类潜在指纹为实验样本，运用全光谱照相系统的短波紫外反射照相技术，对上述物证上的潜在指纹进行无损显现；运用远红外线无损显现系统，对牛皮纸信封、纸币上的潜在指纹信息进行无损显现，为此类痕迹物证的显现和提取提供了良好的技术支持。对于非渗透性客体上的潜在指纹显现，使用全波段数码照相系统，选择254nm 短波紫外光源作为照明光源，在暗视场条件下，采取均匀照明方式进行配光，准确调焦后分别对带有汗液指纹、油脂指纹的金属门把手、金属铝板、彩色画报等客体进行拍摄。拍摄时在检材客体上方辅以吹气法，并使用包围曝光方法，直至显示器中出现反差适中的指纹图像。

手印检验技术经过上百年的发展，已形成众多经典的显现方法，但每一种方法只能适用于一类检材或几类检材，尤其是对于一些特殊的客体很难进行处理，如杂色背景客体上的潜手印。由于杂色客体颜色变化大，显现出的手印纹线的颜色会被客体的背景色覆盖，无法形成反差，同时由于色彩的变化，对于手印的拍照固定和鉴定都有一定难度。针对该问题，李孝君等〔2〕选取非渗透性和半渗透性具有杂色背景的客体，对其表面潜手印的显现进行探究。研究发现，利用真空金属镀膜法和“502”胶熏显法之间的空间互补性，先采用“502”胶熏显，再使用真空金属镀膜进行后续增强处理，可以有效去

〔1〕 张铭、徐峰、何慈光：“全光谱反射照相法在潜在指纹无损显现中的应用”，载《中国刑警学院学报》2013 年第3期。

〔2〕 李孝君等：“彩色背景客体上手印的显现方法”，载《刑事技术》2013 年第6期。

除杂色背景的干扰。结果显示：对杂色背景客体表面的潜手印进行显现，可先选择使用紫外反射照相，如效果不佳，可选择先用“502”胶熏显，后经真空金属镀膜的顺序进行显现，可以有效去除显现手印中杂色背景的干扰，提高手印的显出率。同时，真空金属镀膜法也可用于粉末刷显后手印的增强处理。

在侵财类案件现场的勘验中，犯罪嫌疑人通常会接触到一些挎包、钱包、证件等皮革或塑料制品，如果这类物品属于光滑客体，则较易处理；但遇到较粗糙、有褶皱或印压花纹等较为立体的表面，用常规方法很少能提取到有价值的指纹。唐立君等[1]介绍了一种“指纹、工痕提取胶”方法，适合挎包、钱包、证件等皮革或塑料制品上指纹印痕的提取。使用前，首先用粉末显现的方法对客体进行处理，然后确定客体上留有指纹或疑似指纹的重点部位，在此基础上使用胶枪将胶均匀地覆盖在留有指纹的区域，约5～10分钟即凝固，形成胶膜；也可用吹风机加温，加速胶的固化，最后将胶轻轻揭起，粉末显现的指纹即转印至胶面上。此时提取的指纹是反向的，需要照相后反转。对粉末显现的其他非光滑客体上的指纹，不宜用胶带粘取的，可用此方法提取。该法可克服对杂色客体或曲面客体上的指纹进行直接拍照时产生的不利影响，还可用于工具痕迹及一些特殊痕迹的提取。此种胶膜不粘手，不易污损检材客体，易保存。

马荣梁等[2]对上转换发光材料在指纹显现方面的操作进行了研究。近期内上转换发光材料显现手印的发展，主要是与“502”胶熏显配合使用。“502”胶熏显的灵敏度远远高于粉末法，但“502”胶聚合物是白色物质，导致其在浅色及有荧光及花纹干扰背景上形成的手印反差小。常规染色法如罗丹明6G染色可以增强其在浅色背景上的手印，但对荧光及强花纹干扰的背景效果差，而上转换发光材料可以有效地解决背景的干扰问题。

2. 其他痕迹技术研究

（1）交通事故相关痕迹鉴定技术研究。交通事故成因分析和物证鉴定有很大的社会需求，其中关于车辆碰撞时的车速分析是一项典型问题，而现实

[1] 唐立君、文新平：“皮革类非光滑客体指纹提取方法”，载《刑事技术》2013年第4期。

[2] 马荣梁等：“上转换发光材料显现指纹技术的研发与应用展望”，载《刑事技术》2013年第4期。

工作中使用的几种方法来源于书本中的“公式”，这些公式又来源于力学原理和一些模拟实验。但针对具体的车辆和路面，这些公式的有效性和差异有多大？贾常明[1]对该问题进行了实验研究，其分析结果显示：①只有摩擦系数取值与实际相符，制动力上升至最大时路面就开始留下制动痕迹，制动力上升时间取值也与实际相符，估算车速才与实际制动车速接近。但符合这一条件的情况较少，需要鉴定人员有现场勘查经验。②带防抱死系统车辆的制动痕迹长度有显著差异。制动车速相同、制动距离相近，但路面制动痕迹长度差距较大。实验表明，利用制动痕迹长度能否准确估算制动速度是由路面条件、车辆（新旧）和驾驶员的制动行为等决定的。

交通事故发生的过程往往较复杂，事故后仅利用痕迹及相关物证很难客观地重现复杂的相互作用过程，必须将痕迹及相关物证置于现场环境中去分析，如痕迹形成是否符合高度关系、在既定的环境中是否有可能形成某种痕迹、是否在形成某痕迹时一定会出现其他伴随痕迹，等等。痕迹、物证和现场环境都是客观存在的，脱离任何一个因素去分析事故成因都可能导致片面甚至错误的结论。白艳平等[2]综合车体痕迹和地面条件，对一起交通事故案件成因给予了明确的鉴定意见。李坤明[3]利用实际案例，对于故意杀人后伪造交通事故给予了详细的技术分析，其主要依据死者人体损伤、体表痕迹、现场血迹分布、车体痕迹等进行综合分析。

张辉等[4]对一起疑难案件进行了现场勘查，经过痕迹比对与分析，获得了明确的结论。该案件中，摩托车的后视镜镜框在肇事车辆车体上形成了稳定特征的印压痕迹，反映了造痕客体的外部结构特征，但形成的痕迹质量较差，比对时特征的质量和数量都有欠缺的问题。所以，很多交通事故案件中，痕迹检验往往只能解决一半的问题，很多时候还需要借助微量物证检验技术得出综合的结论。交通事故处理中常常需要综合运用运动学、力学、统计学、痕迹检验、DNA 等多学科知识一起解决相关问题，才能得出最终的结论。

---

〔1〕 贾常明：“关于利用制动痕迹长度估算车速问题探讨”，载《中国司法鉴定》2013年第1期。

〔2〕 白艳平、王明直：“综合利用痕迹和地面条件分析交通事故成因1例”，载《中国司法鉴定》2013年第5期。

〔3〕 李坤明：“故意杀人后伪造交通事故2例”，载《中国司法鉴定》2013年第2期。

〔4〕 张辉、朱明：“通过痕迹认定肇事车辆”，载《中国司法鉴定》2013年第4期。

（2）枪弹、爆炸相关痕迹鉴定技术研究。改制、自制枪支检验是枪弹痕迹检验的新问题，射钉枪改制枪支的检验便是其中一类。高洁等[1]根据《中华人民共和国枪支管理法》和《公安机关涉案枪支弹药性能鉴定工作规定》，检验此新型改制射钉枪是否具备枪支结构和致伤能力，射击自制猎枪弹形成的弹壳痕迹能否用于枪支识别，并对弹壳痕迹中的击针痕进行检验。得出结论认为，此新型改制射钉枪属于枪支，射击弹壳上的击针痕能够用于枪支的识别。这一研究为该类鉴定提供了有效的技术资料。

三过氧化三丙酮（TATP）是由丙酮和双氧水在催化剂作用下低温合成的一种极为敏感的炸药，轻微摩擦或升温都可引起爆炸。TATP 极不稳定，属极危险物质，对其原体的检测具有相当的难度，而合成 TATP 所使用的催化剂一般为强酸（通常为盐酸或硫酸），因此，炸后现场残留物的检验可从检测酸碱性和酸根离子（氯离子和硫酸根离子）着手。夏攀等[2]通过对一起爆炸案件的侦破，让我们关注了这种不常见的爆炸物，并认识到这类案件的侦破难点与要点。

（九）交通事故鉴定

1. 理论性研究

邵祖峰等[3]提出，道路交通事故鉴定委托环节存在的问题直接影响着鉴定纠纷的产生与化解。道路交通事故实行鉴定委托有其法律依据，对于不同的鉴定诉求应当选择具备相应资质的鉴定机构与鉴定人。鉴定双方应当按照合理的程序签署双方认可的书面委托，司法鉴定管理机构应当加强指导与监管。

李山桥等[4]提出，应采用机动车司法鉴定基础标准、技术标准、管理标准三大模块结构，构建机动车司法鉴定标准体系框架，按专业特点分别建立机动车司法鉴定标准体系明细表，用于指导机动车司法鉴定标准化活动。将

---

〔1〕高洁、贾华杰："改制射钉枪及其射击弹壳痕迹的检验一例"，载《中国人民公安大学学报（自然科学版）》2013 年第 2 期。

〔2〕夏攀等："利用强酸引爆 TATP 爆炸伤害案件勘验 1 例"，载《刑事技术》2013 年第 5 期。

〔3〕邵祖峰、杨红、刘知音："道路交通事故鉴定委托若干问题研究"，载《中国司法鉴定》2013 年第 2 期。

〔4〕李山桥、曾红彬："试论机动车司法鉴定标准体系构建"，载《中国司法鉴定》2013 年第 5 期。

构建的机动车标准体系用于具体的司法鉴定管理活动中，标准体系对实际机动车标准化鉴定工作具有良好的指导作用。通过构建机动车司法鉴定专业标准体系（子体系），探讨未来司法鉴定标准体系（母体系）建设模式，探讨母体系与各子体系接口方式和可行性，为国家司法鉴定标准体系建设提供思路。

张晓彤等[1]提出，《道路交通事故受伤人员伤残评定（GB18667-2002）》（以下简称《道标》）施行至今十余年间，作为我国第一部关于交通事故伤残评定的国家标准，其权威性和执行力毋庸置疑。随着国际伤残评定科学迅速发展，我国的司法鉴定形势也发生了很大变化，如在骨关节损伤、精神障碍和五官损伤的伤残评定等方面，《道标》无论在理论上还是实践上都暴露出了越来越多的问题，存在很多需要改进之处，因而对《道标》作进一步修订和完善势在必行。

李明等[2]认为，近年来，随着经济快速发展和机动车数量激增，道路交通事故频发和伤亡人数不断上升已成为备受关注的全球性问题。法医检验作为交通事故处理中重要的证据，其鉴定意见直接影响着当事方的权益和事故处理。不容置疑，法医检验技术的运用对鉴定意见有着十分重要的影响。

2. 交通事故痕迹学鉴定

何正泉等[3]认为，在交通事故发生过程中，车辆与其他车辆、人体及其他物体接触，必然造成车辆外表和内在的各种形态或性质上的客观变化。它是事故现场的重要痕迹之一；与现场地面痕迹相比，它能相对较长时间地保存，是交通事故鉴定的重要对象之一；它可以帮助交通事故鉴定人员从车体痕迹分析事故发生时车辆的自身变化现象，与其他人、车、物接触的具体部位，而这些是已经消失在时间和空间里的交通现象，在交通事故分析和再现中，与地面痕迹、轮胎痕迹、人体痕迹、其他痕迹相结合，共同起到判断事故发生经过的证据作用。

---

〔1〕 张晓彤、王云介："完善道路交通事故伤残评定标准探讨"，载《中国法医学杂志》2013年第z1期。

〔2〕 李明等："道路交通事故法医检验技术的研究进展"，载《中国法医学杂志》2013年第3期。

〔3〕 何正泉、刘国民："论交通事故中的车体痕迹"，载《中国司法鉴定》2013年第1期。

冯浩等[1]提出，电动自行车作为一种新型交通工具，目前国外尚无有关其交通事故的鉴定技术和相关研究。由于电动自行车在车身结构、动力性能、交通管理条例等方面与自行车和摩托车有着相似之处，因此，可结合国内外关于摩托车交通事故速度鉴定的有关成果，对其鉴定方法进行研究。

周华等[2]提出，避险车道是高速公路长大下坡路段重要的交通安全设施，特别是对制动作用减弱或失效的货车避免发生车毁人亡的恶性事故起着至关重要的作用。尽管如此，国内避险车道在设计上并没有形成一个规范性的指导文本，导致某些避险车道在实际运营中存在安全隐患，不能很好地起到避险的作用。周华等以京昆高速公路（G5）雅西段避险车道上一起交通事故为例，提出避险车道常见的安全隐患，通过对避险车道的安全性评价提出改进措施方案，为避险车道的安全性评价提供依据。

李丽莉等[3]认为，轮胎鉴定是交通事故鉴定中的重要项目之一。轮胎痕迹鉴定的传统观点认为，轮胎痕迹是以轮胎作为造痕客体，与其他客体物相互作用时，留在其他客体物表面上的结构形象痕迹。轮胎痕迹的特征主要与轮胎的外部结构、作用方式及作用力的大小有关。但严格来说，轮胎痕迹应该包括轮胎作为造痕体所遗留在其他客体物上的痕迹和轮胎作为承痕体所遗留在轮胎胎体上的痕迹两个方面的内容。辨别、评判与轮胎痕迹之间关系的鉴定就是轮胎痕迹鉴定。

根据张辉等[4]的统计，湛江市区发生的有人员死亡的交通事故案件中，涉二轮车（电动车、二轮摩托车）的比例高达70%以上。张辉等提出，涉二轮车的事故类型主要有以下几种：①二轮车单方事故。指二轮车在各种影响因素的作用下发生碰撞路边设施以及摔跌后造成财产损失、人员伤亡的事故，此类事故所涉车辆上只有与现场环境接触形成的痕迹。②二轮车在行驶中与其他车辆、人体等碰撞、刮擦后倒地导致财产损失、人员伤亡的交通事故。此类事故的车辆上既有碰撞痕迹，又有倒地痕迹。③二轮车摔跌倒地后，人员、车辆未来得及撤离现场，又被经过现场的车辆碰撞接触的事故。此类事

---

[1] 冯浩等："电动两轮车侧翻倒地滑动摩擦系数实验研究"，载《中国司法鉴定》2013年第1期。

[2] 周华等："G5高速公路避险车道安全性分析"，载《中国司法鉴定》2013年第3期。

[3] 李丽莉等："交通事故轮胎鉴定概述"，载《中国司法鉴定》2013年第4期。

[4] 张辉、朱明："通过痕迹认定肇事车辆"，载《中国司法鉴定》2013年第4期。

故的车辆痕迹可能更为复杂。事故形态的多样性增加了痕迹检验的难度，例如，有的事故中二轮车的倒地运动导致了前一阶段形成的车体碰撞痕迹被破坏甚至灭失。另外，二轮车车体上经常会有早期就已形成的碰擦痕迹，会对事故形成的痕迹检验工作造成较大的干扰。这就要求检验人员具有丰富的经验和扎实的专业知识，才能正确认定案件事实。

邵祖峰等〔1〕认为，在早期高速公路的事故统计中，单车事故的比率占50%以上。究其原因，虽然高速公路排除了其他横向干扰因素，行车条件较好，但超速、超限、超载、疲劳、车况不良、爆胎、措施不当等危险驾驶行为增多，导致事故的发生率显著增加。在众多原因中，超速排在第一位，当超速因素与其他危险因素相结合，将显著加重事故的危害后果。分析单车事故必须考虑速度问题。从侵权责任法的角度论及道路交通事故责任，单车事故由于不涉及其他相对方，事故的责任一般属于当事驾车人，考虑到交通事故赔偿责任的连带属性，车方及其驾车人应当对车内人员及被撞坏的路产损失给予赔偿，车辆的损失则根据保险条款要求有所不同，部分赔偿可能要求自理。此时的单车事故有关鉴定，比如车速，就失去了有助于法律赔偿的鉴别价值。但从道路交通事故处理与原因分析的角度而言，对单车事故的车辆进行速度鉴定是有意义的。

贾宗平等〔2〕提出，近年来，涉车案件逐渐增多，尤其是盗抢、走私机动车犯罪日益猖獗，如何鉴别此类车辆车架号的真伪，显现其原始号码，在案件侦破中具有十分重要的意义。贾宗平等根据近年来检验车架号的实践经验，对车架号的检验进行归纳分析，提出检验的方法、步骤，并结合实例，总结出检验车架号应遵循的原则。

张培锋等〔3〕认为，在涉及道路交通事故司法鉴定的案件中，根据委托方提出的鉴定要求，应全面地收集相关材料，如案件卷宗中的纸质材料及其他相关电子数据材料等，这些材料往往记录了能用于司法鉴定的重要信息，再结合涉案车辆痕迹检验情况、物证情况、其他类别检验情况以及复勘现场后

---

〔1〕 邵祖峰、江福、梁小华："基于单车事故车速鉴定的取证技术"，载《中国司法鉴定》2013年第5期。

〔2〕 贾宗平、沙万中："机动车车架号的检验技术"，载《中国司法鉴定》2013年第6期。

〔3〕 张培锋、张辉："浅谈交通事故现场勘验材料的审查和现场复勘"，载《中国司法鉴定》2013年第6期。

所发现的新痕迹物证情况等，作出科学的鉴定意见，还原道路交通事故真相。

孙振文等[1]提出，近年来，交通肇事逃逸案件数量呈逐年上升的趋势，而犯罪分子在案发后有意无意地破坏和销毁痕迹物证又在一定程度上增加了此类案件的侦破难度，往往需要借助微量物证鉴定的方式为案件侦破提供方向和线索，并为事故责任认定提供依据。张振文等对2009～2011年公安部物证鉴定中心受理的交通事故案件中微量物证鉴定结果进行统计，比较了不同种类微量物证的有效认定率，旨在对交通事故案件中微量物证的提取及利用提供借鉴和参考。

某年10月1日晚10时许，某市中心路段发生一起交通事故，一辆桑塔纳轿车撞到路边护栏，车上4人（A、B、C、D）有两人当场死亡（A和B），另外两人受轻伤，事故发生后立即去医院接受治疗。现场勘查发现，轿车受损严重，车前部、右侧及后部均因撞击变形，车体右侧车窗及前风挡玻璃均破碎脱落，左侧车门完好。右后门内侧凹陷处发现黑色纤维状物质以及黑色薄膜状物质，怀疑是事故时后座乘车人所留。车内座位上有多处血迹，方向盘上也沾有大量血迹。A尸体位于车右前侧路面上，B尸体位于车后排座上。经问询，C和D均否认自己是驾驶员，并互相指认对方为驾驶员。徐利英[2]通过对该案例的分析，巧妙利用痕迹检验及微量物证鉴定成功认定事发时车辆驾驶人，给类似案件的勘查鉴定提供了宝贵的经验。

王淳浩等[3]提出，交通肇事逃逸事故一般包括人－车碰撞事故和车－车碰撞事故。对于此类事故，通常需要借助车体痕迹检验、人体衣物痕迹检验、微量物证检验、法医人体损伤检验、现场散落物整体分离痕迹检验等法庭科学技术以及运动学、动力学等物理学相关知识认定肇事车辆，判定车与车、车与人是否接触，推断接触部位及接触方式。在车与人碰撞接触的逃逸事故中，如果现场未遗留地面轮胎印痕、散落物且人体衣物上无明显作用痕迹和微量物质附着，人体损伤检验有时能够对解决上述问题起到关键作用。王淳浩等拟结合一起交通肇事逃逸案件的侦破，介绍如何根据人体损伤特征检验

〔1〕 孙振文、权养科、孙玉友："545例交通事故微量物证鉴定的统计分析"，载《中国法医学杂志》2013年第4期。

〔2〕 徐利英："微量物证检验判断驾驶员1例"，载《刑事技术》2013年第4期。

〔3〕 王淳浩等："如何根据损伤痕迹检验分析交通肇事逃逸案件"，载《刑事技术》2013年第5期。

和损伤机理分析的结果，推断致伤物的形态特征及结构，判断嫌疑车型，提供侦查线索，并最终认定肇事车辆。

郝洪建等[1]介绍了一个真实案例：某年 9 月 21 日，某市发生一起交通肇事逃逸致人死亡案。由于案发时间为晚间，且现场路段正在施工，没有目击人看到肇事车辆。经法医鉴定，死者是被大型车辆从身上碾压过去导致死亡，且其死亡前为醉酒状态。经调查得知，死者系当晚与朋友喝酒后独自骑自行车回家，在回家的路上遭遇车祸。侦查人员调取了现场周边的监控录像，发现在现场南边 1000m 处（与现场中间有一十字路口）有一辆大货车在案发时间段内向现场方向行驶，遂根据车牌号码在市内某工地找到这辆车，该车为蓝色解放后八轮栏板式大货车。但由于该嫌疑车辆始终在工地进行作业，侦查人员在车身上并未提取到痕迹物证和微量物证。大货车司机也否认有肇事的行为。鉴定人员通过对现场监控录像进行充分分析，最终认定肇事车辆，为类似案件的鉴定及侦破提供了宝贵的经验。

3. 交通事故法医学鉴定

王志文等[2]提出，在二轮摩托车道路交通事故驾乘人员死亡案件中，驾驶员有时为了逃避刑事责任追究和民事赔偿责任追偿，在交通事故案件调查早期可能作虚假陈述，拒绝承认自己是摩托车驾驶人员。由于缺乏证人或受害人陈述，仅凭现场遗留物证和车辆检验又难以认定谁是驾驶者，常常使案件的调查陷入僵局。法医学鉴定的介入有利于甄别实际驾驶员，对案件的查明起到关键的作用。王志文等对广汉市公安交警部门办理的二轮摩托车道路交通事故 2002～2010 年间有驾乘人员死亡的 136 例案件及 2009～2012 年间有驾乘人员受伤的 32 例案件进行整理分析，以求探索该类事故驾驶人员的特征性损伤。

李乐等[3]提出，世界卫生组织指出，驾驶员血液中乙醇质量浓度为 50mg/100mL 时，发生交通事故的危险性为血液中乙醇质量浓度为 0 时的近 2 倍，并且随着饮酒量的增加，交通事故的危险性也随之显著增加。近年来，

---

〔1〕 郝洪建等："视频中车辆的检验鉴定"，载《刑事技术》2013 年第 6 期。

〔2〕 王志文、张蕴成："两轮摩托车道路交通事故驾驶员损伤特征分析"，载《刑事技术》2013 年第 2 期。

〔3〕 李乐等："涉嫌酒后驾驶交通事故人体损伤与驾驶员血中乙醇质量浓度关系研究"，载《中国司法鉴定》2013 年第 5 期。

在交通肇事案件的侦查及处理过程中，对交通事故中肇事者或死亡者进行血液、体液乙醇含量检测，已成为常规和必需的证据检查，检测结果是行政执法和审判的重要依据。

程向炜等[1]提出，世界卫生组织的事故调查显示，大约50%～60%的交通事故与酒后驾驶有关，全世界每33分钟都会有1人死于与饮酒有关的交通事故，专家统计结果证明，在每个人的一生中卷入与饮酒有关的交通事故的可能性为30%，酒后驾驶已经被列为车祸致死的主要原因之一。自2011年5月1日，《中华人民共和国刑法修正案（八）》正式实施以来，至2012年4月30日，据公安部交通局统计，全国公安机关共查处酒后驾驶36.8万起，同比下降41.4%，查处醉酒驾驶5.6万起，同比下降44.5%。程向炜等对杭州市某城区2011年5月1日～2012年4月30日的97例醉驾案件的基本情况及原因进行统计分析，并探讨了醉驾人员的心理，以期为控制和减少醉驾发生提供依据。

黄思兴等[2]提出，随着《道路交通安全法》的颁布实施以及公民法制意识的提高，交通事故处理中证据链的构建，特别是事故现场勘验中关键环节的经过再现显得特别重要。在涉及道路交通事故二次损伤致死的案件中，判断致死原因、每次致伤对死亡的因果关系以及对死亡的参与度，对交通事故经过再现、责任划分、事故预防都有至关重要的作用，也是目前法医学实践与研究的难点。黄思兴等通过对涉及道路交通事故二次损伤致死的案例进行分析，探讨了此类交通事故中死亡人员的损伤特点以及法医学鉴定思路与要点。

苏巧荣等[3]提出，弥漫性轴索损伤（DAI）是由于头部遭受减速、加速或不均衡剪应力作用下导致大脑白质纤维束广泛性损伤，是交通事故致颅脑损伤中的常见类型。白质和灰质交界处、两大脑半球之间的胼胝体以及脑干头端则是剪应力作用下的易损区。DAI患者的死亡率甚高，存活者多遗留有严重的神经功能障碍，因此，对于此类颅脑损伤的伤残等级鉴定应高度重视。鉴于此，苏巧荣等收集绍兴文理学院司法鉴定中心2011年1月～2012年12

---

〔1〕 程向炜等："97例醉驾案例的回顾性分析"，载《法医学杂志》2013年第2期。

〔2〕 黄思兴等："道路交通事故二次损伤致死17例分析"，载《法医学杂志》2013年第5期。

〔3〕 苏巧荣等："交通事故致弥漫性轴索损伤伤残等级鉴定89例分析"，载《法医学杂志》2013年第6期。

月受理的 556 例交通事故致颅脑损伤案例（其中 DAI 案例 89 例）的鉴定意见并进行回顾性分析，以探讨 DAI 颅脑损伤在司法鉴定中的价值和注意事项。

（十）声像资料鉴定

李禹等[1]统计发现，2013 年全国声像资料鉴定业务共计 1348 件，比 2012 年（1069 件）增长了 26.1%，约占总体案件量的千分之一。

1. 声音鉴定技术

（1）语音/说话人鉴定。语音同一性鉴定在刑事案件和民事纠纷中，能够为提供侦查线索、认定案件事实发挥重要作用，是声像资料鉴定中的传统项目。2013 年，在司法部司法鉴定科学技术研究所组织实施的能力验证计划中，声音鉴定项目为语音同一性鉴定。在本次能力验证计划中，检材为一段手机录制的 m4a 格式音频，录有一合肥口音的男性与一女性的对话，样本为另外两名男性的语音。施少培[2]通过比较两份评价结果为满意、两份评价结果为不通过的鉴定文书，分别从鉴定方法的合理性、检验过程的全面性、分析论证的充分性、鉴定意见的准确性和鉴定文书的规范性等方面进行了点评和分析，指出听觉检验不充分是本次能力验证计划反馈结果中较为普遍的现象，反映为对语音的分析过于笼统和概念化，不能以解析的方式具体说明语音的特征，导致鉴定依据不充分或鉴定意见错误，建议鉴定人应重视语音知识的学习。

基频是语音中最重要的声学参数之一，为了研究发音人基频参数与生理参数之间的关系，曹洪林等[3]通过对 70 位男性发音人所讲汉语普通话的篇章语料进行分析，提取基频，计算每位发音人基频的均值、中位数、众数和标准差，分析其与发音人的身高、体重、全头高、头长、头宽、颈前弧长、肩宽、头围、颈围、胸围等 12 种生理参数之间的相关性，实验结果表明，基频的标准差可以用来预测男性发音人的体形大小。庞玄萌[4]在其硕士学位论

---

〔1〕 李禹、党凌云：“2013 年度全国司法鉴定情况统计分析”，载《中国司法鉴定》2014 年第 4 期。

〔2〕 施少培：“2013 年度司法鉴定能力验证计划项目《语音同一性鉴定（CNAS T0742）》鉴定文书评析”，载司法部司法鉴定科学技术研究所编：《2013 司法鉴定能力验证鉴定文书评析》，科学出版社 2013 年版。

〔3〕 曹洪林、孔江平、王英利：“说话人基频与生理参数关系初探”，载《清华大学学报（自然科学版）》2013 年第 6 期。

〔4〕 庞玄萌：“声纹识别中的基音检测算法研究”，辽宁大学 2013 年硕士学位论文。

文中应用 ACF 与 LV-AMDF 相结合的算法，改进了声纹识别检测中常用的传统方法，改进后的算法继承了传统算法的优点，同时噪声对其影响比几种经典算法明显减弱，又克服了一定的共振峰、倍频、二倍频等判断的误差，不仅提高了在有噪声的情况下得到基音周期的精度，还提高了基音周期检测的鲁棒性和准确性。

共振峰匹配是声纹鉴定中的基本方法，柳林等[1]发明了一种面向声纹鉴定的共振峰自动匹配方法，该方法使用基于连续语音识别的音素切分技术自动标注出声纹鉴定中检材和样本的音素边界位置，采用 DTW 算法自动给出相应共振峰时频面积的偏差比例，将其作为最终人工声纹鉴定的分析依据。

似然比计算是语音同一性鉴定方法的新角度，似然比（likelihood ratio）作为一种新的证据评估方法，将量化的数据引入说话人识别系统。王华朋等[2]通过测试 45 人电话录音中的元音/a/，将其稳定段的语音信号经过一系列处理，得到其美尔倒谱系数（MFCC），在基于似然比的证据强度评估框架下，使用 MFCC 特征作为识别参数，取得了很高的正确识别率。结果表明，似然比方法是法庭说话人识别的一个科学有效的方法，能大大提高识别的准确率，并且量化了证据的强度。另外，王华朋等[3]还使用元音倒谱的多变量核密度方法（MVKD）和高斯混合模型（GMM）的方法进行实验，得出了基于 GMM 的似然比计算方法在有限问题语音的条件下比 MVKD 的似然比计算方法具有更好的识别性能，基于 GMM 的系统具有更高的可靠性的结论。

（2）录音真实性鉴定。涉及录音真实性方面的技术可分为主动的防篡改水印技术和被动的录音真实性鉴定技术。本年度对于主动嵌入音频中的水印技术研究不少，黄雄华等[4]提出了基于抖动量化和信噪比（SNR）的自适应

---

〔1〕 柳林、李敬阳、陈涛："面向声纹鉴定的共振峰自动匹配方法"，专利公开号 CN103714826A，2013 年 12 月 18 日申请。

〔2〕 王华朋、杨军、许勇："应用似然比框架的法庭说话人识别"，载《数据采集与处理》2013 年第 2 期。

〔3〕 王华朋、杨军、吴鸣："数据缺失条件下法庭说话人确认研究"，载《电声技术》2013 年第 1 期。

〔4〕 黄雄华等："利用抖动量化和信噪比的自适应鲁棒音频盲水印算法"，载《武汉大学学报（信息科学版）》2013 年第 1 期。

鲁棒音频盲水印算法，并证明其对常规信号处理操作具有鲁棒性。张金全[1]提出了四种数字水印算法，分别是时域同步码算法、时域鲁棒音频水印算法、基于音频内容的脆弱水印算法、用于认证音频完整性的脆弱水印算法，并对这四种算法进行了实验验证。

在录音真实性鉴定技术方面，余先敏等[2]通过对相邻压缩次数形成的 MP3 音频之间量化后的 MDCT 系数不相同的个数进行统计分析，提出了一种基于相同压缩速率下的 MP3 双压缩检测方法。潘平等[3]根据数字存储的本质特征和随机共振理论，提出了一种语音信号真实性检测方法，基于未编辑信号通过非线性系统后的响应是一个稳定连续的周期信号，本质上是零输入与零状态响应之和，已编辑信号的响应在编辑点附近失稳，从磁/荷的微弱变化中鉴别出编辑点。何少岩等[4]从音频录制环境的检测角度出发，提出了一种基于 MFCC 结合小波包分析的特征提取算法，结合期望最大化算法进行机器训练聚类，以达到区分录制环境的目的。王志锋[5]针对目前没有专门用于数字音频取证研究的语音数据库的情况，建立了“多设备录音回放语音数据库”，并提出基于设备信道信息和设备通用背景模型 DUBM 的录音设备源识别算法，提升了模型区分能力，针对信道失配问题，分别在信号空间、特征空间和模型空间进行信道映射，降低影响，提出了基于信道模式噪声的录音回放攻击取证算法和基于经验模态分解去噪滤波（EMDF）的录音回放攻击取证算法。

录音设备来源检测是录音真实性鉴定技术中非常重要的检验方法，同时在知识产权和司法鉴定领域均有较好的应用前景，王志锋等[6]提出了一种录音设备的建模和识别算法，从静音段中提取出表征录音设备“机器指纹”的

〔1〕 张金全：“音频水印的算法研究及幅值变化规律分析”，西南交通大学 2013 年博士学位论文。

〔2〕 余先敏等：“基于相同压缩速率下的 MP3 双压缩检测方法”，载《计算机工程与应用》2013 年第 12 期。

〔3〕 潘平、罗辉、李换双：“基于随机共振的语音真实性检测方法”，载《计算机工程》2013 年第 5 期。

〔4〕 何少岩、陈蕉容、陈舜儿：“基于录制环境检测的数字音频取证研究”，载《计算机工程与设计》2013 年第 12 期。

〔5〕 王志锋：“基于信道信息的数字音频盲取证关键问题研究”，华南理工大学 2013 年博士学位论文。

〔6〕 王志锋、贺前华、李艳雄：“录音设备的建模和识别算法”，载《信号处理》2013 年第 4 期。

特征，并用谱减法去除其中的背景噪声，通过 MAP 自适应算法获得相应录音设备的模型，最后通过实验验证了算法的有效性。

国家自然科学基金项目“数字录音篡改检测的关键技术研究”课题组对电子变调的语音检测[1]进行了研究并申请了专利[2]，通过提取每一帧音频的 MFCC 作为音频特征，分别训练得到分类器模型，能够判断一段待测音频是否经过电子变调处理。

（3）说话人自动识别及其在其他领域的应用。说话人自动识别是利用语音中所含有的说话人的个性信息来自动识别话者身份的一种生物认证技术。由于语音作为目前人类最自然、最方便和最有效的一种交流方式，与其他的生物认证技术相比，说话人自动识别应用有着天然的优势，在商业领域应用广泛，可以通过语音为多种商业服务提供访问控制，包括语音拨号、电话银行服务、电话购物、数据库访问服务、信息查询和预订服务、语音邮件、机密信息的安全控制，以及计算机的远程访问等。王琳琳[3]对声纹中普遍存在的时变现象进行了深入研究，建立了一个适合于声纹时变性研究的声纹数据库，提出了说话人确认系统时变鲁棒性的综合评价准则、基于以 F-ratio 为中间准则计算频带区分度的时变鲁棒特征提取算法、基于性能驱动的频率弯折方法的特征提取算法、基于区分性训练的滤波器输出加权方法的特征提取算法。

针对说话人识别系统容易受到噪声影响导致性能急剧降低的问题，谢怡宁等[4]采用感知最小方差无畸变响应（PMVDR）技术，提出了一种新的语音特征的提取方法，该特征基于平移差分倒谱算法，融入了说话人语音的长时信息，在 YOHO 数据库和 ROSSI 数据库上的实验结果表明，新特征在噪声和信道畸变的情况下能有效提高识别系统的鲁棒性，在混噪语音以及信道失配等声学条件下也优于目前主流的特征。汤霖等[5]使用将语音音节切分后提

---

〔1〕 Haojun Wu, Yong Wang, Jiwu Huang, “Blind Detection of Electronic Disguised Voice”, *2013 IEEE Int. Conf. on Acoustics, Speech and Signal Processing*.

〔2〕 吴浩君、王沛、黄继武：“一种电子变调音频的鉴定方法”，专利公开号 CN103440868A，2013 年 12 月 11 日申请。

〔3〕 王琳琳：“说话人识别中的时变鲁棒性问题研究”，清华大学 2013 年博士学位论文。

〔4〕 谢怡宁、黄金杰：“一种鲁棒的说话人识别新特征”，载《哈尔滨理工大学学报》2013 年第 4 期。

〔5〕 汤霖、尹俊勋：“超音段信息对文本无关话者识别的影响”，载《湖南科技大学学报（自然科学版）》2013 年第 2 期。

取在语音中同样起话者辨别作用的超音段信息，用Bigram模型建模，并将其同GMM-UMB模型混合决策的方法，较好地提升了话者识别系统的性能。

杨俊杰[1]发现，随着国外一些说话人自动识别系统的引进，应用领域中出现了一些崇外、盲目追求快速与省事的苗头，杨俊杰结合说话人自动识别系统的研究、应用状况，从语音的共性与个性、说话人识别结果的相对性与绝对性出发，通过对比说话人自动识别与语音识别所用的特征参数及实现过程来辩证分析制约说话人自动识别系统准确率的根本原因，提出了适合于司法诉讼领域的说话人自动识别系统的发展方向。

（4）鉴定意见的表述及适用。针对目前国内外讨论比较热烈的声纹鉴定意见表述问题，曹洪林等[2]通过对现有的听觉分析法、声谱比对分析法、声学分析法、听觉－声学分析法和说话人自动识别五种鉴定方法的优缺点进行研究，对现存的二元判决、可能性等级、似然比和英国立场声明四种鉴定意见表述形式进行了大量细致的分析。张艳云等[3]则分析了声纹鉴定的语音资料、鉴定人的资质、鉴定方法和鉴定意见合理表述等方面的问题，并研究了上述因素对鉴定意见适用的影响。

（5）会议和专著。2013年5月23～24日，由司法部司法鉴定科学技术研究所主办的2013 司法鉴定理论与实践研讨会在上海召开，会上提交的论文中与声音鉴定相关的有3篇，分别为《录音资料真实性鉴定相关问题探讨》、《从话者识别角度认识汾城方言的紧喉音节》和《言语识别技术发展的制约因素和解决途径》。王英利[4]编著《声纹鉴定技术》，全书共13章，分别从声纹鉴定概述、语音的物理基础、语音产生的生理基础、语音知觉的心理基础、声纹鉴定的语音学基础、语音的听觉特征、语音的频谱特征、声纹鉴定的客观依据、语音同一认定、录音资料的真实性（完整性）检验、语音人身分析、音源同一鉴定和声纹鉴定的有关程序等方面进行了介绍。王永全[5]主编《声像资料司法鉴定实务》，全书共16章，分别为声像资料司法鉴定概论、声像

---

〔1〕 杨俊杰："辩证认识话者自动识别系统"，载《中国司法鉴定》2013年第2期。

〔2〕 曹洪林等："论声纹鉴定意见的表述形式"，载《证据科学》2013年第5期。

〔3〕 张艳云、王丽玲："试论司法语音鉴定结论的适用性问题"，载《广东公安科技》2013年第1期。

〔4〕 王英利编著：《声纹鉴定技术》，群众出版社2013年版。

〔5〕 王永全主编：《声像资料司法鉴定实务》，法律出版社2013年版。

资料司法鉴定程序、声像资料司法鉴定相关法律、语音司法鉴定基础、语音同一性司法鉴定、录音资料真实性司法鉴定、语音的人身分析、语音资料的其他鉴定事项司法鉴定、语音资料司法鉴定的新技术与新问题、图像司法鉴定基础、图像客观性司法鉴定、图像真实性司法鉴定、人像鉴定、监控录像司法鉴定、图像司法鉴定的新技术与新问题、声像资料司法鉴定案例。该书从鉴定实务的角度对声像资料鉴定的理论及技术进行了全面介绍，并在附录中列出了相关的司法鉴定技术规范。

2. 图像鉴定技术

（1）图像真实性鉴定。针对复制粘贴伪造图像鉴定检测，杜振龙等〔1〕提出了利用尺度不变特征转换（SIFT）特征的非对称搜索的复制粘贴伪造图像盲检测算法进行检验，其基本步骤是利用图像 SIFT 特征初步定位复制粘贴伪造疑似区域，并进一步利用非对称特征搜索方式进行方向性的特征匹配，以此定位复制粘贴伪造区域。针对自然图像和计算机生成图像的鉴别，张震等〔2〕提出了一种基于 Benford 模型的自然图像与计算机生成图像的鉴别方法，其基本原理是分别针对图像的 RGB 三个色彩通道，计算其 DCT 域的 AC 系数首位有效数字的 Benford 曲线概率分布情况，并以曲线的重合程度作为鉴别自然图像与计算机生成图像的依据。

夏建磊〔3〕利用光源方向不一致性实现图像拼接鉴定，利用图像的光照实际强度与计算强度的误差函数以及不同光源模式的约束条件，计算不同光源模式下图像的光照方向，通过分析图像中不同区域或对象与图像背景间的光源方向一致性实现图像真实性鉴别。任雁汇〔4〕提出，基于非监督学习的拼接图像盲取证算法包括基于 JPEG 块效应的拼接篡改取证算法和基于图像噪声特性的非压缩拼接篡改取证算法。针对交通违法行为图像的防篡改问题，郑宝峰〔5〕

---

〔1〕 杜振龙等："利用 SIFT 特征的非对称匹配图像拼接盲检测"，载《中国图象图形学报》2013 年第 4 期。

〔2〕 张震、杨宇豪："基于 Benford 模型的自然图像与计算机生成图像的鉴别"，载《北京工业大学学报》2013 年第 6 期。

〔3〕 夏建磊："基于光源方向不一致性的图像真伪鉴定问题研究"，中原工学院 2013 年硕士学位论文。

〔4〕 任雁汇："基于非监督学习的拼接图像盲取证算法研究"，天津大学 2013 年硕士学位论文。

〔5〕 郑宝峰："基于交通违法行为图像防篡改技术的研究与应用"，浙江工业大学 2013 年硕士学位论文。

由提高数字水印算法实时性与鲁棒性两方面出发，提出了基于 JPEG 图像的防篡改数字水印算法。

孟宪哲[1]对现有的数字图像篡改鉴定技术进行了综述，并从多个方面研究了数字图像篡改鉴定的新技术，具体包括：基于 JPEG 压缩特征的取证方法，基于计算机视觉的取证方法，针对低分辨率照片、含文字照片等特殊照片的取证方法等，在此基础上，还提出了数字图像的真实性评价模型，该模型主要通过对图像中修改行为的分类以及对篡改鉴定技术的分类，实现层次化的图像真实性评价。和平[2]则通过利用数字图像本身的纹理特征，提出了复制粘贴篡改手段中的平移操作和旋转操作的检测算法。在反取证研究方面，路来杰[3]将现有的图像/视频被动取证算法作为切入点，针对图像中基于 USM 的锐化操作和视频中基于噪声残差特性的取证算法进行了研究，提出了两种相应的反取证算法。反取证算法的研究可以进一步揭示相应的取证算法存在的不足，从而促使取证技术方法不断得到改进和完善。

（2）图像处理技术。在多媒体处理技术研究方面，研究人员依旧关注图像增强（比如超分辨率清晰化处理[4]）、图像注册[5]以及反取证图像处理技术[6]等领域。

针对模糊车牌清晰化处理问题，李春宇等[7]探索和研究了利用恒锐痕检/文检图像处理系统处理不同时速、不同拍摄角度下的运动模糊车牌的复原问题。刘伟[8]通过视频图像中图像处理、运动目标特征点提取、摄像机标

---

〔1〕 孟宪哲："盲环境下数字图像篡改鉴定的关键理论与技术研究"，北京邮电大学 2013 年博士学位论文。

〔2〕 和平："纹理特征在数字图像盲取证中的应用"，长沙理工大学 2013 年硕士学位论文。

〔3〕 路来杰："数字图像篡改的反取证技术研究"，湖南大学 2013 年硕士学位论文。

〔4〕 Shinde P. D., Nalbalwar S. L., "Image Super-Resolution", *International Journal of Science, Engineering and Technology Research* (*IJSETR*), Volume 2, Issue 7, July 2013.

〔5〕 Decker S., Ford J., Davy-Jow S., et al., "Who Is This Person? A Comparison Study of Current Three-Dimensional Facial Approximation Methods", *Forensic Science International*, 2013, 229 (1): 161. e1 ~ 161. e8.

〔6〕 Böhme R., Kirchner M., *Counter-Forensics: Attacking Image Forensics*, *Digital Image Forensics*, Springer New York, 2013, pp. 327 ~ 366.

〔7〕 李春宇、蒋占卿、高树辉："恒锐系统处理偏角运动模糊车牌的方法研究"，载《中国人民公安大学学报（自然科学版）》2013 年第 1 期。

〔8〕 刘伟："基于视频图像的车速检测研究"，载《山东交通学院学报》2013 年第 4 期。

定、车速计算、误差分析等方法实现了车辆碰撞前后的车速计算。

在工具利用和开发方面，郭依正等[1]探讨了 Matlab GUI 在低质量指纹图像增强中的应用。陆文武等[2]探讨了 Photoshop 在检验分离指印中的应用。考虑到纸币图像中同时包含了纸币可见光、红外光和紫外光三种图像信息，蒋天瑜[3]在其硕士学位论文中提出了基于多光谱图像的纸币防伪鉴定方法。M. Nikmaram 等[4]总结了领域内针对视频司法取证的工具，对现有的工具的优缺点进行了综合比较分析。

司法部司法鉴定科学技术研究所组织开展的针对图像方面的司法鉴定能力验证计划项目"录像过程分析（CNAS T0741）"[5]，对图像处理方面的技术和能力提出了较高的要求。此次能力验证计划涉及对一段视频（检材）中的取款过程进行分析，并要求采用适当的技术方法，全面发现检材中与钱款相关的图像特征，能够较为全面地反映参加者对录像过程分析的综合能力。

（3）图像模式分类应用。目前，在司法鉴定应用中，主流的应用可以分为模式识别（如人脸识别和设备源识别等）和模式分类等。陈春涛等[6]通过小波滤噪算法提取数字图像中存在的相机固定格式噪声（FPN），并通过检材照片中的噪声与数码相机固定噪声模板之间的相关系数实现对数字图像来源的识别。崔云凡等[7]提出了基于深度信念网络（Deep Belief Network，DBN）的印章图像检索和匹配算法，为印章自动鉴定系统提供了重要保证。在人脸识别研究方面，吴华娟[8]从鲁棒尺度不变特征提取和特征降维角度出发，研究了多姿态人脸识别问题。

---

[1] 郭依正、焦蓬蓬："Matlab GUI 在低质量指纹图像增强中的应用"，载《计算机技术与发展》2013 年第 7 期。

[2] 陆文武、邓清新："Photoshop 在检验分离指印的应用"，载《科技视界》2013 年第 16 期。

[3] 蒋天瑜："基于多光谱图像的纸币防伪鉴定技术研究"，华中科技大学 2013 年硕士学位论文。

[4] M. Nikmaram et al.，"Survey：Video Forensic Tools"，*Journal of Theoretical and Applied Information Technology*，2013，47（1）：98～107.

[5] 施少培："2013 年度司法鉴定能力验证计划项目《录像过程分析（CNAS T0741）》鉴定文书评析"，载司法部司法鉴定科学技术研究所编：《2013 司法鉴定能力验证鉴定文书评析》，科学出版社 2013 年版。

[6] 陈春涛、郑霞："利用相机固定噪声认定数字图像的来源"，载《警察技术》2013 年第 4 期。

[7] 崔云凡、梁阿磊："印章自动鉴定系统中的印章图像检索技术研究"，载《微型电脑应用》2013 年第 8 期。

[8] 吴华娟："基于 PS－SIFT 算法的多姿态人脸识别研究"，西北师范大学 2013 年硕士学位论文。

(4) 国家自然科学基金资助项目。本年度国家自然科学基金项目中，主体词中包含“图像”关键词的获批项目为 412 项，包含“视频”关键词的获批项目为 104 项，其中与司法鉴定或取证相关的获批项目主要包括“新闻类数字照片真实性鉴定的关键技术研究”、“数字图像被动取证中若干关键技术的研究”、“图像隐写取证中的软件识别与载体检测关键问题研究”、“对象级视频修复与合成篡改检测关键技术研究”、“数字图像取证提取与智能化分析关键技术研究”、“面向凭证的计算机生成文本 - 数据图像主动取证方法研究”、“多媒体内容取证方法研究”和“融合视频人脸及唇动密码特性的身份鉴定关键技术研究”等。

(十一) 电子证据鉴定

1. 电子证据理论研究

焦娜等[1]设计实现了一种集电子数据证据信息的提取、收集、分析、评估于一体的智能交互式评估系统。该系统能够自动收集证据信息，实现电子数据证据评估的统一标准化和规范性，保障法律程序的公正性。针对电子证据可信度的问题，该软件通过设置评分表将评估过程展示出来，能够提供更为可靠的评分流程，避免了人工评分产生的许多不确定因素。另外，虽然新《刑事诉讼法》首次将电子数据规定为法定证据种类，但相关证据规则仍尚待完备。我国现有关于电子数据的研究多集中于技术规范及比较法问题，而古芳[2]从电子数据实践问题出发，从电子数据的证据属性，电子数据的鉴真、鉴定，电子数据的质证、非法证据排除问题等几个方面，进一步探讨了如何加强对电子数据的证据限制问题。

2. Microsoft 操作系统取证研究

Microsoft PowerPoint 演示文稿是电子数据鉴定实践中比较常见的文件类型。刘惠萍等[3]以一起真实的知识产权侵害案件为背景，基于 Microsoft 复合文档结构和 Microsoft PowerPoint 记录格式的分析，通过解析复合文档头部与目录入口信息定位 CurrentUserAtom 记录，由 CurrentUserAtom、UserEditAtom 等记录追溯至 DocumentContainer 记录，说明追溯演示文稿残余编辑信息的步骤

---

[1] 焦娜等：“电子取证的法评系统”，载《信息网络安全》2013 年第 9 期。

[2] 古芳：“论刑事诉讼中的电子数据”，载《中国司法鉴定》2013 年第 2 期。

[3] 刘惠萍、罗文华：“从知识产权侵害案件看 Microsoft PowerPoint 演示文稿鉴定实践”，载《中国司法鉴定》2013 年第 3 期。

与方法，该方法可在一定条件下恢复被删除、损毁的 Microsoft PowerPoint 演示文稿信息。

Office 系列软件在创建和编辑文档时，未对原文档直接进行编辑，而是在相应的磁盘分区上创建一个后缀名为“tmp”的临时文件，对原文件所作的编辑都保存在“tmp”文件中，当用户点击“保存”并退出后，软件自动将原文件修改为后缀为“tmp”的文件并删除，将原有的“tmp”临时文件以原文件名重命名并以文档的形式保存。基于 Office 软件的运行机制，当一个已编辑好的文档被重新编辑的时候，保存于“tmp”临时文件中的原文件内容仍然存在于磁盘的剩余空间或未分配空间中，通过数据恢复和关键字搜索技术就可以对这些内容进行恢复、提取和分析。谢致强等[1]通过实验，分析论证了使用数据恢复技术和数据搜索技术，还原一个被篡改过的文档在被篡改前的原始内容或较早期内容的技术方法，以及该方法在案件中的运用。

复合文档（Compound Document）是一种不仅包含文本而且包括图形、电子表格、声音、视频图像以及其他信息的文档。随着计算机及网络的普及，该类型文档的使用比例日益增加。Microsoft 复合文档即是其中一种结构化的储存文件，由 Microsoft OLE Structured Storage API 创建和管理，在 Microsoft Windows 操作系统中有着十分广泛的应用。罗文华[2]在详细描述 Microsoft 复合文档头文件及目录入口基本结构的基础上，着重针对与电子数据取证密切相关的项目予以分析，并通过实例说明利用该类型文档结构进行电子数据取证的具体流程与方法。

计算机内存（RAM）、硬盘数据、注册表等是计算机取证过程中主要的电子证据来源。随着存储介质种类和容量的增加，分析所有存储介质数据显得困难和复杂，而针对计算机内存的分析（内存取证）会改变系统一些区域的数据。无损取证原则的要求、技术规范的不成熟和内存取证工具的遴选，种种因素导致内存取证在取证实践应用中还处于理论探讨阶段。注册表由于蕴含大量的信息，成为获取潜在证据的重要来源，它能提供诸如计算机系统信息、用户活动信息、USB 接入计算机系统信息、MRU 列表信息、无线网络连接信息等，Windows 注册表取证分析已经成为计算机取证的一个重要组成部

---

〔1〕 谢致强等：“电子物证检验中文档的溯源”，载《警察技术》2013 年第 5 期。

〔2〕 罗文华：“Microsoft 复合文档结构电子数据取证分析”，载《信息网络安全》2013 年第 3 期。

分。王宁等[1]介绍了 Windows 7 系统的注册表结构，探讨了 Windows 7 系统注册表取证内容、取证工具和原则，并辅以案例说明其实际应用，旨在为进一步的 Windows 7 系统取证实践与研究打下基础。

随着网上银行、电子商务以及网络信息化的普及，计算机越来越多地参与到我们的日常生活和工作中来，利用计算机网络犯罪的技术手段越来越高明，网络色情、网络诈骗等案件不断增加，给计算机取证工作带来严峻的挑战。浏览器中的历史痕迹是计算机中犯罪痕迹的重要部分，提取有效、可靠的浏览器历史痕迹对重构犯罪嫌疑人犯罪过程、推演犯罪嫌疑人爱好习性等心理特点和犯罪动机都能提供极大的帮助。朱小龙等[2]基于浏览器历史痕迹产生的计算机原理，通过对不同种类的浏览器进行分析，详细阐述了浏览器历史痕迹的提取技术。

WinRAR 软件是 Windows 环境下图形界面的压缩包管理器，能够用于解压 RAR、ZIP 等格式的压缩文件，同时也可用于生成压缩文件。该软件不仅允许用户配置压缩格式、压缩方式、分卷大小等参数，同时还可对文件内容或文件名称设置密码，并在 NTFS 文件系统下允许“保存文件流数据”。这些功能在方便用户使用的同时，也为不法分子所利用，用于隐藏或传输恶意数据。传统取证方法侧重于对 WinRAR 压缩文件自身的检验，主要使用密码破解与数据恢复等技术，而忽略了针对临时文件（夹）与附加数据的调查。罗文华[3]在介绍常规取证方法的基础上，重点说明了临时文件（夹）分析与 ADS 调查的实际应用，为针对 WinRAR 压缩文件进行电子数据取证提供了新的思路。

Excel 作为 Microsoft Office 软件的重要组成部分，其强大的数据分析、统计处理和决策支持能力得到人们的喜爱，并在各个领域被广泛使用，而正因如此，它也成为宏病毒最主要的侵害对象。针对日益严重的宏病毒问题，滕萍[4]对 Excel 宏病毒的机理和防治进行了研究，介绍了 Excel 宏病毒，阐述了宏病毒的特点及危害，并在分析宏病毒原理后进行 Excel 宏病毒作用实验，针对查、杀当前流行的宏病毒提出自己的见解，并形成了解决方案和防治措施。

---

〔1〕 王宁等：“Windows 7 系统注册表的取证分析”，载《警察技术》2013 年第 3 期。
〔2〕 朱小龙、孙国梓：“浏览器历史痕迹提取技术”，载《信息网络安全》2013 年第 1 期。
〔3〕 罗文华：“WinRAR 压缩文件的电子数据取证方法探讨”，载《警察技术》2013 年第 4 期。
〔4〕 滕萍：“Excel 宏病毒的分析与防治”，载《信息网络安全》2013 年第 3 期。

3. 电子取证中 AVI 文件的文件雕复技术研究

在电子取证工作中，恢复数字设备中被删除的数据是极为重要的工作之一，恢复数据又分为依赖系统元信息的传统数据恢复技术和不依赖系统元信息的文件雕刻。文件雕刻思想是指，在自动或最小的人工干预条件下，从一个“数字”平面上“雕刻”出某些文件的“形状”，基于文件雕刻思想进行数据恢复的技术简称为文件雕复。黄婉镝等[1]利用电子取证中的文件雕复相关技术，并以 AVI 文件为实例，阐述了一种侦测 AVI 文件碎片，并将碎片排序组合成完整文件的文件雕复方法。该方法基于 AVI 文件格式的结构特征，借鉴了文件结构关键字匹配、二分碎片间隙雕复等文件雕复思想。该方法能在失去系统元信息的情况下完成对 AVI 文件的雕复。实验结果表明，该方法提高了有碎片的 AVI 文件的雕复成功率。

4. 移动通信技术取证研究

移动通信的发展带动了智能终端的普及，随之带来的还有更多的手机犯罪。然而在犯罪手机上取证时往往受到手机屏幕锁的阻碍。钱伟等[2]研究分析了目前具有最大智能终端市场的 Android 平台上的屏幕解锁技术，先简单阐述了 Android 平台的系统架构；然后针对 Android 智能终端上不同的屏幕锁定方式分别进行研究分析，总结对应加密流程和明文密码规则来简化解锁步骤，提高解密效率，使取证能在更短的时间内完成工作；最后，提出了更多的解锁方式，使取证遇到屏幕锁定时能进行灵活的选择。

目前智能手机越来越普遍，它安装有独立的操作系统，市面上流行的操作系统主要有 Apple 的 IOS、Android 和 Windows Mobile、Symbian、Blackberry 的 RIM 等，其中基于 Android 系统的智能手机在市场中占有份额最多。智能手机不仅可以发信息、打电话、拍照、上网和玩游戏等，还可以安装由第三方提供的各类应用程序，比如手机银行客户端、QQ 聊天等。在智能手机方便用户的同时，与其相关的违法犯罪活动也越来越多，如短信诈骗、隐私窃取、非法转账交易等。手机里存储的各类信息，如短信、电子邮件、银行转账、股票交易、聊天记录等，对案件侦查和诉讼活动将会起到非常重要的作用。

---

〔1〕 黄婉镝、汪中夏、武振东：“电子取证中 AVI 文件的文件雕复”，载《中国司法鉴定》2013 年第 3 期。

〔2〕 钱伟、陈小兵：“Android 屏幕锁解锁在取证上的应用”，载《中国司法鉴定》2013 年第 6 期。

杨卫军等[1]通过深入分析 Android 系统 SQLite 数据库的文件结构和数据记录的寻址方式，提出了 Android 手机短信的获取及恢复方法，并在 ZTET9 手机上进行了方法验证，实验表明，该数据恢复方法能够有效恢复 Android 手机中被删除的短消息。

随着无线通信技术的不断发展，尤其是 3G 通信的商业化和智能手机的普及，移动互联网发展迅猛，手机网民规模迅速攀升。根据中国互联网络信息中心（CNNIC）2013 年 1 月发布的《中国互联网络发展状况统计报告》，截至 2012 年 12 月底，我国手机网民规模为 4. 20 亿。与高速发展的移动互联网相对应，互联网上原有的远程控制、网络攻击等传统网络安全威胁快速向移动互联网蔓延，使移动终端的恶意软件呈爆炸式增长。作为当前市场占有率首位的 Android 移动操作系统，采用的是基于权限的安全模型，将应用软件的安全防范交由用户自己掌握，由用户根据安装提示的权限要求判别是否安装该软件，权限提示的颗粒度非常粗放，加上平台的开放性，致使运行在 Android 平台上的恶意软件以指数级的数量在增长。秦海权等[2]通过对 Android 操作系统架构的分析，构建基于 Android 平台的恶意软件检测平台，该平台通过对 Android 操作系统的应用软件运行情况进行监控，分析其内核层和应用层关键 API 调用情况、敏感信息读写操作情况，实现 Android 平台应用软件的动态分析。调查人员可对任意可运行在该平台上的应用程序进行分析检查，减少分析检测时间，有效提高检测效率。

目前常见的移动平台恶意程序为短信扣费程序，近年来，Android 平台下已连续发生多起因吸费软件泛滥引发的安全事件。如 2011 年 2 月出现的“安卓吸费王”恶意扣费软件至今已连续植入到超过 100 款应用软件中，诱骗下载强行扣费。2011 年 7 月，“安卓蠕虫群”恶意软件批量来袭，更给手机用户造成了严重的资费损失。短信扣费程序通常植入在热门应用中，一旦用户安装这些应用，便向某些服务提供商发送业务请求短信，这些业务的开通通常不需要用户回执确认，一旦开通，便产生巨额的业务费，不法分子便可以从中牟利。恶意代码检测通常分为静态检测和动态检测，静态检测主要是对

---

〔1〕 杨卫军、张佩军、温万造：“Android 手机短信获取与恢复方法”，载《警察技术》2013 年第 3 期。

〔2〕 秦海权、王晨、尹丹：“基于 Android 系统的恶意软件分析平台的设计与实现”，载《警察技术》2013 年第 6 期。

应用的文件进行特征码分析，通过匹配特征库来识别恶意程序。张文等[1]从恶意代码特征描述和恶意代码检测这两个方面研究和实现恶意代码行为特征提取，设计了一种新的 Android 恶意程序检测软件，取得了重要的实践成果。

5. 数据库取证技术研究

SQLite 是一个轻量级 SQL 数据库引擎，由于其运行简单、功能强大，被广泛应用于手机短信、浏览器历史记录查找等。在鉴定实践中也经常需要在 SQLite 的数据库文件中搜索查找特定内容，所以了解 SQLite 数据库文件结构非常重要。沙晶等[2]分析了 SQLite 数据库文件的结构和 Android 手机中的短信息文件的数据结构，以实际案例阐释了被删除短信的搜索分析方法，这种检验分析的思路和方法对所有使用 SQLite 数据库的应用都是可以借鉴的。

随着信息科学的快速发展，数据库技术得到了广泛应用。各大金融机构、政府机关、企事业单位、大型网站都组建了自己的核心数据库，其中保存了大量文字、图像、声音和视频数据，数据库中的某些关键信息可能对公安机关的侦查、办案工作有重要价值，因此研究数据库检验方法对公安工作有重要意义。与 Oracle 和 SQL Server 相比，MySQL 是一种轻量级数据库，其操作简单、使用方便，有完善的日志记录功能，支持 Windows 和 Linux 系列操作系统。它的一个突出特点是用户可以通过互联网免费下载、安装正版的 MySQL 软件，因此很多中小型机构选择 MySQL 作为自己的数据库管理软件。对涉案主机中 MySQL 数据库的检验包括以下几个方面：提取出涉案数据库的数据文件和日志文件；检查数据文件中存储的数据表、查询、视图和存储过程，确定与案件相关的数据记录；利用日志文件恢复用户对特定数据表执行的增、删、改操作痕迹；搜索数据库中包含某个特定关键词的数据记录。徐国天[3]介绍了提取涉案 MySQL 数据库的数据文件和日志文件的方法；给出了附加涉案 MySQL 数据库到取证计算机的方法和常用的 SQL 指令；重点研究了数据库自动搜索方法和基于二进制日志文件的操作痕迹提取方法。结果表明，应用其设计的 MySQL 数据库自动搜索存储过程可以从所有数据库中快速、准确地

---

〔1〕 张文、严寒冰、文伟平："一种 Android 恶意程序检测工具的实现"，载《信息网络安全》2013 年第 1 期。

〔2〕 沙晶、蔡立明："SQLite 数据库结构分析在司法鉴定中的应用"，载《中国司法鉴定》2013 年第 6 期。

〔3〕 徐国天："MySQL 数据库检验方法研究"，载《警察技术》2013 年第 5 期。

检索出包含某个特定关键词的数据记录，应用其给出的日志分析方法可以对用户的操作痕迹进行提取。

6. 无线通信取证技术研究

无线局域网也称为 WLAN，即工作于 2.5GHz 或 5GHz 频段，以无线方式构成的局域网。由于数据通过无线介质在空中传播，无线局域网必须在不同层次采取有效的措施以提高通信保密和数据安全性能，目前主要采用了 WEP、WPA、WPA2 等加密算法，其安全机制相对于有线局域网要脆弱，无线局域网可能成为非法入侵和非法使用的主要对象，对无线局域网的取证研究显得极为迫切。彭建新[1]提出一种基于 Sniffer 的无线局域网取证模型，可以解决无线局域网被蹭或被入侵并非法使用的取证问题，将取证结果有效存贮并展示取证结果视图。无线医疗作为当前无线通信领域的一个热点课题，吸引了众多国内外学者和医疗设备供应商的目光。然而，现有的众多无线医疗研究项目和市场产品，并没有很好地解决病人隐私的保护和医疗数据的安全传输问题。此外，认证、加密等安全算法对用户终端硬件性能要求很高，传统医疗信息采集设备在采集医疗信息的同时对数据进行实时加密传送较为困难。吴昊等[2]针对无线医疗通信领域中存在的问题，设计了由用户端（User）、医生监护端（Medical Care）以及权威认证端（Supreme Authority）三部分组成，具有隐私保护和数据安全传输功能的，有较大应用价值的无线医疗系统，该系统还可应用到其他环境中解决实际问题，如车载自组织网络、移动通信网等，具有较强的市场价值。

7. Linux 及 Unix 环境下取证技术研究

随着计算机网络的迅速发展以及网民数量的快速增长，我国计算机犯罪案件呈现快速增长的趋势，其危害性也逐步增大，如政府网站和各大门户网站被各种别有用心的黑客入侵，在社会上造成了极为恶劣的影响。这些网站所使用的服务器有相当一部分安装的是 Linux 系统或 Unix 系统，因此 Linux 及 Unix 环境下电子证据的收集对于计算机犯罪侦查及取证工作尤为重要，但 Unix/Linux 环境下取证可以使用的方法与手段却并不为人所熟知。作为 GNU 系统中标准的文件系统，Ext3 以其良好的文件存取性能，在 Linux 操作系统中

〔1〕 彭建新："基于 Sniffer 的无线局域网取证技术研究"，载《警察技术》2013 年第 1 期。
〔2〕 吴昊等："基于 Tate 对的无线医疗匿名监护系统"，载《信息网络安全》2013 年第 1 期。

得到了广泛的应用，已经成为其主流文件系统。因此，对 Ext3 文件系统电子数据取证方法的研究，必然会对 Linux 环境下的电子证据收集工作产生积极的影响。罗文华[1]依托开源工具包 TSK，基于 Ext3 文件系统原理描述电子数据取证方法，所述方法适用于绝大多数 Linux 版本，并且具有较强的可操作性，收集结果直观明了。

8. 移动存储设备取证技术研究

U 盘、移动硬盘等 USB 类移动存储设备在信息存储和交换应用领域迅速得到普及。在享受移动存储所带来的方便的同时，也出现了诸多的信息安全问题，木马病毒的感染、传播、攻击和存储介质的丢失，导致敏感数据的泄露，造成损失。因此，如何解决 USB 类移动存储介质存在的安全问题，提高其安全性和可靠性成为一个重要的安全课题。李锁雷[2]针对该类移动存储介质存在的安全问题，采用数据加密、身份认证、日志审计等安全技术手段，设计了一款专用安全 U 盘，有效解除了移动存储设备存在的安全隐患。

9. 超级网银 PKI 认证技术分析与研究

2010 年 8 月 30 日，由中国人民银行牵头搭建的第二代网上支付跨行清算系统正式上线运行。该系统因其能够实现跨行资金实时到账等功能，比传统意义上的网银功能更强大，被公众俗称为“超级网银”。该系统在给用户带来便利的同时，其实现机制以及对我国 PKI 交叉认证体系建设的启示都值得深入研究。李锦[3]通过对比，详细分析了传统 PKI 及其交叉认证体系解决方案的不同认证模式，包括 PKI 体系及其交叉认证、传统 PKI 交叉认证模式和“超级网银”交叉认证模式分析，具有较强的理论意义。

10. 物联网取证技术研究

以感知为核心的物物互联的综合信息系统（物联网）被称为继计算机、互联网之后的信息产业的第三次浪潮。物联网实现了物理空间和虚拟信息空间的连接，其无处不在的数据感知、以无线为主的信息传输、智能化信息处理，可应用于各行各业和日常生活的各方面，与国家安全、经济安全息息相关，目前已成为各国综合国力竞争的重要因素。然而，物联网也伴随着安全

[1] 罗文华：“基于 TSK 实现 Ext3 文件系统下的电子数据取证”，载《警察技术》2013 年第 1 期。
[2] 李锁雷：“专用安全 U 盘脆弱性分析与自防护设计”，载《警察技术》2013 年第 4 期。
[3] 李锦：“超级网银 PKI 认证技术分析与研究”，载《信息网络安全》2013 年第 2 期。

问题。从信息的采集、传输和应用角度，物联网分为三层结构，底层是用来感知数据的感知层，第二层是数据传输的网络层，第三层则是与行业需求相结合的应用层。这种分层结构，决定了物联网安全机制的设计应当建立在各层技术特点和面临的安全威胁的基础之上。感知层的各种业务感知节点和汇聚设备组成感知网络；基于现有的通信网络进行数据传输的网络层和借助网络层进行通信、数据处理、应用的应用层组成核心网络。感知网络由于其自身技术特点，安全防护能力差，安全级别相对于核心网络来说较低。物联网安全问题中，除了各层次各自面临的问题以外，不同安全级别的网络之间在保障网络隔离的情况下如何完成数据的安全交换也是重要的研究问题之一。李锁雷等[1]就上述主要安全威胁进行分析，设计了基于FPGA的物联网安全接入网关，在保障感知网络与核心网络之间网络隔离的前提下，实现数据的安全交换。

作为物联网感知层重要设备之一的RFID系统因其具有防水防磁、读取距离远、存储容量大、数据可加密、可重复使用等优点，已被广泛应用于交通、物流、医疗、食品安全等领域。可见，RFID系统安全直接关系到物联网安全和其应用的推广。另外，标签信息（如护照、身份证、处方等）的泄露会侵犯个人隐私。因此，RFID系统安全一直是研究的热点问题。胡国胜等[2]从物理安全、通信安全、信息安全三方面详细论述了RFID系统安全问题。

林青山[3]设计了一种基于小物联传输网络环境的远程取证装置以及取证分析中心，通过该环境，可以使现场取证更具智能、便捷性能，该设计方案具有快捷、节省资源、安全性高等特点。

四、证据科学教育进展

（一）证据科学研究项目

1. 基础研究项目

本年度，省部级以上证据法学研究项目立项总数为45项，与前四年相

---

〔1〕 李锁雷、苏烈华、李恒训："基于FPGA的物联网安全接入网关设计与实现"，载《信息网络安全》2013年第3期。

〔2〕 胡国胜、方龙雄："RFID系统安全分析"，载《网络安全技术与应用》2013年第2期。

〔3〕 林青山："基于物联网的云端取证模式研究"，载《信息网络安全》2013年第7期。

比，证据法学研究项目立项增加明显（2012 年 32 项，2011 年 26 项，2010 年 27 项，2009 年 16 项）。立项增加的原因，一是前几年未评选的司法部国家法治与法学理论研究项目恢复立项，其中 9 项涉及证据与司法鉴定问题；二是证据科学作为一个研究领域在学术界得到持续关注。立项情况参见下表：

项目类别	证据法学立项数
国家社科基金项目	8
教育部人文社科研究项目	11
司法部国家法治与法学理论研究项目	9
最高人民检察院检察理论研究课题	11
最高人民法院重点调研课题	1
中国法学会部级法学研究课题	5
合　计	45

证据法学研究项目的类型、名称和负责人等情况呈现两个特点：一是项目获得者分布单位更宽，覆盖了高校、法院、检察院等实务部门。二是从项目所属学科来看，“刑主民辅”的格局依然明显，在 45 个项目中，民事诉讼证据和行政诉讼证据方面的项目有 9 个，占 20%。刑事诉讼证据的选题依然是立项的重点。

上述证据法学立项课题具有以下特点：

（1）从研究内容来看，本年度项目主要涵盖了基础理论研究、证据审查、取证研究、司法鉴定、证明问题、证据种类、刑事错案研究等方面。具体比例参见下表：

主　题	项目数	所占比例
基础理论研究	4	8.9%
证据审查	7	15.6%
取证研究	6	13.3%
司法鉴定	7	15.6%
证明问题	6	13.3%

续表

主 题	项目数	所占比例
证据种类	4	8.9%
刑事错案研究	3	6.7%
其 他	8	17.8%

本年度的研究主题发生了一些明显的变化。2012 年关注的一些重点问题，像非法证据排除规则、量刑证据等选题在本年度几乎都未涉及。证据合法性审查、证据种类等问题则成为关注的重点。其中，证据审查主要关注检察机关在审查起诉阶段和审查批捕阶段对证据合法性的审查。这说明，随着证据规则的改革与强化，审判阶段对证据合法性审查的重视与强调，已开始倒逼检察机关在审查起诉阶段与审查批捕阶段强化证据合法性的审查。取证研究主要关注侦查人员取证问题、电子证据的取证问题和民事取证问题。司法鉴定主要关注司法鉴定体制改革、专家辅助人制度改革、亲子鉴定制度改革等问题。证明问题主要关注刑事证明责任分配、排除合理怀疑的证明标准、补正问题等。证据种类方面的研究主要关注侦查笔录类证据、电子证据等《刑事诉讼法》中新增加的证据种类。刑事错案研究则主要关注刑事错案的发生机理与补救方案。除此之外，酒驾、死刑案件中的证据问题等也是今年立项的选题。这些选题的分布表明，立项受到立法变动和司法实践影响，例如，刑事错案频繁出现（浙江张氏叔侄案、福建福清纪委爆炸案等），催生了对刑事错案问题的强烈关注。

（2）庭前证据问题越来越受到关注，主要包括刑事侦查阶段证据收集和审查起诉与批捕阶段证据合法性的审查问题，这些选题立项一共 12 个，占立项数的 26.7%。对庭前证据问题的研究一方面有助于使公安机关和检察机关去适应《刑事诉讼法》修改之后的新形势，另一方面也有助于发挥证据排除规则的作用，推动证据排除规则的顺利实施。

（3）司法鉴定问题正成为研究的新热点。与司法鉴定相关的课题有 7 个立项，占总数的 15.6%，包括亲子鉴定、电子证据鉴定、鉴定人出庭、专家辅助人制度、鉴定管理体制、法庭科学质量控制机制等选题。可以说，从管理体制到具体制度、从法律制度到鉴定技术，本年度有关司法鉴定的立项涵盖了其各个层面。司法鉴定体制改革的大背景，以及本年度张氏叔侄案等鉴定方面出现的问题，使司法鉴定问题成为当前案件事实认定的一大症结和改革难点。

2. 实证研究项目

最高人民检察院 2013 年理论研究课题共 73 项，其中 11 项为证据法研究课题的立项。有关项目选介如下：

（1）最高人民检察院理论研究课题："冤假错案的防范与纠正机制研究"，由清华大学法学院张建伟教授主持。[1]

该课题阶段性成果《密闭侦查和形式审判：错案的深层原因》，分析了我国冤假错案形成的体制原因。该文指出：在我国，侦查具有高度密闭性，缺乏足够的司法控制和辩护律师介入的空间。冤错案件的背后，存在着对抗观念的缺失以及对侦查权缺乏有效制约的深层原因。这些深层原因呈现为密闭侦查和形式审判的司法形态。[2]

首先，我国刑事诉讼中侦查阶段表现为一种密闭侦查，其密闭程度远超一般的"侦查不公开"原则。从其权力设置上来看，注重公安机关调查事实的职权，较少约束和限缩侦查机关的权力，在授权重于限权的主旋律下，《刑事诉讼法》对国家专门机关行使权力限制不够，特别是在授予侦查机关权力方面表现得过分慷慨，导致警察权力过大，而辩护律师乃至检察官都无法介入，刑事侦查成为高度密闭化的过程。无罪推定原则、沉默权、自白任意性规则等都没有在法律上确立，律师在侦查阶段介入诉讼的权利没有得到切实保障，无法形成对侦查机关的制衡。由于缺乏对行政权的有力制约，不能在根本上遏制侦查权被滥用的现象和刑讯逼供等非法取证行为。这是造成冤假错案的重要原因之一。究其根源，一方面在于以侦查为中心的诉讼总体结构造成侦查权独大，另一方面，我国刑事诉讼制度的建构缺乏对抗的观念。

其次，造成冤假错案的另一个原因在于"形式审判"。形式审判徒具审判形式而缺乏审判实质，这种"审判"属于表演性审判。如果法庭只是侦查的橡皮图章，错案就埋伏其中。与形式审判相对应的是实质审判。被告人得到法院的审判，不仅仅是他受刑事追诉不得不承担的不利程序性负担，也是他

---

〔1〕 张建伟："密闭侦查和形式审判：错案的深层原因"，载《人民检察》2013 年第 20 期。

〔2〕 张建伟："密闭侦查和形式审判：错案的深层原因"，载《人民检察》2013 年第 20 期。

寻求公道的一项重要权利。这项权利的保障就是审判要实质化。法庭应当对案件进行全面和实质性调查，只有这样才有可能甄别出无辜的人。除了主导司法审判的某些外在原因之外，审判流于形式也有其诉讼程序总体结构的原因，例如：①侦查终结标准与司法审判中的定罪标准一致；②提起公诉的标准同定罪标准一致；③诉讼重心前置到侦查阶段；等等。这就造成法庭审判就案件事实进行全面、实质性调查的余地变得很小，加上审判中过分依赖侦查中形成的各种笔录，使得法庭审判流于形式。若要从根本上解决审判流于形式的问题，就需要把审判活动实质化，将诉讼重心从侦查阶段转移到审判阶段，使后者成为案件实质性、全面调查的场合，这意味着我国刑事诉讼制度要作大的结构性调整。

最后，在我国冤错案件的背后，存在着对抗观念的缺失以及对于侦查权缺乏有效制约的深层原因。密闭侦查和形式审判的司法形态不过是这些深层原因的表现形式。要遏制冤错案件的发生，若不触及这些根本问题，就会流于表面文章，冤错案件的病灶就不可能祛除。

（2）最高人民检察院理论研究课题：“刑诉法新增证据种类研究——以笔录类证据为范例”，由中国人民公安大学法律系副教授马明亮主持。

该课题阶段性成果《笔尖上的真相——解读新刑事诉讼法新增笔录类证据》一文提出，2012 年《刑事诉讼法》新增的笔录类证据，虽然在事实认定、程序争议问题的解决、非法证据排除程序方面可发挥重要作用，但面临的理论难题是：与书证、人证的界限不明，证据外延不明，是继书证之后的又一“口袋证据”，这导致适用中的混乱。笔录类证据独立出来是立法向实践的一种妥协，但由于缺乏相关制度规范作为内在支撑，导致这种妥协可能沦为无原则的让步。通过司法解释完善笔录类证据的运用规则乃是当务之急，基础问题是明确其独立于书证、人证的标准与意义，厘清其范围。同时，要完善程序性保障机制。这些努力旨在还原笔尖上的真相，防止冤假错案的发生。[1]

（3）最高人民检察院理论研究课题：“侦查机关‘情况说明’的证据属性研究”，由国家行政学院副研究员李勇主持。

---

〔1〕 马明亮：“笔尖上的真相——解读新刑事诉讼法新增笔录类证据”，载《政法论坛》2014 年第 2 期。

该课题阶段性成果《侦查机关“情况说明”的证据属性研究》一文指出：刑事司法实践中，侦查机关使用“情况说明”的现象广泛存在，然而，对“情况说明”的证据属性、法律适用、规范要求、调取收集手续等认知却不统一。同时，“情况说明”的内容随意、适用不规范、采纳主观，这些问题都可能直接影响司法的公正。因此，有必要以新《刑事诉讼法》施行为契机，厘清证据辅助型、瑕疵证据补正、直接作为证据使用和不能作为证据使用的“情况说明”，确定其证据属性，明晰规范路径，使证据规则更加完整统一，法律适用更加规范有序。[1]

（4）最高人民检察院理论研究课题：“检察环节证据合法性审查问题研究”，由西南政法大学副教授闫召华主持。

该课题阶段性成果《“名禁实允”与“虽令不行”：非法证据排除难研究》一文指出：我国的非法证据排除，受到来自排除规则本身及其运行环境的双重羁绊。对非法证据的严苛界定，对瑕疵证据的泛化解释，对重复取证的立法宽容等，使得在规则层面上“排除成了例外”。而在“亚法治秩序”之下，在不适当的诉讼理念、诉讼构造、诉讼方式的影响下，即便是“排除成了例外”的规则，也没有得到公安司法机关充分的需求回应，立法预期与实践操作差距较大。当前，要推动非法证据排除规则的完善与实施，除应建立起对规则的理性期待并合理调整规则的内容外，关键在于法意识形态的转型及刑事司法权力的优化配置。[2]

（二）证据科学学科建设和人才培养

本年度，证据科学学科建设和人才培养的一个重要进展是，中国政法大学在证据法学专业（证据法学和法庭科学两个研究方向）硕士、博士研究生连续七届招生的基础上，结合该学科的特点和司法文明建设的要求，修订了证据法学硕士研究生培养方案。新版培养方案对旧版方案作了较大调整，增加了一些新的要求和新课程，更加符合本学科特点和人才培养规律。主要有以下修订：

---

〔1〕李勇、余响铃：“侦查机关‘情况说明’的证据属性研究”，载《民主与法制》2013 年第 6 期。

〔2〕闫召华：“‘名禁实允’与‘虽令不行’：非法证据排除难研究”，载《法制与社会发展》2014 年第 2 期。

（1）增加了学科专业简介。明确指出，证据法学是一门研究证据规则和事实认定规律的学科。本专业注重中外证据制度、证据司法实践和司法文明理论教育与研究，具有多学科交叉的特色。

（2）在培养目标中明确提出：本专业培养德才兼备、具有法治意识和比较法视野的法律人才。具体要求包括：①具有良好的学风、高尚的道德品质和健康的心理素质，遵守宪法和法律，崇尚法治和司法正义。②具有扎实的法学基础理论知识和系统的证据法学专业知识，熟悉中外证据立法和司法的现状和趋势；能够运用专业知识分析司法实践中的具体问题，掌握从事法律工作的基本职业技能和逻辑思维能力；拥有一定的科研能力。③熟练掌握一门外语，能够运用外语进行专业研究和学术交流。

（3）详细阐述了证据法学研究方向，增加了“以证据规则与事实认定的过程和规律为研究对象，以揭示事实真相和维护司法公正为目的，全面研究证据运用的原理、方法、程序、规范等问题”。

（4）在培养方式中，增加了“采用研讨式教学法，注重理论联系实际，教学采取教师集中讲授和课堂讨论、案例分析相结合的方法，加强研究生专业素质和综合能力的培养，特别是证据分析能力、逻辑推理能力和证据裁判能力等司法职业技能的培养，同时，注重语言表达能力及写作能力的提高”。

（5）在学习年限中，取消“可以申请提前一年毕业”，一律实行“三至四年”的学习年限。

（6）在必修课程中，增加了“法律推理的理论与方法”、“外国证据法研究”、“民事诉讼法学”。

（7）在选修课程中，增加了“法庭科学专题、科学哲学、专业英语、证据法案例研究、中国当代证据法治、证据分析、统计学/概率论基础、逻辑学基础、科学证据概论、法医学专题”，删减了“刑事诉讼实务、外国刑诉、中国古代刑诉、港澳台刑诉、港澳台证据法、刑事司法国际准则、证据调查学、法律职业行为规则、刑事辩护与代理、第二外国语”等。上述新课程体现了证据法学自身的知识体系和特点，不再依附于传统诉讼法课程，同时强化了人才培养中的跨学科特色。参见下表：

中国政法大学证据法学硕士研究生培养方案新旧对照表

	证据法学硕士研究生培养方案（新版）	证据法学硕士研究生培养方案（旧版）
学科专业简介	证据法学是一门研究证据规则和事实认定规律的学科。本专业注重中外证据制度、证据司法实践和司法文明理论教育与研究，具有多学科交叉的特色。本专业以证据科学教育部重点实验室/中国政法大学证据科学研究院、证据科学北京市交叉学科重点学科和“2011 计划”司法文明协同创新中心为依托，汇聚中外雄厚师资，拥有“证据科学研究与应用”教育部创新团队，以及完备的科研、教学和实验资源，科研成果丰硕。	
培养目标	本专业培养德才兼备、具有法治意识和比较法视野的法律人才。具体要求包括：①具有良好的学风、高尚的道德品质和健康的心理素质，遵守宪法和法律，崇尚法治和司法正义。②具有扎实的法学基础理论知识和系统的证据法学专业知识，熟悉中外证据立法和司法的现状和趋势；能够运用专业知识分析司法实践中的具体问题，掌握从事法律工作的基本职业技能和逻辑思维能力；拥有一定的科研能力。③熟练掌握一门外语，能够运用外语进行专业研究和学术交流。	培养热爱社会主义祖国，坚持马列主义、毛泽东思想和邓小平理论，拥护中国共产党的领导，自觉为建设社会主义法治国家和经济建设服务，德、智、体全面发展，面向21世纪的中级司法干部和诉讼法学的教学与研究人员，并为培养复合型高级法学人才提供后备力量。具体要求：①具有健康体魄，良好的职业道德，自愿从事诉讼法学研究和实务工作，为建设具有中国特色的社会主义法治贡献力量。②具有扎实的法学理论基础和系统的诉讼法学知识，熟悉诉讼立法和司法实践；具有理论联系实际和分析问题、解决问题的能力；具有较强的独立的科研能力。③较为熟练地掌握一门外语，达到听、说、读、写水平。④适应公、检、法、司部门，科研机构和企事业单位在社会主义市场经济下所需要的复合型高级法律人才。

续表

	证据法学硕士研究生培养方案（新版）	证据法学硕士研究生培养方案（旧版）
研究方向	证据法学研究方向，以证据规则与事实认定的过程和规律为研究对象，以揭示事实真相和维护司法公正为目的，全面研究证据运用的原理、方法、程序、规范等问题。	证据法学方向。
培养方式	（1）硕士研究生以课程学习为主，辅之实习和科研等多种培养方式。 （2）本专业由校内导师负责，并聘请具有高级专业技术职称的司法机关实务专家组成导师组。采取校内导师个人负责与导师组集体培养相结合的培养方式，指导研究生学位课程学习、业务实习、社会调查和论文写作。 （3）本专业采用研讨式教学法，注重理论联系实际，教学采取教师集中讲授和课堂讨论、案例分析相结合的方法，加强研究生专业素质和综合能力的培养，特别是证据分析能力、逻辑推理能力和证据裁判能力等司法职业技能的培养，同时，注重语言表达能力及写作能力的提高。 （4）跨学科和以同等学力考取的硕士研究生，应补修 2 门大学本科主要课程，所修学分不得代替其他规定学分。	实行集体培养与导师个人负责相结合，校内导师与实际部门专家相结合的培养方法，以校内系统学习为主和参与社会实践相结合的方法，培养学生坚实的理论基础和实际工作与研究工作的能力，并吸收和引导学生参与一定的国际交流学术活动。
学习年限	三至四年。	①基本修业年限为三年；②提前完成培养计划，并撰写完毕业论文的，可以申请提前一年毕业；③课程学分修满后未完成学位/毕业论文的，学位申请和论文答辩可延长至四年。

续表

	证据法学硕士研究生培养方案（新版）	证据法学硕士研究生培养方案（旧版）
质量标准/其他教学环节	（1）科研论文。硕士研究生在中期考核之前均需提交学期论文3篇，经导师审阅并评定成绩，共计2学分。 （2）社会实践。研究生在完成学位课程学习并获得相应学分后，应参加为期3～6个月的社会实践，由导师和学院组织落实，计2学分。	（1）科研论文。硕士生第一、二学年须撰写3000字以上的科研论文各一篇，经导师审阅并评定成绩，每篇1学分，共计2学分。 （2）社会实践。属于应届生的必修环节，由导师和学院组织落实，共36课时，不计学分。
考核方式	（1）在课程考核方面，根据具体课程的特点，采用笔试、口试、闭卷、开卷、面试、论文、答辩等多种方式着重进行能力考察。 （2）必修课采取考试和论文的考核形式，选修课和其他课程可以采用考查形式。 （3）课程考核按国家和研究生院的有关规定执行。	课程考核采用笔试、口试、闭卷、开卷等多种方式，严格考试制度。学位课必须考试，限选课也应考试，选修课可以采用考查方式。
必修课程	中国特色社会主义理论与实践、马克思主义与社会科学方法论、基础外语、法律推理的理论与方法、证据法学、外国证据法研究、刑事诉讼法学、民事诉讼法学。	马列经典著作选读、第一外国语、专业外语、刑事诉讼法学总论、证据法学、法庭科学专题。
选修课程	法庭科学专题、科学哲学、专业英语、证据法案例研究、中国当代证据法治、证据分析、统计学/概率论基础、逻辑学基础、科学证据概论、法医学专题、司法鉴定学、法理学、宪法学、刑法总论、民法总论、行政法与行政诉讼法。	刑事诉讼实务、外国刑诉、外国证据法专题、中国古代刑诉、港澳台刑诉、证据法学原理、港澳台证据法、英美证据法、刑事司法国际准则、司法鉴定专题、证据调查学、法律职业行为规则、刑事辩护与代理、刑法学、第二外国语。

续表

	证据法学硕士研究生培养方案（新版）	证据法学硕士研究生培养方案（旧版）
学位论文选题与撰写	（1）学位论文选题限本专业范围以内，在研究方向内选定题目。 （2）选题内容应紧密结合该领域中理论和实践方面的重要或突出问题。选题新颖，有所创新，具有一定的理论价值和实践意义。 （3）学位论文选题应在第二学年或者第三学年初确定。学位论文写作在导师指导下，由研究生独立完成。 （4）撰写论文必须独立思考，遵守学术规范，严禁抄袭、剽窃。 （5）学位论文应当是一篇系统完整的学术论文，有独立的新见解，在理论和实践上有一定的意义，表明作者有能力独立从事理论研究和专业技术工作。 （6）论文经导师同意后定稿。论文应符合规定的格式，字数在 3 万字左右。	研究生应在指导老师的指导下独立完成学位论文。论文内容应既有理论意义又有实践价值，并为国家立法、执法及法制建设提供参考依据。学位论文应符合规定的格式，字数应达到 3 万字左右。
学位论文答辩与学位授予	（1）硕士学位论文答辩，按国家及研究生院的有关规定进行。学位申请材料应齐全，内容应详实，只有符合规定条件的论文方可获准参加硕士论文答辩。 （2）答辩应严肃认真地组织和进行。答辩委员会组成人员应符合规定要求。答辩委员会成员事先必须认真阅读论文，提出问题。学生必须认真回答问题。答辩委员会应实事求是地对学位论文作出科学的评价。 （3）在决定是否授予硕士学位时，以学位论文水平和平时学习成绩、科研能力为主要考核内容，兼顾实际业务能力和思想道德表现。	硕士生须完成课程学习，修满规定的学分，方可申请硕士论文答辩。硕士论文答辩按国家规定进行，组成学位论文答辩委员会，其中应聘请校外具有高级技术职称的专家参加。

（三）证据科学课程和教材建设

1. 证据科学课程建设概况

本年度，我国大学法学院证据法学的课程设置与2012年相比没有太大变化，大多数法学院仍然将证据法学作为本科生选修课程，只有中国人民大学法学院、中国政法大学刑事司法学院将证据法学作为本科生必修课程开设。有的学校将证据法学列为诉讼法专业研究生必修课，如清华大学深圳研究生院、中国政法大学研究生院等。物证技术学只在中国人民大学、中国政法大学刑事司法学院等少数法学院被列为必修课程，其他政法学院一般将其列为专业选修课，多数综合类高校的法学院未开设物证技术学课程。

2. 证据科学教材建设概况

本年度，一些证据法学和证据科学的教材问世。修订版教材包括：陈光中《证据法学（第2版）》，何家弘、刘品新《证据法学（第5版）》，何家弘、张卫平《简明证据法学（第3版）》，陈一云、王新清《证据学（第5版）》，占善刚、刘显鹏《证据法论（第2版）》，叶青《诉讼证据法学（第2版）》；新编教材包括：张保生、王进喜、张中、吴丹红、房保国《证据法学》（法律硕士专业学位研究生统编教材），潘金贵《证据法学》，王彬《刑事证据学》。详见下表（按出版时间顺序）：

序号	作　者	教材名称	出版社	出版时间
1	潘金贵	证据法学	法律出版社	2月
2	张保生　王进喜 张　中　吴丹红 房保国	证据法学	高等教育出版社	3月
3	占善刚　刘显鹏	证据法论（第2版）	武汉大学出版社	4月
4	叶　青	诉讼证据法学（第2版）	北京大学出版社	7月
5	王　彬	刑事证据学	郑州大学出版社	8月
6	陈光中	证据法学（第2版）	法律出版社	8月
7	何家弘　刘品新	证据法学（第5版）	法律出版社	8月
8	陈一云　王新清	证据学（第5版）	中国人民大学出版社	11月
9	何家弘　张卫平	简明证据法学（第3版）	中国人民大学出版社	11月

五、证据科学研究成果选介

(一) 证据法学著作选介

1. 《一个谬误、两句废话、三种学说——对案件事实及证据的哲学、历史学分析》(王敏远著,中国政法大学出版社 2013 年版)

该书是作者近十年来发表的 6 篇刑事证据法学论文的汇集,主要涉及两方面的问题:前三篇围绕刑事诉讼中事实和证据、刑事诉讼证明标准等问题展开研究;后三篇运用刑事证据法原理,针对我国刑事证据制度的完善问题进行研究。其中,《一个谬误、两句废话、三种学说——对案件事实及证据的哲学、历史学分析》一文,从历史不可能重现和事不同于物两个方面论证了一个谬误:硬邦邦的事实;两句废话:"认识符合事实"与"事实胜于雄辩"。作者从含义和适用范围角度证明,前一句在诉讼中没有意义;后一句难以达到,事实不可能简单胜于雄辩。作者还通过分析"客观真实说"和"法律真实说"两种学说的异同及其存在的问题,论证这两种学说存在严重的缺陷。作者认为,我们需要新的科学的诉讼证明理论:一方面,应进行有意义的哲学探讨;另一方面,应当回到证据法学问题的原点——事实和证据问题进行研究,以得到有意义的结论。《对刑事证明标准理论的反思》一文,明确了"客观真实说"和"法律真实说"的概念;阐释了二者的相互批判及对这两种学说的批判;论述了刑事证明的科学标准的特点:能够对现实有充分的说明作用;能够对现实的发展具有指导意义。《再论法律中的"真实"——对相关问题的补充说明》一文指出,对"客观真实说"和"法律真实说"的批判仅限于相对意义,仅仅是基于特定问题的讨论需要;作者论证了程序真实及其应有的含义,提出了理论层面、立法层面、司法层面这三个需要解决的问题。《论死刑案件的证明"标准"及刑事诉讼法的修改》一文,明确了死刑案件的质量、刑事案件的证明标准、判处死刑的证明标准这三个概念;澄清了法院在审判死刑案件中的基本功能和死刑案件质量的历史检验与现实检验这两个基本观念问题;提出了完善证据规则、保障有效辩护、确立死刑案件特别的意见分歧处理程序等与死刑案件有关的三个程序问题。《试论现代刑事证据法的两个基本问题——兼评我国刑事证据法的新发展》一文,论述了权利保障和规制职权的不断发展;从程序法律规范具有尊严的含义及意义,如何使程序法律规范具有不可违反之尊严，以及“两院三部”《死刑案件证据规定》和《排除非法证据规定》三个方面，论证了程序规范能够有效地发挥作用。《论我国刑事证据法的转变——以修改后的刑事诉讼法的相关规定为例的分析》一文，以鉴定制度为例分析了从注重职权便利的需要向重视权利保障的转变；以证据种类的规定为例分析了从重视证据形式到重视证据规则的转变；以死刑案件的证明标准为例分析了从着眼细化证明要求到程序规则的转变。（索南才让撰稿）

2.《证据制度的核心基础理论》（毕玉谦著，北京大学出版社 2013 年版）

在司法程序中，对案件事实的认定是适用法律的基础，而证据制度是将事实认定作为其调整的对象和应用的范畴。可见，证据制度是三大诉讼程序及体系的核心内容。从三大诉讼证据制度比较而言，因为诉讼的最终裁判结果所体现的公正性应当以程序的正义为基础，而程序的正义则体现在诉讼过程的正当性，为法律所允许的证据表现形式或者证据方法，取得有关证据资料或者信息来源的手段、方法，以及法院在庭审中所采取的证据调查的方式中，这些均为程序正义所能够延及的空间与领域。

出于适应司法公正、法治建设的迫切需要，近年来，我国理论界对诉讼证据制度基本理论的研究得到了长足发展，尤其是刑事和民事诉讼证据制度，在近来三大诉讼法等法律的修改中得到了充分体现。从国内外有关证据理论的论著来看，大多是对三大诉讼证据的基础理论按照专业门类分别进行系统性、纵向性研究，或者是对某一诉讼证据的基础理论进行专题研究，即使涉及对三大诉讼证据的基础理论进行比较研究，也往往限于其中的某项议题，缺乏集中性、系统性横向比较。本书的选题力图填补这一证据制度基础理论上的空白，试图对三大诉讼制度的证据理论在共性与个性上进行识别与认知，从而探讨证据基础理论的基本内涵与精神实质，深入系统地把握证据基础理论的内在规律与专门属性，从而为证据理论增添新的活力并将其推向新的高度，为立法机关提供充分、可靠、科学的理论依据，为司法机关务实、科学、高效地运用证据规则对事实进行认定提供有力的理论诠释与智力支持。

三大诉讼证据制度的基础理论主要包括证明对象、证明责任、证明标准、证明模式、证据的适格性与证据排除等。本书将这些重要理论问题均作为核心内容。对证明对象的基础理论研究涉及对证明目的、证明价值、待证事实、证明主体等基本理论的探讨；对证明责任的基础理论研究涉及对证明主体、证据收集、证明要件、证明责任类型、证明责任分配、证明责任转换、证明效果等基本理论的探讨；对证明标准的基础理论研究涉及对事实认定的方法、证据证明力的评价、法院的自由心证或内心确信等基本理论的探讨；对证明模式的基础理论研究涉及对证据资料、证据类型、证据方法、证据调查、证据评价（法院的自由心证或内心确信）等基本理论的探讨；对证据的适格性与证据排除的基础理论研究涉及对证据资格、证据能力、对证据审查判断等基本理论的研究和探讨。(毕玉谦撰稿)

3.《证据法学》(张保生、王进喜、张中、吴丹红、房保国著，高等教育出版社2013年版)

本书是法律硕士专业学位研究生统编教材，共九章，分为五个板块。第一板块即前两章为理论篇。第一章以事实为证据法学的逻辑起点，论述了事实三性即真实性、经验性和可陈述性，证据三性即相关性、可采性和证明力，事实与证据的关系及证据类型。第二章考察了证据法的认识论和价值论基础，二者之统一决定了证据法具有促进事实真相发现即“求真”与维护普遍社会价值即“求善”的双重功能。证据法是以相关性为一条逻辑主线，以证明责任和证明标准为两个证明端口，以举证、质证和认证为事实认定的三个阶段，以准确、公正、和谐与效率为四大价值支柱而构成的理论体系。第二板块即第三章，对证据开示的特征、意义、效力以及刑事与民事诉讼证据开示的区别作了分析。证据开示是对抗式诉讼的一项重要制度。第三板块由第四至五章组成，可称举证姊妹篇，分别论述了物证、书证和言词证据的举证方法。第四章论述了物证、书证等证据的出示、辨认、鉴真和鉴定。第五章对当事人陈述、证人证言和作证特免权等作了论述。证人证言是言词证据的主要形式，以问答方式提供证言体现了直接言词原则的要求。第四板块即第六章，系统论述了作为证据法典型内容的证据排除规则，包括非法证据、传闻证据、意见证据、品性证据等排除规则。第五板块即第七至九章为证明和认证篇。第七章论述了证明责任与证明标准。证明责任被称为“诉讼的脊梁”，它是提出事实主张和证据的责任，又包含着说服责任和不利后果的承担责任，是权利、义务、责任和后果的统一体。证明标准既是证明所应达到的程度，也是事实认定者作出裁判需被说服的程度。第八章论述了证明主体和对象、法院取证和证据保全，以及举证和质证的方法。第九章将推定和司法认知作为认证方法分别作了论述。本书具有理论与实务并重、中国与世界结合的特点，试图使学生全面了解中外证据立法和司法实践，并以比较法的视野，掌握证据分析的方法，提高事实认定的能力。本书编写过程中适逢我国2012年《刑事诉讼法》颁布，因而各章节均为读者系统学习新刑诉法中完善证据制度的有关规定提供了解读。（张中撰稿）

4.《司法鉴定通论》（第2版）（霍宪丹主编，法律出版社2013年版）

本书根据司法鉴定制度出现的一些新的变化，尤其是2012年《刑事诉讼法》和《民事诉讼法》对鉴定问题的大幅度修改以及有关司法鉴定的新规定、解释、规则和司法鉴定的新技术规范，在第1版的基础上进行了修改、补充与完善。本书在修订过程中注重司法鉴定前沿性研究成果和司法实践技术的发展，强调司法鉴定理论与司法鉴定实践的结合，全面、充分反映司法鉴定制度、技术及方法发展的最新成果，在保持理论深度的基础上对司法鉴定基本原理、基础知识和基本内容作出系统、准确的论述，特别是对司法鉴定中易出现的问题及其审查判断方法进行了阐释，提出了解决司法实践中遇到的相关鉴定争议的新思路。主要体现在以下方面：

一是司法鉴定的基本制度、基本原理和基本技术方法，包括司法鉴定的概念和性质，司法鉴定的演变，司法鉴定的基本原则、基本原理、管理制度、实施制度，鉴定意见的适用制度，司法鉴定责任制度，以及法医临床、法医病理、法医物证、法医毒物、精神疾病的司法鉴定，文书物证、痕迹物证、微量物证的司法鉴定，声像资料、电子数据的司法鉴定，会计司法鉴定，知识产权司法鉴定等。

二是鉴定活动应当遵循的原则以及鉴定委托、实施和适用的程序。在强调司法鉴定在诉讼制度和证据制度中的作用、功能、价值的基础上，对常见的司法鉴定技术方法、主要内容，鉴定文书的制作以及鉴定意见的评价等内容进行诠释，对常见司法鉴定意见的分析、运用与审查、判断能力的提高具有知识性作用。

三是厘清了有关司法鉴定的一些不正确的认识，特别是认为纳入司法行政部门统一登记管理的鉴定是司法鉴定，未纳入统一登记管理的鉴定不是司法鉴定，将为侦查服务、作为确定犯罪嫌疑人的技术侦查手段和检验鉴定与主要为审判服务、作为定案根据的司法鉴定混同，导致案件事实认定上出现差错，诸如此类。

本书侧重于鉴定制度，鉴定原理以及鉴定管理、实施和适用，对各类鉴

定的科学原理、依据、标准、方法、规范进行了详细阐述，是一部反映前沿理论、带有专著性质的司法鉴定学教科书。（郭华撰稿）

5.《刑事证据定量分析》（刘广三等著，北京师范大学出版社2013年版）

本书运用统计数据，定量地分析我国刑事证据法存在的问题和缺陷，从而揭示刑事证据法的一般规律，在研究方法论上是一种大胆的尝试。本书围绕法官对证据的审查认定等主观认识问题设置调查问卷，并通过SPSS软件，对调查数据进行系统分析。问卷涉及的地域、法官年龄、法官职务等范围广、代表性强。本书以《刑事诉讼法》的证据法条与学说争论为研究切入点，以调查数据作为论据，展现了刑事证据法立法与司法实践中的问题，突破了从概念到问题的常规研究方法。对刑事证据进行定量分析不仅有助于在刑事证据法学研究方法上取得突破，而且可以有效地弥补刑事证据定性分析的缺陷，得出定性分析难以得到的一些重要结论，从而带来理论上的创新。

本书的研究内容与研究结论具有前沿性。以往对刑事证据问题一般限于抽象理论的探讨，没有将法官自身因素及态度作为影响因素进行过深入研究。传统上，针对现实问题而提出的改革方案或者立法建议大都是未经证实的假设，能否解决纷繁复杂的具体问题有待进一步检验。为了创新理论，本书试图走出主观判断或者价值表达的误区，将刑事证据法学当作一门科学来研究，通过经验事实发现我国刑事证据制度存在的问题，并在此基础上提出新的理论，进而对我国刑事司法实践作出科学的解释。对于证人证言对刑事审判的影响、证人拒证权、庭前刑事证据移送方式、非法证据排除规则、法官因素对刑事证据证明力的影响、法官因素对案件事实认定的影响、法官庭外调查权、法官认证程序中的证据及鉴定意见认证程序等，都在本书中分别进行了定量研究，并提出了解决建议。（刘广三撰稿）

6.《科学证据基本问题研究》（张南宁著，中国政法大学出版社2013年版）

本书致力于探讨为科学证据可采性标准提供支撑的基础性问题，旨在为实践中评价和运用科学证据提供一个理论框架，以帮助事实认定者更准确、科学地认识和采纳科学证据。第一章探讨了科学证据的第一个基本问题，即语境问题，并将科学证据置于证据科学语境中来分析科学证据的性质。通过比较各种定义，“科学证据”被界定为“科学专家依据相关程序，采用科学的原理或方法或凭借其具有的特殊技能或特别经验，对争议中涉及的专门性问题进行鉴别、分析之后得出的结论或意见”。

第二章探讨了科学证据的认识论问题。根据科学证据在事实认定中的功能，从内在和外在两个方面来审视科学证据认知的基本理论和方法：内在方面由科学证据本身的属性决定，包括科学原理、科学方法和科学证据内在的可靠性；外在方面由事实认定过程中科学证据以外的因素决定，包括专家证人的可信性以及事实认定者对科学证据的信念与确证。第三章分析了科学证据的证明逻辑问题。对科学证据尝试从两个方面评价：一是评价科学证据本身的证明力；二是评价科学证据证明的逻辑有效性。第四章讨论了科学证据运用过程中人们必须遵守的价值和伦理问题，并将科学证据伦理概括为三个层面：科学鉴定中的专家伦理、科学证据的举证和质证伦理、科学证据的认证伦理。

第五章在前面论述的基础上，从法律应用角度探讨了科学证据的法律规制问题。本章解析了科学证据可采性的属性，并依据科学证据可采性的属性来重建科学证据可采性的四性标准（包括内部标准和外部标准）。其中，内部标准由科学有效性、可靠性、科学证据的相关性组成；外部标准是科学专家的可信性。总之，科学证据在带给我们真相的同时，也带给我们许多困惑和问题。（刘浩然撰稿）

7.《证据证明力研究》（李明著，中国人民公安大学出版社2013年版）

证明力是证据的核心问题，它是证据本身所具有的自然效力和内在属性，反映了内在联系对案件事实的证明价值；对它的评价过程是个主观见之于客观的过程，是诉讼主体与证明客体相统一的过程，本质上是人（法官）的一种主观认识活动。通过证明力规律的研究，可以指导事实裁判者正确行使审判权，约束法官的自由裁量权，准确认定事实和适用法律，确保公正审判。

本书全面论述了证据证明力的基本范畴、评价模式、外部规则、程序保障、体系构建，在充分吸收国内外研究成果的基础上，运用历史、比较、实证、交叉、融合等多种研究方法，进行了深层次多角度的探索：一是界定了证据证明力的内涵与特点，并对证据证明力与证据能力、事实的差异提出了见解；二是从比较法视野，对证据证明力的不同评价模式进行了梳理和总结，并对法定证据主义的认识进行了反思与重新定位；三是总结了证据证明力的规则，并对规则的理论作用与实践意义进行了评析；四是针对我国证据证明力评价的现状，对存在的缺陷、模式选择与构想提出了见解。本书以证明力为主线，构建了一个比较完整、层次清晰、协调一致的证据证明力理论体系。

本书通过多维视角，兼顾历史与现实、应然与实然、学理与实务，对于证据证明力在英美法系与大陆法系国家中的历史演进、理论论证、评价模式进行了较为全面的研究。同时，作者利用多年的审判工作经验，通过认真分析证据证明力的理论基础、功能、评价因素等，将最终的落脚点放在解决中国现实问题上，以期通过在证据证明力基本原理下构建更为科学和合理的本土模式，避免或减少法官认证活动中的盲目与恣意，推动法官对证据证明力的评价活动。（李明撰稿）

8.《转型的逻辑：证据法的运行环境与内部结构》（吴洪淇著，中国政法大学出版社2013年版）

本书由作者于2000年在中国政法大学博士毕业时的学位论文（获2012年度全国百篇优秀博士论文奖）修改而成。本书以我国社会变迁和诉讼构造转型为背景，以英美证据法的立体结构为参照系，描述了我国证据法兴起和发展的基本轨迹，在此基础上勾勒出我国证据法转型过程的基本样态。全书分为六章，除了引论与结语之外，分别讨论了司法证明过程中的证据法、证据法的程序性基础、证据法的价值结构和证据法的规范结构。附录部分探讨了转型社会背景对证据法学科体系和知识结构所产生的巨大影响。全书希望用多视角来审视我国证据法的转型轨迹，在程序构造上，由纠问式向对抗制转型；在证明模式上，由集权化向分权化转型；在证据法价值结构上，由二元结构向多元结构转型；在规范结构上，由平面化规范结构向立体化规范结构转型。这种审视是以英美证据法，而且是以变动发展中的英美证据法作为背景来进行比较的。因此，全书呈现出四个理论视点下的两套变动的证据法律体系。在中国证据法改革过程中，英美证据法是我国法律移植与学习的最重要对象。因此，这个独特框架设计的实践意义，一方面可全面展现我国证据法在不同维度上与英美证据法之间的深刻差异，另一方面也可让我们在移植英美证据法时将其置于动态过程中来加以考察。与以往的证据法研究相比，本书力图将证据法置于广阔的社会变迁背景下和司法制度中加以审视，同时也兼顾了这些外在转型对于证据法内部价值与规范结构的微观影响。（吴洪淇撰稿）

9.《论质证》（尚华著，中国政法大学出版社2013年版）

质证作为司法证明的基本环节，是举证之后续环节、认证之前提和基础，在整个司法证明过程中居于中心地位。质证直接关系到案件事实的认定，影响着判决的结果。因此，无论是实现司法的实体公正还是程序公正，都要求探索质证的基本理论和方法。完善我国质证制度，理顺诉讼程序的内部机制，使质证程序与诉讼中的其他程序能够有机结合，有利于更好地发现案件事实真相，更好地体现人权保障和程序正义。

本书分为七章。第一章从“质”和“质证”的语义分析入手，考察了古代“質”字的两种常见语义是“诘问”和“验证”，与当今各国常用的两种质证方法“交叉询问”和“对质”相合。质证是证明程序的重要阶段，是举证程序的继续，是对所出示证据的筛选和验证；质证是审查判断证据的方法，可有效帮助审判人员去伪存真；质证是一项诉讼制度，是法庭调查的重要内容；质证还是一项重要权利。第二章阐述国内外质证制度的发展过程。中国应当落实以控辩对抗为基础的质证制度，进一步规范裁判者在质证中的作用，以保障被告人质证权为立足点。第三章从质证的主体、客体和内容三个方面，论述了质证的内在结构和运行环境。第四章论述了法庭询问和对质的基本程序。我国法庭询问并不等同于英美法系国家的交叉询问或德国的轮动询问。我国还需规范法庭询问主体，理清询问顺序，界定询问性质，规范诱导性询问的适用，科学确立交叉询问的范围，完善法庭询问的配套制度和措施。对质的智慧在我国自古即有，当前还需进一步扩大对质的主体，改革对质的启动程序，完善对质的过程，规范对质的笔录。第五章阐述了不同类型证据的质证内容和方法。第六章分析了各种类型证据的具体质证方法。第七章论述了质证的逻辑学、心理学、语言学基础。

本书的理论创新包括：一是系统阐述了“质”和“质证”概念的由来及界定，并从举证、质证、认证等庭审互动的角度分析质证概念，增强了质证概念的动态性。二是重塑了质证的运行结构，以证明权为视角来界定质证主体；以证据信息为内核来阐述质证客体；以事实推论为主线来说明质证的内容和方法，从而增强质证运行结构的权利性和动态性。三是将哈贝马斯“交往互动理论”与庭审质证相结合，分析了案件事实建构的证明基础，论述了质证在理性事实认定中的基础性地位。四是从考证学方法对法庭质证的启示入手，论述了法庭质证的方法。五是从多学科交叉的角度，论述了逻辑学、心理学、语言学等多学科知识在法庭质证中的运用。（尚华撰稿）

（二）证据法学论文选介

1.《我国非法口供排除的“痛苦规则”及相关问题》（龙宗智著，载《政法论坛》2013 年第 5 期）

口供在我国刑事证据体系中占有特殊地位，且实践证明，非法获取口供是导致冤假错案的主要原因，因此，《刑事诉讼法》中的非法证据排除规制的重点是非法获取口供。“两高”司法解释中，就非法口供，以“在肉体上或者精神上遭受剧烈疼痛或者痛苦”为核心判断要件，因此可称为“痛苦规则”，从而有别于“自白任意性规则”。痛苦规则适用于肉刑与变相肉刑、多种非法行为叠加达到同等程度，以及严重威胁等情况。对于违法、不适当地采用引诱、欺骗方法取供，可用不能“查证属实”即客观性标准将其排除。对于“指供”，可区别情况以其依托的非法手段作非法证据排除，或以不可靠而排除，或以法律行为成立要件欠缺为由而认为口供不存在。对于在违法的时间或地点审讯形成的口供，严重者可用不能排除非法取供可能性为由而将其排除。重复自白，除庭审自白及发现隐蔽性很强的物证、书证外，应认为受波及效力影响而排除。

本文从司法解释确立的关于非法口供的证据规则——“痛苦规则”出发，对该规则的含义、该规则的理解和适用、如何应对引诱欺骗以及其他法律禁止的方法取供、“重复自白”问题等四个方面进行深入分析，帮助实务界正确理解和适用《刑事诉讼法》及其解释性规范，同时弥补了解释性规范中的缺漏与不足。（张太明撰稿）

2.《中国式沉默权制度之我见——以“美国式”为参照》（何家弘著，载《政法论坛》2013 年第 1 期）

新《刑事诉讼法》第 50 条“不得强迫任何人证实自己有罪”的规定，是这次修法取得的一个标志性进步，但人们对它的理解，特别是对其与沉默权的关系的理解尚存在分歧。作者认为，中国已经建立了沉默权制度，因为“反对强迫性自证其罪”规则就是沉默权制度的基本形式之一。针对目前流行的认为该规定并非确立沉默权制度的观点，作者指出，持该种观点的人大概是把美国的米兰达规则当成了确立沉默权制度的标准，这是错误的。美国的沉默权不是米兰达规则赋予的，而是宪法第五修正案赋予的。警察在讯问前告知嫌疑人有权保持沉默，不是在赋予嫌疑人沉默权，而是在提醒嫌疑人依法享有沉默权。

沉默权制度有明示和默示之分。根据目前社会状况，作者认为选择默示的沉默权制度比较合适，而“反对强迫性自证其罪”规则就是这种沉默权制度的法律依据。故中国已然在立法层面确立了默示的沉默权制度，但要使之从应然的制度转化为实然的制度，国人还有很多事情要做。首先，立法和司法机关在实施《刑事诉讼法》的解释性规定时，应该明确犯罪嫌疑人和被告人在被讯问时有权保持沉默。其次，司法机关要进一步完善与沉默权有关的非法证据排除规则，明确规定何种情况下获得的口供必须排除。最后，法官、检察官、警察都要转变观念，注重保障人权与程序公正。一言以蔽之，只有坚守法治原则，中国式沉默权制度才能名副其实。（丛珊撰稿）

3.《刑事错案及其纠错制度的证据分析》（张保生著，载《中国法学》2013 年第 1 期）

本文首先谈到刑事错案种类泛化之忧，我国刑事错案包括两种事实认定错案：①无罪认定为有罪，②有罪认定为无罪；三种法律适用错案：①此罪认定为彼罪，②轻罪认定为重罪，③重罪认定为轻罪。如此多的刑事错案种类，模糊了对刑事错案本质的认识，分散了错案救济的重点，浪费了宝贵的再审和司法监督资源。美德法日将刑事错案限定为无辜者被定罪的错判案件。如果把“有罪认定为无罪”也视为刑事错案，就可能使遵循无罪推定原则变成一种需要纠正的“错误”。

本文重点论述了“证据之镜”原理与错案的不可避免性。在审判过程中，案件事实是过去在庭外发生的，事实认定者对其没有任何直接知识，证据是案件事实与认识主体联系的唯一“桥梁”。事实认定者只能通过“证据之镜”来认定事实，没有这面“镜子”就不可能认定案件事实，此乃证据裁判原则确立的根据。根据“证据之镜”原理，事实认定是对诉讼双方所主张事实之可能性进行经验推论的过程，是具有概率真理性的“思想产品”，达不到绝对确定性，却存在着出错的巨大危险性。我国《刑事诉讼法》第 53 条关于证据“确实、充分”的规定，坚持了确信无疑证明标准，它是减少事实认定错误的主要工具。但确信无疑是包含一定错误率的概率标准，达不到绝对确定性。所以，关键问题不是“犯不犯错误”或者“有无错判”，而是要区分错判和错放这两种不同性质的错误。任何一个司法制度都必须在这两种错误之间作出价值选择。

创新“冤案、错案责任追究制度”，一是要避免刑事错案种类的泛化，重点纠正错判无辜者有罪的“冤案”；二是要在观念上摒弃“既不冤枉一个好人，也不放过一个坏人”的错误口号，谨慎提倡“宁可错放一个坏人，也不冤枉一个好人”；三是确立有利于被定罪人的再审原则、一事不再理原则，在错案纠正方面，对有利于被告人的错案应坚持“有错必纠”，而对不利于被告人的错案应根据一事不再理原则不予纠正；四是加强证据制度建设，克服司法行政化倾向。（张保生撰稿）

4. 《民事证据制度的再修订》（李浩著，载《中外法学》2013年第1期）

证据在民事诉讼中的重要性毋庸赘言。可以说，能否建立科学、完善的证据制度，直接关系到《民事诉讼法》的立法宗旨能否实现，关系到当事人的民事实体权利能否通过诉讼获得保护，也关系到诉讼程序是否公正、是否有效率。本文结合我国民事审判方式改革的宏观背景和民事证据制度运行的社会环境，对本次民事诉讼法修改中证据制度的修订进行了探究。

本文主要分为三个部分。第一部分通过介绍我国《民事诉讼法（试行）》到《民事诉讼法》正式出台及几次修订，来介绍我国民事证据制度的历史沿革。第二部分主要对民事证据制度再修订的六方面内容进行了详细的论述及评析：①证据的种类；②证据的适时提出；③证据收据；④证人证言，主要对证人出庭率低的严峻事实、《关于修改〈中华人民共和国民事诉讼法〉的决定》未规定制裁性措施、替代出庭的作证方式、增设对证人的经济补偿这四个方面的内容进行详细的介绍及评析；⑤鉴定意见，主要论述和评析了鉴定意见修订的总体情况、鉴定结论的启动方式、确定鉴定人的方式、鉴定人出庭作证、新增专家辅助人这五个方面的内容；⑥证据保全。第三部分分析了我国当前民事证据制度再修订在证据的适时提出、证人证言、书证、当事人的陈述这四个方面所遗留下来的问题，并相应提出了应对办法及解决措施。（应义平撰稿）

5. 《建立中国司法鉴定行业科技支撑体系研究成果的应用与思考》（霍宪丹著，载《证据科学》2013年第5期）

司法鉴定活动，是综合运用科学技术手段为司法审判提供证据支持的科学技术活动，因而司法鉴定科技支撑体系（或证据科学技术体系）的建设，是一项复杂、前沿性的证据系统工程。司法鉴定能否走上可持续发展道路，关键在于是否有相关制度规定和机制保证司法鉴定活动的科学性和可靠性。基于以上思考，本文作为“司法鉴定领域科学技术的支撑作用和准入机制研究”课题的成果，试图通过研究如何从制度上不断促使先进成熟的科学技术运用于司法鉴定领域，及时淘汰落后和不适合的鉴定技术方法，以期保证司法鉴定的科学性、可靠性和权威性，最终实现司法鉴定的可持续发展。此课题的意义在于：首先，鉴定公正是司法公正的基本要求和重要保障，而科学性作为司法鉴定的本质属性，必须得到保证。其次，司法鉴定必须不断主动适应科学技术的新发展、新要求。从内容上来说，课题从管理机制、人员队伍的衔接与保证等角度，讨论了司法鉴定与科学技术的互动关系，以及司法鉴定中的科学技术准入和退出机制，建设走向世界的证据科学技术体系。其内容可简单概括为：“一个架构”，即建立司法鉴定科技支撑体系的系统工程架构，“技术与管理两个领域”，“科技信息、专家、装备、技术规范、业务信息、管理信息六个系统”。

本课题研究的突破之处在于，对司法鉴定概念的理解有所深化，明确了证明与鉴定、证明活动与证据活动的关系，以及司法鉴定运用的技术方法与证据科学技术，以及广义的科学技术的内涵及相互之间内在的联系。同时，展示了证据科学技术广阔的应用空间。（连宪杰撰稿）

6.《专家证据的价值与我国司法鉴定制度的修改》（季美君著，载《法学研究》2013 年第 2 期）

随着科学技术的飞速发展，专家证据在诉讼中发挥着越来越重要的作用。在英美法系国家，专家证据制度在专家证人资格上不作限制，通过交叉询问的当事人主义的诉讼模式对专家证人进行筛选。再加上其详细而完备的专家证据可采性规则，使其具有主体广泛性、选任自由性和适用灵活性的特点。同时，英美法系国家的专家证据制度也存在着专家证人的意见缺乏中立性、专家证人滥用的问题，以及诉讼拖延、诉讼成本增加的缺陷。而大陆法系的鉴定制度虽有利于保证鉴定意见的客观性和中立性，但缺乏对鉴定意见制约和有效审查的程序，并且当事人对不利于己的意见普遍缺乏信任。两大法系在近几十年来的司法改革中，都根据原有的特点不断汲取其他制度中的优点以弥补自身缺陷，所以呈现出启动程序的多样化、过错责任的严格化和庭审对抗的强化等共同的趋向。这为完善我国司法鉴定制度、准确适用新刑诉法中有关专家辅助人的规定，以及充分发挥专家证据的作用开启了新的思路。面对我国司法鉴定中依然相当混乱的鉴定主体问题，构建鉴定人、专家顾问和专家辅助人三位一体的司法鉴定主体格局，配以控辩式诉讼制度，以及鉴

定人或专家辅助人的权利义务与赔偿责任等相关规定，将会是一条比较合理可行的出路。（刘淼撰稿）

7.《中国刑事证据法学理论体系的科学建构》（王超著，载《法学评论》2013 年第 1 期）

科学的刑事证据法学理论体系不仅是我国刑事证据法学研究走向成熟的内在要求，而且是推进我国刑事证据立法的重要途径。本文在简要梳理我国刑事证据法学研究的基础上，对我国如何科学构建刑事证据法学理论体系问题进行了探讨。本文以刑事证据制度的发展变化为线索，将我国刑事证据法学理论体系的演变分为传统刑事证据法学的萌芽、形成和转型三个时期。文章认为，尽管我国刑事证据法学已经呈现繁荣的学术景象，但在长期缺乏科学方法论训练，过于偏好哲学思维方式，以及对刑事证据法学定位模糊的情况下，我国刑事证据法学理论体系仍然处于比较混乱的状态之中，尚未做到权威、科学并且得到普遍认同。在作者看来，要想科学构建我国刑事证据法学的理论体系，应该走出“大证据学”的思维误区，真正按照刑事证据法学的法学属性，从对查明和证明案件事实真相的活动予以限制和规范的角度，回归刑事证据法的本质。进一步而言，就是要按照刑事证据法的本质确定刑事证据法学的研究范畴，剔除现有刑事证据法学理论体系中不纯粹的部分，打造纯粹的刑事证据法学。（王超撰稿）

8.《论事实推定》（孙远著，载《证据科学》2013 年第 6 期）

本文由学界对事实推定概念的争论开篇，从国内学者对事实推定与间接证明的区分标准以及相关概念之间的比较着手研究，试图论证事实推定概念的产生原因及其与间接证明之间实质上并没有差别，从而提出事实推定概念在我国法律概念体系中并无存在之必要。

本文分为四部分进行论述。第一部分从学界对事实推定概念的争论中提出需要讨论的三个层次的问题，即“事实推定”所指称的法律现象是否真正存在？如果存在的话，在法律体系中单独创设“事实推定”的概念是否有必要？“事实推定”所指称的法律现象的存在是否具有正当性？第二部分以国内学者对事实推定与间接证明之间的三个区分标准为检讨对象分别进行了论证：一是在认定结构方面，事实推定与间接证明不存在区别；二是在基础事实与推定事实的关系方面，以“选择关系”和“一一对应关系”作为区分标准是不可能的；三是在认定效力方面，将被告人对控诉证据的反驳界定为“辩护权”的表现没有任何意义，二者在允许对方当事人提供反证推翻这一点上并不存在差别。根据这三个方面的论证，作者提出，事实推定与间接证明仅仅是对同一事物的不同称呼，并不存在区别。第三部分归纳了“事实推定”概念产生的原因，即在直接证据缺失、证明对象之主观性所导致的间接证明常规化以及直接诉诸经验法则的诉讼现象下，学者通常会将之界定为事实推定。根据上述原因，第四部分对事实推定概念的必要性提出追问，是否有必要将其作为一个独立概念，关键要看是否有必要对其施加不同的法律处理方式。作者认为，将间接证明称为事实推定，在规范层面没有任何意义，同时，如果试图用事实推定来指称表见证明所指称之法律现象，在我国是不可能的。

通过前文论证，作者得出结论：事实推定在我国现行法律概念体系中并无存在的必要性，无论是在事实认定结构还是在法律效果上，与间接证明均不存在差别。当法官的间接证明（事实推定）违背一定的经验法则时，只能作为事实认定错误予以救济。（孙远撰稿）

9.《证据法革新的框架》（［美］罗纳德·J. 艾伦著，汪诸豪、李吟译，载《证据科学》2013 年第 5 期）

本文系作者 2013 年 7 月在中国北京举行的第四届“证据理论与科学国际研讨会”开幕式上的主题演讲稿。文章认为，法治如同一种黏合剂，将社会各部分安稳地维系在一起。它给人们提供了事先知晓权利和义务并可围绕其进行协商的途径。我拥有某样东西，你若想要得到它，就需要与我就其价格进行洽谈而不能肆意地侵占。在这个重要意义上，法律实际上是赋予了人们自由而非限制。人们习惯将法治的价值主要归结于对权利及其相应义务的描绘。这种观点有一定道理，但模糊了某些同等重要的因素，即没有争议的准确解决（换言之，没有准确的事实认定），权利和义务便都失去了意义。证据法有助于准确的事实认定，是法治中最为关键的一环；一部完善的证据法虽无法确保法治的实现，但却绝对是法治的必要组成部分。然而，构建完善的证据法绝非易事，因为证据规则属于诉讼理论的一部分；诉讼理论又包含于政府理论之中；而各国的政府理论可谓千差万别。此外，对于如何最有效率地寻找事实真相仍然存在分歧，且与之相关的是，当追求事实真相的价值与其他社会价值处于竞争关系时，对于孰优孰劣、如何取舍的问题也存在着分歧。最后，外行事实认定者（如陪审团成员）的参与，会影响诉讼程序的架构。总之，证据法至少要安置好五个方面的问题，即架构问题、认识论问题、

社会问题、管理问题和执行问题。（汪诸豪撰稿）

10.《作为动机体系的证据法》（［美］John Leubsdorf 著，刘强译，王进喜审校，载《证据科学》2013 年第 1 期）

本文旨在促成对证据法的事前反思，即尝试评价在提出和反驳证据时塑造当事人的动机的证据法，不仅要从法官的角度，还要从当事人和律师的角度来考虑证据法，并运用了动机路径展开分析。首先，尽管对抗制促使当事人产生动机去搜集和提出可能帮助其说服事实裁判者的所有证据，同时却刻意避开对抗方基于相似动机而能推翻的证据，但是，对抗性动机是极其不充足的。其次，最佳证据原则创造了修改纯粹对抗制的新动机：它排除了某些证据，以迫使当事人收集、提出其他更优的证据。然而，其适用范围是受到限制的，以便有理由制造其他的证据激励与抑制因素。进一步讲，对抗制和最佳证据原则所提供的动机，仅仅是法律规定所提供的激励与抑制动机的一小部分，这些动机影响了在法庭上所引入的证据的数量和质量。很多法律规则鼓励或者抑制创造证据。证据规则本身更是通过赋予证据可采性而提供了创造证据的动机。很多激励和抑制引入证据的动机，能够弥补那些由对抗制和证据开示程序提供的动机。同时，一些证据规则有益于抑制隐藏或者毁灭证据的倾向。再次，尽管根据动机路径来分析证据法打开了新的视野，但是这种分析路径也引起了一些异议。最后，本文的结论是，立法者、律师和学者应当更加关注，证据规则帮助塑造人们在为纠纷准备和处理纠纷时的行为方式。（刘强撰稿）

（三）法庭科学著作选介

1.《法医学（第 6 版）》（王保捷、侯一平主编，人民卫生出版社 2013 年版）

本书是五年制医学专业（基础、临床、预防、口腔医学类）教材，其指导思想是使学生通过系统学习法医学的基本理论、基本知识和基本技能，扩展知识面，提高综合素质；了解作为法医司法鉴定人和证人应具备的基本知识，提高在临床工作中维护患者和自身合法权益的能力。为此，本书在保持法医学知识系统性和连续性的基础上，力求能及时反映本学科的新进展和新成就，并着重阐述了与临床医学相关的法医学知识。增设“法医学鉴定”章节，介绍了作为法医司法鉴定人从事鉴定工作应掌握的相关知识内容；强调了在临床诊疗过程中科学地、客观地记录检查结果的方法和为案件审理、保险理赔等提供法律证据的重要意义；加强了对诈病、造作伤（病）、虐待及中毒等临床表现的认识、诊断与鉴别诊断能力的培养；较系统地阐述了DNA多态性分析的基本原理、重要技术和法医学应用；介绍了科学评估生物性检材的检验结果对保证法医学鉴定意见正确性的重要作用；结合《侵权责任法》、《医疗事故处理条例》等相关法律、法规，系统地阐述了医疗事故的概念、发生原因、预防措施及医疗事故处理方面的知识等。全书共14章，主要内容包括：绪论、死亡与死后变化、机械性损伤、机械性窒息、高温低温及电流损伤、猝死、中毒、性侵害杀婴、活体损伤鉴定、精神疾病的司法鉴定、医疗纠纷、亲子鉴定、生物性检材的个人识别、法医学鉴定等。

2.《法医影像诊断与鉴定》（王云钊主编，人民卫生出版社2013年版）

本书是法医影像学专著。影像检查是临床医生的辅助检查手段，而影像检查结果却是法医临床鉴定的重要依据。人体各个部位的损伤，在进行法医鉴定时都离不开临床影像学的诊断，而执业的法医鉴定人由于本职专业的限制，往往对影像学理论与技术知识的掌握不够全面、精炼，因此需要从法医临床学的角度，全面补充学习临床影像学技术，以便掌握法医临床鉴定所需要的影像学知识，特别是人体各个组织及器官损伤的影像学改变。本书按人体部位分章简单介绍各部位重要的解剖信息，重点阐述创伤与损伤的类型、影像诊断要点、与法医鉴定的关系，最后例举大量案例并进行剖析。全书共13章，主要内容包括：颅面部损伤，脊柱损伤，胸部损伤，骨盆损伤，肩关节损伤，肘关节损伤，腕关节损伤，髋关节损伤，膝关节损伤，踝关节损伤，四肢长骨干损伤，四肢各大关节及长骨干损伤的法医临床鉴定特点及影像学应用，手、足损伤等。

3.《法医物证司法鉴定实务》（侯一平主编，法律出版社2013年版）

本书是司法鉴定教育培训系列教材之一，在编写上突出了司法实务性，在编排上以服务法医物证鉴定人执业、司法鉴定机构认证认可和质量管理等为重点，对相关理论和技术介绍进行了有针对性的调整增删；同时，为方便非专业技术类的法律工作者查询学习，设专章介绍了法医物证类证据的评估与审查等内容。全书共20章，主要内容包括：绪论、法医物证检材的来源和送检要求、法医物证鉴定遗传标记、法医物证司法鉴定实验室、DNA长度多态性分析、STR自动分型、DNA序列多态性分析、线粒体DNA多态性、亲子鉴定、其他亲缘关系鉴定、血痕检验、精液斑检验、唾液及唾液斑检验、混合斑检验、人体组织的检验、个人识别的证据意义评估、法医物证司法鉴定意见的评断、质量控制与实验室认可、能力验证、DNA 数据库等。

4.《法庭 DNA 鉴定：微卫星检验》（张幼芳、陈云地著，重庆大学出版社 2013 年版）

本书是 DNA 鉴定操作指南性专著，既有简括的法庭 DNA 鉴定的发展历史、技术方法和相关的分子生物学、遗传学基础知识等基础理论的介绍，又有系统、详尽的专门技术的实验操作指引，方便读者在短时间内获得对于法庭 DNA 检验理论基础的纲要性认识和在实验操作过程中查找到详尽准确的具体操作方法等。全书共 11 章，主要内容包括：绪论、法庭 DNA 鉴定的分子生物学与遗传学基础、法庭 DNA 鉴定实验室建设、法庭 DNA 鉴定的样本采集、法庭 DNA 鉴定的 DNA 提取、DNA 质检、PCR 扩增及电泳样本制备、毛细管电泳、毛细管电泳仪的校准与维护、微卫星检验的数据分析、微卫星检验常见故障排除等。

5.《文书司法鉴定理论与实务研究》（许爱东主编，法律出版社 2013 年版）

本书是文书司法鉴定理论研究专著，主要阐述了文书司法鉴定的概念、发展历史、基本原理、常用技术方法等内容。同时紧密联系司法鉴定制度的改革与发展，对文书司法鉴定管理制度、法律规范及质量管理进行了阐述与评析。叙述中引用了诸多经典案例，分析技术原理，厘清检验思路，剖析重点难点，再现检验过程，以求达到理论联系实际的效果。主要内容包括：文书司法鉴定概述、文书司法鉴定演进、文书司法鉴定原理、文书司法鉴定技术、文书司法鉴定程序、文书鉴定意见的证据适用、文书鉴定质量管理基础、文书司法鉴定实务研究等。

6.《声像资料司法鉴定实务》（王永全主编，法律出版社 2013 年版）

本书是司法鉴定教育培训系列教材之一，编写上突出了以下特点：一是全面系统性。整体内容构思新颖，融声像资料司法鉴定的基本知识、具体鉴定事项、案例、标准规范等内容为一体，有利于读者形成较为全面、系统的认识和把握声像资料司法鉴定实务工作的全貌和体系架构。二是交叉融合性。撰稿人来自该交叉领域涉及的多个相关专业或行业，他们在参考国内外学者相关资料和研究成果的基础上，结合自身的实际工作以及承担的交叉科研课题和成果，进行了有机的融合，编写内容充分体现了多学科交叉融合的特点。三是实践操作性。本书结构清晰、编排合理、衔接自然、重点突出，理论知识、实践环节、操作技能和现实案例紧密结合，具有很强的实践操作性。全书共16章，主要内容包括：声像资料司法鉴定概论、声像资料司法鉴定程序、声像资料司法鉴定相关法律、语音司法鉴定基础、语音同一性司法鉴定、录音资料真实性司法鉴定、语音的人身分析、语音资料的其他鉴定事项司法鉴定、语音资料司法鉴定的新技术与新问题、图像司法鉴定基础、图像客观性司法鉴定、图像真实性司法鉴定、人像鉴定、监控录像司法鉴定、图像司法鉴定的新技术与新问题、声像资料司法鉴定案例等。

7.《让科技为正义说话——建立中国司法鉴定行业科技支撑体系研究》（霍宪丹、盛小列主编，中国科学技术出版社2013年版）

本书是中国科学技术咨询服务中心与司法部司法鉴定管理局共同承担的中国科学技术协会“重大政策研究课题”——“司法鉴定领域科学技术支撑作用与准入机制研究”的总报告。全书共4章，主要内容包括：科学技术与司法鉴定的互动关系、司法鉴定技术方法准入管理机制研究、科技专家与司法鉴定人的衔接机制、司法鉴定科技支撑体系架构研究——建设走向世界的证据科学技术体系等，并附录我国司法鉴定行业建立科技支撑体系对策研究和该课题组相关制度研究成果。

8.《司法鉴定证据制度的中国模式》（杜志淳、宋远升著，法律出版社2013年版）

本书是司法鉴定证据制度研究专著。作者认为，司法鉴定证据是现代科技发展在司法鉴定领域的体现和投影。同时，司法鉴定证据也是案件事实的证据形态总结，是连接案件事实与法律事实的关键桥梁。因此，其在案件事实认定和裁量中的作用卓然不群。本书从鉴定领域的基础理论着手，通过对具体鉴定证据种类的解析与诠释，在借鉴域外的司法鉴定证据制度的基础上，力图建构中国司法鉴定证据制度的模式。全书共5章，主要内容包括：司法鉴定证据基本理论考察、司法鉴定的机构和主体、司法鉴定证据运作的样态、司法鉴定证据的质证和采信、司法鉴定证据规则等。

9.《司法鉴定质量监控研究》（杜志淳、罗良忠、孙大明著，法律出版社2013年版）

本书是司法鉴定质量监控的研究专著。质量是司法鉴定行业的生命，高质量的司法鉴定意见也是司法公正的有力保障。本书作者在完成国家社科基金项目“司法鉴定质量监控研究”过程中，在大量的问卷调查、专家访谈、文献回顾的基础上，借鉴质量管理的基本原理，将司法鉴定质量监控分为事前监控、事中监控和事后监控三个阶段，在此基础上，构建了一个司法鉴定质量监控的理论框架，即第一要抓司法鉴定质量的事前监控。建立全国统一的司法鉴定监督管理委员会；制定《中华人民共和国司法鉴定法》；健全和创新司法鉴定的政府财政投资模式，创新司法鉴定质量监控新途径；加快全国司法鉴定管理信息系统的建设。第二要重视司法鉴定质量的事中监控。尽快规划研制全国统一的司法鉴定技术标准体系；通过对鉴定机构的资质认定、认可以及能力验证做好对司法鉴定质量的动态监管。第三要加强司法鉴定质量的事后监控。建立并完善司法鉴定质量评估制度；发挥司法鉴定协会的自律作用和监督检查的功能。

10.《鉴证实录：复所 30 年司法鉴定案例精选》（司法部司法鉴定科学技术研究所编著，科学出版社 2013 年版）

本书为鉴定案例集，精选了司法部司法鉴定科学技术研究所复所以来部分重大、复杂、疑难案例，内容覆盖法医类、物证类和声像资料（含电子物证）等鉴定领域，具体分为法医病理篇、法医临床篇、法医精神病篇、法医物证篇、文书鉴定篇、电子数据篇、声像资料篇、微量物证篇、道路交通事故技术鉴定篇、法医毒化篇等。除了原始鉴定文书，还附录相关专家从司法鉴定的技术难点、解决方案、检查方法、检查结果及分析说明等方面进行的点评。此种编排方式对于帮助司法鉴定人提高分析问题和解决问题的能力，正确处理重大、复杂、疑难鉴定案件等具有较强的指导意义。

11.《亲子鉴定法制化进程之思考》（赖红梅著，法律出版社 2013 年版）

本书是亲子鉴定法制化研究专著。作者认为，亲子鉴定技术已成为大众普遍认可和信赖的解决亲子关系问题时收集证据的重要手段，其鉴定意见也在亲子关系纷争的解决过程中起到关键作用。然而，我国目前相关法律制度的缺失造成了亲子鉴定市场的混乱，阻碍了亲子鉴定的长远、健康发展。因此，亲子鉴定的法制化已迫在眉睫。作者对国内亲子鉴定现状进行系统调查和研究，对国内外现行关于亲子鉴定的相关规定予以梳理，结合其多年从事司法鉴定工作的经验，立足于我国现行关于亲子鉴定方面的相关规定以及亲子鉴定现状，并从我国亲子鉴定的立法原则、提起亲子鉴定的主体、进行亲子鉴定的程序以及亲子鉴定中的检查协助义务等方面对我国亲子鉴定法制化提出建议。全书共 7 章，主要内容包括：亲子鉴定的理论基础、亲子鉴定法制化的时代背景、我国亲子鉴定立法概况、各国在亲子鉴定方面的法律制度及启示、对我国亲子鉴定法制化的初步构想、亲子鉴定立法的模式、亲子鉴定典型案例评析等。

12.《刑事责任能力评定研究：以精神障碍犯罪嫌疑人及其疑似者为对象》（孙大明著，法律出版社2013年版）

本书是刑事责任能力评定研究专著，重点针对我国当前在刑事责任能力评定过程中存在的“启动难”、“实施难”、“查证难”等问题进行了多角度分析。以刑事责任能力评定活动中存在的关键性问题为导向，实施跨医学和法学学科的系统研究，提出了整体性解决对策，以期对涉案精神障碍人的刑事责任能力评定提供有益参考，旨在保障精神障碍者基本权益，促进司法公正，保障公共安全。全书共8章，主要内容包括：导论、刑事责任能力评定的法学理论、刑事责任能力评定的医学基础、刑事责任能力评定的基本原理、刑事责任能力评定的实务难题、刑事责任能力评定意见的查证、失能精神病犯鉴定后处置——刑事政策学与治安学的角度、总结与展望等。

13.《文件检验研究——文件检验的历史、发展与现状》（崔军民著，中央编译出版社2013年版）

本书是我国第一部较系统的文件检验史研究专著。以往中国文件检验史方面的研究较少受学者关注，相关的研究成果较少，学科整体发展脉络也不大清晰。相对而言，本书在这方面有所开拓创新。作者在查阅大量相关文献的基础上，对文件检验各个分支学科在各个时期的发展历程和面貌作了系统分析阐述，同时对未来文件检验的发展进行了勾勒，对于全面了解该学科以及进一步推进其发展都有裨益。全书共11章，主要内容包括：绪论、古代的文件检验、近代的文件检验、建国初至改革开放前的文件检验、改革开放后的文件检验（一）、改革开放后的文件检验（二）——笔迹检验的发展、改革开放后的文件检验（三）——言语识别的发展、改革开放后的文件检验（四）——印刷文件检验的发展、改革开放后的文件检验（五）——污损文件检验及其他的发展、文件检验的未来发展、结语等。

14.《法医DNA分型专论：方法学（原书第3版）》（[美] John M. Butler著，侯一平、李成涛主译，科学出版社2013年版）

本书是法医DNA译著。本书原版是布尔特尔博士所著《法医DNA分型》第3版中的第2卷：方法学。本书从方法学的视角，用通俗易懂的语言深入浅出地阐述了法医DNA分型的基础知识，并针对近年来法医DNA分析领域发生的重大变化，对相关知识进行了更新、补充和调整，对最新出现的新技术、新进展进行了全面细致的总结和凝练。与 2004 年出版的《法医 DNA 分型》（第 2 版）相比，本书增加了许多全新的章节，并更新补充了大量的技术文献。全书共 18 章，主要内容包括：样本采集、贮存和特性描述，DNA 提取方法，DNA 定量，PCR 扩增：能力与警示，STR 遗传标记与商品化试剂盒，毛细管电泳：原理与设备，质量保证和确认，DNA 数据库：应用与问题，失踪人员与大型灾难遇难者 DNA 的个人识别，降解 DNA，微量 DNA（low-level DNA）检测：问题、要点和解决方案，单核苷酸多态性及其应用，Y 染色体 DNA 分析连锁遗传标记，线粒体 DNA 分析，X 染色体分析，非人类 DNA，新技术和自动化，DNA 检测的法律概况与法庭科学专家出庭等。同时附录报道的 STR 等位基因大小及序列，家族 DNA 调查：前景、缺陷和隐私，DNA 设备、试剂及服务供应商，关于 DNA 检测法律方面的访谈等内容。

15.《法医毒物学检验手册》（［美］D. K. 莫利纳著，郝红霞译，知识产权出版社 2013 年版）

本书是法医毒物学译著。近年来，因滥用新型药物引发的恶性治安案件和刑事案件所占比例在全国许多大中城市居高不下。在法庭毒物分析工作中，国内外从业人员反映，毒物分析面临新的挑战，大量新药、新毒品的出现增加了毒物分析的难度，很多中毒致死的人生前经过医院的抢救，体内药物成分复杂，为毒物案件的鉴定增加了难度。本书包含了常见的毒品、毒药、处方药和非处方药的检验，所列项目并非涵盖所有药物，但标题可作为快速查找的依据。同时，书中收录了数篇较重要的毒理学文章，可作为读者进行更全面深入研究的指引。

16.《外国法庭科学规范文件汇编（第 1 辑）》（法大鉴定编译组编译，中国政法大学出版社 2013 年版）

本书是外国法庭科学规范文件编译作品，编选收录了国外一些著名法庭科学实验室及相关机构的规范性文件，包括国外相关专业学会、协会、实验室等机构的章程、伦理规范等，体现了国际同行的先进经验。对于国内法庭科学界，无论从借鉴创制相关的法律制度还是法庭科学文化研究而言，这些规范文件都具有重要的参考价值。本书具体内容主要包括：政策和程序手册、精神残疾评定操作指南、司法精神病学鉴定伦理准则、死亡调查：现场调查员操作指南、庭审中的电子证据：执法人员和检察官指南、2009 年度美国公立法庭科学犯罪实验室普查报告、2004 年度法医和验尸官办公室调查报告、2002 年度美国公立法庭科学犯罪实验室普查报告、2002 年度美国最大的 50 所法庭科学犯罪实验室普查报告等。

17.《外国法庭科学规范文件汇编（第 2 辑）：职业伦理》（杨天潼编，中国政法大学出版社 2013 年版）

本书是外国法庭科学规范文件编译作品，编选收录了来自法庭科学国际组织、欧洲、美国、加拿大、英国、澳大利亚和新西兰等的法庭科学伦理道德规范文件，内容涉及法庭科学、犯罪现场调查、犯罪现场重建、枪弹痕迹检验、文书检验、司法精神病学、法医毒理学、同一认定、火灾现场调查和物证技术等方面，基本涵盖了司法鉴定各主要鉴定类别。本书针对我国现有司法鉴定伦理道德规范缺失的现状，以及伦理道德对司法鉴定的重要作用，提出了研究国外司法鉴定伦理道德规范的新思路，对于加深司法鉴定所需伦理道德的认识程度，满足我国司法鉴定的现实伦理道德需要，促进司法鉴定公平和公正，都具有重要指导意义。本书内容主要包括：法庭科学伦理学散论，美国法庭科学协会伦理学行为准则，美国医学学会医学伦理道德规范，美国律师协会司法行为规范守则，美国律师协会伦理道德标准委员会、职业操守标准委员会、美国东北部法庭科学专家协会伦理道德规范，美国法医毒理学委员会职业道德规范，美国犯罪实验室主管协会法庭科学实验室管理实践方针，美国犯罪实验室主管协会职业道德规范，美国犯罪实验室主管协会鉴定委员会犯罪实验室和法庭专家的职业责任指导原则，美国犯罪现场重建协会职业道德规范法则，美国国家法庭科学社会工作协会伦理道德准则，美国加州刑事学专家协会伦理道德规范，美国加州刑事学专家协会强制执行伦理道德规范，美国枪弹痕迹鉴定人协会伦理道德规范及伦理道德规范的施行准则，美国刑事侦查委员会职业行为准则，美国文书检验鉴定人协会职业行为准则，美国西北法庭科学协会伦理道德准则，美国西南法庭科学协会专业行为准则，美国心理学协会司法心理学鉴定人伦理指导方针委员会司法心理学鉴定人专业的指导方针，美国野生动物法庭科学协会伦理道德和行为准则，美国中西部法庭科学专家协会伦理道德规范，加拿大法庭科学协会职业行为准则，加拿大个体识别鉴定协会职业行为准则，欧洲法庭科学研究网络系统行为准则，英国刑事司法系统法庭科学行为和实践准则，澳大利亚和新西兰法庭科学协会职业准则，澳大利亚和新西兰法庭科学实验室高级管理者联合会行为准则，国际法庭科学毒理学家协会对会员行为准则，国际纵火调查员协会伦理道德准则，国际火灾现场调查成员协会伦理道德实践和申诉规范，国际血痕形态鉴定人协会伦理道德规范，国际血痕形态鉴定人协会伦理道德规范实施办法，美国精神病学与法学协会司法精神病学伦理道德实践指南等。

附录 1

证据科学期刊论文目录

附录 1.1　中文证据法学期刊论文目录（2013）

文章名称	作　者	刊　物	期　次
德国民事诉讼非法证据的效力：以证人窃听的证言为例——基于德国联邦宪法法院和普通法院的司法裁判	杨　柳	法律适用	第 1 期
关于刑事鉴定的几个问题——以《刑事诉讼法》的修改为视角	刘晓农　彭志刚	法学论坛	第 1 期
直接证据与间接证据划分标准的反思与重构	纪格非	法学论坛	第 1 期
中国刑事证据法学理论体系的科学建构	王　超	法学评论	第 1 期
司法鉴定规则应重在规范法官行为——最高法院（2011）民一终字第 41 号判决书研读	孟勤国	法学评论	第 1 期
证明责任倒置理论批判	胡学军	法制与社会发展	第 1 期
亲子鉴定结论在亲子关系诉讼实务中的定位	赖红梅	河北法学	第 1 期
再论推导作为诉讼证明的逻辑	胡学军	河北法学	第 1 期
中国法上的民事诉讼证明标准	吴泽勇	清华法学	第 1 期
权益区分保护的合理性证明——《侵权责任法》第 6 条第 1 款的解释论前提	方新军	清华法学	第 1 期
我国刑事笔录类证据制度探析	邓陕峡	证据科学	第 1 期
揭幕意见裁判主义——诉调对接的事实基础与事实认定	陆而启	证据科学	第 1 期
“王朝案”中的证据法难题及其破解	万　毅	证据科学	第 1 期

续表

文章名称	作　者	刊　物	期　次
司法鉴定主体格局的中国模式——以刑事诉讼法为范本的分析	赵珊珊	证据科学	第1期
诉讼对抗与笔录类证据的运用	马明亮	证据科学	第1期
DNA鉴定证据于亲子关系事件的适用研究——以台湾地区法院判决分析为例	陈铭聪	证据科学	第1期
论证据排除规则的激励功能	樊传明	证据科学	第1期
作为动机体系的证据法	John Leubsdorf 著 刘　强　王进喜译	证据科学	第1期
间接反证适用范围探析	刘鹏飞	证据科学	第1期
秦代刑事证据在诉讼程序中的运用	张琮军	证据科学	第1期
中国式沉默权制度之我见——以“美国式”为参照	何家弘	政法论坛	第1期
汉代刑事证据在司法监督制度中的运用	张琮军	政法论坛	第1期
论同步录音录像扩大适用的证据困惑与障碍破除	王　戬	政治与法律	第1期
刑事错案及其纠错制度的证据分析	张保生	中国法学	第1期
论侦查询问中的交流技巧——以证人和被害人为中心	方　斌	中国刑事法杂志	第1期
纪检监察机关与检察机关办案证据衔接及拓宽机制研究——基于司法解释相关规定的展开	邹绯箭　郭　华	中国刑事法杂志	第1期
侦查环节的权利保障机制初探——以侦查环节实施刑事非法证据排除规则为视角	苏喜民　阎　玮	中国刑事法杂志	第1期

续表

文章名称	作　者	刊　物	期　次
论美国刑事证据法中的异议制度及启示	刘国庆	中国刑事法杂志	第1期
民事证据制度的再修订	李　浩	中外法学	第1期
检察机关审查排除非法证据问题探讨	胡忠惠	北方法学	第2期
摸索证明论	魏庆玉	当代法学	第2期
对于完善刑事瑕疵证据补救制度的思考——以某中级法院普通刑事案件判决为样本	李忠勇	法律适用	第2期
适用非法证据排除规则需要司法判例	何家弘	法学家	第2期
“真伪不明”在我国民事证明制度中确实存在么?	曹志勋	法学家	第2期
构建证明标准的背景与思路：以违法所得没收程序为中心	毛兴勤	法学论坛	第2期
专家证据的价值与我国司法鉴定制度的修改	季美君	法学研究	第2期
重复供述排除问题研究	闫召华	现代法学	第2期
我国医疗损害鉴定制度研究述评(2002～2012)	李平龙　肖　鹏	证据科学	第2期
论证明妨碍在医疗损害赔偿诉讼中的适用——以《中华人民共和国侵权责任法》第58条为视角	谷佳杰	证据科学	第2期
《侵权责任法》背景下医疗损害鉴定程序改革研究	陈小嫦	证据科学	第2期
医疗损害鉴定的现状、困境与展望——首届医疗损害鉴定学术研讨会综述	张　冲　陈　敏	证据科学	第2期
电子病历证据运用相关问题探讨	翟方明	证据科学	第2期

续表

文章名称	作　者	刊　物	期　次
论我国刑事医疗过失鉴定的困境与展望	谈在祥	证据科学	第2期
我国司法体制下非法证据排除规则的本土化研究	顾永忠	政治与法律	第2期
理想状态原理下的证据属性问题研究——证据法基本语词辨析暨证据分类新解	刘　帅	中国刑事法杂志	第2期
论伴生性证据	张礼萍　李小平	中国刑事法杂志	第2期
举证妨碍救济制度的重构	胡学军	甘肃政法学院学报	第3期
论行政诱惑取证中的政府引诱行为及其监督——以美国法的客观理论为借镜	吴　亮	行政法学研究	第3期
医疗损害鉴定之因果关系研究	刘　鑫	证据科学	第3期
论毒品犯罪中“明知”的证明标准	赵志华	证据科学	第3期
论证明责任裁判的表现形式	冀宗儒　孟　亮	证据科学	第3期
逻辑与法律之间的又一个冲突——根据关于专家意见可采性的《联邦证据规则》703对待第二手事实的戈尔迪之结	Edward J. Imwinkelried 著 王进喜译	证据科学	第3期
论警讯录音录像证据	吴纪奎	证据科学	第3期
我国当前刑事证据的误区和盲区	闵建雄	证据科学	第3期
机会丧失医疗纠纷因果关系及参与程度鉴定分析	彭书雅　夏文涛	证据科学	第3期
关于证据法基本概念的一些思考	陈瑞华	中国刑事法杂志	第3期
瑕疵证据补正之探析	刘广三　马云雪	中国刑事法杂志	第3期
刑事证据分类新探——兼论静态证据与动态证据	李富成	中国刑事法杂志	第3期

续表

文章名称	作　者	刊　物	期　次
行、刑衔接中的证据问题研究——以《刑事诉讼法》第52条第2款为分析文本	董　坤	北方法学	第4期
证明标准的经济学分析	张　卿	比较法研究	第4期
美国非法证据排除规则威慑功能的弱化——兼评赫尔英案对“善意例外”的扩张	贺红强	河北法学	第4期
美国口供规则中的自愿性原则	杨文革	环球法律评论	第4期
刑事证据排除的两种模式	王　超	现代法学	第4期
最接近规则：证人特殊作证方式的选择——兼评新《民事诉讼法》第73条之规定	李　峰	现代法学	第4期
口供中心主义评析	闫召华	证据科学	第4期
论专家辅助人意见——以刑事辩护为视角的分析	高　洁	证据科学	第4期
从“科学的代言人”到“当事人的枪手”——专家证人历史沿革与我国现实考察	罗芳芳	证据科学	第4期
中国古代证据制度的思想基础及特点分析	姜登峰	证据科学	第4期
证据适格性与证据排除：三大诉讼间的比较与检视	毕玉谦	证据科学	第4期
刑事诉讼专家辅助人出庭的观点争议及其解决思路	郭　华	证据科学	第4期
论审前重复供述的可采性	林国强	证据科学	第4期

续表

文章名称	作　者	刊　物	期　次
论非典型鉴定意见的法律效力——“鉴定咨询意见”、“鉴定检验报告”、“技术证据审核意见”的证据能力问题亟需依法统一认识	邹明理	证据科学	第4期
行政诉讼中作证性行政证明证据形式的认定研究	宋国涛	证据科学	第4期
专家证人制度在知识产权诉讼中的运用及其完善	宋　健	知识产权	第4期
防范刑讯逼供的制度机制研究	夏黎阳　王艳阳	中国刑事法杂志	第4期
我国被告供述任意性再审视之研究	张会杰	中国刑事法杂志	第4期
加拿大专家意见的证明标准	李　峣　陈庆凤	中国刑事法杂志	第4期
新刑事诉讼法证据规则评析——基于证据裁判原则的视角	廖　勇　吴卫军	北方法学	第5期
比较法视野下我国不被强迫自证其罪之解释	陈学权	比较法研究	第5期
民事诉讼举证时限制度的理论解析	段文波	法商研究	第5期
非法证据之“非法”的法律思考	许尚豪	法学论坛	第5期
刑诉法修改后涉密证据的质证	谢小剑	法学论坛	第5期
论不可反驳的推定	张海燕	法学论坛	第5期
中国古代审判中的狱贵初情	蒋铁初	法学研究	第5期
形式证据观的终结——四论实质证据观	裴苍龄	河北法学	第5期
意见证据规则要义——以美国为视角	李学军	证据科学	第5期
英美证据法的程序性解构——以陪审团和对抗制为主线	吴洪淇	证据科学	第5期
美国选择性起诉抗辩的证明困境及原因	赵旭光　李红枫	证据科学	第5期

续表

文章名称	作　者	刊　物	期　次
论技侦手段所获材料的证据使用	程　雷	证据科学	第5期
铁案如山与莫须有——中国古代诉讼中的双重证明标准?	蒋铁初	证据科学	第5期
自白任意性规则的中国运用	郑　曦	证据科学	第5期
论量刑事实的证明标准	张吉喜	证据科学	第5期
刑事人身辨认证据种类辨析及相关证据规则的适用	高　原	证据科学	第5期
论循证视角下的证据科学	钱洪良	证据科学	第5期
DNA鉴定人出庭作证现状、问题及对策	袁　丽	证据科学	第5期
建立中国司法鉴定行业科技支撑体系研究成果的应用与思考	霍宪丹	证据科学	第5期
审前重复供述的排除问题研究	王　彪	证据科学	第5期
论声纹鉴定意见的表述形式	曹洪林　李敬阳 王英利　孔江平	证据科学	第5期
证据法革新的框架	罗纳德·J. 艾伦著 汪诸豪　李　吟译	证据科学	第5期
我国非法口供排除的“痛苦规则”及相关问题	龙宗智	政法论坛	第5期
论不被强迫自证其罪的保护客体	陈学权	政法论坛	第5期
证人出庭作证例外的裁量性标准问题探析——基于修订后《刑事诉讼法》第187条、第188条的分析	何邦武	政治与法律	第5期
鉴定意见的审查与运用规则	樊崇义　吴光升	中国刑事法杂志	第5期
刑诉法修改下相互印证的证明模式	谢小剑	中国刑事法杂志	第5期
医疗损害举证责任分配制度研究	王　峰	中国政法大学学报	第5期
论医疗纠纷鉴定“二元化”的统一	周宝金	中国政法大学学报	第5期

续表

文章名称	作　者	刊　物	期　次
论专家辅助人意见——以刑事辩护为视角的分析	高　洁	北方法学	第6期
论我国审查逮捕阶段的非法证据排除问题——基于刑诉法修订与实践语境的分析	林喜芬	当代法学	第6期
非法证据排除审理程序的困境与完善	杜豫苏	法律科学	第6期
鉴定人出庭作证若干适用问题探讨	陈龙业	法律适用	第6期
论民事审判中法官如何“认证”	应秀良	法律适用	第6期
印证规则与刑事错案预防	杨建文　张向东	法律适用	第6期
公开开庭中的证据出示应构成设计公开	戈光应	法律适用	第6期
新刑诉法证人出庭制度的若干法解释问题	万　毅	甘肃政法学院学报	第6期
新刑诉法视角下证人出庭制度失灵问题的解决建议	何　莉	河北法学	第6期
论可补救的排除规则	李昌林　王景龙	现代法学	第6期
米尔健·达马斯卡学术观点的功用性和真确性	罗纳德·J. 艾伦、乔治亚·N. 阿雷克萨科斯著 胡之芳译	证据科学	第6期
民事诉讼中的证据与证明	王亚新	证据科学	第6期
具体举证责任视角下举证妨碍理论与制度的重构	胡学军	证据科学	第6期
论事实推定	孙　远	证据科学	第6期
人体损伤鉴定标准的变化与问题研究	刘　鑫	证据科学	第6期
实体与程序之调和：证明妨碍的客观要件探究	包冰锋	证据科学	第6期

续表

文章名称	作　者	刊　物	期　次
论人体损伤程度鉴定的原则	常　林	证据科学	第6期
《人体损伤程度鉴定标准》解读与评析	王　旭	证据科学	第6期
非法证据排除调查程序难以激活的原因与对策	王　超	政治与法律	第6期
我国非法证据排除制度的完善对防治腐败的启示	宋寒松	中国法学	第6期
诉讼角色视域下的美国非法证据排除规则“善意例外”	贺红强	中国刑事法杂志	第6期
推定相关概念的基本结构研究	刘鹏飞	法律适用	第7期
民事诉讼中的自由证明论略	周成泓	河北法学	第7期
强制医疗程序中的若干证据法问题解析	纵　博　陈　盛	中国刑事法杂志	第7期
论非法实物证据排除规则的构建	闫永黎　张书勤	中国刑事法杂志	第7期
证据概念与形式问题研究——以事实信息理论为视角	周千淇	法律适用	第8期
关于非法证据排除制度的实践反思	周　媛	河北法学	第8期
不得强迫任何人证实自己有罪原则探讨	周标龙	河北法学	第8期
论可补救的排除规则	王景龙	中国刑事法杂志	第8期
守住证据底线　防止冤错案件	卞建林　白思敏	法律适用	第9期
价值定位与路径选择：我国举证时限制度适用再反思——兼析新《民事诉讼法》第65条	李瑞钦	法律适用	第9期
论知识产权诉讼中“陷阱取证”的效力——基于民事非法证据排除规则分析	黄砚丽	法律适用	第9期

续表

文章名称	作　者	刊　物	期　次
我国审判阶段非法证据排除启动程序问题研究——基于《刑事诉讼法》及相关司法解释的分析	宋英辉　叶衍艳	法学杂志	第9期
论新刑诉法证人出庭作证制度在检察实践中的运用	兰志伟　于景平	河北法学	第9期
刑事证据证实方法体系研究	汪振林　吴思颖	河北法学	第9期
强制医疗程序精神病鉴定意见认证障碍分析	吴仕春	河北法学	第9期
非法证据排除规则之正本清源	栗　峥	政治与法律	第9期
侦查讯问录音录像制度研究	杨宇冠	中国刑事法杂志	第9期
关于刑事证据开示制度的思考	徐利英　王　峰	中国刑事法杂志	第9期
行政机关收集证据在刑事诉讼中运用的疑难问题解析	郝爱军　殷宪龙	中国刑事法杂志	第9期
论侦查人员的程序证人身份	牟绿叶	中国刑事法杂志	第9期
新《民事诉讼法》中有关证据制度理解和适用的几个问题	宋春雨	法律适用	第10期
民事公益诉讼中的证明责任问题	毕玉谦	法律适用	第10期
新《民事诉讼法》中的鉴定：理论定位与解释适用	王亚新	法律适用	第10期
论适用举证期限的几个问题	李　浩	法律适用	第10期
对法官依职权调查取证若干理论问题的澄清	纵　博	法律适用	第10期
薄熙来案审判中的若干证据法问题	龙宗智	法学	第10期
疑难案件中法律判决的证成——基于黄中权案的分析	郭　哲	法学杂志	第10期

续表

文章名称	作者	刊物	期次
论毒树之果在我国刑事诉讼中的适用空间	林国强	河北法学	第10期
程序法事实证明的概念、适用、实质与意义	马可	中国刑事法杂志	第10期
民事诉讼中司法鉴定制度失能原因分析及出路探讨——以北京市朝阳区人民法院近五年对外委托司法鉴定案件为样本	亓纪	法律适用	第11期
刑事推定与无罪推定之契合	张云鹏	法学	第11期
美国“强奸盾牌条款”中“卖淫证据”的适用规则及其启示	王禄生	政治与法律	第11期
举证妨碍规则在赔偿确定阶段的适用及其限制——兼评新《商标法》第63条第2款	张泽吾	知识产权	第11期
刑事司法证明模式：样态、逻辑与转型	谢澍	中国刑事法杂志	第11期
非法证据排除规则适用情况之实证研究——以东南地区某法院为例	李海良	中国刑事法杂志	第11期
从新《民事诉讼法》看电子证据的科学定位	朱健	法律适用	第12期
民事诉讼证明妨碍救济与制裁比较研究	于鹏	法律适用	第12期
非法证据排除规则的虚置化隐忧与优化改革	王超	法学杂志	第12期
论我国刑事非法言词证据的范围和效力	刘英明	河北法学	第12期

附录 1.2　英文中国证据法学期刊论文目录（2013）

英　文	译　名
Jiong He, "Electronic evidence in intellectual property litigation: from the Chinese perspective", *Digital Evidence and Electronic Signature Law Review*, 2013, 10, 59 – 62.	"知识产权诉讼中的电子证据：中国的视角"，载《数据证据和电子签名法律评论》2013 年第 10 期。
Qingxiu Bu, "The burden of proof in China's private litigation under the AML 2008", *Global Competition Litigation Review*, 2013, 6 (3), 115 – 122.	"中国 2008 年反垄断法私人诉讼中的证明责任"，载《全球竞争法诉讼评论》2013 年第 6 期。
Na Jiang, "The Presumption of Innocence and Illegally Obtained Evidence: Lessons from Wrongful Convictions", *Hong Kong Law Journal*, 2013.	"无罪推定和非法证据：刑事错案中的教训"，载《香港法律评论》2013 年卷。

检索条件：2013 年在英文期刊中发表的关于中国证据法治的文章。

附录 1.3　中文法庭科学期刊论文目录（2013）

文章名	作　者	刊　物	期　次
Electroretinogram and Histopathologic Changes of the Retina after Methanol Intoxication	CHEN Jie-min ZHU Guang-you ZHAO Zi-qin XIA Wen-tao	法医学杂志	第 1 期
The Impact of Gender, Age and Tissues in vitro on Estimating Postmor temInterval by FTIR Spectroscopy	XUAN Miao-gen FU Gao-wen LIU Feng MENG Hao-tian WANG Zhen-yuan	法医学杂志	第 1 期

续表

文章名	作者	刊物	期次
等速肌力测试与训练技术在肌肉功能评定中的研究进展	黄婷婷 范利华 高 东 夏 晴 张 敏	法医学杂志	第1期
microRNA在心血管疾病中的作用及其法医学意义	李立亮 赵子琴	法医学杂志	第1期
2010－2012年国家自然科学基金法医学科项目申请及资助情况分析	朱波峰 朱小飞 王世颖 吕群燕	法医学杂志	第1期
微束X射线荧光光谱分析在法医学鉴定中的应用进展	苏会芳 刘 超 胡孙林 王松才 孙立敏 黄 炜 张小婷 李双琳	法医学杂志	第1期
中国北方汉族群体多巴胺受体D5基因4个SNP遗传多态性	赵 怡 丁 梅 庞 灏 邢佳鑫 宣金锋 姚 军 孙溢华 王保捷	法医学杂志	第1期
苏州市483起已破命案的法医学回顾分析	高 冬 朱金龙	法医学杂志	第1期
中国北方汉族群体TPH2基因5′和3′端SNP位点遗传多态性	徐晓明 丁 梅 庞 灏 邢佳鑫 宣金锋 王保捷	法医学杂志	第1期
颅脑MRI片同一认定1例	项 剑 张凤芹 蔡剑鸣 万 雷 狄胜利 王 旭 孙金阳	法医学杂志	第1期
四川汉族青少年骨盆X线骨龄评估	董晓爱 赵 欢 青思含 郑 涛 陈晓刚 邓振华	法医学杂志	第1期
云南地区旋毛虫病致死9例的分布及病理学特点分析	刘 翔 杨利萍 白 桦 赵以诚	法医学杂志	第1期
GoldeneyeTM 16C系统在批量血样DNA检验中的应用	刘亚举 史绍杏 魏鹏飞	法医学杂志	第1期
50例指骨骨折的法医学鉴定	季 斌 李家骐	法医学杂志	第1期

续表

文章名	作者	刊物	期次
多重置换扩增在病理切片DNA分型中的应用	张　越　陈　阳　杨元立　李继周　李朝品	法医学杂志	第1期
溴氰菊酯在急性中毒大鼠体内的分布	武　斌　严　鹏　尉志文　王玉瑾	法医学杂志	第1期
弥漫性轴索损伤96天后死亡1例	邢景军　丁　杨　孙　清　段祎杰　杨　怡　周亦武	法医学杂志	第1期
宫内外同时妊娠药物流产医疗纠纷1例	张冬雪　龚道银　代　号　黄飞骏	法医学杂志	第1期
长骨骨折致肺动脉脂肪栓塞尸检1例	范琰琰　王金波　叶光华　喻林升	法医学杂志	第1期
肝癌合并右心室和肺栓塞猝死1例	石学志　吴德清　于晓军　吕俊耀　徐小虎	法医学杂志	第1期
利用锁芯内锡纸条破获系列入室盗窃案	章申峰　张怀才　李佑英	法医学杂志	第1期
误服百草枯致死医疗纠纷1例	陈旺根　陈淼坤	法医学杂志	第1期
外伤并肺大泡致气胸法医学鉴定1例	陈　静　刘金彦　刘　军	法医学杂志	第1期
磁珠法提取粪便检材DNA	刘　莉　王卫华　唐剑锋　张清波	法医学杂志	第1期
神经“损伤”法医学鉴定2例	马晓锋　杨颖峰　王瑞强	法医学杂志	第1期
小儿盆部损伤成伤机制分析1例	关楠思　刘技辉　郑传斐　温志成　于　舰　梁宇光　谭嘉宁　王　莞　董万营	法医学杂志	第1期
AutoCAD面积计算的法医学应用	周建东　张素娟	法医学杂志	第1期
胆囊切除术后十二指肠肠腔纱布遗留法医学鉴定1例	颜　红　谭西才	法医学杂志	第1期

续表

文章名	作者	刊物	期次
我国毒品泛滥的新动向	郝红霞 陈新明	刑事技术	第1期
人像资料鉴定存在问题及对策	张继宗 徐磊	刑事技术	第1期
盲摸器开启轿车用弹片锁形成痕迹的研究	白艳平 方洪翔	刑事技术	第1期
关于下一代DNA数据库构建的思考	李盛	刑事技术	第1期
CMD命令执行记录调查方法研究	罗文华	刑事技术	第1期
印油与印油印迹比对检验方法的影响因素研究	邹积鑫 林雷祥 陈跃 石高军 杨爱东	刑事技术	第1期
我国法庭科学实验室管理中的问题与对策	花锋	刑事技术	第1期
国产及山寨手机中QQ聊天记录恢复、提取的探讨	贾永生 姚波	刑事技术	第1期
刑事照相常用紫外光源照射对DNA检验的影响研究	王昕 张艳云 王科 冉茂江 杨鸣	刑事技术	第1期
试论激光雕刻机雕刻渗透印章印文的特征	王晓光 闫海倩 韩星周 郝红光 王锦生	刑事技术	第1期
用Y-STR单倍型信息指导数据库采样分析	吴微微 任文彦 郝宏蕾 苏艳佳 吕德坚	刑事技术	第1期
视频人像重建	杨武杰	刑事技术	第1期
Y-STR家系排查法侦破杀人抛尸案1例	刘亚举 孙现锋	刑事技术	第1期
汗孔特征辅助识别指纹破案1例	谈科	刑事技术	第1期
15个STR基因座的突变观察和分析	郝宏蕾 吴微微 任文彦 苏艳佳 吕德坚	刑事技术	第1期

续表

文章名	作者	刊物	期次
利用Y-STR单倍型推断嫌疑人家族来源的研究	吴洪浦　宋永泉	刑事技术	第1期
杀人后剜眼案件行为轨迹重建2例	朱小俊　周盛斌	刑事技术	第1期
汽车安全气囊和尸体掐痕上脱落细胞DNA检验破案1例	李中红　刘　超　杨　电	刑事技术	第1期
连接酶链反应在人Amelogenin基因座检验中的初步研究	宫荣彬　刘康武　缪　明　徐　伟　周　炜	刑事技术	第1期
纵火案件中固体酒精检验1例	刘祥伟　林小龙　林瑾珲　吴升武　郭　建　赵　飞	刑事技术	第1期
浅析提高基层指纹采集质量的思考	饶子荣　胡海番	刑事技术	第1期
利用物理检测技术提取高仿nokia n8手机机身数据的方法	范　玮　石华山	刑事技术	第1期
汉邦监控录像时间信息研究	段成阁　张国臣　楚川红	刑事技术	第1期
水中尸体手套样化手印提取1例	徐桂森　李立刚　景元娜	刑事技术	第1期
异烟酸－吡唑啉酮色阶法分析生物检材样品中的氰化物	刘明明　薛锦锋　田琳琳	刑事技术	第1期
一起使用筷子伤害致死案件的分析	文新平　唐立君	刑事技术	第1期
布鞋轮胎底花纹特征检验1例	徐　杰　张广莹　王　毓　霍　鑫	刑事技术	第1期
运用砖头外围痕迹破案1例	谢　立　林　智　潘忠宝	刑事技术	第1期
利用平面捺印指纹比中命案积案1例	陈大方　胡文丰　周伟丰	刑事技术	第1期
地磅干扰装置检验1例	宫志鹏　冯剑超	刑事技术	第1期

续表

文 章 名	作　　者	刊　物	期 次
利用模具痕迹检验塑料自封袋1例	徐继航	刑事技术	第1期
司法鉴定主体格局的中国模式——以刑事诉讼法为范本的分析	赵珊珊	证据科学	第1期
DNA鉴定证据于亲子关系事件的适用研究——以台湾地区法院判决分析为例	陈铭聪	证据科学	第1期
唾液检材在毒品检测中的应用	陈　跃　于忠山　朱　军　刘　耀	中国法医学杂志	第1期
代谢组学及其在法医毒理学中的应用	吴明健　王　玫　杨瑞琴　张大明	中国法医学杂志	第1期
SNaPshot技术检测Y-SNP位点O3–M122单倍群的应用	孙亚男　李　安　史　斌　董庆旭　李　貌　何　玮　翟　滇　程宝文	中国法医学杂志	第1期
STR-typer 10G/F试剂在单亲鉴定中的应用	杨荣芝　梅　焜　马丽莉　马红杜　周凤蕾　杨庆恩	中国法医学杂志	第1期
复合扩增20个Y-STR基因座及其法医学的应用	姜先华　贾　菲　沈红缨　郭　飞　金　萍　孙　竹	中国法医学杂志	第1期
固相萃取–气相色谱法检测全血中佐匹克隆	舒翠霞　张蕾萍　董　颖　王姝姗　牛晓东　刘俊亭	中国法医学杂志	第1期
5种免提取试剂盒检验滤纸血痕结果的比较	巴华杰　林子清　刘亚楠　刘冰泉　马　骏　朱爱华	中国法医学杂志	第1期
mRNA在法医学中的应用现状与展望	秦娟娟　路志勇　焦章平　朱晓君　王颖希　唐　晖	中国法医学杂志	第1期
固相萃取–GC/MS法检测生物检材中的百草枯	刘德伟　杨　明　李剑波　刘云志　李永国	中国法医学杂志	第1期
冠心病猝死者心肌中SOCS–1和Bax的表达	刘德衍　魏念波　朱宏亮　于建宪　杨彦华　常　宏	中国法医学杂志	第1期

续表

文章名	作者	刊物	期次
云南玉溪汉族 15 个 STR 基因座多态性及遗传关系分析	曾于宝 刘建兴 李文富 王志 杨忠宝 许冰莹	中国法医学杂志	第1期
H19 基因上游差异性甲基化区 SNPs 多态性研究	王鑫 韦文滔 王冬梅 丁梅 王保捷 庞灏 邢佳鑫 宣金锋 李春梅	中国法医学杂志	第1期
西藏藏族人群 18 个 STR 基因座遗传多态性	白雪 姜成涛 郭磊 张建 王乐 赵兴春 亢斌 赵丽	中国法医学杂志	第1期
迟发性脾破裂的法医学鉴定 1 例	梁宇光 张国峰 贺书涛 朱宝利 关楠思 王莞 谭嘉宁 刘技辉	中国法医学杂志	第1期
药物过敏性休克死亡法医学分析 21 例	曹楠 黄飞骏	中国法医学杂志	第1期
脑器质损伤后情绪障碍的 ERP 研究进展及法医学意义	李晖 刘子龙 陈晓瑞	中国法医学杂志	第1期
大鼠皮肤切创愈合过程中 Cygb 及 HIF－1αmRNA 的表达	秦豪杰 陈宝生 徐国辉 潘新民 莫耀南	中国法医学杂志	第1期
福建汉族人群 16 个 STR 基因座遗传多态性	李斌 吕政 葛建业 王澍 黄建春 曾宪海 林德胜 叶琳	中国法医学杂志	第1期
UPLC-MS/MS 测定全血中的氯丙嗪	董颖 杜鸿雁 邵永军	中国法医学杂志	第1期
碎尸案中混合生物物证的 DNA 检验 1 例	谷建立 杨军 曹和招	中国法医学杂志	第1期
高度腐败尸体中检出乙酰美西律 1 例	刘俊亭 官大威 舒翠霞 牛晓东 王姝姗 高利娜 许佑君	中国法医学杂志	第1期

续表

文章名	作者	刊物	期次
甘肃武威地区汉族人群15个STR基因座遗传多态性	范生贵 刘永康 赵 煜 王得椿 王兴俊 李旭鹏	中国法医学杂志	第1期
婴幼儿无脾综合征1例	徐宝福 杨 捷 樊爱英	中国法医学杂志	第1期
百草枯中毒死亡2例	黄细平 廖信彪 姚青松 黄 河 宋一璇	中国法医学杂志	第1期
Penta D、D21S11基因座分型表现异常3例	杨朝利 徐冬冬 吴 松 李行海	中国法医学杂志	第1期
颅底骨折临床表现法医学分析38例	韩丽梅 刘兴本	中国法医学杂志	第1期
膜攻击复合物对继发性脑损伤的影响	姜 迪 李如波	中国法医学杂志	第1期
膝关节损伤后MRI征象法医学分析48例	李春生 郭晓伟 白立冬 张磊磊	中国法医学杂志	第1期
舌骨体与舌骨大角连结方式的观察及分析	陈禄仕 陆绍兴 郭金昌 邱林川	中国法医学杂志	第1期
原发性脑干损伤死亡1例	秦 瑛	中国法医学杂志	第1期
高坠杀人现场分析1例	廖明庆 周 健 欧桂生	中国法医学杂志	第1期
根据局部解剖学结构分析出血部位1例	王 勇 赵霄飞 李红卫 刘晓炜 闫 伟 刘海军 赵 爽	中国法医学杂志	第1期
吐鲁番地区维吾尔族人群15个STR基因座遗传多态性	张丽萍 吕传强 陈慧景 王丽波	中国法医学杂志	第1期
室间隔缺损修补术后并发颅内出血死亡1例	阎春霞 文易翀 张 平 李 涛	中国法医学杂志	第1期
1起硫化氢中毒死亡案例的法医学检验分析	吴 凯 杨相建 刘春源 梁 蕊 高 健	中国法医学杂志	第1期

续表

文 章 名	作 者	刊 物	期 次
注液法寻找深层小血管	冯常俊	中国法医学杂志	第1期
雷击死亡高度腐败尸体现场的重建与分析1例	王 强 蔡远茂 周勤虎 李红卫	中国法医学杂志	第1期
枪弹创形成方式分析1例	党盼峰 张建刚 焦 英 苏 琳	中国法医学杂志	第1期
婴儿结节性多动脉炎致心包填塞死亡1例	郑耀斌 王延滨	中国法医学杂志	第1期
摔跌损伤法医学鉴定1例	杨建国 郭忠辉	中国法医学杂志	第1期
运用紫外光谱成像技术检验可擦中性笔形成的消褪字迹	王丹琳 杨玉柱	中国人民公安大学学报（自然科学版）[1]	第1期
基于红外光谱无损检测自封袋表面微量毒品的研究	张金庄	公安大学学报（自）	第1期
影响P300测谎准确性的因素分析	付 翠	公安大学学报（自）	第1期
一种目标粘连的图像分割方法	王 蓉 杨晓刚	公安大学学报（自）	第1期
基于内存分析的计算机动态取证工具的设计与实现	杨燕燕 魏丰国 王斌君	公安大学学报（自）	第1期
遥控玩具汽车爆炸装置的分析与还原	徐少辉 刘 兆 贾振军	公安大学学报（自）	第1期
阳离子交换色谱法测定私炒炸药中硝酸铵含量	李继民	公安大学学报（自）	第1期
改良酶法乙醇测定试剂的研制及性能考察	王 珂	公安大学学报（自）	第1期

[1] 中国人民公安大学学报（自然科学版），以下简称“公安大学学报（自）”。

续表

文章名	作者	刊物	期次
建立统一司法鉴定体制　加强其他类别鉴定管理——以建设工程司法鉴定为例	周柯生　毛玲英　李洁芳　许志军　张小玲　周子义　任丽丽	中国司法鉴定	第1期
司法鉴定立法比较之法理研判——以新《刑事诉讼法》与新《民事诉讼法》为视角	朱晋峰　朱淳良	中国司法鉴定	第1期
探析高分辨率指纹特定条件下三级特征的稳定性	郭少波　王　芫　王　炎　付雪峰	中国司法鉴定	第1期
《民事诉讼法》的修改给鉴定管理提出的新问题	赵　杰	中国司法鉴定	第1期
司法鉴定在刑事侦查中的运用	陈邦达	中国司法鉴定	第1期
比较法视野下鉴定启动权对诉权的保障——兼论新《民事诉讼法》第七十六条	宫　雪	中国司法鉴定	第1期
民诉法修改背景下对知识产权诉讼鉴定制度的三个反思	葛少帅	中国司法鉴定	第1期
论交通事故中的车体痕迹	何正泉　刘国民	中国司法鉴定	第1期
关于全面推进认证认可持续提升司法鉴定可靠性的几点思考	霍宪丹	中国司法鉴定	第1期
试论建立司法鉴定援助制度的必要性	柯昌林　刘晋华　杨忠玉	中国司法鉴定	第1期
LC-MS/MS法检测圆珠笔墨迹中碱性蓝7及其去乙基产物的降解变化	孙其然　罗仪文　向　平　奚建华　杨　旭　徐　彻	中国司法鉴定	第1期
23个STR基因座荧光复合扩增体系的法医学应用评估	唐建新　李双琳　刘　宏　翁玮霞　刘　超　杜蔚安　黄　杰	中国司法鉴定	第1期

续表

文章名	作者	刊物	期次
吸毒者头发中海洛因、6－单乙酰吗啡、吗啡、可待因和乙酰可待因的分析及评价	向　平　孙英英　沈保华　沈　敏	中国司法鉴定	第1期
长时共振峰分布特征在声纹鉴定中的应用	曹洪林　孔江平	中国司法鉴定	第1期
非法行医致就诊人死亡案件司法鉴定分析与思考	王春丽　刘阿华	中国司法鉴定	第1期
核酸与死亡时间的相关性及其检测方法	张志宏　袁雅洁	中国司法鉴定	第1期
毒品与毛发的结合及其影响因素	杨洪国　李重阳　丁　斌	中国司法鉴定	第1期
电动两轮车侧翻倒地滑动摩擦系数实验研究	冯　浩　陈建国　赵桂范　潘少猷	中国司法鉴定	第1期
创伤性骨关节炎法医学鉴定41例分析	黄　敏　施晓玲	中国司法鉴定	第1期
基于MADYMO软件的交通事故中行人运动机理研究	宋景芬　张文平　曾　娟　于　皓	中国司法鉴定	第1期
肺动脉栓塞致死23例法医学分析	胡东阳　黄　雷　侯一丁　刘双高　黄　翠　李　琦　成建定　唐双柏	中国司法鉴定	第1期
检察机关文证审查工作法律问题探析	文　宁　周万红　王　娟	中国司法鉴定	第1期
法院对外委托法医学鉴定中的问题与制度完善	仓　勇　邓　戎	中国司法鉴定	第1期
GC/MS/Xcalibur技术自动分析疑似固体中管制药物	黎　乾　邢若葵　戴维列　温锦锋　王松才　黄　炜	中国司法鉴定	第1期
关于利用制动痕迹长度估算车速问题探讨	贾常明	中国司法鉴定	第1期

续表

文　章　名	作　　者	刊　物	期　次
产后出血子宫切除医疗纠纷1例	韩清晓　陈继忠	中国司法鉴定	第1期
纸张被溶液浸泡老化的变化规律研究	董　杨　谢　朋　郭英民	中国司法鉴定	第1期
运用计算机图像软件检验伪造文件	杨进友	中国司法鉴定	第1期
指印印面特征的运用——CNAS－T18指印项目结果解析	钱煌贵　杨　旭	中国司法鉴定	第1期
法医学研究中的哲学思维	百茹峰　石美森	中国司法鉴定	第1期
用AI定律计算叔侄亲缘关系鉴定1例	唐泽英	中国司法鉴定	第1期
胃原发性淋巴瘤胃切除术后致医疗纠纷1例	陈旺根　曾艳红	中国司法鉴定	第1期
卷首语	陈鹏生	中国司法鉴定	第1期
利用繁体字特征进行两岸三地地域性言语识别的研究	王　虹	中国刑警学院学报	第1期
论当前现场勘查信息化建设存在的困境与突破	张全涛　霍　然	中国刑警学院学报	第1期
死后不同时间对小鼠皮肤切创组织中CB2R检测影响的研究	郑吉龙　李晓娜　张　玙　温洪洋　官大威	中国刑警学院学报	第1期
坑窝钥匙复制痕迹特征研究	金　一	中国刑警学院学报	第1期
海量IIS日志自动分析方法的研究	徐国天	中国刑警学院学报	第1期
乳突线边沿形态稳定性的初步研究	左　琦	中国刑警学院学报	第1期

续表

文章名	作者	刊物	期次
基于 FTIR 图像无损检测交叉笔画形成顺序的研究	张金庄	中国刑警学院学报	第 1 期
赤足足迹趾区特征特定性研究	高　毅	中国刑警学院学报	第 1 期
视频人像检验技术分析	高一卓　王志群　杨洪臣	中国刑警学院学报	第 1 期
假币橙色图文油墨的 HPLC 分析	周欣欣　史晓凡　许英健　王　岩	中国刑警学院学报	第 1 期
应用微痕色差图像分析方法检验中性笔书写字迹与印章印文交叉时序	武　磊　徐晓玲　张　云	中国刑警学院学报	第 1 期
防盗窗破坏方式及其痕迹特征研究	王　震　涂海波	中国刑警学院学报	第 1 期
氧化锌、二氧化钛小颗粒悬浮液显现手印的研究	张鸿雁	中国刑警学院学报	第 1 期
Method Development and Validation for Determining 1, 3 – Butadiene in Human Blood by Gas Chromatography-Mass Spectrometry and Head-Space Gas Chromatography	ZHANG Su-jing　SHEN Bao-hua　ZHUO Xian-yi	法医学杂志	第 2 期
新一代遗传标记——InDel 研究进展	孙　宽　张素华　朱如心　赵书民　李成涛	法医学杂志	第 2 期
薄层 CT 扫描技术在锁骨胸骨端骨龄评估中的应用进展	王亚辉　魏　华　应充亮　万　雷　朱广友	法医学杂志	第 2 期
急性心功能障碍大鼠心肌中 BNP 的表达	高卫民　曹志鹏　米　丽　杜中波　前田均　朱宝利	法医学杂志	第 2 期

续表

文 章 名	作 者	刊 物	期 次
肌成纤维细胞的研究进展及其法医学应用	于天水　凌　跃　官大威	法医学杂志	第 2 期
利用 AutoMate ExpressTM 自动化法医 DNA 提取系统提取骨骼及牙齿 DNA	高林林　徐念来　谢　炜　丁少成　王东京　马丽琴　李佑英	法医学杂志	第 2 期
人体胸廓骨骼三维有限元模型的构建及生物力学分析	邵　煜　黄　平　李正东　刘宁国　万　雷　邹冬华　陈忆九	法医学杂志	第 2 期
视力表投影仪视力与对比度视力的相关性	刘冬梅　周　姝　夏文涛　陈捷敏　彭书雅	法医学杂志	第 2 期
慢性乙醇中毒脑 β - 淀粉样前体蛋白与外伤性蛛网膜下腔出血死亡的关系	魏　来　雷怀成　于晓军　赖小平　钱　红　徐小虎　朱方成	法医学杂志	第 2 期
534 例脑外伤所致精神障碍的司法精神病鉴定分析	李　婷　李国荣　江红霞　汤晨东　唐建良	法医学杂志	第 2 期
97 例醉驾案例的回顾性分析	程向炜　褚　蕴　宗雄信　王紫薇　褚建新	法医学杂志	第 2 期
SNRPN 基因 rs220030 位点的分型及甲基化亲缘相关性	李　辉　徐红梅　赵　赟　李备栩　周怀谷　赵子琴	法医学杂志	第 2 期
偏执型精神分裂症患者 GRIN1 基因 - 855G/ C 与 - 1140G/ A 位点的遗传多态性	李忠杰　丁　梅　庞　灏　孙雪菲　邢佳鑫　宣金锋　王保捷	法医学杂志	第 2 期
交通事故精神伤残程度重新鉴定 51 例分析	余关茂　陈正平　田国强	法医学杂志	第 2 期
肠结核误诊结肠癌医疗纠纷 1 例	王　萌　夏文涛　李　瑜　范利华	法医学杂志	第 2 期

续表

文　章　名	作　　者	刊　物	期　次
精神障碍者受审能力评定量表的编制	陈晓冰　蔡伟雄	法医学杂志	第2期
数据库比中多个疑父的亲权鉴定1例	骆继怀　孙红兵　陶晓岚　杨　鑫　哈　飞	法医学杂志	第2期
特殊捆缚方式性窒息死亡1例	武文杰　郭红民　李剑锋　高彩荣	法医学杂志	第2期
再次骨折的法医学因果关系鉴定3例	高　东　范利华	法医学杂志	第2期
婴儿口服阿托品中毒死亡1例	叶光华　范琰琰　喻林升　胡海燕　马春玲	法医学杂志	第2期
磁珠法在自动化核酸提取工作站中的应用	刘　莉　王卫华　唐剑锋	法医学杂志	第2期
循环次数与体系对DNA检测灵敏度的影响	张　璐　王保捷　丁　梅　林子清　庞　灏　邢佳鑫　宣金锋	法医学杂志	第2期
“道路交通事故”诈伤法医学鉴定1例	魏　华　万　雷　朱广友	法医学杂志	第2期
足趾再造指法医学鉴定1例	陈　佳　孙会艳	法医学杂志	第2期
石蜡包埋骨组织的DNA检验	张青军　景　强	法医学杂志	第2期
溴敌隆中毒损伤程度鉴定1例	黄荣发	法医学杂志	第2期
自勒死亡法医学鉴定1例	徐东升　李贤福　毛　毛　马安全	法医学杂志	第2期
法庭科学实验室质量控制研究综述	刘　烁　花　锋　唐丹舟　王彦斌　白庆华　周　婕	刑事技术	第2期
作案工具上DNA检验破案1例	刘亚举　张俊涛　岳俊涛　魏鹏飞	刑事技术	第2期

续表

文章名	作者	刊物	期次
激光共聚焦拉曼光谱技术在烟火药检验中的应用	孙振文 权养科 陶克明	刑事技术	第2期
M48磁珠法和Chelex-100法提取脱落细胞DNA的初步比较	王彦涛 宋道江	刑事技术	第2期
HPLC-MS/MS同时检测全血中佐匹克隆、唑吡坦和扎来普隆	吴海 晏晓军 高汨 尹坚英 徐连生	刑事技术	第2期
国产法医DNA检验试剂耗材检测DNA标准品的准确性研究	孙敬 赵兴春 叶健 胡兰 李万水 李瑞云 季安全 刘冰 孙辉 庞晓东 张涛	刑事技术	第2期
茚三酮显现汗潜指印的三种操作方法对DNA检测的影响	郝金萍 邵丽芳 朴相杰 陈松 刘寰 刘开会 郭燕霞	刑事技术	第2期
高速动车车窗玻璃破损成因研究	王勇 王萍 杨光 张朝阳	刑事技术	第2期
玻璃刺创形态学特点的初步研究	刘四海 迪力夏提 李峰 戴建宇 张勇	刑事技术	第2期
澳大利亚犯罪追踪系统介绍及对我国公安工作信息化的启示	马荣梁 唐卫军	刑事技术	第2期
鞋内底不同部位接触DNA提取初探	田蕊 班茂森	刑事技术	第2期
内、外铣槽钥匙机械配制痕迹的研究	王晓琳 白艳平 周勐喆	刑事技术	第2期
杀人碎尸2例分析	梁小飞	刑事技术	第2期
DNA检验破获盗窃案1例分析	吕凌飞 陈水琴 李琼 梁小飞	刑事技术	第2期

续表

文章名	作者	刊物	期次
傅里叶红外图像无损检验添改数字的研究	张金庄	刑事技术	第2期
根据时空关系分析认定嫌疑人像	孙媛娜	刑事技术	第2期
喉气管支气管炎猝死法医学检验文献回顾	孙　溢　陈仁新　张海东　刘鸿霞　卓　荦　刘　茜　刘　良	刑事技术	第2期
视频图像ROI区域像素差值的分析与应用	廖广军	刑事技术	第2期
不同光照条件下静态目标图像处理方法	陈　鹏　胡　婷	刑事技术	第2期
甄别高坠窒息征象成因明确案件性质	赵明辉　曹甲卓	刑事技术	第2期
两轮摩托车道路交通事故驾驶员损伤特征分析	王志文　张蕴成	刑事技术	第2期
新鞋足迹检验1例	杨志军　姬广亮　王恂如	刑事技术	第2期
颅脑损伤后胃内容物不消化超过48小时1例	林汉光　唐剑频　黎崇文　赖小平　陈　锐　许传超　邱升元	刑事技术	第2期
残缺变形指纹检验鉴定1例	何　涛　高东军	刑事技术	第2期
埋葬14年胃区腐泥中检出P，P’－滴滴伊1例	吕梅花　李　鸣　包　伟	刑事技术	第2期
借助手掌面皱纹检验疑难血掌印1例	胡铁俊	刑事技术	第2期
差异指纹比对关联要素分析	牟华艳　缪世强	刑事技术	第2期
DNA数据库中混合物证自动比对功能的应用	陈新星　刘炜彬　童　奇　徐志成	刑事技术	第2期
干燥粪便DNA检验1例	万　荣	刑事技术	第2期

续表

文　章　名	作　　者	刊　物	期　次
自制枪支自杀1例	谭　嵩　谈　科	刑事技术	第2期
物体上灰尘鞋印的吸附提取	石发昀　周凤新　许海星	刑事技术	第2期
利用残缺掌印破案1例	薛永清　高　宏	刑事技术	第2期
我国医疗损害鉴定制度研究述评(2002－2012)	李平龙　肖　鹏	证据科学	第2期
基层医疗机构医疗纠纷现状实证研究——对东莞市4家基层医院的调查	李大平	证据科学	第2期
论证明妨碍在医疗损害赔偿诉讼中的适用——以《中华人民共和国侵权责任法》第58条为视角	谷佳杰	证据科学	第2期
美国医疗过失诉讼中的病历审查	杨天潼　王　旭	证据科学	第2期
《侵权责任法》背景下医疗损害鉴定程序改革研究	陈小嫦	证据科学	第2期
医疗损害鉴定的现状、困境与展望——首届医疗损害鉴定学术研讨会综述	张　冲　陈　敏	证据科学	第2期
论我国刑事医疗过失鉴定的困境与展望	谈在祥	证据科学	第2期
电子病历证据运用相关问题探讨	翟方明	证据科学	第2期
《中国精神障碍者刑事责任能力评定与司法审判实务指南》出版	张小宁　房　明	证据科学	第2期
法医遗传学研究新进展	李彩霞　胡　兰	中国法医学杂志	第2期
根据食尸性蝇类推断死亡时间的研究进展	董军磊　刘　琳　欧　元　赵兴春　叶　健	中国法医学杂志	第2期
生物检材中DNA损伤及修复研究进展	霍塞虎	中国法医学杂志	第2期

续表

文章名	作者	刊物	期次
RAPD 和 ISSR 分子标记检测大麻的遗传多样性初探	黄艳梅 杨志军 李娜 张颖 张新宁 常海岭 杨晨光 裴黎	中国法医学杂志	第 2 期
人体不同体液内 PSA 含量及其法医学意义	李学博 李守玮 巩强 薛海斌 李红卫 万立华	中国法医学杂志	第 2 期
直接扩增法在血痕、肋软骨和唾液检材中的应用	李林 刘静 王敏 王峰 路俊雷 于璐 毕建红	中国法医学杂志	第 2 期
反相高效液相色谱法检测生物胺的法医学应用初探	张艳林 杨业全 尹晓宏	中国法医学杂志	第 2 期
Photoshop 软件在法医学鉴定冠脉狭窄中的应用	葛鲁邹 穆达文 张艳 于天水 张凤芹 常林	中国法医学杂志	第 2 期
脑外伤认知障碍者神经心理学评价研究	董日霞 蔡伟雄 杜向东	中国法医学杂志	第 2 期
MDMA 心肌毒性的法医毒理学研究进展	卓荦 刘泉 刘鸿霞 孙婷怡 王荣帅 刘良	中国法医学杂志	第 2 期
GDNF 对多巴胺能神经元的保护及治疗 MA 依赖研究进展	杨璐瑜 洪仕君 苏发丽 刘巨鹏 李利华	中国法医学杂志	第 2 期
高效液相色谱－蒸发光散射法分析人和动物油脂种属	史晓凡 周欣欣 王磊 许英健	中国法医学杂志	第 2 期
舌骨的法医人类学研究	吴永波 陈志刚 孙丽娟 李阳 胡晓飞 武斌 赵奇 舒永康	中国法医学杂志	第 2 期
allo-HSCT 受者 DNA 嵌合状态研究进展及法医学意义	丁春丽	中国法医学杂志	第 2 期
水浸和洗涤血样本的 DNA 检验	王静 赵媛霞 苏芹 张庆霞	中国法医学杂志	第 2 期

续表

文 章 名	作 者	刊 物	期 次
水、油污中无电流斑电击死大鼠皮肤和心肌的病变	萧维维 李兴彪 王陈锋 侯 帅 林秀聘 赵 瑞 李 钰 董缪武	中国法医学杂志	第2期
犬 mtDNA 高变区Ⅰ多态性及法医学意义初探	董庆旭 陈方良 孙亚男 何 玮 翟 滇 马龙其 程宝文	中国法医学杂志	第2期
电喷雾和大气压化学法对大麻酚类物质离子化的比较	翟晚枫 张春水 张文文 高利生	中国法医学杂志	第2期
46年陈旧骨骼 DNA 检验1例	吴元明 王国霞 李雪娇 张晓楠	中国法医学杂志	第2期
利用猪胸主动脉生物力学性能时序性变化推断死亡时间	石学志 杨含金 于晓军 林异文 唐 谷 徐小虎	中国法医学杂志	第2期
根据尸体损伤和 DNA 分型分析命案1例	王 勇 李红卫 刘晓炜 闫 伟 喻永敏 夏 鹏 王小伟	中国法医学杂志	第2期
广州地区冻死1例	王 尧 曾浩天 谭晓辉 张 付 赖 跃 李冬日	中国法医学杂志	第2期
胎儿亲子鉴定中21-三体综合征1例	龙 驹 符可鹏 陈 哲 叶学和 张绍权 颜善活 孙 雷 张丽梅 庞婉容	中国法医学杂志	第2期
西南地区成人男性颅骨的相关回归分析	李 明 喻永敏 夏 鹏 李红卫 王 勇 刘晓炜	中国法医学杂志	第2期
高等医学教育《法医学》课程设置的意义	王保捷 丁 梅 官大威 庞 灏 刘兴本 张国华 胡 姝 邢佳鑫 宣金锋	中国法医学杂志	第2期
法医病理学教学切片的质量控制与评价	马书玲 张 越	中国法医学杂志	第2期

续表

文章名	作者	刊物	期次
新鲜与陈旧性眼眶壁骨折征象分析1例	赵　彬　刘　芳　董翠鹰　王凯沁　吴　畏　张军雷	中国法医学杂志	第2期
以腹部症状为表现的冠心病猝死8例分析	董文彬　叶光华　范琰琰　喻林升	中国法医学杂志	第2期
支气管哮喘猝死1例	项　明　种书亚　朱少华	中国法医学杂志	第2期
上唇部挫裂伤误诊为切割伤法医学分析1例	默改霞	中国法医学杂志	第2期
淋巴细胞性垂体炎致急性肺水肿猝死尸检1例	徐长苗　李　懯　骆利康　徐贵文　黄光照	中国法医学杂志	第2期
粮库谷堆中干尸形成1例	梁小飞　刘洪辉	中国法医学杂志	第2期
骑摩托车时遭雷击致死法医学检验1例	蒋曙志　王　蒙　叶光华　范琰琰　喻林升	中国法医学杂志	第2期
立体显微镜观察骨损形态推断动物齿痕1例	杨永强　喻永敏　张万能	中国法医学杂志	第2期
脾血管内皮细胞瘤患者损伤程度鉴定1例	张宝龙　胡升明	中国法医学杂志	第2期
小脑幕脑膜瘤医疗纠纷法医学鉴定1例	李彩霞　吕大磊　何　俊	中国法医学杂志	第2期
口服苯胺、硝基苯和二苯胺混合物中毒致死1例	徐世伟　杨战壕　闫　雷　马锦琦　李　凡	中国法医学杂志	第2期
高压电击致头颅离断法医学分析1例	张　阳	中国法医学杂志	第2期
穴位注射治疗腰痛致过敏性休克死亡1例	韩　锴	中国法医学杂志	第2期
道路交通事故多元线性回归模型及其检验方法	董玉波	公安大学学报（自）	第2期

续表

文章名	作者	刊物	期次
气相色谱法测定自含墨印章印文的盖印时间	谢　朋　冯　超　李　彪　暴　仁	公安大学学报(自)	第2期
常见纸张类渗透性客体上遗留汗潜手印最佳显现方法研究	马　竞	公安大学学报(自)	第2期
基于专家知识的工具痕迹系统构建研究	杨　敏　彭　颖	公安大学学报(自)	第2期
新型硅橡胶枪提取痕迹方法研究	陈蕊丽　李春宇　魏育新	公安大学学报(自)	第2期
雪地足迹的硫磺制模	常　冉　罗亚平　郭　威	公安大学学报(自)	第2期
汽车正面碰撞中车内乘员的极限损伤分析	唐　嵬	公安大学学报(自)	第2期
数位绘图板在公安图形图像中的应用研究	杨璐铭　洪　艺　彭桂芝	公安大学学报(自)	第2期
笔迹检验实训课“三主六式”教学法	白晓峰	公安大学学报(自)	第2期
通过勘验检查认定事故车辆驾驶人方法研究	邵永军　党　杰	公安大学学报(自)	第2期
改制射钉枪及其射击弹壳痕迹的检验一例	高　洁　贾华杰	公安大学学报(自)	第2期
两种技术性开启卡巴插芯门锁留痕特征分析	马元元　敖　琪　陈海波	公安大学学报(自)	第2期
促进痕迹检验鉴定发展的激励机制研究	吕晓森　王　璐　于遨洋　沈云涛	公安大学学报(自)	第2期
论刑事诉讼中的电子数据	古　芳	中国司法鉴定	第2期

续表

文 章 名	作 者	刊 物	期 次
论我国刑事诉讼专家辅助人制度的完善	刘广三　汪　枫	中国司法鉴定	第 2 期
龙葵素中毒及检测的研究进展	董晓茹　沈　敏　刘　伟	中国司法鉴定	第 2 期
新《刑事诉讼法》中技术专家出庭质证制度研究	贾治辉　孔令勇	中国司法鉴定	第 2 期
医疗损害鉴定制度改革构想——以《侵权责任法》为视角	陈玉林　冯宗美	中国司法鉴定	第 2 期
中国刑事重复鉴定现象的改革——基于司法实践中 50 例案件的实证研究	陈如超　涂　舜	中国司法鉴定	第 2 期
论刑事鉴定意见的庭前开示程序	吴高庆　张　进	中国司法鉴定	第 2 期
论当事人对司法鉴定机构的选择优先权——兼评《民事诉讼法》第七十六条	王瑞恒	中国司法鉴定	第 2 期
道路交通事故鉴定委托若干问题研究	邵祖峰　杨　红　刘知音	中国司法鉴定	第 2 期
X 染色体遗传标记的研究应用进展	许　森　李淑瑾　丛　斌　马春玲	中国司法鉴定	第 2 期
医疗损害鉴定中的病历问题	岳　霞　乔东访　谭晓辉　王慧君	中国司法鉴定	第 2 期
Simi 视频动作捕捉系统在步态识别中的应用	高　毅	中国司法鉴定	第 2 期
医疗费用合理性及相关问题的法医学鉴定	王　玉　王　典　于晓军　吴垂斌　刘　超	中国司法鉴定	第 2 期
分子印迹技术及其在司法鉴定领域的应用	王松才　李攻科	中国司法鉴定	第 2 期

续表

文　章　名	作　　者	刊　物	期　次
现场模糊、残缺手印案例的分析与检验	徐克林	中国司法鉴定	第2期
书写能力的结构	申泽波	中国司法鉴定	第2期
基于内存中的网络传输数据结构获取电子数据	冯永旭　罗文华　司洪黎	中国司法鉴定	第2期
利用彩色文件上的图文特征鉴别喷墨打印机品牌	白萃萃　梁鲁宁　魏晓惠　林雷祥　孙华清	中国司法鉴定	第2期
肩关节损伤致肢体功能障碍程度评价方法比较	张　敏　范利华　夏　晴　冉　聃　陈　芳　黄婷婷	中国司法鉴定	第2期
开展动物法医学研究的必要性与可行性	邱云亮	中国司法鉴定	第2期
DART-TOFMS法检测发射药中的硝化甘油和Ⅱ号中定剂	吕小宝　张清华　戴　维　张玉荣　朱仲良	中国司法鉴定	第2期
辨证认识话者自动识别系统	杨俊杰	中国司法鉴定	第2期
关于完善人体损伤鉴定标准的思考	蔡宏伟　孙立志　王　伟　邢树立	中国司法鉴定	第2期
基于司法鉴定中连环鉴定相关问题的思考	杜心全	中国司法鉴定	第2期
三种酸类易制毒化学品的衍生化气相色谱—质谱鉴定	严松茂　吴忠平　陈永生　王　威　张玉荣　张润生	中国司法鉴定	第2期
从一起案例看有缺陷的鉴定报告是如何形成的	周吉高　阚　蓉	中国司法鉴定	第2期
司法鉴定中关于火灾后钢结构损伤的技术评定	刘育民　左勇志　马月坤　孙　迪　南　锟	中国司法鉴定	第2期
LED多波段光源显现人民币上潜指印的研究	蔡能斌　徐　峰　张继云	中国司法鉴定	第2期

续表

文章名	作者	刊物	期次
超声辅助固相萃取 – HPLC 法测定不同地区缴获鸦片样品中生物碱	刘翠梅　白燕平	中国司法鉴定	第 2 期
故意杀人后伪造交通事故 2 例	李坤明	中国司法鉴定	第 2 期
对司法技术评估的几点思考	陶丽敏　朱妮娜	中国司法鉴定	第 2 期
司法会计互动式小班化培训模式的尝试与思考	纪红梅　秦　蕾	中国司法鉴定	第 2 期
剖宫产术后腰骶神经根损伤致医疗纠纷 1 例	顾晓峰	中国司法鉴定	第 2 期
劳动能力鉴定中无晶体眼的视觉功能评价	孙　岩　程时和　涂丽芳　陈倚平　李镜辉	中国司法鉴定	第 2 期
《司法会计鉴定技术规范》课题组会议在沪召开	朱淳良　刘钧凯　蔡莉萍	中国司法鉴定	第 2 期
交通事故致左颈内动脉海绵窦瘘法医学鉴定 1 例	黄　敏	中国司法鉴定	第 2 期
传承・创新・超越——司鉴所举行纪念恢复重建三十周年座谈会	王　洁	中国司法鉴定	第 2 期
篡改电子文档打印变造文件的检验	崔　岚	中国刑警学院学报	第 2 期
精神病人杀人案件的法医学鉴定	李猛　张　玙　章学保	中国刑警学院学报	第 2 期
喷涂字迹笔迹的实验研究	白晓峰	中国刑警学院学报	第 2 期
一阶导数零点交叉法同时测定糠醛和 5 – 羟甲基糠醛的研究	伊魁宇　韩永和　李继民　许尊炼	中国刑警学院学报	第 2 期

续表

文 章 名	作 者	刊 物	期 次
皮革制品上汗潜手印显现提取方法研究	杨洪平 张治国 张宁堂 陈启明 石峻宇	中国刑警学院学报	第2期
灰度法测定热敏文件的形成时间	何子瑛	中国刑警学院学报	第2期
基于UDK的刑事案件虚拟人运动仿真研究	许 锋	中国刑警学院学报	第2期
纸张上汗潜手印的热显荧光反应研究	齐宇颂 罗 顿 林贞登 林晓静	中国刑警学院学报	第2期
汽车加速度测量及在交通事故鉴定中的应用研究	贾常明 常安德	中国刑警学院学报	第2期
非法光盘生产证据提取研究	孟庆华 邵国哲	中国刑警学院学报	第2期
瓷砖表面防晒类护肤品指印的紫外光谱特性研究	刘 芳 许小京 高树辉 俞 涛	中国刑警学院学报	第2期
氨基黑10B显现法的改进研究	张晓梅	中国刑警学院学报	第2期
不同字相同部首的笔迹特征可比性的调查统计研究	申 思 韩丹岩 包 清	中国刑警学院学报	第2期
金属线材破坏方式及其痕迹特征研究	裴志光 臧泰琦	中国刑警学院学报	第2期
三个miniSTR基因座的法医学应用研究	龙 兵 罗 杨 皮建华 张德明 陈国第	中国刑警学院学报	第2期
Association of Five SNPs at the PARK16 locus as a Susceptibility Locus with Parkinson's Disease for Forensic Application	CUI Hong-gang TIAN Xiao-fei LUO Xiao-guang LI Feng-rui ZHU Lan-hui ZHOU Yi-shu REN Yan PANG Hao	法医学杂志	第3期

续表

文章名	作者	刊物	期次
中国 Y-STR 数据库建设相关问题探讨	葛建业　严江伟　谢　群　孙宏钰　周怀谷　李　斌	法医学杂志	第 3 期
暴力风险评估中的统计预测方法及其应用	刘元元　胡峻梅　杨　珉　李晓松	法医学杂志	第 3 期
改良 TRIzol 法同步提取血液 RNA 和 DNA	秦娟娟　路志勇　焦章平　朱晓君　王颖希　唐　晖	法医学杂志	第 3 期
山东地区汉族人群 15 个 X-STR 基因座的遗传多态性	马　腾　徐　婧　杨亚军　孙　宽　薛付忠　金　力　李士林	法医学杂志	第 3 期
北京地区汉族人群 16 个非 CODIS STR 基因座的遗传多态性	张庆霞　杨　剑　刘雅诚　唐　晖　焦章平	法医学杂志	第 3 期
X-STR 分型用于亲缘关系鉴定的似然率计算	张胤鸣　李　莉　孙宏钰	法医学杂志	第 3 期
Spry1 和 MAPK 蛋白在病毒性心肌炎心肌组织中的表达	许弘飞　孟　林　姚　健　谷振勇　刘国庆　沈忆文　赵子琴	法医学杂志	第 3 期
上海市杀人碎尸案 24 例法医学分析	葛延昌　马祥涛　马开军　高丽伟　顾　毅	法医学杂志	第 3 期
锁骨胸骨端薄层 CT 扫描并图像重组的骨骺发育分级方法	王亚辉　魏　华　应充亮　万　雷　朱广友	法医学杂志	第 3 期
112 例外科医疗损害鉴定回顾分析	项　剑　常　林　王　旭　张凤芹	法医学杂志	第 3 期
经颅磁刺激运动诱发电位对脊髓损伤的评价及法医学意义	杨　蕾　刘兴本　朱镕霆　徐晓明　郑传斐　周禹鑫	法医学杂志	第 3 期
医疗纠纷案件常见诉因分析	葛鲁邹　张凤芹　曹　晨　黄新宇　郑　文　何文婷　张　艳　常　林	法医学杂志	第 3 期

续表

文 章 名	作 者	刊 物	期 次
病毒性心肌炎致死者心肌中VCAM－1和caspase－3的表达	高 迪 唐新华 黄京璐 郝 博 汤大为 李 明 罗 斌	法医学杂志	第3期
舌骨形态特征及其性别差异	王 杰 陈禄仕 陆绍兴 郭金昌 邱林川	法医学杂志	第3期
227例疑似常染色体STR基因座突变的回顾分析	穆豪放 徐 达 刘 滨 黄艳清 王丽娜 张 博 陈 峰	法医学杂志	第3期
颅脑损伤人员伤残鉴定中的伪装与识别	王明龙 汪志良	法医学杂志	第3期
245例脑外伤所致精神障碍者家属抑郁状况及相关因素分析	杨成龙 庞艳霞 谢岩平 许海峰	法医学杂志	第3期
自发性卵巢黄体破裂死亡1例	赵振宾 李卡纳 霍立利 崔 杰 高洪维	法医学杂志	第3期
先天性蝴蝶椎伤残等级重新鉴定1例	张运楼 鲁 佳 黄秋芬 罗 林	法医学杂志	第3期
医疗过错致子宫穿孔1例	马 莉 王海民 王大勇 顾兴华	法医学杂志	第3期
小脑血管母细胞瘤致猝死1例	蔡一倩 顾 毅 葛延昌 马开军	法医学杂志	第3期
幼儿捂死1例	俞定羊 高建勋	法医学杂志	第3期
前足缺失伤残等级评定1例	沈志强 谢兴夫	法医学杂志	第3期
胃癌术后肠破裂死亡医疗纠纷1例	田 甜 王宝泉 俞先海	法医学杂志	第3期
透视型皮下出血致伤方式分析2例	赵 勇	法医学杂志	第3期
室缺伴房缺致心源性猝死1例	吴智文 陈雪凌 万洪林	法医学杂志	第3期

续表

文 章 名	作 者	刊 物	期 次
国外法庭科学 DNA 实验室的质量保证和质量控制现状	刘 烁 刘 冰 王彦斌 白庆华 唐丹舟 陈 霞 周 婕	刑事技术	第 3 期
纳米材料在潜指纹显现中的应用	周小凤 张凌燕	刑事技术	第 3 期
当今策划药的流行趋势	钱振华 徐 鹏 刘克林 高利生	刑事技术	第 3 期
从一宗强奸案浅谈电子证据在传统案件侦查中的应用	刘建军 余文亮 邹积鑫 张国臣	刑事技术	第 3 期
接触 DNA 检验成功率的影响因素探讨	张广峰 陈 松 涂 政 葛芸英	刑事技术	第 3 期
新型“神仙水”液体毒品的 GC/MS 检验 5 例	徐 鹏 钱振华 刘克林	刑事技术	第 3 期
火场样品中汽油与稀释剂燃烧残留物的区分方法探讨	邢若葵 温锦锋 王松才 戴维列 刁中文	刑事技术	第 3 期
液相色谱 - 电喷雾离子阱质谱联用测定水中 14 种除草剂	陈学国 李伟亮 朱 昱 许英健	刑事技术	第 3 期
我国物证鉴定的现状与对策	耿月祖	刑事技术	第 3 期
超高效液相色谱串联质谱法检测血液中的林可霉素	黄 健 张云峰 常 靖 王 炯 于忠山	刑事技术	第 3 期
氯化琥珀胆碱弩箭杀人的法医学鉴定 3 例	方俊杰 秦 明 韩志杰 李 勇	刑事技术	第 3 期
定量数据关联二级全扫描与选择反应监测在常见毒物检测中的应用	李 祎 申秀华 舒 科	刑事技术	第 3 期
被洗织物上潜血痕迹发现方法的比较	苏 芹 王顺霞 张玉婷 张 敏	刑事技术	第 3 期

续表

文章名	作者	刊物	期次
口述记忆画像计算机信息化的思考	蔡璐 张欣	刑事技术	第3期
“实物刺激法”在心里测试中的应用和探索	李兴东	刑事技术	第3期
4－甲氧基甲基安非他命的检验	林小龙 郭建 林瑾珲 周毓灼 吴升武	刑事技术	第3期
烧死现场的勘验与重建1例	杨基元	刑事技术	第3期
1例自勒死的法医学检验	王军 亓冰 张平 钱静 彭燕	刑事技术	第3期
现场指纹定位特征对查询结果的影响	陶桂兰	刑事技术	第3期
GC/MS检验氯硝西泮投毒杀人案件1例	刘东应	刑事技术	第3期
作用力对指纹形态和细节特征的影响	后亚标	刑事技术	第3期
2，6－二叔丁基对甲基苯酚的检验1例	常颖 徐鹏 高利生	刑事技术	第3期
鱼塘中投放硫丹致鱼死亡1例	张云峰 何毅 姚伊人 王芳琳 王炯 于忠山	刑事技术	第3期
－30℃埋藏尸体的现场勘查1例	啜济显 李双泉 姜福安	刑事技术	第3期
“哈气法”在现场手印勘查检验中的经验教训	陈林	刑事技术	第3期
柱前衍生化GC/MS分析鱼塘水中五氯酚	陈远华 刘东应 汪佳佳	刑事技术	第3期
汽车储物箱拉手人体脱落细胞DNA检验1例	项林平 王瑞瑞 樊哲仁 郝晓明 刘琳 黄亮 赵武平	刑事技术	第3期

续表

文章名	作者	刊物	期次
1起指纹鉴定错误的启示	岳　挺　郭二伟　郭　锐	刑事技术	第3期
1起氰化物中毒死亡的法医学检验	戴先成　徐永城　王山青　周佳丽	刑事技术	第3期
高压电击致双上肢严重伤残分析1例	汪晓明	刑事技术	第3期
医疗损害鉴定之因果关系研究	刘　鑫	证据科学	第3期
机会丧失医疗纠纷因果关系及参与程度鉴定分析	彭书雅　夏文涛	证据科学	第3期
从仵作到检验吏：中国传统检验的转折——以《吉林提法司第一次报告书》开学照为起点	茆　巍	证据科学	第3期
3种甲醛固定组织DNA提取方法的比较	郑　文　亢建耀　曹　晨　薛淑莲　杜秋香　孙俊红　王亚方　侯养栋　路　建　王英元	中国法医学杂志	第3期
甲基苯丙胺对血脑屏障毒性作用研究进展	曾柏瑞　谢云辉　胡　霄　李　桢　曾晓锋	中国法医学杂志	第3期
GC/MS、GC/NPD法检测毛发中的氯胺酮	朱　军　邸玉敏　常　靖　崔　巍　于忠山　刘　耀	中国法医学杂志	第3期
不同温度下离体人静脉血ATP含量与死亡时间的关系	杨天潼　于永光　廖信彪　孙婷怡　张海东　Mary G. Ripple　David R. Fowler　张　翔　李　玲	中国法医学杂志	第3期
动脉喷溅血迹动力学及形态学的模拟实验观察	高　振　袁自闯　游盛中　王慧君　金洪年　余彦耿	中国法医学杂志	第3期
RyR2相关心脏性猝死的研究进展	邢景军　段祎杰　王　昊　丁　杨　杨　怡　李上勋　朱少华　周亦武	中国法医学杂志	第3期

续表

文　章　名	作　　者	刊　物	期　次
福尔马林固定石蜡包埋组织3种DNA提取方法比较	吕　晋　王慧君　刘　超　陈　玲　裴小娟　杨　军　杨清绪	中国法医学杂志	第3期
表型信息SNPs在法医学中的研究进展	李忠华　扎拉嘎白乙拉　侯一平	中国法医学杂志	第3期
SPE-LC-MS/MS法测定尿液与血液中海洛因3种代谢物	于晓巍　王　玫　谭晓辉　张大明	中国法医学杂志	第3期
巴比妥单克隆抗体制备及其免疫学特性鉴定	胡　刚　陈连康　胡小龙　陈复华　胡晶英　曹芳琦　曾立波	中国法医学杂志	第3期
抗凝血类杀鼠剂检测技术研究进展	董　颖　王　炯　杜鸿雁	中国法医学杂志	第3期
道路交通事故法医检验技术的研究进展	李　明　黄　伟　曹峻华　吕发战	中国法医学杂志	第3期
三种羟亚胺分析方法的比较	周　爽　贾　薇　刘翠梅　花镇东	中国法医学杂志	第3期
四川汉族青少年肘关节数字X线影像骨龄特征研究	郑　涛　王玉卓　董晓爱　青思含　陈晓刚　舒永康　邓振华	中国法医学杂志	第3期
05式警用转轮手枪弹壳接触DNA检验方法的比较	郭　磊　周茹华　白　雪　赵　蕾　郑其双　姜伯玮　赵兴春　叶　健	中国法医学杂志	第3期
微视野"固视稳定性"与视敏度相关性分析	王　旭　刘　会　项　剑　郭兆明　郑　拓　于丽丽	中国法医学杂志	第3期
大鼠骨骼肌挫伤后ASCT2 mRNA的表达变化	张凌宇　杜秋香　孙俊红　曹爱奎　薛淑莲　王亚方　侯养栋　路　建　王英元	中国法医学杂志	第3期

续表

文章名	作者	刊物	期次
直扩试剂盒检验接触 DNA 检材初探	李长征 刘海东	中国法医学杂志	第 3 期
杀人案件中接触性 DNA 检验的分析	刘海东 李长征 颜志国 姜铭章 曹志华 刘登峰 徐淑申	中国法医学杂志	第 3 期
高特异性三唑仑代谢物单克隆抗体的制备	黄琴蓉 陈连康 胡小龙 陈复华 胡晶英 曹芳琦 曾立波	中国法医学杂志	第 3 期
利用嗜尸性蝇类辅助推断死亡时间 1 例	李学博 巩 强 万立华 江 东 焦亚光	中国法医学杂志	第 3 期
结肠粪性穿孔致死 1 例	何柏林 袁翔天 吴 旭 张国华 官大威 任 鹏 丁润涛	中国法医学杂志	第 3 期
图形异同判别 ERP 技术检测伪装认知损害的研究	赵二红 赵小红 刘子龙 饶广勋 陈 凯	中国法医学杂志	第 3 期
流动注射—化学方光法检测人体血清内枸橼酸芬太尼	吕海茹 宋正华 张军峰	中国法医学杂志	第 3 期
辽宁锡伯族群体 15 个 STR 基因座遗传多态性	沈红缨 喻少波 郭 飞 于 蛟 贾 菲 赵金玲 金 萍 姜先华	中国法医学杂志	第 3 期
交流 DNA 检验心得体会，共享检验成功经验	“疑难检材成功经验征集和分享”——活动报道	中国法医学杂志	第 3 期
在水中被电鱼器电击死亡电流斑分析 1 例	季炳均 龚先东	中国法医学杂志	第 3 期
马钱子中毒者的 GC/MS 检验 1 例	夏 勇 罗祥明 张 旭 韩庆艳	中国法医学杂志	第 3 期
椎体骨折伤残鉴定分析 1 例	李艳红 黄 巍	中国法医学杂志	第 3 期

续表

文章名	作者	刊物	期次
第65届美国法庭科学年会及法医病理学分会概况	卓　荦　刘　良	中国法医学杂志	第3期
绍兴市交通事故受伤延期死亡36例法医学分析	钟武魁　杨　坚	中国法医学杂志	第3期
胸廓内动脉破裂死亡1例	王　勇　李红卫　周艳玲　刘晓炜　闫　伟　李　明　刘海军　赵　爽	中国法医学杂志	第3期
利用胸骨对碎尸进行个体识别1例	喻永敏　夏　鹏　巩　强　王清山　李学博	中国法医学杂志	第3期
氯化琥珀胆碱中毒致死1例	古今平	中国法医学杂志	第3期
宫腔镜手术抑制死亡尸检分析1例	王云云　李登新　周小伟　刘立志　黄光照　朱少华	中国法医学杂志	第3期
脾切除后一侧肾缺失法医学鉴定1例	张　翔　黄　燕　苏宗岷	中国法医学杂志	第3期
慢性阻塞性肺疾病合并院内感染1例	赵昌龙　霍家润	中国法医学杂志	第3期
从三轮龙年邮票看票面印刷特点及检验	黄建同　韩星周　赵顺义　于　璐	公安大学学报(自)	第3期
我国道路交通事故责任认定理论和方法发展综述	马社强　薛菁菁	公安大学学报(自)	第3期
视频图像中目标长度的测量方法	李春宇　陈蕊丽　李　陟	公安大学学报(自)	第3期
基于数学形态学的单像素连续边缘检测方法	王　蓉　赵兴涛　王斌君	公安大学学报(自)	第3期
纸张上汗潜手印的热显法研究	齐宇颂　罗　顿　彭　颖	公安大学学报(自)	第3期

续表

文　章　名	作　　者	刊　物	期　次
基于隐性知识挖掘的电子证据获取技术研究	马　丁	公安大学学报（自）	第3期
足迹边缘弧度变化区分足别的量化研究	高　毅　陈　青　叶泸键　周　波　黄　尧	公安大学学报（自）	第3期
立体显微镜下依据滴落状血迹干燥度推断伤亡时间	温永启	公安大学学报（自）	第3期
一种基于ZMP5编码的视频数据恢复算法	丁　锰　康艳荣	公安大学学报（自）	第3期
基于决策树算法的P2P蠕虫检测模型构建	刘骋昊　王靖亚　亚森·艾则孜	公安大学学报（自）	第3期
从知识产权侵害案件看Microsoft PowerPoint演示文稿鉴定实践	刘惠萍　罗文华	中国司法鉴定	第3期
刑事诉讼专家辅助人制度的解读与完善	尹丽华	中国司法鉴定	第3期
试论专家在司法鉴定中的角色定位	胡卫平	中国司法鉴定	第3期
鉴定意见审查问题探究	冯宗美　陈玉林	中国司法鉴定	第3期
鉴定人出庭作证制度比较研究——以中国与英国为视角	沈潇雨	中国司法鉴定	第3期
论我国鉴定人屏蔽作证制度的法理基础	宫　雪	中国司法鉴定	第3期
医疗损害因果关系及其原因力的定性定量分析	冯　龙　王　典　于晓军　陈溢润	中国司法鉴定	第3期
机会丧失医疗损害的鉴定	张四平　黄伟宣　程时和　李　新　孙　岩	中国司法鉴定	第3期
再论如何正确应用DNA证据	宋方明	中国司法鉴定	第3期

续表

文章名	作者	刊物	期次
论司法鉴定的可重复性	陈　敏　刘　鑫	中国司法鉴定	第3期
正确把握朱墨时序鉴定的几个基本环节	邹卫东　杨　桔	中国司法鉴定	第3期
预防侦查错误视角下公安刑事鉴定制度的反思与完善	袁周斌	中国司法鉴定	第3期
同源性机雕渗透印章印文鉴别方法	王长亮　周光磊　顾会泳　李　明　刘　萍　陈伟民　薛建国	中国司法鉴定	第3期
伪装签名检验初探	李志荣	中国司法鉴定	第3期
精神障碍医学鉴定制度设计及相关问题探究	李　禹　梁权赠	中国司法鉴定	第3期
电子取证中AVI文件的文件雕复	黄婉镝　汪中夏　武振东	中国司法鉴定	第3期
关于"三大类"司法鉴定机构设置和运行机制的思考——以安徽省为例	潘传才	中国司法鉴定	第3期
人体脂肪的高效液相色谱-蒸发光散射分析	王　磊　史晓凡　许英健　张　芳	中国司法鉴定	第3期
溺死尸体器官硅藻检出率季节性差异	杜　宇　蔡洪洋　周　哲　李鹏飞　庞宜婧	中国司法鉴定	第3期
浅析医疗损害鉴定中的问题及其对策	李　荣　李　开　王建文	中国司法鉴定	第3期
法庭科学中泥土物证XRF检验数据的分析研判	郭洪玲　权养科　陶克明	中国司法鉴定	第3期
滚珠型签字笔笔痕特征的实验研究	白晓峰	中国司法鉴定	第3期
G5高速公路避险车道安全性分析	周　华　张诗波　李平飞　黄海波	中国司法鉴定	第3期

续表

文 章 名	作 者	刊 物	期 次
利用残缺赤足足迹推算身高	汤澄清 张宝东 张 然	中国司法鉴定	第3期
行业组织在司法鉴定规范化建设中的机制作用——以广东的实践为视角	罗纪锋	中国司法鉴定	第3期
同卵双生子甄别策略探讨	王彦学	中国司法鉴定	第3期
2013司法鉴定理论与实践研讨会综述	王 洁	中国司法鉴定	第3期
骨折后发现多发性硬化的医疗纠纷司法鉴定1例	高 东 程亦斌 范利华	中国司法鉴定	第3期
中国司法鉴定高峰论坛在上海举行	朱晋峰	中国司法鉴定	第3期
肋骨变异法医学鉴定2例	刘伟丽 周 阳 卞士中 张志湘	中国司法鉴定	第3期
法医学尸体检验信息在杀人案件串并中的应用	祁 翼 刘 军	中国司法鉴定	第3期
远近夹持方式对凸齿钥匙上仿形刀痕迹倾斜角度的影响	陈兴全 马 力 马元元 吴连魁	中国司法鉴定	第3期
上消化道出血病因误诊致全胃切除司法鉴定1例	冯 琼 邓 欢 万志刚 龚志强	中国司法鉴定	第3期
交通伤致早产的司法鉴定1例	何 蓉 周 萍 胡绚丽 冯一奇	中国司法鉴定	第3期
《司法会计鉴定技术规范》课题组开课会议	朱晋峰	中国司法鉴定	第3期
全光谱反射照相法在潜在指纹无损显现中的应用	张 铭 徐 峰 何慈光	中国刑警学院学报	第3期
免提取直接扩增技术在现场生物物证中的应用	吴 婷 牛青山 潘永峰 辛 阳	中国刑警学院学报	第3期

续表

文　章　名	作　　者	刊　物	期　次
单钩工具开启凸笄型弹片锁的痕迹研究	孙　凯　母浩斌　(山含)　洪　祥　白艳平	中国刑警学院学报	第3期
阔叶木树皮浸提物的高效液相色谱法分析	许英健　史晓凡	中国刑警学院学报	第3期
基于小波变换的单帧图像分辨率增强方法	冯清枝	中国刑警学院学报	第3期
优化 JX－2 试剂成分增强胶带粘面汗潜手印显现效果的初步研究	孟秋岚　牛　牛	中国刑警学院学报	第3期
MSN 通信痕迹的数据挖掘	孟庆博　英瑞刚	中国刑警学院学报	第3期
九二式港澳车牌的特点及检验方法	黄勇军　杜晖玲　温锦锋　关芳芳　李素真	中国刑警学院学报	第3期
常见喷墨打印机打印文件的同机识别特征研究	贾晓光　张凌云　王　迪　林素娥　杨业全	中国刑警学院学报	第3期
光敏印章印迹形成时间的研究	尤　伟　胡向阳	中国刑警学院学报	第3期
4种纸张汗潜指纹显现方法对STR分型影响的研究	李鹏飞　梁克伟　辛　阳　张忠良	中国刑警学院学报	第3期
笔迹（签名）量化检验鉴定分析评测系统的研究与实现	于　彬	中国刑警学院学报	第3期
显微分光光度法推断蓝色圆珠笔书写时间的研究	周亚红　房　诚	中国刑警学院学报	第3期
常见错字特征量化分析软件的研究与实现	李　震	中国刑警学院学报	第3期

续表

文 章 名	作 者	刊 物	期 次
Mathematical Models for Teenager's Living Age Evaluation Based on CT Image of Medial Clavicular Epiphysis	WEI Hua WAN Lei YING Chong-liang WANG Ya-hui ZHU Guang-you	法医学杂志	第4期
Quality Control System of Judicial Expertise in China	ZHU Guang-you	法医学杂志	第4期
应用反转录PCR和实时荧光定量PCR技术判定现场物证生物属性	许 炎 张 晨 徐庆文 黄江平 刘亚楠 邹凯南 平 原 周怀谷	法医学杂志	第4期
法医昆虫学死亡时间的推断与Daubert规则之思考	谢 丹 彭钰龙 郭亚东 蔡继峰	法医学杂志	第4期
主动脉夹层破裂致死63例法医病理学分析	黄 雷 刘双高 黄 翠 余丹媛 郑 莉 成建定 唐双柏	法医学杂志	第4期
多焦视觉电生理技术在视功能评估中的应用	彭书雅 陈捷敏 刘瑞珏 周 姝 刘冬梅 夏文涛	法医学杂志	第4期
高效液相色谱-串联质谱法测定肝组织中华蟾酥毒基和酯蟾毒配基	王 薇 刘明东 颜有仪 叶 懿 赵俊红 熊 卉 肖 敏 廖林川	法医学杂志	第4期
156例重复违法的精神障碍患者特征分析	刘建梅 吕 盼 胡峻梅	法医学杂志	第4期
利用人体外周血痕sjTREC含量推断个体年龄	曲冬阳 邓淑娇 葛芸英 陈 松 欧雪玲	法医学杂志	第4期
辨认和控制能力与责任能力司法精神鉴定差异的调查	李学武 高北陵 胡 峰 吴 超 张 华 关亚军 赖 武 李 毅 王 轶 吴冬凌 操小兰	法医学杂志	第4期

续表

文　章　名	作　　者	刊　物	期　次
河南汉族人群12个X-STR基因座的遗传多态性	刘亚举　苏伟民　岳俊涛　史绍杏　郭利红	法医学杂志	第4期
藏獒16个STR基因座的遗传多态性	熊　新　张晓峰　穆立伟　王梦蕾　杨金龙　张　博　莽九旺　邓亚军	法医学杂志	第4期
外周性眩晕者计算机动态姿势图的特点	周晓蓉　杨小萍　范利华	法医学杂志	第4期
四川省阿坝地区藏族青少年膝关节骨发育趋势	丁世荣　应充亮　万　雷　魏　华　王亚辉　朱广友	法医学杂志	第4期
兔死后角膜厚度与死亡时间的关系	李晓娜　郑吉龙　胡忠国　王保捷	法医学杂志	第4期
交通事故致腓总神经损伤伤残等级鉴定8例	戚莉群　王立新	法医学杂志	第4期
碘海醇致过敏性休克死亡1例	孙婷怡　周　明　刘　良　卓　荦　于天水　张海东	法医学杂志	第4期
胎儿宫内窘迫手术延时致医疗纠纷3例	孙　岩　曾庆细　单旭光　程时和	法医学杂志	第4期
肝包虫病术后胆瘘及胆道化学性损伤医疗纠纷1例	蔡一倩　顾　毅　葛延昌　马开军	法医学杂志	第4期
睾丸扭转误诊致睾丸切除医疗纠纷1例	周小燕　金正贤	法医学杂志	第4期
腹部外伤剖腹探查肠修补术后肠瘘医疗损害1例	王亚辉　夏文涛　朱广友	法医学杂志	第4期
胫骨平台骨折等速肌力测试1例	黄婷婷　范利华　高　东　夏　晴　万　雷　张　敏	法医学杂志	第4期
土埋15年尸骨DNA检验1例	杨耕野　李呈核　韩海军	法医学杂志	第4期

续表

文 章 名	作 者	刊 物	期 次
内固定钢板断裂致医疗纠纷2例	施亚锦　马　双　李永宏	法医学杂志	第4期
腹部刺伤后假性肝囊肿形成死亡1例	周　兰　张开乔　窦国宴　施建松　阚卫军　周盛斌　张海东	法医学杂志	第4期
产后髂静脉血栓形成并静脉自发性破裂死亡1例	韩治斌　石洪萍	法医学杂志	第4期
全身播散性隐球菌病死亡1例	余晓欣　李　秦　李长荣	法医学杂志	第4期
特殊自伤后死亡2例	牟宏书　罗丁齐　张　昊	法医学杂志	第4期
法庭科学毒物分析实验室质量控制的发展与现状	刘　烁　常　靖　董　颖　何　毅　白庆华　王彦斌　唐丹舟　孙玉澄　娜仁图亚	刑事技术	第4期
溺死的法医学鉴定	曹　喆　马世明　朱宝利	刑事技术	第4期
上转换发光材料显现指纹技术的研发与应用展望	马荣梁　赵国辉　朴相杰　陈　江	刑事技术	第4期
利用Q-TOFLC/MS建立二级谱图数据库快速检测90种农药的初步研究	郭　杰　许秋实　石辉丽　商金磊	刑事技术	第4期
利用ImageXpress系统灰度特征区分激光打印复印一体机的打印及复印文件初探	梁　政　韩星周　郝红光	刑事技术	第4期
尼罗红显现潮湿纸张上油脂手印方法初探	王明超　罗亚平	刑事技术	第4期
根据命案现场信息分析刻画嫌疑人特征	王怀勇　石　河　王浩宏　盛立会　黄京璐　李　明　罗　斌	刑事技术	第4期
二乙酰吗啡盐酸盐标准物质的研制（1）——均匀性和稳定性检验	冯　超　白燕平	刑事技术	第4期

续表

文　章　名	作　　者	刊　物	期　次
电子证据中 MMS 格式彩信的解码方法	林珍妮　黄建川	刑事技术	第4期
现场勘查与被害人对策	刘伟兵	刑事技术	第4期
杀人后吞咽死者子宫哽死1例	薛之一　董利民　李　磊　杨　军　陈　坤　李　桀　吴荣奇　江　涛　陈　新	刑事技术	第4期
荧光免疫法在显现吸烟者汗潜指印领域的应用	陈　彬　傅晓海	刑事技术	第4期
透明胶带的厚度检验	孙振文　权养科　陶克明	刑事技术	第4期
基于 PolyCyano UV 粉末显现手印的新技术	李　康　唐卫军　朴相杰　李孝君	刑事技术	第4期
Windows 环境下可执行文件操作痕迹分析方法	罗文华	刑事技术	第4期
行为证据及其实践应用价值初探	闵建雄	刑事技术	第4期
两种方法提取汗潜手印 DNA 的比较研究	郝金萍　邵丽芳　陈　松　刘开会　郭燕霞	刑事技术	第4期
毒品案件嫌疑人员指甲残留物中海洛因的检验	李骏波　伍文坚	刑事技术	第4期
去除视频模糊1例	郭晶晶　刘海珍　黎智辉	刑事技术	第4期
皮革类非光滑客体指纹提取方法	唐立君　文新平	刑事技术	第4期
弥漫性轴索损伤实验装置的研制及应用	何光龙　孙　溢　赵　艳	刑事技术	第4期
1例杀人焚尸案的法医学分析	梁小飞　党富生	刑事技术	第4期
DNA IQTM SYSTEM 在疑难指甲 DNA 检验中的应用	徐志成　刘炜彬　陈新星　童　奇	刑事技术	第4期

续表

文章名	作者	刊物	期次
GC/MS 方法检验制毒原生植物中的毒性成份	罗　璇　罗　芳	刑事技术	第 4 期
微量物证检验判断驾驶员 1 例	徐利英	刑事技术	第 4 期
通过影子视频比对破案 1 例	董学新	刑事技术	第 4 期
校车内儿童中暑死亡分析 1 例	张　吉　宋玉成　李登新　马文静　董红梅	刑事技术	第 4 期
雷击死法医学检验 1 例	徐桂森　李立刚　程继华　景元娜　马泽彬	刑事技术	第 4 期
车轮碾压胸部致主动脉断裂 1 例	姚恒江　张　龙	刑事技术	第 4 期
钥匙齿形检验 1 例	马元元　敖　琪	刑事技术	第 4 期
一种快速寻找血管断端及破裂口的方法	倪伟勇　何　鑫	刑事技术	第 4 期
精神病患者自杀 1 例分析	刘东顺　蒋艳伟　王增亮	刑事技术	第 4 期
从“科学的代言人”到“当事人的枪手”——专家证人历史沿革与我国现实考察	罗芳芳	证据科学	第 4 期
论专家辅助人意见——以刑事辩护为视角的分析	高　洁	证据科学	第 4 期
刑事诉讼专家辅助人出庭的观点争议及其解决思路	郭　华	证据科学	第 4 期
论非典型鉴定意见的法律效力——“鉴定咨询意见”、“鉴定检验报告”、“技术证据审核意见”的证据能力问题亟需依法统一认识	邹明理	证据科学	第 4 期
眼损伤法医学错误鉴定分析（附 2 例分析）	郭兆明　黄　巍　王　旭	证据科学	第 4 期

续表

文章名	作者	刊物	期次
在案件鉴定中对整体分离痕迹的重新认识	王洋	证据科学	第4期
离子液体分散液相微萃取-HPLC检测血浆中溴敌隆	齐孝蕊 周海梅 吕坪 李朴 马锦琦 李学博	中国法医学杂志	第4期
甲基苯丙胺稀土荧光试纸条的研制	陈明山 吉琼梅 赵芳 杨晓夏 徐臻 曹涛 林季敏 付辉 石锡莲 张美娟 朱海	中国法医学杂志	第4期
人体组织/体液来源的法医学鉴定	马丽莉 马红杜 黄代新	中国法医学杂志	第4期
应用免疫磁珠分离混合斑中精子	王清山 宁淑华 李学博 李红卫 林子清	中国法医学杂志	第4期
多焦视诱发电位在法医学客观视野检查中的应用价值	项剑 王旭	中国法医学杂志	第4期
GPC-GC/MS法分析血中20种安眠镇静药物	张炳谦 王国强 孙桂进 徐建军	中国法医学杂志	第4期
青壮年猝死综合征SCN2B、SCN4B基因检测	孙溢 王雯 刘超 刘双高 郑金祥 刘宏 成建定	中国法医学杂志	第4期
GoldeneyeTM20A和SinofilerTM试剂盒的比较研究	赵金玲 贾菲 郭飞 于蛟 赵斌 姜先华	中国法医学杂志	第4期
大鼠弥漫性轴索损伤脑组织弥散张量成像与免疫组化染色观察	李上勋 黄雯 段袆杰 邢景军 丁扬 杨怡 周亦武	中国法医学杂志	第4期
545例交通事故微量物证鉴定的统计分析	孙振文 权养科 孙玉友	中国法医学杂志	第4期

续表

文章名	作者	刊物	期次
东莞市 15～22 岁男性青少年牙齿钙化及其法医学意义	卢玫瑰　赖小平　谭琦瑄　丁镇丰　邓　敏　梁彩萍　陈　驰　吴　灿　钟建玲　何鑫耀	中国法医学杂志	第 4 期
超高效液相色谱－质谱法测定人全血中甲胺磷、乙酰甲胺磷含量	王朝虹　刘　勇　赵　蒙　吕俊岗	中国法医学杂志	第 4 期
骨骼肌肌钙蛋白 I 的研究进展及法医学应用展望	张　镭　孙俊红　李永强　喻永敏　路　健　王英元	中国法医学杂志	第 4 期
3 种特殊染色在急性心肌梗死死后诊断中的应用比较	毕海涛　杨　莹　刘　霞　黄建业　王松军　李英敏　丛　斌	中国法医学杂志	第 4 期
DRD5 基因遗传多态性与精神状态的相关性及法医学意义	赵　怡　丁　梅　庞　灏　邢佳鑫　宣金锋　王保捷	中国法医学杂志	第 4 期
人外周血 FoxO3a mRNA 表达随龄变化规律的初步研究	陈　琦　童　琳　易少华　刘宇轩　胡清清　黄代新	中国法医学杂志	第 4 期
UPLC-MS/MS 法检测血液中的磺胺嘧啶	岳　玥　张云峰　王　炯　杨瑞琴	中国法医学杂志	第 4 期
大鼠弥漫性脑损伤后脑组织 α－syn 的表达	杨永强　李　凡　马书玲	中国法医学杂志	第 4 期
应用数字图像推断胫腓骨骨折损伤时间的探讨	薛若冰　牛艳麟　任广睦　王英元	中国法医学杂志	第 4 期
皮肤烧伤愈合过程中磷酸化 c－Jun 的表达	熊昌艳　郭书华　官大威　甄　博　王永忠	中国法医学杂志	第 4 期
地芬诺酯中毒及检验方法研究进展	栾玉静　董　颖　王瑞花　杜鸿雁　张蕾萍　王芳琳	中国法医学杂志	第 4 期

续表

文 章 名	作 者	刊 物	期 次
东北地区4个民族ABO血型基因频率的调查分析	贾 菲 沈红缨 白丽萍 赵金玲 郭 飞 金 萍 孙 竹 姜先华	中国法医学杂志	第4期
应用Pixel法测量不规则体表瘢痕面积	曹 磊 张玲莉 霍家润	中国法医学杂志	第4期
尿素氮、肌酐和尿酸死后生化学检测的法医学应用	高卫民 朱吉林 米 丽 朱宝利	中国法医学杂志	第4期
帽状腱膜下血肿法医学鉴定分析1例	李 沛 王秋丽 李联祥	中国法医学杂志	第4期
视力减弱补偿率研究	汪 岚 余丽萍 Judy Danley	中国法医学杂志	第4期
新型液体毒品的检验1例	徐 鹏 钱振华 刘克林	中国法医学杂志	第4期
硅胶膜法检验保存12年混合斑1例	刘亚举 苏伟民 李 瑾 魏鹏飞	中国法医学杂志	第4期
胸外伤与主动脉夹层动脉瘤法医学鉴定1例	潘生万 曹甲甲	中国法医学杂志	第4期
高坠死亡法医学分析1例	耿有龙 张海松 李 军 陈孝勇 吴修源	中国法医学杂志	第4期
成人胸腺肥大猝死1例	甄 博 熊昌艳 张力群	中国法医学杂志	第4期
子弹击发对弹壳接触DNA提取检验效率的影响	吕晓革 万小妹 左 林	中国法医学杂志	第4期
石硫合剂与洁厕剂混合产生H _ 2S致人死亡1例	鞠芳芳 王 勇 卢小渝 吴 洁	中国法医学杂志	第4期
急性会厌炎伴脓肿形成引起急性喉梗阻猝死1例	于天水 马 勇 张海东 葛鲁邹	中国法医学杂志	第4期
车祸伤致阴茎背神经断裂性功能障碍1例	吴 凯 刘春源 赵永斌 高 健	中国法医学杂志	第4期

续表

文 章 名	作 者	刊 物	期 次
鼻骨二次骨折法医学鉴定1例	胡妮娜	中国法医学杂志	第4期
亲子鉴定 Penta D 检出三等位基因1例	魏淑荣 张付瑶 王 峰	中国法医学杂志	第4期
存储介质安全取证研究	赵 利 王昌华	公安大学学报（自）	第4期
红色纸张上同色指纹印记的光学无损提取方法	高树辉 樊 攀 杨飞黄	公安大学学报（自）	第4期
大鼠急性心肌缺血死亡后心肌 HIF－1α、Egr－1 mRNA 的表达	王 勇 张军荣 朱艳芳 张 恒 柳德斌 陈 彻	公安大学学报（自）	第4期
公安院校科学技术史教学体系改革探讨与实践	卢树华	公安大学学报（自）	第4期
基于 grabcut 算法的案件现场物证信息提取技术	姚莹莹 李 芳 卜凡亮	公安大学学报（自）	第4期
纸张上汗潜指纹粉末显现后粉的量和种类对 DNA 提取的影响	李鹏飞 梁克伟 石云杰	公安大学学报（自）	第4期
不同配方物理显影液显现皮脂汗手印初探	陈振乾 李玮亮	公安大学学报（自）	第4期
规范司法会计鉴定 提高鉴定质量——访《司法会计鉴定技术规范》执笔人杨为忠	朱淳良	中国司法鉴定	第4期
自我加压力促提高——浙江“司法鉴定文书评议”纪实	余晓辉	中国司法鉴定	第4期
刑事诉讼专家辅助人制度关键问题探讨	常 林 李苏林	中国司法鉴定	第4期
论专家辅助人出庭质证制度	赵 杰	中国司法鉴定	第4期

续表

文　章　名	作　　者	刊　物	期　次
2012年度全国司法鉴定情况统计分析	李　禹　党凌云	中国司法鉴定	第4期
论我国专家辅助人制度及其完善	王桂玥　张海东	中国司法鉴定	第4期
略论《刑事诉讼法》修改之后鉴定制度的完善——根据司法鉴定的价值和特点进行的分析	王敏远	中国司法鉴定	第4期
交通事故轮胎鉴定概述	李丽莉　张培锋　张志勇　张泽枫	中国司法鉴定	第4期
论司法鉴定机构的鉴定范围管理	贾治辉	中国司法鉴定	第4期
知识产权案件专家协助制度研究	徐康莉	中国司法鉴定	第4期
民事鉴定程序问题的应对与完善——以《民事诉讼法》的修改为基点	杨　俊	中国司法鉴定	第4期
犯罪心理测试反测试及其对策	王　龙　张　磊　刘洪广	中国司法鉴定	第4期
论法医精神病鉴定机构规范化建设——以浙江省为视角	潘广俊	中国司法鉴定	第4期
司法鉴定听证制度若干问题研究	王建强　陈光耀	中国司法鉴定	第4期
铜导线一次和二次短路熔痕的显微共聚焦激光拉曼光谱特征研究	丁敏菊　王　莹　张成功　张永丰　曾　毅　顾金龙	中国司法鉴定	第4期
医疗损害责任鉴定的定性及鉴定模式的思考	徐长苗　缪斌君　李　憑　黄光照　刘　丽　戴佳丽　张勤建　黄钱军	中国司法鉴定	第4期
签字笔与圆珠笔笔痕特征的比较研究	李江春	中国司法鉴定	第4期
专家证人“入席”进路及司法可终裁性思辨	王平荣　卜泳生	中国司法鉴定	第4期
中国司法鉴定历史文化的发展	任惠华　刘　琦	中国司法鉴定	第4期

续表

文章名	作者	刊物	期次
用ESI-TOF-MS分型技术检测线粒体DNA高变区碱基组成的多态性	李莉　柳燕　林源　赵珍敏	中国司法鉴定	第4期
系统检验方法在可疑文件鉴定中运用	杨旭　施少培　徐彻	中国司法鉴定	第4期
3，4－亚甲二氧基甲卡西酮的鉴定	郑水庆　吴忠平　汪蓉　叶海英　梁晨　王威　倪春芳　龚飞君　张润生	中国司法鉴定	第4期
加强司法鉴定监督管理工作的思考与对策——以重庆市为视角	陈明辉	中国司法鉴定	第4期
通过痕迹认定肇事车辆	张辉　朱明	中国司法鉴定	第4期
5例内固定取出术后再骨折的因果关系鉴定	施晓玲　李红梅	中国司法鉴定	第4期
低钾型周期性麻痹猝死16例法医学分析	胡东阳　孙溢　黄翠　黄雷　陆思雅　成建定　唐双柏	中国司法鉴定	第4期
胎盘血肿致死胎的法医学鉴定	余延和　卢水发　彭辉　王俊娴　雷丽婷	中国司法鉴定	第4期
溴甲酚绿与溴甲酚蓝显现液显现潜血印痕的比较	王跃	中国司法鉴定	第4期
食物残渣STR分型破案1例	刘亚举　苏伟民	中国司法鉴定	第4期
外伤致主动脉夹层法医学鉴定1例	汤云飞　许成武	中国司法鉴定	第4期
司法部司法鉴定科学技术研究所赴俄罗斯考察	蔡伟雄　徐彻	中国司法鉴定	第4期
现场状态勘验的基本问题研究	赵民　张利民　李昊博　李欣峰	中国刑警学院学报	第4期

续表

文章名	作者	刊物	期次
多道仪测试的证据关联性分析计算	陈云林　孙力斌	中国刑警学院学报	第4期
死后大鼠心肌组织GAPDH mRNA表达与死亡时间的关系	黄晓亮　江　南　单　迪　郑吉龙	中国刑警学院学报	第4期
中空纤维液相微萃取——GC-MS检测尿中的安眠酮	王　丹　孟品佳　龚　舜	中国刑警学院学报	第4期
Microsoft PowerPoint演示文稿残余编辑信息调查方法研究	罗文华	中国刑警学院学报	第4期
加成型室温硫化硅橡胶印模材料在痕迹提取中的应用研究	王　震　张　谦	中国刑警学院学报	第4期
汉字偏旁在笔迹检验中的运用	李志荣	中国刑警学院学报	第4期
甲氨基阿维菌素苯甲酸盐的中毒机制分析	卢延旭　倪仁斌　孟　碟　程　刚	中国刑警学院学报	第4期
笔顺特征在笔迹检验与鉴定中的应用	董翔宇	中国刑警学院学报	第4期
红外光谱法识别动物油脂及人体脂肪	王　岩　秦向铭	中国刑警学院学报	第4期
视频监控录像中车辆外观特征的应用	王　洋　罗亚平　戴　林	中国刑警学院学报	第4期
不同书写衬垫物条件下笔迹变化规律的研究	秦玉红	中国刑警学院学报	第4期
交通事故中的侧面直角碰撞问题研究	贾常明	中国刑警学院学报	第4期

续表

文章名	作者	刊物	期次
Messenger RNA Profiling for Forensic Body Fluid Identifica-tion：Research and Applications	WANG Zheng ZHANG Su-hua ZHOU Di ZHAO Shu-min LI Cheng-tao	法医学杂志	第5期
硅藻硝酸消化法与浮游生物16S rDNA PCR法在溺死鉴定中的比较	韩军鸽　王程宝　李兴彪 范琰琰　冯相平	法医学杂志	第5期
GPD1-L基因检测及其与青壮年猝死综合征的相关性	徐小龙　王　雯　刘　超 侯一丁　黄　雷　刘长晖 李　越　成建定	法医学杂志	第5期
沈阳市内浑河河段中硅藻数量及种群变化规律	杜　宇　周　哲　蔡洪洋 李鹏飞　夏俊苓	法医学杂志	第5期
道路交通事故二次损伤致死17例分析	黄思兴　张先国　孔　斌 邓振华	法医学杂志	第5期
金属硫蛋白-Ⅰ/Ⅱ在脑损伤修复中的机制及其法医学应用	李　东　李如波　林巨里	法医学杂志	第5期
成年小鼠氯胺酮慢性中毒后脑细胞凋亡	杨　菊　李小静　张志湘 陆凯明　卞士中	法医学杂志	第5期
中国朝鲜族H19基因上游差异甲基化区SNP分布	韦文滔　王　鑫　王冬梅 田璐源　王保捷　庞　灏 丁　梅	法医学杂志	第5期
家兔死后心血氧化还原电位值变化与死亡时间的关系	杨天潼　于永光　白　敬 张海东　孙婷怡　Mary G. Ripple　David R. Fowler 李　玲	法医学杂志	第5期
基于腰椎高度X线测量技术推断四川汉族女性身高	青思含　常云峰　董晓爱 李　媛　陈晓刚　舒永康 邓振华	法医学杂志	第5期

续表

文章名	作者	刊物	期次
大鼠急性八角莲中毒的组织病理学变化	徐 祥 徐茂盛 朱建华 黄光照	法医学杂志	第5期
基于CT扫描并图像重组青少年锁骨胸骨端骨龄数学模型	魏 华 特来提·赛依提 万 雷 应充亮 王亚辉	法医学杂志	第5期
吗啡戒断大鼠中脑腹侧背盖区GAP-43的表达变化	罗良鸣 吴玉锋 倪维成 朱 华	法医学杂志	第5期
手套印、袜印DNA检验4例	龙 兵 高必金 罗 杨 皮建华 张德明	法医学杂志	第5期
辽南地区汉族人群19个Y-STR基因座的遗传多态性	杜 泓 胡政明 余 光	法医学杂志	第5期
砷、汞经骨髓吸收致急性中毒死亡1例	叶光华 范琰琰 胡海燕 喻林升 马春玲	法医学杂志	第5期
暴力灌食刺激性食物致呼吸道梗阻窒息死亡1例	穆 娇 董红梅 张宏燚 张 吉 宋玉成	法医学杂志	第5期
Y-STR家系排查结合常染色体STR确定嫌犯身份1例	张 俊 张红波 平妍颜	法医学杂志	第5期
脓毒败血症误诊为精神病医疗纠纷1例	郑 剑 高 珍 许小明 李艳红	法医学杂志	第5期
包裹钝器致多种损伤形态分析1例	宁少辉 刘铁柱 段祎杰 李上勋 王学鸿	法医学杂志	第5期
宫内妊娠合并宫外妊娠医疗纠纷1例	葛鲁邹 曲彦霖 张 艳 张凤芹 常 林	法医学杂志	第5期
缢索损伤检验2例	马晓锋 杨永强 骆乃雄	法医学杂志	第5期
集体烧炭自杀死亡1例	傅海洋 孙振华 陈峻峰 梁 黎 喻永敏 李红卫	法医学杂志	第5期
心内膜弹力纤维增生死亡1例	陈圆圆 张建华	法医学杂志	第5期

续表

文章名	作者	刊物	期次
肾癌引发肺动脉栓塞致死1例	邵　翔	法医学杂志	第5期
火场中尸体检验及案件性质分析1例	廖明庆　陈　勇　廖信彪	法医学杂志	第5期
牙齿脱落致伤方式法医学鉴定1例	尹晓宏　姜子明　史立辉	法医学杂志	第5期
氧气瓶内充入高纯度一氧化碳致人死亡1例	吴　民　卢延旭　孟　磔	法医学杂志	第5期
蒙面捆绑式溺水自杀1例	康智华	法医学杂志	第5期
抑郁症患者佐匹克隆中毒后兴奋躁动法医学鉴定1例	刘　超　吴家声　汤　涛	法医学杂志	第5期
毒物分析方法的确认	刘　烁　董　颖　常　靖　何　毅　王彦斌　白庆华　唐丹舟　陈　霞　孙玉澄	刑事技术	第5期
衍生化在气相色谱－质谱法检测苯丙胺类毒品中的应用进展	杨洪国　李重阳　丁　斌	刑事技术	第5期
磁珠DNA自动提取系统在法医检验中的应用	管　桦　李　英　荣海博　赵　颖　阮德林	刑事技术	第5期
有毒生物碱阿托品的检验现状	唐步罡　孟品佳　孟　梁	刑事技术	第5期
二乙酰吗啡盐酸盐标准物质的研制（2）——定值和不确定度评定	冯　超　白燕平	刑事技术	第5期
微腔型PCR芯片用于法医DNA分析的初步研究	董军磊　欧　元　李彩霞　秦奎伟　刘　琳　姜伯伟　赵兴春　叶　健	刑事技术	第5期
如何根据损伤痕迹检验分析交通肇事逃逸案件	王淳浩　石向东　张　龙　陈　谦	刑事技术	第5期
数字虚拟切片技术在武汉市中心城区水域春季硅藻调查中的应用	白英杰　杜　飞　金志兴　高　冬　朱金龙　孙婷怡　刘　良	刑事技术	第5期

续表

文　章　名	作　　者	刊　物	期　次
足的解剖结构与足迹形成关系的研究	王永峰　任　磊　李　荣	刑事技术	第5期
茚三酮与DFO显现纸张上指印的方法比较	王　坤　周介平	刑事技术	第5期
棉签二次转移法有效提取现场手套印脱落细胞DNA	袁则平	刑事技术	第5期
水中脱落细胞DNA检验探讨	栗正中　高　瀚　刘　倩	刑事技术	第5期
SWP荧光剂熏显油脂手印方法的初步研究	裴　浩　罗　莉　李南雄 朱杜容　林玉映　余加友 许伟镇	刑事技术	第5期
39例掌骨完全性骨折法医学鉴定分析	戴先成　徐永城　王山青	刑事技术	第5期
兽用麻醉药鹿眠灵中毒案例分析	侯　磊　张欣远	刑事技术	第5期
智能型物证管理系统的应用	冯祖祎　葛百川　王明鑫 王明直	刑事技术	第5期
显微共焦拉曼光谱法在添改文件检验中的应用	姜志刚	刑事技术	第5期
闭合性胸部损伤致心肌挫伤、坏死并破裂的法医学鉴定	周顺平　张　飚　张开乔 顾晓生	刑事技术	第5期
红色药片中检出美沙酮1例	田　蜜　吕　铭	刑事技术	第5期
常见洗手方式对92式手枪射击残留物检出率的影响	徐晓玲　吴巧雯　孙肇暘 邱蓉蓉	刑事技术	第5期
祖孙关系鉴定1例分析	林汉光　唐剑频　许传超 邝文健　邱升元	刑事技术	第5期
利用擦划痕迹辅助认定鞋子1例	白艳平	刑事技术	第5期
DNA检验确定子弹弹着点	王传海　董玉友　吴　勇 李湘秦　杜　舟	刑事技术	第5期

续表

文章名	作者	刊物	期次
采用捂压方式至性窒息1例	戴　林　徐桂森　宫志鹏	刑事技术	第5期
精神病人杀人后自杀现场重建1例	薛海斌　高东军　王　勇	刑事技术	第5期
“烟雾病”患者猝死的死因分析鉴定1例	余家树　刘青青	刑事技术	第5期
轿车内胶带纸安全带坐位缢死现场重建确定死亡性质	潘钦芳　陈征哲　吴经魁　李建川　曾强宗	刑事技术	第5期
油渍光滑客体表面灰尘、灰汗混合指纹显现	石胜峰　周众磊	刑事技术	第5期
群死性道路交通事故法医学个体识别	姚恒江　石向东	刑事技术	第5期
脂肪栓塞中苏丹Ⅲ染色的定量分析	熊昌艳　郭书华　王永忠　孙瑞清	刑事技术	第5期
图形全等法认定命案现场掌纹1例	蔡　江	刑事技术	第5期
利用强酸引爆TATP爆炸伤害案件勘验1例	夏　攀　吕小宝　凌友青　王长富　戴　维	刑事技术	第5期
1例疑似自杀案件错误原因剖析	齐　通　霍晓武	刑事技术	第5期
伤病并存血气胸的轻重伤鉴定分析1例	吕茂群　殷世强　胡华子	刑事技术	第5期
利用案前遗留指纹破获抢劫杀人案1例	高喜峰	刑事技术	第5期
斧头致颅骨的特征性损伤1例	何洪斌　郭小闽	刑事技术	第5期
毒物分析方法的确认	刘　烁　董　颖　常靖等	刑事技术	第5期
智能型物证管理系统的应用	冯祖祎　葛百川　王明鑫等	刑事技术	第5期
二乙酰吗啡盐酸盐标准物质的研制2—定值和不确定度评定	冯　超　白燕平	刑事技术	第5期

续表

文章名	作者	刊物	期次
轿车内胶带纸安全带坐位缢死现场重建确定死亡性质	潘钦芳 陈征哲 吴经魁等	刑事技术	第5期
SWP荧光剂熏显油脂手印方法的初步研究	裴浩 罗莉 李南雄等	刑事技术	第5期
数字虚拟切片技术在武汉市中心城区水域春季硅藻调查中的应用	白英杰 杜飞 金志兴等	刑事技术	第5期
微腔型PCR芯片用于法医DNA分析的初步研究	董军磊 欧元 李彩霞等	刑事技术	第5期
脂肪栓塞中苏丹Ⅲ染色的定量分析	熊昌艳 郭书华 王永忠等	刑事技术	第5期
常见洗手方式对92式手枪射击残留物检出率的影响	徐晓玲 吴巧雯 孙肇旸等	刑事技术	第5期
磁珠DNA自动提取系统在法医检验中的应用	管桦 李英 荣海博等	刑事技术	第5期
有毒生物碱阿托品的检验现状	唐步罡 孟品佳 孟梁	刑事技术	第5期
利用强酸引爆TATP爆炸伤害案件勘验1例	夏攀 吕小宝 凌友青等	刑事技术	第5期
衍生化在气相色谱-质谱法检测苯丙胺类毒品中的应用进展	杨洪国 李重阳 丁斌	刑事技术	第5期
水中脱落细胞DNA检验探讨	栗正中 高瀚 刘倩	刑事技术	第5期
39例掌骨完全性骨折法医学鉴定分析	戴先成 徐永城 王山青	刑事技术	第5期
足的解剖结构与足迹形成关系的研究	王永峰 任磊 李荣	刑事技术	第5期
如何根据损伤痕迹检验分析交通肇事逃逸案件	王淳浩 石向东 张龙等	刑事技术	第5期

续表

文　章　名	作　　者	刊　物	期　次
闭合性胸部损伤致心肌挫伤、坏死并破裂的法医学鉴定	周顺平　张　飚　张开乔等	刑事技术	第5期
棉签二次转移法有效提取现场手套印脱落细胞DNA	袁则平	刑事技术	第5期
显微共焦拉曼光谱法在添改文件检验中的应用	姜志刚	刑事技术	第5期
茚三酮与DFO显现纸张上指印的方法比较	王　坤　周介平	刑事技术	第5期
兽用麻醉药鹿眠灵中毒案例分析	侯　磊　张欣远	刑事技术	第5期
图形全等法认定命案现场掌纹1例	蔡　江	刑事技术	第5期
DNA检验确定子弹弹着点	王传海　董玉友　吴　勇等	刑事技术	第5期
油渍光滑客体表面灰尘、灰汗混合指纹显现	石胜峰　周众磊	刑事技术	第5期
群死性道路交通事故法医学个体识别	姚恒江　石向东	刑事技术	第5期
伤病并存血气胸的轻重伤鉴定分析1例	吕茂群　殷世强　胡华子	刑事技术	第5期
利用案前遗留指纹破获抢劫杀人案1例	高喜峰	刑事技术	第5期
“烟雾病”患者猝死的死因分析鉴定1例	余家树　刘青青	刑事技术	第5期
利用擦划痕迹辅助认定鞋子1例	白艳平	刑事技术	第5期
采用捂压方式至性窒息1例	戴　林　徐桂森　宫志鹏	刑事技术	第5期
祖孙关系鉴定1例分析	林汉光　唐剑频　许传超等	刑事技术	第5期
精神病人杀人后自杀现场重建1例	薛海斌　高东军　王　勇	刑事技术	第5期

续表

文　章　名	作　　者	刊　物	期　次
红色药片中检出美沙酮1例	田　蜜　吕　铭	刑事技术	第5期
1例疑似自杀案件错误原因剖析	齐　通　霍晓武	刑事技术	第5期
斧头致颅骨的特征性损伤1例	何洪斌　郭小闽	刑事技术	第5期
DNA鉴定人出庭作证现状、问题及对策	袁　丽	证据科学	第5期
论声纹鉴定意见的表述形式	曹洪林　李敬阳　王英利　孔江平	证据科学	第5期
建立中国司法鉴定行业科技支撑体系研究成果的应用与思考	霍宪丹	证据科学	第5期
乙醇脱氢酶在酒精代谢中的作用	张幼芳	中国法医学杂志	第5期
DNA甲基化标记检测方法及其法医学应用	周　娣　王　正　张　霁　侯一平	中国法医学杂志	第5期
多种药毒物同时检测的研究进展	李立亮　赵子琴　郑力行　姜　宴	中国法医学杂志	第5期
法医学起源研究	杨天潼　常　林	中国法医学杂志	第5期
过敏性休克死亡豚鼠心、气管、喉头IL-10表达的死后变化	梁　琪　范琰琰　喻林升　杨　超　董秋莲　叶光华	中国法医学杂志	第5期
常染色体STR三体基因座父权指数计算方法探讨	林汉光　许传超　唐剑频　邝文健　陈　锐　赖小平　邱升元	中国法医学杂志	第5期
UPLC-MS/MS法测定海洛因中10种掺杂物	刘翠梅　刘培培　白燕平	中国法医学杂志	第5期
采用SEM/EDX方法推断铜锌镀层钢管的种类	高洪涛　祝志伟　赵春梅　刘　力	中国法医学杂志	第5期
细胞mRNA检测鉴别外周血和月经血	王　冲　李万水　徐秀兰　石　屹　李彩霞　葛芸英　孙　辉	中国法医学杂志	第5期

续表

文 章 名	作　者	刊　物	期　次
纸张上汗潜指印 DNA-STR 检验成功率分析	郝金萍　邵丽芳　陈　松　刘开会　周　毅　郭燕霞　吴雅铭	中国法医学杂志	第 5 期
河南省济源市汉族人群 18 个 STR 基因座遗传多态性	王　乐　赵兴春　张　建　欧　元　叶　健　季安全　姜成涛　白　雪　孙　敬　赵　蕾　亢　斌　商存洁	中国法医学杂志	第 5 期
机械性窒息致多脏器气栓 1 例	刘　超　于晓军　吴德清　吕俊耀	中国法医学杂志	第 5 期
超高效液相色谱 - 质谱法测定全血中甲哌啶	赵　森　张云峰　王　炯　于忠山	中国法医学杂志	第 5 期
百草枯类似物的合成及其还原产物 GC/MS 确认	刘俊亭　高利娜　王春媛	中国法医学杂志	第 5 期
DRD4 第Ⅲ外显子多态性与暴力行为的关联性	封　宇　万小妹　林正志　邓党军　缪元颖　孙野青	中国法医学杂志	第 5 期
不同时程吗啡依赖对大鼠中脑黑质多巴胺神经细胞的影响	史为博　刘伟兵　贾景娜　王　洁　李英敏　丛　斌	中国法医学杂志	第 5 期
SPVER-A 在客观评估视敏度中的法医学价值	于丽丽　刘　会　王　旭	中国法医学杂志	第 5 期
月经期性行为引空气栓塞死亡 1 例	牛　鑫　周美新　程昱翰　王俊杰　田　伟	中国法医学杂志	第 5 期
两种不同方法同步检测血清中乙醇浓度的对比分析	王冬梅　胡　俊　傅冬梅	中国法医学杂志	第 5 期
无晶体眼视觉损伤程度评价研究	汪　岚　Judy Danley　余丽萍　丛广林	中国法医学杂志	第 5 期
闽南地区汉族 17 个 Y-STR 基因座遗传多态性	吴德清　杨颖峰　林　峰　林元益　刘海耀　唐剑频	中国法医学杂志	第 5 期

续表

文章名	作者	刊物	期次
利用股骨组织形态学推断男性年龄初探	王思 康秋君 陈为龙 杨晓春 费青 闫珊 李洪岩	中国法医学杂志	第5期
胎儿亲权鉴定同时检出父源和母源突变1例	翟倩 尹耕心 翟勇 程丽娜 牛于华 吴小侨 吴曙东	中国法医学杂志	第5期
脑星形细胞瘤死亡法医学鉴定1例	黄雷 余丹媛 侯一丁 成建定 唐双柏	中国法医学杂志	第5期
瓷器表面单枚指纹DNA分型检验1例	谭卓毅 陈水琴 王峰 李琼 刘书超 冯锐	中国法医学杂志	第5期
一位老法医从加拿大的来信	祝家镇	中国法医学杂志	第5期
衣着差异对火车撞伤的影响495例分析	刘钢 王硕 宋洪光 王岩 席焕久	中国法医学杂志	第5期
小腿金属异物体内游走至肺部1例	徐安宁 田彬 薛丽丽	中国法医学杂志	第5期
颅骨修补后钛网损伤的损伤程度鉴定1例	张志威 乐永锐 王建文	中国法医学杂志	第5期
骨质疏松基础上骨折的损伤程度评定	张磊 张海涛 邹志虹	中国法医学杂志	第5期
成人左冠状动脉起源异常猝死1例	王斌 王国辉 胡立新	中国法医学杂志	第5期
杀人伪装意外死亡法医学分析1例	张磊 徐杰	中国法医学杂志	第5期
马蹄肾外伤后破裂的法医学鉴定1例	朱卫元 靳桂生 苑锐光 刘军	中国法医学杂志	第5期
铁棒击打左额部致右侧筛骨纸板骨折1例	孙立欣 张殿元 郭建槐 王国荣	中国法医学杂志	第5期

续表

文章名	作者	刊物	期次
克罗恩病腹部闭合性肠破裂1例	王晓辉　曹乃华	中国法医学杂志	第5期
外伤后药物流产1例	景　虎	中国法医学杂志	第5期
我国专家辅助人制度创新的实用主义及立法的模糊立场——基于司法实践的一种理论展开	郭　华	中国司法鉴定	第5期
自媒体时代冤假错案的遏制路径与鉴定保障	卜泳生　王平荣	中国司法鉴定	第5期
司法鉴定人出庭质证若干问题研究	沈臻懿　包建明	中国司法鉴定	第5期
专家辅助人制度的问题与改革——基于我国侦查实践的研究	涂　舜	中国司法鉴定	第5期
医疗损害司法鉴定存在的主要问题及对策	朱广友　特来提·赛依提	中国司法鉴定	第5期
司法鉴定制度的弊端及改革思路——以刑事诉讼为视角	张瑞勤　范长存　钱　鹏	中国司法鉴定	第5期
朱墨时序显微检验的技术要点及应用	陈晓红　施少培　徐　彻　卞新伟　钱煌贵　孙维龙　杨　旭	中国司法鉴定	第5期
证人的目击面孔心理重建及认知检测	张　磊　王　龙　刘洪广	中国司法鉴定	第5期
重新鉴定现状调查及思考——以乐山市为例	袁勇明	中国司法鉴定	第5期
印文墨迹分布特征及材料特性在盖印时间鉴定中的应用	孙维龙　施少培	中国司法鉴定	第5期
GC-MS检测新型策划毒品K3	李茂盛　郑水庆　陈永生　刘　琦　张润生	中国司法鉴定	第5期

续表

文 章 名	作 者	刊 物	期 次
印油印迹中色料成分的UHPLC方法研究	邹积鑫 王妍棪 石高军	中国司法鉴定	第5期
技术证据审核的困境与出路	李 麒 王燕芳	中国司法鉴定	第5期
裂解气相色谱–质谱法和红外光谱法对红色汽车油漆的比较分析	孙其然 罗仪文 徐 彻	中国司法鉴定	第5期
建筑工程司法鉴定若干问题的探讨	唐为明	中国司法鉴定	第5期
基于单车事故车速鉴定的取证技术	邵祖峰 江 福 梁小华	中国司法鉴定	第5期
涉嫌酒后驾驶交通事故人体损伤与驾驶员血中乙醇质量浓度关系研究	李 乐 洪仕君 李树华 张东先 李利华	中国司法鉴定	第5期
我国古代法医语言的现代借鉴价值	黄瑞亭	中国司法鉴定	第5期
浅谈提升司法鉴定文书公信力	李 漗 徐长苗 金利刚 黄光照	中国司法鉴定	第5期
限制性体位窒息死亡的法医学鉴定	侯碧海	中国司法鉴定	第5期
植物DNA条形码技术用于交通命案的调查	雷湘华 周 倩 高必达	中国司法鉴定	第5期
有限元法在分析制动盘损坏原因中的应用	潘少猷 冯 浩 张志勇 陈建国	中国司法鉴定	第5期
真空镀膜中膜系选择对潜手印显现的影响	慕玉玲 李孝君 常柏年	中国司法鉴定	第5期
心脏起搏器植入后阵发心房纤颤医疗纠纷鉴定1例	王宝泉 田 甜 徐秀兰 胡 春	中国司法鉴定	第5期

续表

文章名	作者	刊物	期次
司法鉴定助理性质、定位与职业标准之探讨	刘建时	中国司法鉴定	第5期
文化视角下软实力提升路径与策略——司法部司法鉴定科学技术研究所文化建设模式探究	王　洁　沈　敏	中国司法鉴定	第5期
试论机动车司法鉴定标准体系构建	李山桥　曾红彬	中国司法鉴定	第5期
钢结构工程司法鉴定技术	刘育民　左勇志　孙　迪 马月坤　刘云龙	中国司法鉴定	第5期
综合利用痕迹和地面条件分析交通事故成因1例	白艳平　王明直	中国司法鉴定	第5期
颅脑损伤后昏迷与社会活动、生活功能的相关性探讨	李春晓　张运阁　管国富 刘伟丽　陈溪萍　陶陆阳	中国司法鉴定	第5期
Chauffeur骨折成伤机制法医学鉴定1例	杜　宇	中国司法鉴定	第5期
2013’医疗损害司法鉴定培训暨研讨会在贵阳召开	朱晋峰　蔡莉萍	中国司法鉴定	第5期
2013年度司法鉴定能力验证召开专家评审会	王　洁　阮隽峰	中国司法鉴定	第5期
Reliability Study on Quantitative Detection of Extensor Digitorum Brevis Strength with Needle Electromyography and Nerve Conduction	GAO Dong　XIA Qing RAN Dan　TIAN Dong ZHU Guang-you FAN Li-hua	法医学杂志	第6期
Genetic Polymorphisms of 15 STR Loci in Gansu Hui Population	SUN Hong-bing　YANG Xin HA Fei　LUO Ji-huai ZHANG Zi-long	法医学杂志	第6期

续表

文　章　名	作　　者	刊　物	期　次
《人体损伤程度鉴定标准》理解与适用——总则	朱广友　范利华　夏文涛　程亦斌　刘瑞珏　杨小萍　吴　军	法医学杂志	第6期
电热板消解电感耦合等离子体质谱法测定人发中33种无机元素的含量	骆如欣　马　栋　张素静　卓先义	法医学杂志	第6期
256例命案尸体死亡时间推断的回顾性分析	孙　政　钟立辉　孙　栋	法医学杂志	第6期
20例脂肪栓塞死亡的法医学分析	周　兰　穆　娇　董红梅　张　吉	法医学杂志	第6期
山东汉族人群19个STR基因座的遗传多态性	张茂修　韩淑毅　高洪梅　孙善会　肖东杰　刘　洋　汪运山	法医学杂志	第6期
湖南地区汉族人群12个常染色体STR基因座的遗传多态性	王　峰　胡　韬　周建波	法医学杂志	第6期
人体死亡后血液中生化指标的变化	邓恺飞　黎世莹　秦志强　刘宁国　邹冬华　陈忆九　黄　平	法医学杂志	第6期
网络环境下的法医学循证	邱云亮　彭明琪	法医学杂志	第6期
氯化琥珀胆碱分析测定的研究进展	蒋明哲　程向炜　褚建新	法医学杂志	第6期
性自我防卫能力评定量表在非精神发育迟滞精神障碍患者中的适用性	刘　超　蔡伟雄	法医学杂志	第6期
单管一步甲基化可变位点分析技术	岳阳阳　赵贵森　张　倩　鲁　涤　翟仙敦　莫耀南	法医学杂志	第6期
丽蝇科蝇类的生物学特性及其法医学应用	赵　博　温　婵　齐莉莉　王　贺　王　冀	法医学杂志	第6期

续表

文 章 名	作 者	刊 物	期 次
多层螺旋 CT 冠状动脉钙化积分在评价冠心病猝死中的应用	万 雷 应充亮 刘宁国 夏文涛 王亚辉 魏 华 朱广友	法医学杂志	第 6 期
STR 基因座三带型等位基因的统计学分析	刘 莹 任 贺	法医学杂志	第 6 期
高父权指数的祖孙关系法医学鉴定 1 例	王小广 陈 勇 陈维红 伍新尧	法医学杂志	第 6 期
交通事故致弥漫性轴索损伤伤残等级鉴定 89 例分析	苏巧荣 陈明敏 张登科 蔡伟雄 葛建荣 张宏卫 杜筱蓓	法医学杂志	第 6 期
移尸案死亡方式法医学分析 1 例	余永安 高 炜 李 桀 葛延昌 马开军	法医学杂志	第 6 期
命案中案犯刻画的法医现场勘验	兰樟彩 林发生	法医学杂志	第 6 期
临时起意杀人抛尸法医学鉴定 1 例	郑学斌 吉子炎	法医学杂志	第 6 期
外伤性脾破裂切除术后门静脉血栓形成医疗纠纷 1 例	俞晓英	法医学杂志	第 6 期
苏北地区汉族人群 19 个 Y-STR 基因座的遗传多态性	于海龙 储国栋 詹 梅	法医学杂志	第 6 期
氯氮平投毒致人死亡 1 例	薛锦锋 田琳琳 刘明明	法医学杂志	第 6 期
美国第 65 届法庭科学年会简介与思考	陈新山	法医学杂志	第 6 期
外伤性副脾破裂死亡医疗损害鉴定 1 例	喻林红 胡海涛	法医学杂志	第 6 期
交通事故致阴茎硬结症并勃起功能障碍法医学鉴定 1 例	周 旻 王飞翔 沈寒坚 朱广友	法医学杂志	第 6 期

续表

文　章　名	作　　者	刊　物	期　次
产瘫患儿臂丛神经损伤法医学鉴定1例	冉　聃　范利华　程亦斌　夏　晴　高　东	法医学杂志	第6期
心内膜炎并多发性脑栓塞致死1例	陈　敏　黄　平　刘宁国　秦志强　陈忆九	法医学杂志	第6期
产褥期肺动脉血栓栓塞猝死医疗纠纷1例	于天水　张海东　百茹峰　葛鲁邹　马　勇	法医学杂志	第6期
胫腓骨骨折内固定术后并发肺脂肪栓塞死亡1例	张瑾怀　李永宏	法医学杂志	第6期
Y-STR数据库在案件侦查中的应用2例	张　斌	法医学杂志	第6期
利用X-STR侦破杀人碎尸案1例	廖长青　周建波　刘文海	法医学杂志	第6期
烟雾病致脑梗死死亡法医学鉴定1例	韩志杰　孙　勇	法医学杂志	第6期
海量数据取证方法的探讨	李荣荣　吴春生	刑事技术	第6期
图像真伪鉴定内涵	黎智辉　郭晶晶　王永强　许小京	刑事技术	第6期
辽宁清河、棋盘山两座水库中硅藻种群及数量变化规律的法医学研究	杜　宇　霍长野　张子铭　李鹏飞	刑事技术	第6期
京尼平与茚三酮显现手印方法的比较研究	王明超　罗亚平	刑事技术	第6期
足迹检验在凶杀案件中的勘查重点和应用	啜济显	刑事技术	第6期
电信诈骗的电子取证探析	胡　颖	刑事技术	第6期
STR图谱分析中的问题及对策	王　琴　王东京	刑事技术	第6期
氯硝柳胺的GC/MS检验	石　琳　黄金良　刘　然　王燕军	刑事技术	第6期

续表

文章名	作者	刊物	期次
彩色背景客体上手印的显现方法	李孝君 慕玉玲 贡 献 常柏年	刑事技术	第6期
纹线中空特征在指纹比对中的应用	吉永成	刑事技术	第6期
同色电工胶带的光谱成像技术检验	孙 阳 孙振文 王桂强 权养科	刑事技术	第6期
激光刻蚀等离子质谱测定打印纸中的常量和微量元素	高 婷 郭洪玲 权养科	刑事技术	第6期
福州市5类山地土的区分方法研究	宣 瑜 刘祥伟 郭 建 林小龙 吴升武 林瑾珲 周毓灼 郑 武	刑事技术	第6期
视频信息挖掘现场生物物证的应用	刘亚举 许俊强 陈指挥 胡延昌	刑事技术	第6期
自制炸药包壳的爆炸规律研究	邹多生 石 琳 王燕军 余蓉强 金登伟	刑事技术	第6期
GC-HPLC法考察圆珠笔字迹油墨厚度对溶剂挥发速率的影响	姜 波 徐同凯 徐海华 李心倩	刑事技术	第6期
法医个体识别案件中检验意见刍议	赵 蕾 赵兴春 欧 元 孙 敬 白 雪 叶 健	刑事技术	第6期
一起命案指纹查询失败的反思	王 军 张 良	刑事技术	第6期
手套纱线印痕特征检验方法探讨	谈 科	刑事技术	第6期
运用PolyCyano UV粉末熏显手印的最佳浓度探究	李 康 李孝君 常柏年	刑事技术	第6期
远红外加热无损显现渗透性客体上指印初探	甘德安 郑黎岗	刑事技术	第6期
彩色复印假币案件的检验1例	王妍楱 邹积鑫 陈 翔	刑事技术	第6期

续表

文章名	作者	刊物	期次
视频中车辆的检验鉴定	郝洪建 富海军 孙国强 魏启华	刑事技术	第6期
建立多波段光源搜证方法的必要性与可行性	孙 栋 荣玉山 许象成	刑事技术	第6期
脸盆水中自溺死亡1例	宋 华 杨 斌	刑事技术	第6期
方言土语在心理测试中的运用1例	武立志 储 璇	刑事技术	第6期
利用药品纸质包装盒上的图文特征鉴别仿冒药品	白萃萃 梁鲁宁 林雷祥 陈万昌 邹积鑫	刑事技术	第6期
1次采用4种方式自杀死亡1例	徐福生 杨 锋	刑事技术	第6期
涉爆案件中颜色反应结合GC/MS检验硫磺1例	顾 强 瞿振兴	刑事技术	第6期
服用抑制性药物对心理测试的影响	张 勇	刑事技术	第6期
人像照片在模拟画像中沟通的应用	张惟真 付旭东 张 欣	刑事技术	第6期
道路交通事故受伤合并糖尿病死亡1例	姚恒江 汪 隽	刑事技术	第6期
鼻区骨折检验中误诊、漏诊原因分析	王喜勇 李娟华	刑事技术	第6期
根据现场烟头上痕迹推断作案人习惯特点2例	夏小玲 刘伟平	刑事技术	第6期
精-血混合斑检出单一STR分型3例	王东京 王 琴 高林林 李佑英	刑事技术	第6期
冻死致颅底骨折1例	刘 龙 高 峰	刑事技术	第6期

续表

文 章 名	作 者	刊 物	期 次
枕部着地致额骨骨折的法医学分析	李玉峰 亓 冰 左莹莹	刑事技术	第6期
《人体损伤程度鉴定标准》解读与评析	王 旭	证据科学	第6期
人体损伤鉴定标准的变化与问题研究	刘 鑫	证据科学	第6期
2012年法医临床学研究进展	杨天潼	证据科学	第6期
论人体损伤程度鉴定的原则	常 林	证据科学	第6期
从眼外伤损伤程度条款设计看新标准修订思路	刘冬梅 夏文涛	证据科学	第6期
遗传性心律失常猝死的分子解剖研究现状及展望	邓立彬 王 立 熊招平 匡渤海 赵会安	中国法医学杂志	第6期
MicroRNA在创伤性脑损伤的研究进展	孙婷怡 刘 良 刘子龙	中国法医学杂志	第6期
D11S4463基因座等位基因分型标准物制备及应用	刘金杰 金 鑫 王 乐 赵兴春 陈 婷 白 雪 张 建 姜伯玮 张 戎 叶 健 梁景青	中国法医学杂志	第6期
PCR-DHPLC法检测硅藻SSU基因在溺死鉴定中的应用	余政梁 刘 超 胡孙林 周 玉 赵 建 王会品 谢卫兵 王慧君	中国法医学杂志	第6期
认知脑电位检测在目击证人心理面孔重建中的应用	王 龙 张 磊 刘洪广	中国法医学杂志	第6期
利用牙齿推断年龄的研究进展	郭昱成 魏 来 陈 腾 阎春霞	中国法医学杂志	第6期
超高效液相色谱–质谱法分析人全血中的氯化琥珀胆碱	张云峰 赵 森 王 炯 于忠山	中国法医学杂志	第6期

续表

文　章　名	作　　者	刊　物	期　次
不同保存时间和不同精子数量精斑样本 DNA 分型比较	韩俊萍　胡　兰　朱　典　杨　帆　李艮平　李彩霞	中国法医学杂志	第 6 期
中国汉族人颅骨数字模型的性别判别方法	税午阳　殷荣超　周明全　纪　元	中国法医学杂志	第 6 期
广东东莞市男性青少年肩关节正位 DR 片骨龄研究	赖小平　唐剑频　谭琦瑄　林汉光　傅意玲　陈　锐　叶茎宇	中国法医学杂志	第 6 期
河南汉族人群 22 个 Y-STR 基因座遗传多态性	刘亚举　李效阳　岳俊涛　史绍杏　郭利红　刘　海　张　毅	中国法医学杂志	第 6 期
死亡人体胸肌组织中 rRNA 亚基的稳定性评价	任广睦　赵晋芳　梁新华　黄新宇	中国法医学杂志	第 6 期
固相微萃取结合气相色谱法测定水样中痕量扑草净	高利娜　刘国杰　刘俊亭　祝　娟　王春媛	中国法医学杂志	第 6 期
青少年颌面部 X 线影像测量数据在年龄推断中的应用	武　峰　殷　凤　李健丁　陈显久	中国法医学杂志	第 6 期
法医物证污染的原因分析及对策	庞宏兵　林锦锋	中国法医学杂志	第 6 期
辽宁回族人群 19 个 STR 基因座遗传多态性	沈红缨　喻少波　郭　飞　于　蛟　金　萍　孙　竹　姜先华	中国法医学杂志	第 6 期
混合生物样本组分含量的计算方法及应用初探	马　庆　陈　玲　侯庆唐　杨玉玲	中国法医学杂志	第 6 期
轻度冠心病并发冠状动脉血栓猝死 1 例	刘恺怡　陈新山　闫　杰　吕　成　沈春宇　黄光照	中国法医学杂志	第 6 期
胶东半岛地区成年男性颅骨、肩胛骨、髋骨与身高的关系	李　斌　赵　峰　钟瑞成　吕尧勇　刘　强　赵世鹏	中国法医学杂志	第 6 期

续表

文 章 名	作 者	刊 物	期 次
69 例铁路交通事故损伤中伸展创的法医学分析	李 伟 黄 安	中国法医学杂志	第 6 期
DASH 量表在上肢工伤司法鉴定中的应用	丛晓斌 刘福生 陈燕花 翁雨雄 黄启顺 陈振兵	中国法医学杂志	第 6 期
Y-STR 分型在三联体亲子鉴定中应用 1 例	韩莉莉 陈 点 沈晓丽 林赛梅 刘小晴 胡 洁	中国法医学杂志	第 6 期
113 例眼眶内侧壁骨折的 MRI 表现法医学分析	赵元峰 狄寒冰 马克兢 张 杰 陈方圆	中国法医学杂志	第 6 期
6 个 X-STR 基因座的连锁不平衡和单倍型分析	于 昕 唐剑频 蒋丰慧	中国法医学杂志	第 6 期
51 例原发性脑干损伤头部受力方式分析	顾晓生 施建松 方 超 邢 庭 周顺平	中国法医学杂志	第 6 期
重症手足口病医疗纠纷鉴定 1 例	喻安孝 余 舰 张 龙	中国法医学杂志	第 6 期
GC/MS 法分析 bk-MDMA1 例	阎仁信 赵 伟 石建忠 吴卫兵	中国法医学杂志	第 6 期
三等位基因的遗传关系分析 1 例	李海霞 李学刚 兰菲菲 杜 丽 卢 建 何天文 尹爱华	中国法医学杂志	第 6 期
外伤致肩胛骨脱位 1 例的法医学鉴定分析	郑建兵 裴军昌	中国法医学杂志	第 6 期
疑似交通事故命案的法医学分析 1 例	徐伦武	中国法医学杂志	第 6 期
肺栓塞致死法医学分析 1 例	王成艳 曹幸福 胡兴亚	中国法医学杂志	第 6 期
口服唑吡坦致人死亡的法医学鉴定 1 例	汤家全 朱 宣	中国法医学杂志	第 6 期
D6S1043 基因座等位基因丢失 1 例	段 莹 肖 南 于卫建	中国法医学杂志	第 6 期

续表

文　章　名	作　　者	刊　物	期　次
通过致伤方式分析判定案件性质1例	赵文勇　李林嵩　傅海洋　程海明　高丽波　万立华	中国法医学杂志	第6期
新疆维吾尔族人群D6S1043和PentaE基因座遗传多态性	董　雷　任　博	中国法医学杂志	第6期
腹膜后出血致出血性休克合并急性酒精中毒死亡1例	张四平　刘　军　孙　岩	中国法医学杂志	第6期
火车撞击头部致死尸检1例	薛　聪　姜　华	中国法医学杂志	第6期
刑事强制医疗程序中的鉴定问题	陈海锋	中国司法鉴定	第6期
当事人启动重新鉴定的行动策略——兼论刑事重新鉴定启动机制的合理化改革	陈如超	中国司法鉴定	第6期
论刑事诉讼中鉴定意见的可靠性、可信性——基于权利保障视角的分析	陈心歌	中国司法鉴定	第6期
从鉴定人出庭制度看专家辅助人的困境	赵幼鸣	中国司法鉴定	第6期
《人体损伤程度鉴定标准》研制的基本思路	朱广友	中国司法鉴定	第6期
司法鉴定机构等级管理基本问题论纲	朱晋峰　沈　敏	中国司法鉴定	第6期
准确分析伤病关系是人体损伤程度鉴定的关键	夏文涛　周　姝	中国司法鉴定	第6期
专家辅助人出庭的启动程序研究	孙　倩　张文静	中国司法鉴定	第6期
鉴定人出庭交叉询问规则的思考与完善	马秀娟	中国司法鉴定	第6期
文件形成时间鉴定的统计学方法初探	杨　旭　杨　磊　曾林蕊　施少培　徐　彻	中国司法鉴定	第6期

续表

文章名	作者	刊物	期次
刑事诉讼领域司法鉴定争议探讨	王怀宇　王振国	中国司法鉴定	第6期
反思民事诉讼中的“以鉴代审”	夏万宏	中国司法鉴定	第6期
新《民事诉讼法》的修改对司法鉴定的影响	刘言浩	中国司法鉴定	第6期
自含墨印章印文盖印时间受老化条件的影响	谢　朋　冯　超　李　彪　王相臣	中国司法鉴定	第6期
《人体损伤程度鉴定标准》编制说明	朱广友	中国司法鉴定	第6期
错误鉴定的成因及相对合理预防途径	刘建华	中国司法鉴定	第6期
Android屏幕锁解锁在取证上的应用	钱　伟　陈小兵	中国司法鉴定	第6期
SQLite数据库结构分析在司法鉴定中的应用	沙　晶　蔡立明	中国司法鉴定	第6期
法医毒物鉴定结果科学表述模式的思考	沈　敏	中国司法鉴定	第6期
谈谈对司法会计业务准则体系构架的设想	纪红梅　赵新安　秦　蕾	中国司法鉴定	第6期
现场残缺鞋印的分析与利用	刘伟平　白艳平	中国司法鉴定	第6期
浅谈交通事故现场勘验材料的审查和现场复勘	张培锋　张　辉	中国司法鉴定	第6期
机动车车架号的检验技术	贾宗平　沙万中	中国司法鉴定	第6期
UPLC-MS/MS法测定人血中雪上一枝蒿甲素	王　毅　刘子秋　王　炯　黄　勇　王爱民	中国司法鉴定	第6期
百草枯中毒死亡的法医学鉴定分析4例	周　兰　徐　达　汤　鹏　周盛斌　周　亮　施建松	中国司法鉴定	第6期

续表

文章名	作者	刊物	期次
老年人交通事故精神伤残鉴定的临床特征分析	李方敏 蒋兆飞 姚武生 唐伟 刘文广	中国司法鉴定	第6期
应用常染色体STR基因座共有等位基因数认定无名尸1例	胡韬 王峰 周建波	中国司法鉴定	第6期
颅骨生长性骨折因果关系鉴定1例	黎昆良 苏文	中国司法鉴定	第6期
利用综合检验方法确证公证卷宗相对制成时间1例	陈月萍 齐育新 程向炜 褚建新	中国司法鉴定	第6期
中国民事诉讼法2013年年会在海口举行	王琦	中国司法鉴定	第6期
中国刑事诉讼法2013年年会在湖北召开	朱晋峰	中国司法鉴定	第6期
《人体损伤程度鉴定标准》师资培训班在京、沪举办	王洁 魏华 郭兆明	中国司法鉴定	第6期
视觉电生理检查鉴别伪盲的方法	穆达文 王涛	中国法医学杂志	S1
法医鉴定伤病共存案例司法实践探析	徐红星 王有民	中国法医学杂志	S1
59例骨盆骨折的伤残评定分析	李琳 刘俊芳	中国法医学杂志	S1
我国医疗损害司法鉴定的现状及发展趋势	黄京璐 罗斌 高迪 郝博 汤大为 孔小平 汪冠三 石河 肖柳珍 刘水平	中国法医学杂志	S1
87例司法鉴定投诉的原因分析	鄂晓霏	中国法医学杂志	S1
新《刑事诉讼法》语境下的法医鉴定人出庭之探析	徐华 陈莉 刘光林	中国法医学杂志	S1
法医出庭作证制度初探	王黎曼	中国法医学杂志	S1

续表

文章名	作者	刊物	期次
对法医临床学鉴定实践中一些问题的探讨	李　虹　幸　宇　邓世雄	中国法医学杂志	S1
浅析医疗纠纷司法鉴定的思路和原则问题	王伟国　蒯应松	中国法医学杂志	S1
完善道路交通事故伤残评定标准探讨	张晓彤　王云介	中国法医学杂志	S1
医疗损害鉴定中几个问题的探讨	杨轶囡　白延东	中国法医学杂志	S1
法医参与医疗事故鉴定的现状与对策研究	康　宁　徐　彬	中国法医学杂志	S1
浅谈人体损伤程度鉴定标准的不足	王　静　胡　健	中国法医学杂志	S1
制定法医出庭预案 主动把握应询质量	王家昱　王明双　王颖富	中国法医学杂志	S1
浅议医疗损害鉴定	姚恒江	中国法医学杂志	S1
电生理检查在面听神经损伤鉴定中的应用分析	杨英恺　王　旭	中国法医学杂志	S1
鉴定人出庭质证的注意事项	史肖倩　霍家润	中国法医学杂志	S1
《刑事诉讼法》对鉴定人出庭制度的规定及应对措施	黄　俊	中国法医学杂志	S1
医疗事故技术鉴定机制存在的问题及健全探究	李红玉	中国法医学杂志	S1
法医临床鉴定中护理依赖问题的探讨	邢　扬　邓世雄	中国法医学杂志	S1
外伤与疾病法医学鉴定 12 例分析	李兴发　裴永恩	中国法医学杂志	S1
急性心肌梗死死因的医疗损害司法再鉴定 2 例	章锁江　沈永浩　来茂德 陈明策　骆　啸　马丽琴 黄洪溪　钱晓妹　徐　键 蒋晨阳	中国法医学杂志	S1

续表

文　章　名	作　　者	刊　物	期　次
法医出庭作证现状及对策探讨	窦国宴　张开乔	中国法医学杂志	S1
新《刑事诉讼法》法医鉴定人出庭作证制度的完善	林宇新　茆怀海　高进文	中国法医学杂志	S1
胸腰椎骨折伤残评定标准探讨	王宏兴	中国法医学杂志	S1
100 例法医临床学鉴定的文证审查分析	王文静　杨洪波　孙显锋	中国法医学杂志	S1
损伤分析在法医临床鉴定中的应用	兰樟彩　林发生	中国法医学杂志	S1
670 例交通事故致颅脑损伤后遗症分析	沈文军	中国法医学杂志	S1
法医出庭作证提纲的撰写	张海陆	中国法医学杂志	S1
故意伤害案件中的轻微伤鉴定探讨	贾廷伟　郑叶辉	中国法医学杂志	S1
流产的法医学鉴定	罗　伟　缑元斌　王　兵　刘　勇　范　钧	中国法医学杂志	S1
浅析外伤性眼眶壁骨折的法医学鉴定	刘　杰　杨　文	中国法医学杂志	S1
肺挫伤的法医学鉴定	孙　凯　陈　宇	中国法医学杂志	S1
浅谈高血压病人保外就医	陈　猛　周雪迎	中国法医学杂志	S1
道路交通事故伤残鉴定争议 1 例	卢巧文　张　熙　陈庚云	中国法医学杂志	S1
非专家型法医是否可以出庭对法医鉴定意见提出意见	邵家龙	中国法医学杂志	S1
外伤性视神经萎缩的法医学鉴定	张长春	中国法医学杂志	S1
浅析鉴定人出庭质证存在的问题及对策	袁银娣　陈　敏	中国法医学杂志	S1
外伤性椎间盘突出症的法医学鉴定	武庆良　王　力	中国法医学杂志	S1

续表

文章名	作者	刊物	期次
118例眶壁骨折的法医学鉴定分析	王印冬　刘焕君	中国法医学杂志	S1
新《刑事诉讼法》下鉴定人出庭作证的几点思考	王　斌　张阿众	中国法医学杂志	S1
刑事诉讼案件法医鉴定人出庭作证的思考	陈良俊	中国法医学杂志	S1
腰椎楔形变的法医学鉴定	束长宝　吴　泽	中国法医学杂志	S1
非法行医致人死亡案件鉴定有关问题探讨	杨洪尚　刘建国　秦　佳	中国法医学杂志	S1
211例鼻部单纯性骨折法医学鉴定分析	窦乃迪　张孝刚	中国法医学杂志	S1
胎死宫内医疗纠纷鉴定1例	赵昌龙　王洪伟　霍家润	中国法医学杂志	S1
骨盆骨折致勃起功能障碍的法医学鉴定3例	王建国	中国法医学杂志	S1
原发性损伤与医源性损伤并存的法医学鉴定	张长春	中国法医学杂志	S1
法医如何认识外科医疗事故的术前防范要点	林子清　李　树　秦治家　辛彩瑞	中国法医学杂志	S1
胸腹损伤剖胸与剖腹术后的法医学鉴定分析5例	张嘉陵	中国法医学杂志	S1
截肢后护理依赖程度法医学鉴定存在的问题及对策	王　旭　李公里	中国法医学杂志	S1
颅脑损伤形成机制鉴定1例	狄胜利	中国法医学杂志	S1
外伤性硬膜下积液演变为慢性硬膜下血肿法医学鉴定1例	刘青青　余家树　胡祖平　程　刚	中国法医学杂志	S1
重复肾误诊引发医疗纠纷1例	王　硕　黄景芳　苏艳芬	中国法医学杂志	S1

续表

文　章　名	作　　者	刊　物	期　次
浅谈鼓膜穿孔的法医鉴定——附4例报告	那红旭	中国法医学杂志	S1
路边尸体现场重建1例分析	卫东风	中国法医学杂志	S1
4例腰椎椎弓崩裂的法医学鉴定分析	束长宝　刘长武	中国法医学杂志	S1
脂肪栓塞的法医学鉴定1例	李庆刚	中国法医学杂志	S1
眼眶内壁发育变异误诊为骨折的法医学鉴定1例	于　毅　张宇鹏	中国法医学杂志	S1
司法鉴定改革立法之比较分析	梅增辉　余汉春　阮海根	中国法医学杂志	S1
法医学检验标准展望	张　凯　苏春林　李　国　张　伟	中国法医学杂志	S1
法医学鉴定中的颅脑损伤MRI诊断	周　晖	中国法医学杂志	S1
巨大外力作用时的伤病关系	王治民　郑建兵	中国法医学杂志	S1
浅谈精神疾病鉴定的影响因素	杨　洋	中国法医学杂志	S1
文证审查眼眶内壁骨折及眼球内陷错误鉴定1例	胡宏远　张　平　杨　帆	中国法医学杂志	S1
1例交通事故中疑似汽车驾驶员损伤成因探析	徐跃灵君　于红卫　江东华	中国法医学杂志	S1
18例螺丝刀刺击头部致死案的损伤分析	李新奇　汪　隽　张　舒　杨　威	中国法医学杂志	S1
纠正休克造成患儿急性水中毒死亡医疗鉴定1例	谷　舞　刘亚利　裴永学　宋光涛　金　鑫	中国法医学杂志	S1
外伤性颈总动脉血栓形成致脑梗塞1例	潘斗超　张俊杰	中国法医学杂志	S1
外伤性鼓膜大穿孔3例	吴小瑜　程道远	中国法医学杂志	S1

续表

文章名	作者	刊物	期次
新生儿苯丙酮尿症未行筛查医疗纠纷1例	贾果峰　温生新　谷建平　魏在后	中国法医学杂志	S1
试论临床医学诊断与法医临床学诊断	申　立　金晓虎　高　明　伏建斌	中国法医学杂志	S1
172例采用横仓氏法测量足弓角的伤残评定	陈晓忠　胡丰涵　陆纯明	中国法医学杂志	S1
利用损伤整体特征重建命案现场1例	赵汝行	中国法医学杂志	S1
小脑扁桃体疝伤病关系鉴定1例	叶　峰	中国法医学杂志	S1
眼外伤与疾病并存法医学鉴定1例分析	胡宏远　张　平　宗　楠	中国法医学杂志	S1
肌肉牵拉致肩胛骨骨折法医学鉴定1例	刘迎春　吴国民　彭银辉	中国法医学杂志	S1
急性心功能衰竭死亡法医学鉴定1例	李　鹏　李世洪　王海东	中国法医学杂志	S1
新《刑事诉讼法》框架下的法医鉴定人出庭策略	侯振宇　吴俊杰　周晓明	中国法医学杂志	S1
交通事故法医鉴定面对的法条困惑	王宇飞	中国法医学杂志	S1
浅谈刑事技术人员在侦查讯问中的作用	张维灿　李东玫	中国法医学杂志	S1
损伤形成机制分析及致伤物推断1例	王跃进　于云辉　董　庆　刘尚峰　陈蓬波　吕国庆　任　杰	中国法医学杂志	S1
法医鉴定30例文证审查分析	梁春迎	中国法医学杂志	S1

续表

文章名	作者	刊物	期次
外伤后肘关节骨化性肌炎鉴定1例	龙贵峰	中国法医学杂志	S1
眼损伤的法医学鉴定	刁立江　刘春芳　刘大伟	中国法医学杂志	S1
指甲微量生物物证的提取	张维灿　李东玫	中国法医学杂志	S1
鼻骨骨折的法医学鉴定	邓德锐	中国法医学杂志	S1
踝关节骨折不配合治疗伤残等级评定1例	周伟赋　戴　海　郑银兵	中国法医学杂志	S1
大叶性肺炎导致感染性休克死亡医疗事故鉴定1例	裴永学　谷　舞　刘亚利　宋光涛　金　鑫	中国法医学杂志	S1
新《刑事诉讼法》实施后鉴定人的出庭	沈　凯　蒋晓三	中国法医学杂志	S1
3例牙齿损伤的法医学鉴定	邓德锐	中国法医学杂志	S1
378例交通事故脊柱损伤分析	沈文军	中国法医学杂志	S1
早期妊娠外伤后流产的法医学鉴定1例分析	姜昌明　陆俊龙	中国法医学杂志	S1
家庭暴力致儿童死亡1例	王　兵　缑元斌　刘　勇　罗　伟　范　钧	中国法医学杂志	S1
处置西安"9·7"针刺案的浅见	张建钢	中国法医学杂志	S1
迟发性硬膜下血肿的临床法医学鉴定	宋光涛　刘亚利　裴永学　谷　舞	中国法医学杂志	S1
颅脑损伤与听力障碍关系的探讨	于海军	中国法医学杂志	S1
头面部损伤致嗅觉障碍的法医学鉴定	周伟赋　骆　啸　郑银兵	中国法医学杂志	S1
多生牙损伤的法医学鉴定1例	周晓明　刘　鑫　侯振宇	中国法医学杂志	S1
双侧全髋置换后再次骨折法医学鉴定1例	郑银兵　胡丰涵	中国法医学杂志	S1

续表

文章名	作者	刊物	期次
外伤后漏诊漏治医疗事故鉴定1例	刘亚利 谷舞 裴永学 宋光涛 金鑫	中国法医学杂志	S1
术后出现吸入性窒息死亡医疗鉴定1例	冀振东 谷舞 刘亚利 裴永学	中国法医学杂志	S1
桡神经损伤的法医学鉴定	张正良	中国法医学杂志	S1
16例外伤后流产的法医学分析	卢从顺 束长宝 刘长武 吴泽	中国法医学杂志	S1
他勒后窒息致重伤1例	廖振瑜 林国生 叶国英	中国法医学杂志	S1
1例外伤性蛛网膜下腔出血错误鉴定的分析思考	周从禹	中国法医学杂志	S1
浅析被监管人员猝死的预防工作	袁银娣 吕宏光 陈敏	中国法医学杂志	S1
外伤性多发性鼓膜穿孔常见原因分析	倪伟勇 肖定科	中国法医学杂志	S1
鼓膜穿孔的法医学鉴定	欧娜 葛明杰	中国法医学杂志	S1
87例上肢神经损伤法医学鉴定分析	张阳 张晓雷	中国法医学杂志	S1
9例眼眶变异被误认为眶内壁骨折的分析	李森全 徐海涛 蒋晓三	中国法医学杂志	S1
外伤致颈内动脉假性动脉瘤1例	王东 史建忠 田亮	中国法医学杂志	S1
拇指末节掌侧皮肤缺损伤情鉴定	王宏兴 周亚东 王克军 杜丙寅 李书田 李琳	中国法医学杂志	S1
耳廓损伤鉴定的分析与总结	王旭	中国法医学杂志	S1
颅脑损伤后致昏迷鉴定1例	张磊 陈梅梅	中国法医学杂志	S1
21例胸腹部穿透伤浅析	胡火梅	中国法医学杂志	S1
利用法医临床检验及现场实验确定损伤形成方式分析1例	石河 冯宝圣 黄奕才	中国法医学杂志	S1

续表

文章名	作者	刊物	期次
利用齿痕成功破获命案1例	张小让　张彦民	中国法医学杂志	S1
大月份引产存活儿残疾的法医学鉴定1例	裴军昌　郑建兵　殷永红	中国法医学杂志	S1
4岁男童被铅笔经颈前刺入椎体的法医学鉴定	张　艳　李文明　田　虹　刘新强	中国法医学杂志	S1
外伤所致“连枷胸”鉴定1例	郑建兵　王晓宇	中国法医学杂志	S1
室间隔高位大面积缺损死亡1例	刘力军	中国法医学杂志	S1
椎体次级骨化中心未愈合1例	徐海涛　沈　凯	中国法医学杂志	S1

说明：(1) 本统计表中所列期刊论文目录，只限于以下期刊：《法医学杂志》、《中国法医学杂志》、《刑事技术》、《证据科学》、《中国司法鉴定》、《中国人民公安大学学报》(自然科学版) 和《中国刑警学院学报》。

(2) 本统计表中论文的排列：第一顺序为期次，第二顺序为刊物名称。

附录 2

证据科学研究生学位论文目录

附录2.1　证据法学研究生学位论文目录（2013）

论文题目	作　者	指导教师	学位	学位授予单位
电子证据取证方法研究	苏海波	余经林	硕士	安徽大学
贿赂案件证明标准研究	杨　扬	郭志远	硕士	安徽大学
论禁止强迫自证其罪原则在我国的适用	刘　燕	余经林	硕士	安徽大学
论民事诉讼中的瑕疵证据	李方曼	王晓林	硕士	安徽大学
论刑事证据的性质	刘家磊	王圣扬	硕士	安徽大学
民事裁判中事实认定研究	辜明君	郭志远	硕士	安徽大学
强制证人出庭制度研究——以新刑诉法为视角	张丹玉	王圣扬	硕士	安徽大学
我国刑事诉讼中重新鉴定制度的完善	栗继锋	汪　莉	硕士	安徽大学
我国刑事诉讼中的电子证据法律问题研究	闫海钰	李坤刚	硕士	安徽大学
我国专家辅助人质证程序研究	钱　洁	陈颖洲	硕士	安徽大学
刑事诉讼证人出庭作证制度研究	黄　鑫	王圣扬	硕士	安徽大学
论刑事瑕疵证据及其采信规则之构建	吴　婷	石旭斋	硕士	安徽财经大学
论行政执法证据与刑事司法证据的衔接	宋士月	奚　玮	硕士	安徽师范大学
刑事非法证据排除规则研究	高　丹	韩红兴 于德斌	硕士	北方工业大学
非法证据排除程序	高　咏	陈瑞华	博士	北京大学
论事实推定说	徐　丹	宋宗宇	硕士	重庆大学
浅谈品格证据在我国刑事司法中的分类和作用	吴子龙	陈忠林	硕士	重庆大学
电子数据司法鉴定存在的问题及其法律对策	纪丽娟	刘宗粤	硕士	重庆邮电大学

续表

论文题目	作　者	指导教师	学位	学位授予单位
电子邮件证据真实性的证明研究	韩仅仅	汪振林	硕士	重庆邮电大学
即时通信信息的可采性规则研究	周　海	邱业伟	硕士	重庆邮电大学
论博客证据	付　仅	熊志海	硕士	重庆邮电大学
论我国电子数据证据开示制度的构建——以民事诉讼法为例	刘鹏鹏	陈纯柱	硕士	重庆邮电大学
论手机信息证据	李　思	熊志海	硕士	重庆邮电大学
网络版权侵权证据认定研究	李　鑫	邱业伟	硕士	重庆邮电大学
我国民事诉前证据保全制度探析——兼议新民事诉讼法第 81 条	王　明	齐东文	硕士	重庆邮电大学
信息维度下传闻证据排除规则的解读	李松韩	熊志海	硕士	重庆邮电大学
证据相关性研究——以事实信息为视角	夏梅芳	黄　文	硕士	重庆邮电大学
船舶保险纠纷中的举证责任研究	韩浩宇	朱作贤	硕士	大连海事大学
论民事非法证据排除规则	李世华	韩立新	硕士	大连海事大学
论司法鉴定制度存在的问题与完善	王　健	周清华	硕士	大连海事大学
人民法院在举证责任分配中的自由裁量权	卢　妍	尹伟民	硕士	大连海事大学
刑事诉讼中亲属拒证权研究	唐　鸣	赵　微	硕士	大连海事大学
拒证罪立法问题研究	张一民	刘晓莉	硕士	东北师范大学
论美国产品责任诉讼中的专家证人制度	陈　杏	李　俊	硕士	对外经贸大学
论我国民事诉讼证据交换制度的完善	刘雪苹	梁炳扬	硕士	广西大学
敏感性身份证人保护制度的构建	傅新惟	吴小英	硕士	广西大学
民事证明责任分配的司法裁量	覃　贤	黄俊阳	硕士	广西大学
科学证据审查判断问题研究	邱　欣	韩　旭 杨正万	硕士	贵州民族大学
论裁判事实若干问题研究	胡静怡	杨正万	硕士	贵州民族大学

续表

论文题目	作　者	指导教师	学位	学位授予单位
行政执法证据在刑事司法中的运用问题研究	李佳璞	宋　强 韩　旭	硕士	贵州民族大学
专家民事责任立法研究	严文静	张　红	硕士	贵州民族大学
非法证据排除规则问题研究	刘　云	冯　军 周庆平	硕士	河北大学
民事诉讼中证明度的研究	代　阳	柯阳友 王越飞	硕士	河北大学
刑事证人保护制度研究	郭萌萌	冯　军	硕士	河北大学
刑事证人出庭作证现状及对策研究	贾晓萌	冯　军 周庆平	硕士	河北大学
论民事非法证据排除规则	卢　健	郑金玉	硕士	河南大学
论刑事诉讼电子证据	刘潇一	吴泽勇 石超亭	硕士	河南大学
证人保护制度在我国刑事诉讼中的问题及应对思路	黄凯彦	李振江 许新启	硕士	河南大学
论民事案件审理过程中证明责任分配规则的运用	李　颖	陈　文	硕士	黑龙江大学
赵作海案件的证据分析	丁昱戈	韩　红 李殿喜	硕士	黑龙江大学
论行政听证笔录的法律效力	贺　云	邹爱华	硕士	湖北大学
我国行政诉讼证据合法性审查研究	章　岚	陈小燕	硕士	湖北大学
论意见证据规则在刑事司法实践中的运用	张晓琴	姜志刚	硕士	湖南大学
我国鉴定人出庭质证制度研究	孙瑞正	姜志刚	硕士	湖南大学

续表

论文题目	作　者	指导教师	学位	学位授予单位
论法律行为的证明责任分配对私法自治原则的贯彻	胡东海	徐涤宇	博士	湖南大学
非法证据排除制度研究——以我国刑事诉讼法为视角	谷海涯	邓建宏	硕士	湖南师范大学
论刑事诉讼证人拒绝出庭作证法律后果与责任的立法冲突	陈乐乐	王俊民	硕士	华东政法大学
变革中的证据失权制度研究	邵　毅	蒋集跃	硕士	华东政法大学
基于主动取证技术的电子证据效力研究	王　骄	杜志淳 王　弈	硕士	华东政法大学
加拿大非法证据排除制度研究	符　标	张　栋	硕士	华东政法大学
国际商事仲裁证据制度相关问题研究	王　微	刘晓红	硕士	华东政法大学
论民事诉讼证明妨碍制度	李　燕	邵　军	硕士	华东政法大学
论民事诉讼中的公证证明	顾　龙	陈　刚	硕士	华东政法大学
论我国民事诉讼非法证据排除规则的完善	解　璇	谢文哲	硕士	华东政法大学
论物证监管链条的构建	何隐亭	王永杰	硕士	华东政法大学
论瑕疵证据的补正与合理解释	张　健	王俊民	硕士	华东政法大学
论刑讯逼供的诉讼证明	聂　超	王俊民	硕士	华东政法大学
民事诉讼中的摸索证明研究	陈云秋	姚　远	硕士	华东政法大学
完善我国民事诉讼证人出庭作证制度——以当事人和证人权利保障为视角	陈洁芳	蒋集跃	硕士	华东政法大学
我国民事诉讼中的司法鉴定制度之评析	施　卉	陈　刚	硕士	华东政法大学
我国非法证据合法排除的若干问题研究	徐明敏	叶　青	硕士	华东政法大学
我国司法鉴定机构的准入制度研究	沈潇雨	闵银龙	硕士	华东政法大学
新民事诉讼法鉴定意见适用研究	江晨露	邵　军	硕士	华东政法大学

续表

论文题目	作　者	指导教师	学位	学位授予单位
刑事诉讼电子证据界定与可采性标准实证研究——以检察机关查办贪贿案件为视角	黄晨曦	孙剑明	硕士	华东政法大学
意见证据规则在我国民事诉讼中的构建	李思远	牟逍媛	硕士	华东政法大学
侦查阶段非法证据排除规则适用与问题研究	严　超	杨可中	硕士	华东政法大学
自由心证视野下的非法证据排除思考	王伟伟	邵　军	硕士	华东政法大学
宋代证据制度研究	栾时春	徐永康	博士	华东政法大学
非法言词证据的厘清与认定	孔虎涛	葛洪义	硕士	华南理工大学
环境侵权民事诉讼举证责任研究	赵　辉	关永红	硕士	华南理工大学
论民事证明责任分配中的法官自由裁量权	黄　韵	张友好	硕士	华南理工大学
论我国民事诉讼法证明妨碍制度的确立与完善	李　莉	黄　娟	硕士	华南理工大学
论我国民事诉讼中“新的证据”	王宏伟	葛洪义	硕士	华南理工大学
我国非法证据排除规则研究	欧科亮	张友好	硕士	华南理工大学
我国司法鉴定制度改革研究	李栋明	张友好	硕士	华南理工大学
刑讯逼供的认定及其证明责任分配	雷群山	张友好	硕士	华南理工大学
刑事诉讼中的证据裁判原则保障机制	王　镭	曾友祥	硕士	华南理工大学
行政证明标准探析	任晋红	曹海晶	硕士	华南理工大学
论测谎技术在民事诉讼中的运用	王　青	郭义贵	硕士	华中科技大学
专利侵权诉讼举证责任制度研究	曾宪未	唐永忠	硕士	华中科技大学
论我国民事诉讼认证制度的完善	吴亚东	石先钰	硕士	华中师范大学
论我国亲属作证豁免权制度的完善	涂　杰	刘元璋	硕士	华中师范大学
无罪推定视角下刑事被告人证明责任探析	李　纯	黄新民	硕士	华中师范大学

续表

论文题目	作　者	指导教师	学位	学位授予单位
论我国刑事诉讼亲属拒证权制度之构建	李旭霞	李拥军	硕士	吉林大学
论刑事诉讼中的事实推定	刘耀华	闵春雷	硕士	吉林大学
刑事质证程序研究	任淑秋	宋显忠	硕士	吉林大学
医疗侵权诉讼中的证明责任分配	彭安珣	霍海红	硕士	吉林大学
中国非法证据排除规则构建研究	杜学毅	张　旭	博士	吉林大学
我国非法证据排除规则适用程序研究	赵　娜	闵春雷	硕士	吉林大学
我国审查起诉阶段的非法证据排除问题研究	王　涛	杨　波	硕士	吉林大学
刑事被告人对质权及其实现	詹俊辉	闵春雷	博士	吉林大学
刑事诉讼交叉询问制度研究	倪志娟	闵春雷	博士	吉林大学
我国刑事诉讼中强制证人出庭作证研究	阙　俊	梁玉霞	硕士	暨南大学
我国医疗侵权的举证责任分配研究	江丽华	李　莉	硕士	暨南大学
知识产权诉前证据保全问题研究	梁　洁	张晓薇	硕士	暨南大学
论黑社会性质组织犯罪证据的收集与运用	王绍勤	郑蜀饶	硕士	昆明理工大学
论环境侵权中因果关系推定	骆淑芬	周　斌	硕士	昆明理工大学
公诉机关适用非法证据排除规则问题研究	赵　巍	周桂党	硕士	兰州大学
网络犯罪中电子证据的收集和保全研究	任志成	胡　珀	硕士	兰州大学
我国警察证人制度研究	杨　斌	贾登勋	硕士	兰州大学
刑事案件中“单位证明”的证据属性研究——以“郑某贪污案”为例	王宋爽	拜荣静	硕士	兰州大学
被告人对质诘问权的法律制度研究	赵　蕊	侯德福	硕士	辽宁大学
非法言词证据排除规则研究	李冉冉	徐　阳	硕士	辽宁大学
论被告人的证明责任	高　岩	徐　阳	硕士	辽宁大学

续表

论文题目	作　者	指导教师	学位	学位授予单位
论被追诉者自愿供述的实现	金　陆	张云鹏	硕士	辽宁大学
论民事诉讼证明标准的完善	林基文	李丽峰	硕士	辽宁大学
论民事诉讼中的自认制度	马梦凡	姜　群	硕士	辽宁大学
论我国民事诉讼专家证人制度的构建	张铁瀛	姜　群	硕士	辽宁大学
论刑事诉讼中品格证据规则的构建	郎言国	杨　明	硕士	辽宁大学
民事诉讼证明标准层次化研究	王天呈	李丽峰	硕士	辽宁大学
我国民事非法证据排除规则研究	吴　越	李丽峰	硕士	辽宁大学
我国行政诉讼证明标准问题研究	王继余	康　健	硕士	辽宁大学
职业病诊断与鉴定法律问题研究	王一婷	郑　莹	硕士	辽宁大学
论我国刑事诉讼中证人保护制度的完善	韩光军	杨　明	硕士	辽宁大学
刑事诉讼证人出庭作证制度研究	丁　睿	郝建设	硕士	辽宁大学
行政复议证据制度研究	刘亚慧	于　宪	硕士	辽宁大学
法律事实认定论	张宏磊	毛淑玲	硕士	辽宁师范大学
刑事诉讼专家辅助人制度研究	任珊珊	刘本燕	硕士	南昌大学
证据犯罪的立法缺陷及完善	江　盈	胡祥福 戴长林	硕士	南昌大学
被追诉人的阅卷权研究	李姗姗	张复友	硕士	南京大学
电子数据及其适用规则研究	张　雷	吴英姿	硕士	南京大学
量刑事实证明标准研究	徐振华	张复友	硕士	南京大学
内幕交易行政处罚证明责任问题研究	李素琴	严仁群	硕士	南京大学
司法证明中的概率理论研究	阮梦凡	严仁群	硕士	南京大学
证人品格证据规则研究	刘雅鑫	张复友	硕士	南京大学
辩护方举证责任研究	刘增清	程德文	硕士	南京师范大学
唐代的证据制度研究	潘春燕	何　东	硕士	南京师范大学
刑事证据开示制度研究	陈　新	秦　策	硕士	南京师范大学

续表

论文题目	作　者	指导教师	学位	学位授予单位
最佳证据规则研究	顾　艳	程德文	硕士	南京师范大学
非法证据排除程序研究	付　延	周宝峰 范俊峰	硕士	内蒙古大学
论我国刑事诉讼专家辅助人制度的完善	李昕励	张树军	硕士	内蒙古大学
论刑事庭审中询问证人规则	姚国文	张树军 孙志军	硕士	内蒙古大学
刑事被告人品格证据规则研究	常相佩	李卫东 秦　虎	硕士	内蒙古大学
刑事诉讼中科学证据认证研究	张庆江	周宝峰 徐睿霞	硕士	内蒙古大学
论电子证据的证据能力和证明力	黄绍辉	仲崇玉	硕士	青岛大学
论我国证人作证制度——以证人保护为视角	陈亚囡	朴成日	硕士	青岛大学
民事诉讼鉴定材料开示研究	张宪立	汪　岚	硕士	青岛大学
宋代司法鉴定发展研究	姚泓伊	孟天运	硕士	青岛大学
刑事诉讼强制证人出庭制度研究	李晓红	谭庆德	硕士	青岛大学
比较法视野下的公诉证明标准	赵　敏	胡常龙	硕士	山东大学
电子证据保全相关问题探究	杜明威	丁　杰	硕士	山东大学
检察机关非法证据认定和排除的困境与完善	单　姗	张海燕	硕士	山东大学
经验法则研究	孙江华	丁　杰	硕士	山东大学
论当事人陈述作为证据	李　金	张世全	硕士	山东大学
论电子数据的刑事证明力	张传欣	葛明珍	硕士	山东大学
论非法证据排除制度	邱　帅	姜　峰	硕士	山东大学
论我国刑事证据规则的立法完善	徐方圆	周　静	硕士	山东大学

续表

论文题目	作　者	指导教师	学位	学位授予单　位
论污点证人刑事豁免制度在我国的建构	王林林	林　明	硕士	山东大学
民事诉讼当事人证据收集制度研究	程　喆	迟德强	硕士	山东大学
民事诉讼中的证明标准研究	孙晓燕	马建红	硕士	山东大学
民事证据保全制度研究	张益铭	张海燕	硕士	山东大学
试论对非法取证的诉讼监督及法律适用——以修改后刑诉法为视角	王淑玲	李忠夏	硕士	山东大学
未成年证人证言补强规则研究	李　曼	李道军	硕士	山东大学
我国刑事传闻证据规则构建研究	王　钢	丁　杰	硕士	山东大学
新刑诉法背景下特免权规则研究	王　锋	齐延平	硕士	山东大学
新刑诉法视野下证人出庭作证制度研究	段书娟	田荔枝	硕士	山东大学
刑事强制采样及程序控制研究	袁玉丽	王瑞君	硕士	山东大学
刑事庭审认证程序研究	高明明	胡常龙	硕士	山东大学
证人证言可靠性研究	王晓慧	丁　杰	硕士	山东大学
中国特色刑事司法鉴定制度完善论——以专家证据制度的引进与融合为视角	周学英	田荔枝	硕士	山东大学
产品侵权诉讼证明妨碍研究	范兆睿	赵信会	硕士	山东财经大学
医疗纠纷中证明妨碍研究	谢庭树	赵信会	硕士	山东财经大学
电子证据认证规则研究	伊善伟	朱玉玲	硕士	山东科技大学
非法流转文物追索中的证据问题研究	魏卓飞	白红平	硕士	山西大学
论环境侵权诉讼的证明责任分配	何红丽	马爱萍	硕士	山西大学
论反垄断诉讼的证明责任分配——以奇虎360诉腾讯垄断纠纷一案为视角	王晓平	马爱萍 翟瑞卿	硕士	山西大学
论抗辩的证明责任分配	王　玉	马爱萍	硕士	山西大学
试论民事证据调查令	任少达	金永恒 张必卿	硕士	山西大学

续表

论文题目	作　者	指导教师	学位	学位授予单位
侦查中电子证据取证的规范化研究	殷志鹏	薛　荣	硕士	山西大学
论不当得利纠纷诉讼中的举证责任分配	郭　亮	彭诚信	硕士	上海交通大学
我国专家辅助人制度研究	谭　尚	叶永禄	硕士	上海交通大学
新法视野下讯问同步录音录像制度研究	诸春燕	林喜芬	硕士	上海交通大学
证明责任减轻论	魏庆玉	王福华	博士	上海交通大学
论刑事诉讼关键证人出庭作证制度的构建	徐泽芳	夏　邦 徐　强	硕士	上海师范大学
刑事诉讼中亲属作证特免权研究	李　彩	胡廷松	硕士	上海师范大学
论民事证据收集制度	程诗乐	陈凤贵	硕士	沈阳师范大学
论纪检监察证据向刑事证据的转化	张　婉	李凤梅	硕士	沈阳师范大学
刑事证明标准分层研究	郝　佳	单晓华	硕士	沈阳师范大学
刑事诉讼专家辅助人制度研究	杨清萍	韩　旭	硕士	四川省社会科学院
行政执法证据与刑事司法证据衔接问题研究	王小芳	韩　旭	硕士	四川省社会科学院
论典型善意行为的相关性排除——民事证据规则改革与社会善良风气的维持	吴　丹	张成敏	硕士	苏州大学
论我国配偶特免权的构建	张作华	刘　磊	硕士	苏州大学
论证明责任契约——以《合同法》中的证明责任规范为分析对象	毛金玲	周永坤	硕士	苏州大学
美国证据关联性规则的研究	王　莉	张永泉	硕士	苏州大学
民商事域外取证冲突研究	赵　蕊	张利民	硕士	苏州大学
侵权诉讼中救助措施的证据适格研究	赵小漫	张永泉	硕士	苏州大学
事实真伪不明与司法的可接受性	杨智闵	张成敏	硕士	苏州大学

续表

论文题目	作　者	指导教师	学位	学位授予单　位
死刑案件“量刑情节”的证据采信标准研究	吴志平	刘　磊	硕士	苏州大学
我国心理医生——患者特免权制度的构建	龚冯健	孙　莉	硕士	苏州大学
行政程序中的证明标准	吴玲凤	黄学贤	硕士	苏州大学
论医疗侵权纠纷的举证责任分配	沈　煜	方新军	硕士	苏州大学
环境侵权之诉举证责任分配的研究	杨梦晨	马鸽昌	硕士	太原科技大学
论自由心证的制度保障	郭　敏	谭恩惠	硕士	太原科技大学
试论电子证据的可采性	李宁宁	姚宪弟	硕士	太原科技大学
刑事诉讼证明标准再探讨	常　克	郭相宏	硕士	太原科技大学
我国量刑证据制度独立性研究	寇英杰	傅　林	硕士	天津商业大学
试论我国环境侵权司法鉴定制度的革新与完善	闫　峭	杨粉米	硕士	西安建筑科技大学
基于多学科视域的案件事实认定逻辑结构模型研究	刘方荣	何向东	博士	西南大学
论刑事证明新标准：排除合理怀疑	郝睿夫	汤火箭	硕士	西南财经大学
刑事初查证据可采性研究	张　雷	雷建昌	硕士	西南财经大学
司法鉴定人出庭作证制度研究	贾　姣	陈迎新	硕士	西南交通大学
当事人证据收集权之程序保障	郑则川	唐　力	硕士	西南政法大学
非法口供排除程序的启动条件研究	宋清艳	李昌盛	硕士	西南政法大学
非法证据排除规则适用问题研究——章国锡案剖析	胡浪波	李昌林	硕士	西南政法大学
检察环节发现与排除非法证据问题研究——以冯某某盗窃、诬告陷害、敲诈勒索案为切入点	刘　晓	高　峰	硕士	西南政法大学

续表

论文题目	作　者	指导教师	学位	学位授予单位
鉴定意见认证若干问题研究	马　骋	何　恬	硕士	西南政法大学
论被告人品格证据在刑事诉讼中的运用	车松芸	潘金贵	硕士	西南政法大学
论单位证人应予以废除	刘华锦	段文波	硕士	西南政法大学
论美国品格证据规则及其借鉴	姜黎青	马登科	硕士	西南政法大学
论民事程序法事实的证明	靳义威	李　龙	硕士	西南政法大学
论民事鉴定意见的质证与认证	植婵露	黄　宣	硕士	西南政法大学
论民事诉讼中法官的心证公开	童　琳	李　龙	硕士	西南政法大学
论英美法系最佳证据规则的现代发展及对我国的启示	郑　婕	廖中洪	硕士	西南政法大学
论我国完善的鉴定人出庭质证制度的构建	邱丙辉	易　旻	硕士	西南政法大学
论刑事诉讼书面言词证据的采信	潘琛琛	曾　康	硕士	西南政法大学
论行政执法证据在刑事诉讼中的转化和应用	杨颖辉	施鹏鹏	硕士	西南政法大学
民事诉讼优势证据规则的实证研究	周亿洲	李祖军	硕士	西南政法大学
亲属拒证权制度及实施程序研究	董清媛	张能全	硕士	西南政法大学
试论我国民事调查令制度的完善——从调查令司法审查视角的思考	王勤勤	廖中洪	硕士	西南政法大学
司法鉴定机构权利保障制度研究	付　佳	贾治辉		西南政法大学
司法证明的逻辑——证据与案件事实	樊先燕	李顺万	硕士	西南政法大学
审前重复供述的排除问题研究	郑亚琴	李昌盛		西南政法大学
诉前证据保全	龚　何	肖　晖	硕士	西南政法大学
我国刑事庭前证据能力审查程序研究	王洪芳	张能全	硕士	西南政法大学
刑事诉讼中的专家辅助人制度研究	杨冬华	张吉喜	硕士	西南政法大学
刑事诉讼专家辅助人制度研究	陈舒彬	潘金贵	硕士	西南政法大学

续表

论文题目	作　者	指导教师	学位	学位授予单　位
刑事侦查中电子证据的收集和认定问题研究	邬　丹		硕士	西南政法大学
行政诉讼法举证责任制度若干问题浅议	彭　璟		硕士	西南政法大学
优势证据认定中的归纳逻辑研究	张丽萍	张　虹	硕士	西南政法大学
职务犯罪证据搜集与运用问题研究	李英铎	管光承	硕士	西南政法大学
职务犯罪侦查中刑事再生证据研究	李清清	高　峰	硕士	西南政法大学
浅析贿赂犯罪认定的证据问题及思考	刘艳梅	王秋丽	硕士	新疆大学
德国证据禁止法则及其对我国的借鉴	杜雯娟	李　蓉	硕士	湘潭大学
犯罪构成要件证明问题研究	卓如君	赖早兴	硕士	湘潭大学
论 D－S 证据理论框架下的自由心证	汪阳冉	申君贵	硕士	湘潭大学
论犯罪过失的证明	李　杨	赖早兴	硕士	湘潭大学
论刑事诉讼专家辅助人制度	吴豫湘	李　蓉	硕士	湘潭大学
论医疗纠纷诉讼中举证责任分配	宋永春	彭熙海	硕士	湘潭大学
新闻名誉侵权证明责任分配制度研究	王换青	李喜连	硕士	湘潭大学
刑事被追诉人阅卷权研究	温　静	胡之芳	硕士	湘潭大学
刑事电子数据出示问题研究	文卫疆	刘梅湘	硕士	湘潭大学
中国知识产权诉讼中专家证人制度的建构	夏　菁	张怀印	硕士	湘潭大学
国际体育仲裁院兴奋剂案件证据规则研究	宋彬龄	郭树理	博士	湘潭大学
我国刑事诉讼非法证据排除制度的完善	王　健	张　明	硕士	燕山大学
试述医疗纠纷诉讼中的举证责任问题	朱　雷	关　涛	硕士	烟台大学
我国法上不得强迫自证其罪原则之探究	张洪艳	宋振武	硕士	烟台大学
证据犯罪的司法认定	张　婧	初炳东	硕士	烟台大学
滥用司法鉴定问题研究	甄　磊	邱爱民	硕士	扬州大学

续表

论文题目	作　者	指导教师	学位	学位授予单位
实物证据保管问题研究	周维芳	邱爱民	硕士	扬州大学
林权争议调处所涉证据及其认定规则构建	许羚懿	周伯煌	硕士	浙江农林大学
从证据角度看刑事错案的成因及预防	倪思蓓	李永红	硕士	浙江工业大学
刑事被告人对质权的保障研究	司现静	丁　娟	硕士	浙江工业大学
近亲属作证特免权的建构——以我国刑事诉讼立法为视角	王皓月	王长水	硕士	郑州大学
论我国证据制度间架性特征	欧阳巍林	靳建丽	硕士	郑州大学
论刑事传闻规则在我国的构建	张　琦	马春娟	硕士	郑州大学
论虚假司法鉴定意见的防范——司法鉴定人民事责任研究	肖天依	靳建丽	硕士	郑州大学
刑事证据关联性问题研究	翟伟州	贺恒扬	硕士	郑州大学
刑事证人出庭作证制度研究	王明振	王长水	硕士	郑州大学
医疗侵权举证责任研究	路重阳	田土城	硕士	郑州大学
取证合法性的证明标准研究	张　颖	张善燚	硕士	中南大学
生态环境公益诉讼中的举证责任研究	刘　洁	颜运秋	硕士	中南大学
我国反垄断法民事诉讼举证责任制度研究	陈　生	李国海	硕士	中南大学
非法证据排除之裁量因素	蔡丽颖	孙　远	硕士	中国青年政治学院
论辩方证据开示义务——以新《刑事诉讼法》第40条为切入点	张　岩	孙　远	硕士	中国青年政治学院
刑事推定新论	刘慧慧	孙　远	硕士	中国青年政治学院

续表

论文题目	作　者	指导教师	学位	学位授予单　位
非法证据排除规则在刑事诉讼中的应用——案例分析	王　剑	何家弘	硕士	中国人民大学
国际法院领土争端案件证据效力问题研究	江璐璐	余民才	硕士	中国人民大学
技术侦查证据使用问题研究	周　宁	刘计划	硕士	中国人民大学
科学证据与刑事错案	王　燃	何家弘	硕士	中国人民大学
论我国刑事诉讼中的非法证据排除规则	孙　琳	余民才	硕士	中国人民大学
论刑事错案的纠正——以证据为视角	王馨沁	何家弘	硕士	中国人民大学
论刑事诉讼中的笔录证据	陈　颖	刘品新	硕士	中国人民大学
手机证据在贪污贿赂犯罪侦查中的应用	李晓峰	何家弘	硕士	中国人民大学
药品专利审查证据规则研究	王荣霞	刘品新	硕士	中国人民大学
再生证据在职务犯罪侦查中的运用	熊　浩	刘品新	硕士	中国人民大学
网络知识产权诉讼中的证据问题研究	李　慧	何家弘	博士	中国人民大学
非法证据排除规则审判运用之实证辨析	徐　兵	冀祥德	硕士	中国社会科学院研究生院
论司法鉴定启动程序的修改与完善——以新《刑事诉讼法》和《民事诉讼法》为视角	雷建权	祁建建	硕士	中国社会科学院研究生院
我国非法证据排除规则的新发展	管　赫	冀祥德	硕士	中国社会科学院研究生院
电子数据的取证合法性研究	戚芳丽	吴宏耀	硕士	中国政法大学
电子证据的认定规则问题研究	李　扬	韩　波	硕士	中国政法大学
对电子证据引发的法律问题的探讨	杨红蕾	张苏彤	硕士	中国政法大学
非法证据排除程序研究	赵广超	卞建林	硕士	中国政法大学
概括在事实认定中的作用	王　晶	张保生	硕士	中国政法大学

续表

论文题目	作　者	指导教师	学位	学位授予单位
公文书证的证明力研究	王金姣	王进喜	硕士	中国政法大学
鉴定人出庭作证制度探究	郝婷婷	鲁　杨	硕士	中国政法大学
量刑程序改革视角下的量刑证据研究	赵　展	卫跃宁	硕士	中国政法大学
类似事件证据规则研究	王　磊	张保生 王明达	硕士	中国政法大学
论当事人刑事鉴定的启动权	李源颖	张　中	硕士	中国政法大学
论电子证据保全的法律规制	房晓蕾	房保国	硕士	中国政法大学
论对刑事证人的保护	游洪升	吴宏耀	硕士	中国政法大学
论民事诉讼中法院调查取证制度	李晶晶	王　娣	硕士	中国政法大学
论实物证据的同一性认定	陈德品	吴宏耀	硕士	中国政法大学
论司法认知	杨天奇	王进喜	硕士	中国政法大学
论我国的非法证据排除规则	李静静	高憬宏	硕士	中国政法大学
论我国的目击证人辨认制度——以美国法为借鉴	李　轩	吴宏耀	硕士	中国政法大学
论我国刑事证人出庭作证制度	方晨辰	顾永忠	硕士	中国政法大学
论我国医疗损害鉴定制度及其完善	毕李娜	刘承韪	硕士	中国政法大学
论新刑事诉讼法下的证人出庭作证制度	闫丰华	刘　玫	硕士	中国政法大学
论刑事案件中的情况说明	张永军	卫跃宁	硕士	中国政法大学
论刑事非法证据排除规则的困境与出路	秦晓曦	卫跃宁	硕士	中国政法大学
论刑事诉讼中的非法证据排除规则	安志远	吴宏耀	硕士	中国政法大学
论刑事言词证据活动主体的角色冲突	陆凌燕	房保国	硕士	中国政法大学
论刑事证人限制出庭作证模式	赵　焱	吴丹红	硕士	中国政法大学
论专家辅助人的诉讼角色及其意见的证据性质	杨　坤	祝二军 王进喜	硕士	中国政法大学
论专家证人制度及其借鉴意义	潘　琳	张保生	硕士	中国政法大学

续表

论文题目	作　者	指导教师	学位	学位授予单　位
论自由心证的制约与保障	陆再鹏	孙邦清	硕士	中国政法大学
论作为证据的司法判决	徐　林	王进喜	硕士	中国政法大学
民事诉讼鉴定人制度研究	祝　芹	李　响	硕士	中国政法大学
民事诉讼鉴定人制度研究	宋全浩	纪格非	硕士	中国政法大学
民事诉讼自由心证制约机制研究	王　玉	杨秀清	硕士	中国政法大学
民事再审中的“新的证据”问题研究	杨立超	金俊银	硕士	中国政法大学
品格证据在刑事诉讼中的运用	柳炳福	顾永忠	硕士	中国政法大学
强制证人出庭制度研究	林科诨	吴宏耀	硕士	中国政法大学
情况说明的证据效力分析	胡　萌	房保国	硕士	中国政法大学
世界贸易组织争端解决机制证明责任分析	郑应伟	张保生	硕士	中国政法大学
司法鉴定意见引发错案的原因与对策分析	杨　翠	罗亚平	硕士	中国政法大学
搜查取证规则的价值基础——以两岸四地和东亚三国的比较为视角	刘　派	张保生	硕士	中国政法大学
庭前会议下我国刑事证据开示制度研究	李永青	房保国	硕士	中国政法大学
完善我国的非法证据排除规则	姜维韬	卫跃宁	硕士	中国政法大学
卧底侦查证据问题研究	梁燕臣	张　中	硕士	中国政法大学
我国的刑事证人出庭作证制度	李　侃	张　中	硕士	中国政法大学
我国非法证据排除规则适用问题研究	米　森	吴宏耀	硕士	中国政法大学
我国刑事诉讼中近亲属证人特免权研究	彭林眉	卫跃宁	硕士	中国政法大学
我国刑事证据排除规则体系的构建与完善	赵国芳	刘　玫	硕士	中国政法大学
我国刑事诉讼证人保护制度研究	朱玉琴	汪海燕	硕士	中国政法大学

续表

论文题目	作　者	指导教师	学位	学位授予单　位
我国刑事证人出庭作证制度研究	李　贵	汪海燕 王　晶	硕士	中国政法大学
刑事辨认的实证研究	王　丹	吴宏耀	硕士	中国政法大学
刑事诉讼强制证人出庭作证制度研究	李翰琳	洪道德	硕士	中国政法大学
刑事诉讼亲属特免权制度研究	鲁　杨	李卫星	硕士	中国政法大学
悬赏取证研究	刘　鹏	纪格非	硕士	中国政法大学
医疗损害诉讼证明责任分配规则释论	让　晗	侍东波	硕士	中国政法大学
议民事证据保全制度	杨　帆	孙邦清	硕士	中国政法大学
专家辅助人制度在我国刑事诉讼中的构建	李　吟	张保生	硕士	中国政法大学
辨认笔录证据的审查判断研究	石　磊	赵小锁	硕士	中央民族大学
论我国民事诉讼审前程序的构建	刘一星	张艳蕊	硕士	中央民族大学
民事诉讼非法证据排除规则的完善	刘　勇	张文香	硕士	中央民族大学
证人出庭作证制度的不足与完善	慧　慧	李　荣	硕士	中央民族大学
非法证据排除规则实施问题研究	甘雨来	杨宇冠	博士	中国政法大学
毁灭证据论	薛潮平	王进喜	博士	中国政法大学
两岸电子证据法之比较研究	陈煌勋	张保生	博士	中国政法大学
论电子商务背景下我国电子证据相关刑事程序立法的完善	黄　石	张保生	博士	中国政法大学
排除合理怀疑研究	肖沛权	陈光中	博士	中国政法大学
司法鉴定程序研究	温道军	卞建林	博士	中国政法大学
刑事证明责任研究	夏　天	卞建林	博士	中国政法大学
医事民事诉讼证据协力义务研究	翟宏丽	刘　耀	博士	中国政法大学
证据法视野下的法证科学实验室管理	王桂玥	刘　良	博士	中国政法大学
专家意见中立性问题研究——美国法之理论与实务	罗芳芳	常　林	博士	中国政法大学

附录2.2 法庭科学研究生学位论文目录（2013）

论文题目	作者	指导教师	学位类型	授予单位
注册会计师执行司法会计鉴定业务问题研究	刘瑞芸	陈矜	硕士	安徽财经大学
我国刑事诉讼中重新鉴定制度的完善	栗继锋	汪莉	硕士	安徽大学
司法鉴定中实验室认可研究——以公安机关司法鉴定机构为视角	陶锖松	高尚	硕士	安徽大学
数字图像复制粘贴篡改的盲认证方法研究	赵伟	罗斌	硕士	安徽大学
医疗损害鉴定制度研究	刘瑜	陈力铭	硕士	北京交通大学
致心律失常性心肌病发病分子机制及临床诊断标记物研究	宋江平	胡盛寿	博士	北京协和医学院
残缺指纹识别中若干关键技术的研究	张洁	景晓军	博士	北京邮电大学
《侵权责任法》实施前后医疗纠纷诉讼情况研究——以北京地区三所综合医院为例	万昊	彭明强	硕士	北京中医药大学
指纹图像的识别研究	张先峰	李灿平	硕士	成都理工大学
论我国司法鉴定人出庭作证制度的完善	程海明	李冬梅	硕士	大连海事大学
论我国医疗损害鉴定制度中的冲突及解决	孙庭超	翟云岭	硕士	大连海事大学
论司法鉴定制度存在的问题与完善	王健	周清华	硕士	大连海事大学
油指纹快速识别关键技术研究	王旭	裴伟 邵雅琳	硕士	大连海事大学
我国现场勘查见证人制度完善研究	鄢毅	赵鹿军	硕士	大连海事大学

续表

论文题目	作　者	指导教师	学位类型	授予单位
影响细胞毒性T淋巴细胞在病毒性心肌炎中分布的相关研究	魏露观	孙　雷	硕士	大连医科大学
基于典型交通事故的颅脑损伤力学机制研究	冯成建	尹志勇	硕士	第三军医大学
面向Windows的计算机取证系统关键技术研究与实现	邓金城	刘　丹	硕士	电子科技大学
基于WEB的公安物证管理系统的设计与实现	方　奇	文　泉 王雪峰	硕士	电子科技大学
文件密码恢复系统的关键技术研究及实现	李晶晶	徐　洁	硕士	电子科技大学
指纹识别预处理和匹配算法的研究	平建创	漆　进	硕士	电子科技大学
人脸检测和识别	谭　余	叶　茂	硕士	电子科技大学
基于稀疏表示的短语音说话人识别	汪桃林	程　建	硕士	电子科技大学
人脸光照矫正算法研究与实现	王海洋	叶　茂	硕士	电子科技大学
东北虎8个微卫星等位基因结构及群体遗传学分析	李惠鑫	徐艳春	硕士	东北林业大学
指纹提取的光学方法研究	李晓平	李金环	硕士	东北师范大学
《洗冤集录》思想及价值研究	王思明	李德山	硕士	东北师范大学
论DNA司法鉴定意见的审查	李　璐	纪宗宜	硕士	广东商学院
鉴定人出庭作证制度研究	卢　楠	纪宗宜	硕士	广东商学院
论我国刑事诉讼专家辅助人制度之完善	袁晓燕	姚　澜	硕士	广东商学院
李约瑟眼中的中西医文化	杨　帆	张平功	硕士	广东外语外贸大学
内部控制与企业舞弊相关性研究——基于五要素评价分析	周　微	董延安	硕士	贵州财经大学
音频样例检索的索引方法研究	何启明	郑贵滨	硕士	哈尔滨工业大学

续表

论文题目	作　者	指导教师	学位类型	授予单位
论刑事诉讼中的强制采样	张伟方	段书臣	硕士	海南大学
指纹图像分割方法研究	汪　庆	程文娟	硕士	合肥工业大学
早期心肌缺血死后诊断的法医学应用研究	毕海涛	丛　斌	博士	河北医科大学
百草枯检测新方法及百草枯在小鼠体内死后再分布和死后弥散研究	毕思远	康维钧	博士	河北医科大学
束缚应激加重挤压伤大鼠肾损伤的内质网应激机制	耿　静	丛　斌	博士	河北医科大学
混合 DNA 分析中混合比例推断的研究	雷　亮	丛　斌	硕士	河北医科大学
CCK8 对吗啡依赖及戒断 SH-SY5Y 细胞 Arc/Arg3.1 表达的影响	李　冬	马春玲	硕士	河北医科大学
论刑事诉讼电子证据	刘潇一	吴泽勇 石超亭	硕士	河南大学
20℃条件下氯胺酮对大头金蝇生长发育影响及其量效关系	官　玲	莫耀南	硕士	河南科技大学
鉴定意见可采性标准研究	陈立杭	姜志刚	硕士	湖南大学
工程造价司法鉴定理论及其应用与研究	李　玢	邓铁军 罗　诚	硕士	湖南大学
数字视频内容篡改的被动取证	龙永红	杨高波	硕士	湖南大学
数字图像篡改的反取证技术研究	路来杰	杨高波	硕士	湖南大学
我国鉴定人出庭质证制度研究	孙瑞正	姜志刚	硕士	湖南大学
ABS 汽车制动性能模拟计算与评价研究	熊五沅	李　骏	硕士	华东交通大学
宋代证据制度研究	栾时春	徐永康	博士	华东政法大学
行政执法与刑事司法衔接研究——以医疗两法衔接为视角	王春丽	林荫茂	博士	华东政法大学

续表

论文题目	作　者	指导教师	学位类型	授予单位
1997年以来中国司法体制和工作机制改革进程中上海的实践与探索	虞　浔	王立民	博士	华东政法大学
论物证监管链条的构建	何隐亭	王永杰	硕士	华东政法大学
等速肌力测试在下肢肌肉功能评定中的法医学应用	黄婷婷	范利华 陈忆九	硕士	华东政法大学
新民事诉讼法鉴定意见适用研究	江晨露	邵　军	硕士	华东政法大学
当前我国常用喷墨打印机机制文件特点研究	江春华	杨　旭	硕士	华东政法大学
老年人笔迹鉴定问题研究	鞠　启	许爱东	硕士	华东政法大学
论司法会计复合型人才的培养——以高校培养为视角	李长斐	祁　群	硕士	华东政法大学
车险中人伤理赔法律问题研究——以上海市理赔乱象的根源分析与制度重整为中心	林一青	李伟群	硕士	华东政法大学
我国注册会计师从事会计司法鉴定的制度规范研究	刘　婧	杜志淳 熊玉莲	硕士	华东政法大学
16个X染色体STR基因座在亲缘关系鉴定中的应用价值研究	刘俊宏	杜志淳 李　莉	硕士	华东政法大学
常见电子邮件篡改及其鉴别研究	卢启萌	施少培	硕士	华东政法大学
上市公司财务舞弊案件中会计司法鉴定应用研究	宁　波	杜志淳 熊玉莲	硕士	华东政法大学
我国司法鉴定机构的准入制度研究	沈潇雨	闵银龙	硕士	华东政法大学
我国民事诉讼中的司法鉴定制度之评析——以新民事诉讼法为视角	施　卉	陈　刚	硕士	华东政法大学
足弓结构破坏与伤残鉴定相关问题研究	汪　婷	闵银龙 樊静平	硕士	华东政法大学

续表

论文题目	作　者	指导教师	学位类型	授予单位
阿拉伯数字笔迹鉴定研究——以中国人书写为视角	王连昭	杜志淳 许爱东	硕士	华东政法大学
证券交易市场中内幕交易欺诈案件的会计司法鉴定研究	夏斯超	杜志淳 熊玉莲	硕士	华东政法大学
即时通讯语音特征研究——以语音同一性鉴定为基准	张　晓	王永全 王学光	硕士	华东政法大学
我国司法鉴定制度改革研究	李栋明	张友好	硕士	华南理工大学
我国“二元化”医疗鉴定模式研究	强钰琳	许少波	硕士	华侨大学
24 小时内 MDMA 对大鼠脑组织氧化应激、凋亡相关蛋白及内质网 Ca2 + 通道的影响	刘　泉	刘　良	博士	华中科技大学
冠心病猝死者冠状动脉与心肌中性激素受体表达的研究	刘恺怡	陈新山	硕士	华中科技大学
大鼠创伤性脑损伤后行为学测试和事件相关电位 P300 初步研究	刘青青	陈晓瑞	硕士	华中科技大学
钙离子信号在弥漫性轴索损伤发生发展中的初步研究	宋玉成	董红梅	硕士	华中科技大学
大鼠脑损伤和脊髓损伤后 TMS-MEP 对运动功能的评价及其安全性的研究	汪春果	张玲莉	硕士	华中科技大学
乙醇对地西泮半数致死量及药代动力学影响的初步研究	王荣帅	刘　良	硕士	华中科技大学
RYR2 基因 G1885E，G1886S 位点多态性与不明原因心脏性猝死的相关性探索	王云云	朱少华	硕士	华中科技大学
基于零水印与数字指纹的数字音频版权保护技术研究	徐　竞	王祖喜	硕士	华中科技大学

续表

论文题目	作　者	指导教师	学位类型	授予单位
6种苯二氮卓类药物的联合分析及氯硝西泮在急性中毒大鼠体内的分布研究	余　果	金　鸣	硕士	华中科技大学
山西榆次高校新校区明清墓葬人骨研究	侯　侃	朱　泓	硕士	吉林大学
数字水印算法的研究与应用	刘　洋	冯月萍	硕士	吉林大学
身份认证技术在公安业务信息系统中的研究与实现	卢　非	李文辉 张振花	硕士	吉林大学
医疗机构医疗过失的法律认定——以病历分析为基点	王宝林	彭诚信	硕士	吉林大学
关于过敏性休克死者蛋白酶激活受体-2和SC5b-9的实验研究	王　岩	卢英强 范　哲	硕士	吉林大学
精神卫生权益保护及其相关法律问题研究	杨　琪	石东风	硕士	吉林大学
医疗纠纷案件的法律适用及处理	张振良	任喜荣	硕士	吉林大学
基于手机相机的数字图像取证	周翠娟	周治平	硕士	江南大学
会计鉴定人资质管理制度问题探讨	卢　瑗	张　蕊	硕士	江西财经大学
纤维细胞在冠心病心肌纤维化及其心脏震波治疗中的作用	雷普平	王殿华	博士	昆明医科大学
硅藻检验滴片计数方法的建立及应用的相关研究	郭雪美	瞿勇强	硕士	昆明医科大学
孔姓家系的Y染色体遗传多态性研究与其法医学意义	孙亚男	程宝文	硕士	昆明医科大学
司法鉴定存在的问题及其解决研究——以蔡春杰案为研究样本	滕维娟	刘志坚	硕士	兰州大学
文物鉴定的现状与法律制度分析	张　秀	贾登勋	硕士	兰州大学
声纹识别中的基音检测算法研究	庞玄萌	范铁生	硕士	辽宁大学

续表

论文题目	作　者	指导教师	学位类型	授予单位
论我国民事诉讼专家证人制度的构建	张铁瀛	姜　群	硕士	辽宁大学
论我国现今刑事司法精神病鉴定制度	袁铭慧	王瑞恒	硕士	辽宁师范大学
基于硫化物半导体纳米材料的新型电化学生物传感器	王立衡	汪庆祥	硕士	闽南师范大学
基于事件诱发脑电信号的身份识别算法的研究	彭俊洁	武和雷 胡剑锋	硕士	南昌大学
刑事诉讼专家辅助人制度研究	任珊珊	刘本燕	硕士	南昌大学
特异体质情形下的刑法因果关系研究	田振铭	张兰馨	硕士	南昌大学
试论学生伤害事故中校方责任的认定与追究——以《学生伤害事故处理办法》为中心	肖　峰	吴晓玲	硕士	南昌大学
NOS 抑制剂对 METH 神经毒性的保护作用及 GSTP1 过表达载体的构建	徐静涛	王慧君	博士	南方医科大学
室温下豚鼠过敏反应死亡组织和血清中 IgE、类胰蛋白酶和类糜蛋白酶的变化	陈炯垣	赖　跃	硕士	南方医科大学
动脉喷溅血迹动力学及形态学的模拟实验观察	高　振	王慧君	硕士	南方医科大学
石蜡包埋组织个体识别研究	吕　晋	刘　超	硕士	南方医科大学
汉维人群 18 个 STR 基因座的遗传多态性及法医学应用	张晓红	刘　超	硕士	南方医科大学
我国医疗损害技术鉴定制度之研究	段双霞	肖卫华	硕士	南华大学
电子数据及其适用规则研究——以手机短信为例	张　雷	吴英姿	硕士	南京大学
紫外/可见光视频融合系统研究	徐　捷	常本康	硕士	南京理工大学
农业机械事故处理关键问题研究	李俊峰	朱思洪	硕士	南京农业大学

续表

论文题目	作　者	指导教师	学位类型	授予单位
唐代的证据制度研究	潘春燕	何　东	硕士	南京师范大学
人脸检测和识别系统的设计与应用	曹　健	张永宏	硕士	南京信息工程大学
数字图像被动取证与反取证技术研究	曹雁军	高铁杠	博士	南开大学
医疗纠纷诉讼举证问题研究	崔志明	高芙蓉 鲁　坤	硕士	内蒙古大学
我国刑事司法鉴定人出庭作证制度研究	郝彦文	陈晓青	硕士	内蒙古大学
论我国刑事诉讼专家辅助人制度的完善	李昕励	张树军	硕士	内蒙古大学
刑事诉讼中科学证据认证研究	张庆江	周宝峰 徐睿霞	硕士	内蒙古大学
医疗过失认定标准实证研究	郑　楠	丁文英 贺亚丽	硕士	内蒙古大学
论我国民事诉讼当事人取证的程序保障	袁程祥	蒲一苇	硕士	宁波大学
我国精神病人强制医疗制度研究	谭　继	张云雁	硕士	宁夏大学
视频序列中运动目标检测和步态识别算法研究	闫　辉	汪西原	硕士	宁夏大学
宋代司法鉴定发展研究	姚泓伊	孟天运	硕士	青岛大学
民事诉讼鉴定材料开示研究	张宪立	汪　岚	硕士	青岛大学
鉴定结论科学性标准法律问题研究	张兴乾	汪　岚	硕士	青岛大学
指纹质量评估及匹配的研究	李亚硕	尹义龙	硕士	山东大学
图像识别可拓策略生成系统的研究	于　跃	林明星	硕士	山东大学
刑事强制采样及程序控制研究	袁玉丽	王瑞君	硕士	山东大学
宋代县尉制度研究	张月峰	傅礼白	硕士	山东大学
中国特色刑事司法鉴定制度完善论——以专家证据制度的引进与融合为视角	周学英	田荔枝	硕士	山东大学
小儿指纹采集与图像处理研究	张孝龙	彭　欣	硕士	山东中医药大学

续表

论文题目	作者	指导教师	学位类型	授予单位
MTHFR C677T 基因多态性与肺动脉栓塞相关性研究	曹晨	王英元	硕士	山西医科大学
医疗过失鉴定中核心指标研究	葛鲁邹	常林	硕士	山西医科大学
地西泮及其代谢物在家兔体内的动态分布和死后弥散研究	何文婷	贠克明	硕士	山西医科大学
线粒体 COX1 与 12SrRNA 及 16SrRNA 基因复合扩增种属鉴定研究	蒙晓平	郭大玮	硕士	山西医科大学
DNA/RNA 同步提取方法学的建立及其法医学应用研究	秦娟娟	唐晖	硕士	山西医科大学
氯氮平及其代谢物的死后分布及死后弥散研究	谭晓辉	贠克明	硕士	山西医科大学
生物样品中海洛因代谢物稳定性研究	于晓巍	张大明	硕士	山西医科大学
α-纤维蛋白原 Thr312Ala 基因多态性与肺动脉栓塞法医学鉴定的相关研究	郑文	王英元	硕士	山西医科大学
基于核酸外切酶Ⅲ辅助信号放大的化学发光共振能量转移体系高灵敏检测核酸	陈春	李保新	硕士	陕西师范大学
论医疗损害责任的归责原则	张玉婷	李凤章	硕士	上海大学
基于碳黑痕迹的火灾数值模拟研究及应用	陈德户	杨培中	硕士	上海交通大学
实用人脸识别算法研究	陈叶飞	苏剑波	硕士	上海交通大学
基于生物特征的身份认证方案	黄家斌	曹珍富	硕士	上海交通大学
电子数据在检察机关的运用	瞿智军	赵秀举	硕士	上海交通大学
iOS 终端数字取证研究	苏芊	邱卫东	硕士	上海交通大学
广东栅蚤蝇染色体核型与细胞分裂染色体行为研究	王晓旭	刘广纯 冯典兴	硕士	沈阳大学

续表

论文题目	作　者	指导教师	学位类型	授予单位
刑事诉讼专家辅助人制度研究	杨清萍	韩　旭	硕士	四川省社会科学院
龙葵素及莨菪烷类生物碱的中毒、检测及评价研究	董晓茹	沈　敏 刘　伟	硕士	苏州大学
血液和尿液中34种元素检测方法及其应用研究	张素静	卓先义	硕士	苏州大学
指纹图像增强算法研究	王启亮	田启川 李临生	硕士	太原科技大学
基于人体特征信息融合的身份识别方法研究	王博凯	杨淑莹	硕士	天津理工大学
火场通风与火灾烟气痕迹的关联性研究	张　良	刘万福	硕士	天津商业大学
案件审理中残疾赔偿金的适用	仇慧奇	贾邦俊	硕士	天津师范大学
说话人识别在身份认证中的应用研究	李旭飞	赵　耿	硕士	西安电子科技大学
自动指纹识别系统算法研究	徐俊峰	李庆辉	硕士	西安电子科技大学
试论我国环境侵权司法鉴定制度的革新与完善	闫　峭	杨粉米	硕士	西安建筑科技大学
基于分区统计可变模型的颅骨特征点匹配算法研究	仝鑫龙	冯　筠	硕士	西北大学
我国精神病人刑事强制医疗程序的完善	李　莉	汤火箭	硕士	西南财经大学
论医疗过失的认定标准	刘　秦	喻　敏 辜明安	硕士	西南财经大学
论毒品犯罪的数量问题	杨　军	胡东飞	硕士	西南财经大学
老年人年龄刻板印象的差异及影响研究	贺庆利	余　林	硕士	西南大学

续表

论文题目	作　者	指导教师	学位类型	授予单位
数字图像与语音被动取证技术研究	赵　洪	王宏霞	博士	西南交通大学
司法鉴定人出庭作证制度研究	贾　姣	陈迎新	硕士	西南交通大学
图像识别技术在实验室监控中的应用	刘　胤	冯军焕	硕士	西南交通大学
我国刑事强制医疗的困境与出路	李娜妮	夏新华 曹伟文	硕士	湘潭大学
论刑事诉讼专家辅助人制度	吴豫湘	李　蓉	硕士	湘潭大学
Toll 样受体 3 信号通路在人类病毒性心肌炎心肌细胞的凋亡及炎症反应中的作用	刘　婧	古力娜尔·库尔班	硕士	新疆医科大学
指纹识别算法研究	王文超	孙立民	硕士	烟台大学
论鉴定意见质证程序的完善	王海楠	王继福	硕士	燕山大学
侦探小说《闪电下的尸骨》的翻译实践及研究报告	徐　璐	朱建迅	硕士	扬州大学
江苏省司法鉴定机构管理体制研究	宰　宇	吕　燕	硕士	扬州大学
滥用司法鉴定问题研究	甄　磊	邱爱民	硕士	扬州大学
云南省面向社会服务司法鉴定机构的涉外司法鉴定管理研究	刘　燕	于克信 陈利君	硕士	云南财经大学
精神障碍者人权的法律保障研究	神　骥	高崇慧	硕士	云南财经大学
车辆轮胎痕迹特征分析与鉴定技术的研究	李　健	魏　朗	硕士	长安大学
指纹图像预处理算法研究	黄　俊	傅　明	硕士	长沙理工大学
基于纳升级液滴阵列的实时定量 RT-PCR 系统的研究及其在单细胞中 MicroRNA 定量检测中的应用	张云霞	方　群 姚　波	博士	浙江大学
论医疗侵权责任的认定	石山林	田土城	硕士	郑州大学

续表

论文题目	作　者	指导教师	学位类型	授予单位
应用笔迹特征分析软件对笔迹特征及其与人格关系的研究	王高强	王宇中	硕士	郑州大学
海洋溢油油指纹多元统计鉴别方法研究	韩　雪	马启敏	硕士	中国海洋大学
《犯罪现场调查：执法指南》和《犯罪心理和法医技术》节译报告	张　静	赵德玉	硕士	中国海洋大学
论司法鉴定启动程序的修改与完善——以新《刑事诉讼法》和《民事诉讼法》为视角	雷建权	祁建建	硕士	中国社会科学院研究生院
论专家证人制度及其借鉴意义	潘　琳	张保生	硕士	中国政法大学
民事诉讼鉴定人制度研究	祝　芹	李　响	硕士	中国政法大学
建国前辽宁中医医籍考	杨向真	万　芳	博士	中国中医科学院
基于不同长度的COI和COII基因片段分子鉴定嗜尸性双翅目昆虫	Sanaa Mohamed Aly Aly	文继舫 蔡继峰	博士	中南大学
嗜尸性丽蝇分子标记的检测及发育规律的研究	刘钦来	文继舫 蔡继峰	博士	中南大学
图像信息隐藏关键技术研究	泰克瑞 Thekra Abbas	邹北骥	博士	中南大学
诈病症状定式访谈量表中文版信效度研究	刘　畅	薛志敏	硕士	中南大学
云计算方法专利侵权判定问题研究	邢立慧	刘　强 赵　宏	硕士	中南大学
我国环境司法专门化研究	邓海林	姜素红	硕士	中南林业科技大学
法律文化视野下的宋慈《洗冤集录》	李东丽	邓红蕾	硕士	中南民族大学
医患纠纷的法律解决途径	涂　飞	周　平	硕士	中南民族大学

续表

论文题目	作　者	指导教师	学位类型	授予单位
刑事强制医疗程序的立法分析与完善	吕　宁	赵小锁	硕士	中央民族大学
我国商业秘密的刑法保护研究——以侵犯商业秘密罪的立法完善为视角	段丹丹	牛建平	硕士	重庆大学
基于交通事故再现技术的颅脑撞击加速伤研究	樊　伟	雷　刚 尹志勇	硕士	重庆理工大学
基于高光谱成像技术的血迹形态特征检测研究	冯小平	赵明富	硕士	重庆理工大学
基于交通事故深度调查分析的颅脑减速伤研究	徐　臣	周　奇 尹志勇	硕士	重庆理工大学
嗜尸性蝇类的分子标记种属鉴别与法医学应用研究	李学博	万立华	博士	重庆医科大学
间充质祖细胞源性神经元样细胞体内移植延缓骨骼肌萎缩的实验研究	赵文勇	万立华	博士	重庆医科大学
电击死后大鼠骨骼肌 MuRF1 表达的法医学研究	袁增琼	万立华	硕士	重庆医科大学

说明：本统计表中学位论文的排列：第一顺序为学位授予单位名称，第二顺序为学位类型。

附录3

证据科学学术著作目录

附录3.1　证据法学学术著作目录（2013）

书　　名	作　　者	出　版　社
2013中华人民共和国伤残鉴定与赔偿法规全书（含国家标准）	法律出版社法规中心	法律出版社
法医·尸体·解剖室：犯罪搜查216问	[美]道格拉斯·莱尔著，蔡承志译	（台湾）麦田出版
法官证据评判研究	陈惊天	中国人民公安大学出版社
法医物证司法鉴定实务	侯一平	法律出版社
司法鉴定简明实用读本	邱云亮　张洪贵	河海大学出版社
微量物证与毒物毒品分析	刘冬娴　姚慧芳　徐远清	中国人民公安大学出版社
声像资料司法鉴定实务	王永全	法律出版社
司法鉴定质量监控研究	杜志淳　罗良忠　孙大明	法律出版社
民事诉讼证明权研究	肖　晗	知识产权出版社
从讯问到询问：关键证人出庭作证制度研究	王永杰	法律出版社
工伤纠纷取证技巧与赔偿标准	周智荃	中国法制出版社
交通事故纠纷取证技巧与赔偿标准	吴文学	中国法制出版社
房屋征收补偿取证技巧与赔偿标准	李铣哲　冯晓光	中国法制出版社
证据法学	潘金贵	法律出版社
司法鉴定通论（第2版）	霍宪丹　杜志淳　郭　华	法律出版社
最新执法办案实务丛书（第8版）：图解立案证据定罪量刑标准与法律适用（第1分册）	《最新执法办案实务丛书》编写组编	中国法制出版社
图解立案证据定罪量刑标准与法律适用（第8版）：破坏社会主义市场经济秩案（第2分册）	《最新执法办案实务丛书》编写组编	中国法制出版社

续表

书　　名	作　　者	出 版 社
图解立案证据定罪量刑标准与法律适用（第8版）：侵犯公民人身权利（第3分册）	《最新执法办案实务丛书》编写组编	中国法制出版社
图解立案证据定罪量刑标准与法律适用（第8版）：妨害社会管理秩序案（第4分册）	《最新执法办案实务丛书》编写组编	中国法制出版社
菲普森论证据（第17版）	［英］霍奇·M. 马利克主编	商务印书馆
中国古代证据制度及其理据研究	祖　伟	法律出版社
证据证明力研究	李　明	中国人民公安大学出版社
证据法学	张保生　王进喜　张　中　吴丹红　房保国	高等教育出版社
科学证据与杀人案件侦破	胡向阳	中国社会科学出版社
鉴定实录：复所30年司法鉴定案例精选	司法部司法科学技术鉴定研究所编著	科学出版社
刑事责任能力评定研究：以精神障碍犯罪嫌疑人及其疑似者为对象	孙大明	法律出版社
让科技为正义说话：建立中国司法鉴定行业科技支撑体系研究	霍宪丹、盛小列主编	中国科学技术出版社
司法鉴定能力验证鉴定文书评析（2012）	司法部司法鉴定科学技术研究所编著	科学出版社
实质真实论	王天民	法律出版社
民事证据保全制度研究：以法院为中心的分析	许少波	法律出版社
秦汉刑事证据制度研究	张琮军	中国政法大学出版社
证据法论（第2版）	占善刚　刘显鹏	武汉大学出版社

续表

书　名	作　者	出 版 社
对方证人：芝加哥著名刑辩律师论交叉询问与人生的经验教训	［美］史蒂文·F. 莫罗、詹姆斯·R. 费格利罗主编，吴宏耀、云翀译	中国人民大学出版社
鉴定意见争议解决机制研究	郭　华	经济科学出版社
法医 DNA 分型专论：方法学（原书第 3 版）	［美］布尔特尔著，侯一平、李成涛主译	科学出版社
中国民事证据制度近代化研究	赵信会　黄利群	法律出版社
国际商事仲裁中的证据问题研究	崔起凡	浙江工商大学出版社
民事证据规则适用	吴在存　刘玉民　于海侠	中国民主法制出版社
科学探索者——法庭科学（第 3 版）	［美］帕迪利亚主编 张幼芳译	浙江教育出版社
最新执法办案实务丛书（第 8 版）：图解立案证据定罪量刑标准与法律适用（第 5 分册）	刘灿华　杨建军	中国法制出版社
外国法庭科学规范文件汇编	法大鉴定编译组译	中国政法大学出版社
证人证言研究中的心理科学	姜丽娜	中国社会科学出版社
刑事证据的争鸣与探索：新刑事诉讼法证据问题的展开	谢安平　郭　华	法律出版社
中国证据法治发展报告（2011）	张保生　常　林	中国政法大学出版社
口供中心主义研究	闫召华	法律出版社
民事诉讼审前证据交换规则研究	丁宝同	厦门大学出版社
法证科学职业道德——刑事技术职业标准	［美］彼得·巴尼特著 王进喜译	中国法制出版社
亲子鉴定法制化进程之思考	赖红梅	法律出版社
推定和临时性认知实践	［美］尼古拉·雷舍尔著 王进喜译	中国法制出版社
武器平等原则在民事证据法的展开	杨锦炎	中国政法大学出版社

续表

书　名	作　者	出 版 社
源自地球的证据：法庭地质学与犯罪侦查	［美］雷蒙德·默里著 王元凤　金振奎译	中国人民大学出版社
刑事电子邮件证据论	庄乾龙	社会科学文献出版社
诉讼证据法学（第2版）	叶　青	北京大学出版社
辩护如是：刑事辩护证据运用与法庭技巧	杨金钟	法律出版社
婚姻家庭财产纠纷取证技巧与赔偿标准	孙妍妍	中国法制出版社
诉讼证明原理研究	王学棉	中国电力出版社
司法鉴定证据制度的中国模式	杜志淳　宋远升	法律出版社
刑事证据法的新发展	王进喜	法律出版社
澳大利亚联邦证据法（中英对照）	澳大利亚司法部编、王进喜译	中国法制出版社
民事诉讼中的真实：路径与限度	纪格非	中国政法大学出版社
检察机关证据调查制度理论与实务	赵信会　韩　清	法律出版社
刑事证据学	王　彬	郑州大学出版社
中国刑事非法证据排除规则研究	左　宁	中国政法大学出版社
证据法学（修订版）	陈光中	法律出版社
理性、认知、证据	［美］罗纳德·J. 艾伦著 栗　峥　王　佳译	法律出版社
证据法学（第5版）	何家弘　刘品新	法律出版社
法医学（第4版）	刘　敏	四川大学出版社
法庭伦理学与专家证人	［美］坎德利斯、［美］罗伯特·温斯托克、［美］理查德·马丁内斯著　杨天潼译	中国法制出版社

续表

书　　名	作　　者	出 版 社
科学证据基础理论研究	邱爱民	知识产权出版社
证据法学研修案例	房保国　陈宏钧	中国政法大学出版社
刑事侦查电子取证研究	戴　莹	中国政法大学出版社
刑事证据定量分析	刘广三等	北京师范大学出版社
民事证据的提供和收集专题研究	王国征	湘潭大学出版社
走私犯罪刑事证据研究	张大春	中国海关出版社
一个谬误、两句废话、三种学说：对案件事实及证据的哲学、历史学分析	王敏远	中国政法大学出版社
刑事证据的收集审查与运用	杨迎泽　孙　锐	中国检察出版社
公安机关办理151种治安案件案由的认定处罚证据标准与法律适用图	刘宏斌　王树民	中国人民公安大学出版社
工伤处理法律全书：参保、认定、鉴定、待遇（实用版）	法律出版社法规中心编	法律出版社
交通事故·法律全书：定责、处理、鉴定、赔偿（实用版）	法律出版社法规中心编	法律出版社
医疗损害法律全书：分级、处理、鉴定、赔偿（实用版）	法律出版社法规中心编	法律出版社
文书司法鉴定理论与实务研究	许爱东	法律出版社
自动指纹识别系统原理与实现	杨小冬	科学出版社
微量物证检验	杨瑞琴	中国人民公安大学出版社
网络证据收集与保全法律制度研究	熊志海	法律出版社
宋代证据制度研究	魏文超	中国政法大学出版社
司法鉴定理论与实践	胡祖平	浙江大学出版社
刑事举证责任研究	宁　松	中国检察出版社
证据学（第5版）	陈一云　王新清	中国人民大学出版社
科学证据基本问题研究	张南宁	中国政法大学出版社

续表

书　名	作　者	出版社
仲裁证据制度研究	宋朝武	中国政法大学出版社
中国证据制度的传统与近代化	郭成伟	中国检察出版社
简明证据法学（第3版）	何家弘　张卫平	中国人民大学出版社
论质证	尚　华	中国政法大学出版社
《人体损伤程度鉴定标准》适用指南	司法部司法鉴定管理局编	法律出版社
新编法医物证检验技术	童大跃　刘　超	中国医药科技出版社
证据法学论丛（第2卷）	潘金贵	中国检察出版社
侵权犯罪的司法认定与证据适用	缪树权　刘林呐	中国检察出版社
民事诉讼当事人证据收集权研究	李永泉	中国法制出版社
贪污贿赂案件收集证据参考标准	徐进辉	中国检察出版社
证据制度的核心基础理论	毕玉谦	北京大学出版社
转型的逻辑：证据法的运行环境与内部结构	吴洪淇	中国政法大学出版社
案件事实推理论	王　舸	中国政法大学出版社
行政处罚证据原理研究	李红枫	中国政法大学出版社
证据法专论	赵信会　刘东平　赵　东　朱庆安	中国检察出版社
刑事程序性证明理论系统研究	石浩旭	知识产权出版社
人体损伤程度鉴定标准理解与适用	庄洪胜	中国法制出版社
最新人体损伤程度鉴定标准条文详解与适用指南（套装上下册）	庄洪胜	人民法院出版社
统一司法鉴定管理体制实践的新经验	司法部司法鉴定管理局编	中国政法大学出版社
重庆法医理论与实践（第2卷）	李剑波	中国人民公安大学出版社
法医影像诊断与鉴定	王云钊	人民卫生出版社

附录3.2　法庭科学学术著作目录（2013）

书　名	作　者	出版社
药品、毒品与兴奋剂	宋成英、张知贵编著	第四军医大学出版社
《人体损伤程度鉴定标准》适用指南	司法部司法鉴定管理局组织编写	法律出版社
法医物证司法鉴定实务	侯一平主编	法律出版社
亲子鉴定法制化进程之思考	赖红梅	法律出版社
声像资料司法鉴定实务	王永全主编	法律出版社
司法鉴定通论（第2版）	霍宪丹主编	法律出版社
司法鉴定证据制度的中国模式	杜志淳、宋远升	法律出版社
司法鉴定质量监控研究	杜志淳、罗良忠、孙大明	法律出版社
文书司法鉴定理论与实务研究	许爱东主编	法律出版社
刑事责任能力评定研究：以精神障碍犯罪嫌疑人及其疑似者为对象	孙大明	法律出版社
毒品犯罪与吸毒成瘾的社会心理学研究	李永清	光明日报出版社
刑事科学技术概论	皮建华、代勇主编	光明日报出版社
大清法医	单洪俊	贵州人民出版社
武器装备试验理论与检验方法	郭齐胜、罗小明、潘高田	国防工业出版社
司法鉴定简明实用读本	邱云亮、张洪贵编著	河海大学出版社
医疗纠纷和医疗事故的防范与处理	杨捷、樊爱英主编	河南科学技术出版社
湖北法医学司法鉴定进展	任亮主编	湖北科学技术出版社
生药鉴定技术	赵庆年、赵立彦主编	华中科技大学出版社
药用植物识别技术	姚腊初、刘颖、赵庆年主编	华中科技大学出版社

续表

书　名	作　者	出版社
建筑工程质量检验与安全管理	史美东主编	黄河水利出版社
汽车事故鉴定学	鲁植雄、杨瑞主编	机械工业出版社
法医学	邓世雄主编	江苏科学技术出版社
急诊与灾难医学	廖品琥主编	江苏科学技术出版社
鉴定意见争议解决机制研究	郭华	经济科学出版社
2012 司法鉴定能力验证鉴定文书评析	司法部司法鉴定科学技术研究所（上海法医学重点实验室）编著	科学出版社
法医 DNA 分型专论：方法学	［美］John M. Butler 著，侯一平、李成涛主译	科学出版社
鉴证实录：复所 30 年司法鉴定案例精选	司法部司法鉴定科学技术研究所编著	科学出版社
文件物证司法鉴定实务热点问题研究	崔岚	辽宁大学出版社
现代法医学理论与实践	辽宁省法医学会编	辽宁科学技术出版社
道路交通事故认定与司法鉴定	林　宁、孙可林、陈艳编著	青海民族出版社
最新人体损伤程度鉴定标准条文详解与适用指南	庄洪胜编著	人民法院出版社
法医学（第 6 版）	王保捷、侯一平主编	人民卫生出版社
法医影像诊断与鉴定	王云钊主编	人民卫生出版社
2012 年山东省刑事科学技术论文集	山东省公安厅刑事侦查局，山东省公安厅物证鉴定研究中心主编	山东人民出版社
中国卫生检疫发展史	上海出入境检验检疫局编著	上海古籍出版社
法医学实验指导	包头医学院法医学系主编	天津科学技术出版社
大法医：死亡翻译人	［美］比尔·巴斯、乔恩·杰弗逊著，苏采禾、朱道凯译	天津人民出版社

续表

书　　名	作　　者	出 版 社
精神疾病司法鉴定实用手册	撒兰梅主编	新疆人民卫生出版社
错体变体邮票鉴定	耿守忠　杨治梅	印刷工业出版社
合成毒品及其危害	杨黎华编著	云南大学出版社
毒品：成瘾与康复	贾东明主编	浙江大学出版社
食品药品微生物检验技术	范建奇主编	浙江大学出版社
司法鉴定理论与实践	胡祖平主编	浙江大学出版社
法医毒物学检验手册	［美］D. K. 莫利纳著，郝红霞译	知识产权出版社
法证科学职业道德：刑事技术职业	［美］巴尼特著，王进喜译	中国法制出版社
人体损伤程度鉴定标准理解与适用	庄洪胜编著	中国法制出版社
化学纤维鉴别与检验	沈新元主编	中国纺织出版社
建设工程检测鉴定技术要点与典型案例	袁海军、朱跃武主编	中国环境出版社
让科技为正义说话：建立中国司法鉴定行业科技支撑体系研究	霍宪丹、盛小列主编	中国科学技术出版社
种子检验技术	杜红、梅四卫主编	中国农业出版社
毒物毒品检验	苗翠英主编	中国人民公安大学出版社
人体损伤程度鉴定标准释义	公安部刑事侦查局编	中国人民公安大学出版社
森林植物鉴定	薛晓明、谢春平主编	中国人民公安大学出版社
微量物证检验	杨瑞琴主编	中国人民公安大学出版社
刑事科学技术研究综述	蒋占卿主编	中国人民公安大学出版社
重庆法医理论与实践（第2卷）	李剑波主编	中国人民公安大学出版社
新编法医物证检验技术	童大跃、刘超	中国医药科技出版社
药品微生物检验技术	孙祎敏、李飞主编	中国医药科技出版社

续表

书　　名	作　　者	出　版　社
毒品犯罪法律适用问题研究	张洪成、黄瑛琦	中国政法大学出版社
统一司法鉴定管理体制实践的新经验	司法部司法鉴定管理局编	中国政法大学出版社
外国法庭科学规范文件汇编（第1辑）	法大鉴定编译组编译	中国政法大学出版社
外国法庭科学规范文件汇编（第2辑）：职业伦理	杨天潼编	中国政法大学出版社
药品检验技术	牛彦辉主编	中国中医药出版社
文件检验研究：文件检验的历史、发展与现状	崔军民	中央编译出版社
法庭DNA鉴定：微卫星检验	张幼芳、陈云地	重庆大学出版社

说明：（1）本统计表中图书的排列顺序为出版社名称。

（2）作者项中未特别注明者，均为“著”。

附录4

证据科学学术会议一览表（2013）

会议名称	时间地点	主办单位	主　　题
《民事诉讼法》新修内容系列研讨之一：民事证据制度研讨会	3月15日 上海	上海市法学会、上海市律师协会	民事诉讼证据举证时限、电子数据证据、证人和鉴定人出庭作证
国家社科重点项目“刑事证据规则研究”中期评估会议	5月21日 广东佛山南海	中国政法大学诉讼法学研究院	“刑事证据规则研究”中期评估
“刑事诉讼证明标准三人谈”学术圆桌论坛	6月1日 吉林长春	吉林大学法学院	刑事诉讼证明标准问题
效率与公正——刑事审判程序改革问题研讨会	6月8日 吉林长春	吉林大学法学院、吉林大学诉讼理论与司法改革研究所	刑事审判程序改革问题，具体涉及庭前会议适用的范围及解决的问题、庭前会议的效力、庭前会议中的非法证据排除、简易程序中的证明问题、被告人认罪程序的构建等问题
“新《中华人民共和国刑事诉讼法》释义与实施”座谈会	7月15日 北京	中国政法大学诉讼法学研究院、台湾法律学院	审判监督程序之研究、检察官举证责任、2012年大陆地区刑事诉讼法修正评析——拘留逮捕新制的评析、附带民事诉讼新制之评析
第四届证据理论与科学国际研讨会	7月20~21日 北京	中国政法大学司法文明协同创新中心、国际证据科学协会	证据科学与司法文明
国家社科基金重大项目“诉讼证据规定研究”第二次工作会议	8月30日 安徽马鞍山	最高人民法院、中国政法大学及司法文明协同创新中心	构建中国证据理论体系、完善中国证据制度体系
“冤假错案的防范与救济”学术座谈会	10月12日 北京	最高人民法院	冤假错案防范，死刑案证据不足不得判死刑

续表

会议名称	时间地点	主办单位	主　题
非法证据排除规则实施研讨会	11月28日 北京	中国政法大学司法文明协同创新中心、刑事法律研究中心	非法证据排除的范围、非法证据排除的证明责任与证明标准、非法证据排除的程序等问题
湖北省法学会诉讼法学研究会年会暨湖北省首届电子数据取证学术研讨会	11月30日 湖北武汉	湖北省法学会诉讼法学研究会	电子数据取证
吉林省法学会刑事诉讼法学研究会换届大会暨刑事证据制度改革研讨会	12月22日 吉林长春	吉林省法学会刑事诉讼法学研究会	刑事证据制度改革

附录5

证据科学研究项目一览表

附录5.1　国家自然科学基金项目证据科学研究课题立项一览表（2013）

附录5.2　国家社会科学基金证据科学研究课题立项一览表（2013）

附录5.3　教育部人文社会科学研究项目证据科学研究课题立项一览表（2013）

附录5.4　最高人民检察院实证项目证据科学研究课题立项一览表（2013）

附录5.1 国家自然科学基金项目证据科学研究课题立项一览表（2013）

项目名称	项目批准号	项目负责人	依托单位	批准金额（万元）	项目起止年月
湖南地区嗜尸性麻蝇资料库的建立及PMI推断的应用	81302615	郭亚东	中南大学	23	2014-01至2016-12
用于法医毒物分析样品前处理中功能化磁性碳纳米材料的制备及分离机理研究	81302619	冯祖飞	西安交通大学	23	2014-01至2016-12
中国人群X染色体上STR和InDel遗传标记的多态性研究	81302620	张素华	司法部司法鉴定科学技术研究所	23	2014-01至2016-12
Nonbinary SNP遗传标记在法医亲子鉴定中的应用研究	81302621	扎拉嘎白乙拉	中南大学	23	2014-01至2016-12
X染色体重组及其法医学应用研究	81302623	罗海玻	四川大学	23	2014-01至2016-12
糖皮质激素致应激性认知障碍的内质网应激机制	81302625	张　悦	河北医科大学	23	2014-01至2016-12
新一代测序对复杂亲缘关系鉴定的探索研究	81330073	侯一平	四川大学	290	2014-01至2018-12
基于microRNAs芯片高通量分析的法医早期损伤时间研究	81373241	百茹峰	中国政法大学	75	2014-01至2017-12
基于管理决策和法庭决策的证据评价模型及其应用研究	71371188	张保生	中国政法大学	25	2014-01至2017-12

续表

项目名称	项目批准号	项目负责人	依托单位	批准金额（万元）	项目起止年月
钙调控蛋白与核因子 κB 在不同浓度 MDMA 急/慢性染毒大鼠心肌细胞内钙失衡机制中的作用研究	81373243	刘　良	华中科技大学	70	2014－01 至 2017－12
基于常染色体 STR 单体型推断亲缘关系的研究	81373245	吕德坚	中山大学	16	2014－01 至 2014－12
利用 SSOs 演替进行 PMI 推断的法医学研究	81373249	蔡继峰	中南大学	70	2014－01 至 2017－12
利用多元影像学技术构建中国 18 周岁汉族青少年骨龄评价指标体系	81373252	邓振华	四川大学	70	2014－01 至 2017－12

说明：本统计表信息来源于国家自然科学基金委员会网站（http：//www.nsfc.gov.cn），排列顺序为“项目批准号”。

附录 5.2　国家社会科学基金证据科学研究课题立项一览表（2013）

项目名称	批准号	项目类型	负责人	单　位
民事证明责任的实证考察与制度重构	13BFX069	一般项目	胡学军	南昌大学
刑事裁判中的证据推理机制研究	13BFX071	一般项目	封利强	浙江工商大学
协作式民事取证规则制度化研究	13BFX070	一般项目	吴如巧	重庆大学
电子商务课税证据法律问题研究	13BFX117	一般项目	梁俊娇	中央财经大学

续表

项目名称	批准号	项目类型	负责人	单　位
秦汉刑事证据文明研究	13CFX016	青年项目	张琮军	中国社会科学院
行政调查取证制度的规范化研究	13CFX036	青年项目	吴　亮	华东理工大学
新刑诉法中的“排除合理怀疑”证明标准适用问题研究	13CFX056	青年项目	郭志远	安徽大学
基于蜜场技术的电子数据取证相关法律问题研究	13CFX054	青年项目	王　弈	华东政法大学
基于维哈柯文信息的电子数据司法鉴定问题研究	13CFX055	青年项目	亚森·艾则孜	新疆警察学院

附录5.3　教育部人文社会科学研究项目证据科学研究课题立项一览表（2013）

项目名称	项目批准号	项目类型	负责人	单　位
法庭科学质量控制研究	13YJA820048	规划基金项目	王　迪	广东警官学院
刑事非法证据排除规则适用中的宪法原理研究	13YJA820044	规划基金项目	田　芳	南京大学
证人、鉴定人出庭作证费用补偿制度研究	13YJA820063	规划基金项目	占善刚	武汉大学
侦查取证行为规范化研究	13YJA820015	规划基金项目	胡志风	中央司法警官学院
我国民事裁判的证据路径依赖及其影响——基于6个法院532份一审判决的实证研究	13YJC820113	青年基金项目	郑金玉	河南大学

续表

项目名称	项目批准号	项目类型	负责人	单　位
刑事证明责任分配困局与对策研究——以实证考察为中心	13YJC820010	青年基金项目	程　捷	中国青年政治学院
证人弹劾制度研究	13YJC820073	青年基金项目	汪诸豪	中国政法大学
刑事电子证据规则研究	13YJC820109	青年基金项目	赵长江	重庆邮电大学

附录5.4　最高人民检察院实证项目证据科学研究课题立项一览表（2013）

项目名称	项目批准号	项目类型	负责人	工作单位
检察环节证据合法性审查实证研究	GJ2013B14	重点课题	张　斌 黄维智	四川大学法学院、四川省金堂县人民检察院
检察环节证据合法性审查实证研究	GJ2013C04	一般课题	陈胜才	重庆市人民检察院
检察环节证据合法性审查实证研究	GJ2013C05	一般课题	周晓燕	北京人民检察院第一分院
刑诉法新增笔录类证据研究	GJ2013C28	一般课题	韩　旭	四川省社会科学院法学研究所
刑诉法新增证据种类研究——以笔录类证据为范例	GJ2013C29	一般课题	马明亮	新疆兵团警官高等专科学校
检察环节证据合法性审查实证研究	GJ2013D03	自筹经费课题	薛献斌	湖南省人民检察院
检察环节证据审查研究	GJ2013D04	自筹经费课题	王　戬	华东政法大学法学院

续表

项目名称	项目批准号	项目类型	负责人	工作单位
刑事诉讼中的人身危险性证明	GJ2013D12	自筹经费课题	程德文 艾新平	南京师范大学法学院、江苏省邳州市人民检察院
检察环节证据合法性审查问题研究	GJ2013D16	自筹经费课题	闫召华	西南政法大学法学院

后 记

Postscript

《中国证据法治发展报告2013》是一部集体合作研究成果，它凝聚了国家“2011 计划”司法文明协同创新中心、中国政法大学证据科学教育部重点实验室师生的共同努力和心血。我们在此衷心感谢课题组全体成员为本书出版所做的贡献。本书分工如下：

张保生、常林：序言：2013 年中国证据法治发展的步伐。

张中：第一篇中证据立法进展综述（一）法律，（二）司法解释；第二篇中证据法学研究进展（八）法院取证与证据保全。

简乐伟（湖北省襄阳市人民检察院）：第一篇中证据立法进展综述（三）行政法规、部门规章。

房保国：第一篇中证据立法进展综述（四）地方性证据规定，证据司法实践发展综述（三）公安机关证据制度建设。

冯俊伟：第一篇中证据立法进展综述（五）国际条约，以及第二篇中证据法学研究进展（一）证据法理论基础和体系。

郑飞：第一篇中证据司法实践发展综述（一）人民法院证据制度建设。

李训虎：第一篇中证据司法实践发展综述（二）人民检察院证据制度建设。

常林、王世凡（甘肃省高级人民法院高级法官、中国政法大学兼职教授）：第一篇三、司法鉴定制度建设综述。

樊传明：第一篇四、司法实践中的证据制度建设；附录 1.2。

王世凡：第二篇中证据科学研究成果选介（三）法庭科学著作选介，以及附录 1.3，附录 2.2，附录 3.2。

刘波：第二篇中证据法学研究进展（四）科学证据与司法鉴定。

张伟：第二篇一、证据科学研究进展。

黄石：第二篇中证据法学研究进展（二）证据属性和事实认定。

张洪铭：第二篇中证据法学研究进展（三）证据开示，证据科学教育进展中的证据科学研究项目之实证研究项目以及附录5。

吴丹红：第二篇中证据法学研究进展（五）言词证据。

吴洪淇：第二篇中证据法学研究进展（六）证据排除规则，证据科学教育进展中的证据科学研究项目之基础研究项目。

戴锐：第二篇中证据法学研究进展（七）证明责任与证明标准。

尚华：第二篇中证据法学研究进展（九）质证与认证，证据科学教育进展（二）证据科学学科建设和人才培养，（三）证据科学课程和教材建设。

褚福民：第二篇中证据法学研究进展（十）推定与司法认知，以及附录1.1，附录2.1，附录3.1和附录4。

于天水：第二篇中法庭科学研究进展（一）法医病理学。

王旭：第二篇中法庭科学研究进展（二）法医临床学。

马长锁：第二篇中法庭科学研究进展（三）司法精神病学。

赵东：第二篇中法庭科学研究进展（四）法医生物学。

刘建伟：第二篇中法庭科学研究进展（五）文件检验学。

郝红霞：第二篇中法庭科学研究进展（六）毒物和毒品检验学。

王元凤：第二篇中法庭科学研究进展（七）微量物证检验学。

刘斌：第二篇中法庭科学研究进展（八）痕迹检验学。

程刚：第二篇中法庭科学研究进展（九）交通事故鉴定。

施少培：第二篇中法庭科学研究进展（十）声像资料鉴定。

许晓东：第二篇中法庭科学研究进展（十一）电子证据鉴定。

证据法学部分秘书：褚福民。

法庭科学部分秘书：袁丽。

张保生　常　林

2015年2月28日

图书在版编目（CIP）数据

中国证据法治发展报告. 2013/张保生，常林主编. —北京：中国政法大学出版社，2015.7
ISBN 978-7-5620-6041-3

Ⅰ. ①中…　Ⅱ. ①张…　②常…　Ⅲ. ①证据－法律－研究报告－中国－2013
Ⅳ. ①D925.013.4

中国版本图书馆CIP数据核字(2015)第134389号

出版者　中国政法大学出版社

地　址　北京市海淀区西土城路25号

邮寄地址　北京100088信箱8034分箱　邮编100088

网　址　http://www.cuplpress.com（网络实名：中国政法大学出版社）

电　话　010-58908289(编辑部)　58908334(邮购部)

承　印　固安华明印业有限公司

开　本　720mm×960mm　1/16

印　张　28.75

字　数　480千字

版　次　2015年7月第1版

印　次　2015年7月第1次印刷

定　价　69.00元